트래블로그Travellog로 로그인하라!
여행은 일상화 되어 다양한 이유로 여행을 합니다.
여행은 인터넷에 로그인하면 자료가 나오는 시대로 변화했습니다.
새로운 여행지를 발굴하고 편안하고
즐거운 여행을 만들어줄 가이드북을 소개합니다.

일상에서 조금 비켜나 나를 발견할 수 있는 여행은
오감을 통해 여행기록TRAVEL LOG으로 남을 것입니다.

동유럽 사계절

동유럽은 북쪽의 발트3국과 폴란드는 춥고 긴 겨울의 북유럽 기후를 나타내지만 체코, 오스트리아, 헝가리는 전형적인 중부유럽의 대륙성 기후를 보인다. 그러나 발칸반도는 남부 유럽의 특징인 지중해성 기후를 보이고 있으므로 지역마다 날씨의 차이가 크다.

중부유럽

지리적으로 유럽의 중부 내륙에 있는 드넓은 평야지대인 대륙성 기후와 지중해성 기후의 중간으로 여름은 덥고 겨울은 매우 추운 날씨를 가지고 있다.

봄 |

4월 초까지 기온의 변화가 심해 봄을 느끼는 시기는 4월 말이 되어서야 가능하다. 체코도 역시 봄이 짧아지고 날씨가 더워지고 있다.

여름 |

북부와 중부 대부분의 지역은 여름과 겨울의 기온 차이가 큰 대륙성 기후를 가지고 있다. 여름은 기온이 영상 30도를 넘는 날도 있지만 습도가 낮고, 비가 많이 내리지 않아서 덥다고 느껴지지 않는다.

가을 |

동유럽 여행이 가장 좋은 시기는 9, 10월초이다. 기온이 낮아지면서 하늘은 높고 동유럽의 아름다운 자연을 볼 수 있는 시기이다. 또한 다양한 축제로 즐길 수 있는 계절이 가을이다.

겨울 |

겨울에는 짙은 안개와 스모그 현상이 자주 일어나고 영하 10도 아래로 내려가는 날이 많고 눈이 많이 내려서 여행할 때는 반드시 따뜻한 외투와 장갑이 꼭 필요하다

발칸반도의
크로아티아, 몬테네그로, 알바니아

높은 해안 산맥은 추운 북풍으로부터 해안 지역을 보호하는 역할을 한다. 햇빛이 잘 드는 연안 지역은 덥고 건조한 여름과 온화하고 비가 많이 내리는 겨울이 특징이며 겨울에는 10℃ 밑으로 내려가는 경우가 드물고 8월에도 26℃까지 올라갈 뿐이다. 내륙지역은 겨울에 춥고 여름에 따뜻하다.

비가 오지 않고 건조한 날씨는 5월부터 온도가 올라가면서 시작된다. 6월부터 9월까지 모든 유럽의 휴양객이 아드리아 해의 해안에 몰려들면서 숙박의 가격이 2배까지 상승하기도 한다.

Intro

최근에 동유럽의 소도시를 여행하기 시작했다.

신비하고 놀라움을 보여주는 동유럽은 서유럽과는 다른 문화와 역사, 건축물을 가지고 있다. 끊임없이 아름다운 장관은 유럽의 새로운 여행 트랜드를 선사하고 있다. 다뉴브 강을 따라 폴란드, 체코, 슬로바키아에서 시작해 헝가리를 거쳐 루마니아, 발칸반도까지 찬란한 문화를 가진 동유럽은 문화유산으로 가득하다. 소도시에서 만나는 매혹적인 마을에서 만나는 친절한 사람들까지 동유럽의 매력은 무궁무진하다.

동유럽 소도시 사람들의 친절하게 대하는 태도는 내가 동유럽 여행을 좋아하는 이유이다. 그들과 함께 음식을 먹고 그들의 문화를 접하다보면 그들과 함께 살고 있는 나를 발견하게 된다. 그렇게 저녁식사에 초대를 받아 같이 먹는 음식만으로도 나는 행복에 젖게 된다. 또한 그들에게 듣는 생생한 역사의 이야기들은 지금의 행복이 그냥 얻어진 것이 아니라는 사실도 알게 되면서 그들을 이해하게 된다. 그 행복의 동유럽 여행으로 당신도 들어가 보자.

동유럽 여행자가 증가하면서 일시적인 현상이라고 이야기를 하기도 했지만 동유럽 여행은 서유럽만큼이나 증가를 했다. 저렴한 물가를 기반으로 서유럽과는 다른 동유럽만의 문화를 보면서 유럽여행을 하는 여행자는 상당히 증가했다. 2019년을 기점으로 동유럽의 소도시로 편안하고 재미있게 나만의 여행을 떠나는 관광객이 몰려들고 있다.

처음 유럽여행을 하는 여행자뿐만 아니라 유럽을 2번 이상 여행하는 관광객이 상당히 상승하였다. 그러면서 동유럽 지역으로 유럽여행자는 관심을 돌렸고 동유럽의 소도시를 여행하면서 행복하고 편안한 여행을 할 수 있다는 사실에 소도시로 관심을 나타내고 있다. 대한민국 최초로 동유럽의 소도시를 소개하면서 한 권으로 끝내는 노하우를 공개한다.

동유럽 소도시 여행을 할 수 있도록 많은 정보를 유용하게 활용할 수 있도록 구성되어 있다.

Contents

동유럽 사계절	2~4
발칸반도의 크로아티아, 몬테네그로, 알바니아	5
Intro	6
한눈에 보는 동유럽	18~15
About 동유럽	16~25
동유럽을 꼭 가야 하는 이유	26~31
동유럽의 도시 여행 방법	32~35

>> 동유럽 여행에 꼭 필요한 Info

동유럽 소도시 여행 밑그림 그리기	38
패키지여행 VS 자유여행	39
동유럽 물가	40
동유럽 여행 계획 짜기	41

동유럽 한 달 살기

솔직한 한 달 살기	44~47
떠나기 전에 자신에게 물어보자!	48~51
세부적으로 확인할 사항	52~55
동유럽 한 달 살기 잘하는 방법	56~60
동유럽 한 달 살기 비용	61

 발트 3국

지도

에스토니아_ 탈린(Tallinn)　　　　　　　　　　　　　　66~115

공항 / 공항에서 시내 IN
시내 교통
핵심 도보여행
탈린 지도

볼거리
올드 타운(저지대)
비루문 / 라에코야 광장 / 구시청사 / 시청약국 / 올라프 교회 / 성 니콜라스 교회 & 박물관 / 성령교회 / 대길드(역사박물관) / 올레비스테 길드 / 탈린 시립박물관 / 카타리나 도미니칸 수도원 / 카타리나 골목 / 부엌을 들여다 보아라 / 뚱뚱이 마가렛 포탑(해양박물관) / 자유광장 / 키에크 인 데 쾨크 시립박물관 / 호텔 비루 KGB박물관

탈린의 중세 성벽(고지대)

볼거리
톰페아 언덕 / 알렉산데르 네프스키 대성당 톰페아 성 / 국회의사당 / 톰 성당

탈린 도심
카드리오르그 공원과 궁전 / 카드리오르그 미술관 / 쿠무 현대미술박물관

라트비아_ 리가(Liga)　　　　　　　　　　　　　　116~189

공항 / 공항에서 시내 IN
시내 교통
핵심 도보여행
리가 지도

볼거리
올드 타운
리가 돔 성당 / 검은머리 전당 / 삼형제 건물 / 롤랑의 석상 & 리가시청 / 소총수 동상 / 성 피터 성당 / 리가의 미술관(역사 & 해양 박물관, 점령박물관, 디자인 박물관, 아르누보 박물관) / 리가 성 / 화약탑 / 스웨덴 문 / 리부 광장 / 대길드, 소길드

뉴타운
자유기념탑(자유의 여신상) / 라헤마 시계탑 / 중앙시장

멘첸도르프 하우스
라트비아 전통음식

EATING

리투아니아_ 빌뉴스(Vilnius) 156~189
공항 / 공항에서 시내 IN
시내 교통
핵심 도보여행
빌뉴스 지도

볼거리
올드 타운
새벽의 문 / 성 테레사 교회 / 성령교회 / 성 카시미르 성당 / 빌뉴스 게토 / 구시청사 / 성 베드로 & 성 바울 교회 / 성 안나 교회 / 리투아니아 대통령궁 / 빌뉴스대학교 / 빌뉴스 대성당 / 대성당 광장 / 국립박물관 / 귀족 궁전 / 게디미나스 언덕 / 삼 십자가 언덕 / 문학골목 / 빌뉴스 TV 송신탑 / KGB 박물관 / 그루타스 공원 / 우주피스

리투아니아 전통음식

EATING

〉〉 폴란드

지도 / 여행코스

크라쿠프　　　　　　　　　　　　　　　198~251

지도
핵심 도보여행
크라쿠프 IN

볼거리
바르바칸 / 플로리안 문 / 구 시가지 광장 / 직물회관 / 성 마리아 성당 /
아담 미츠키에비치 동상 / 구 시청사 탑 / 차르토리스키 박물관 / 울리카 카노니차 거리
대교구 박물관 / 성 피터와 폴 교회 / 도미니칸 교회 / 프란시스칸 교회 /
바벨 성 / 바벨 성당 / 왕궁 / 용의 동굴

EATING
크라쿠프 근교 투어
오시비엥침 / 자모시치

그단스크　　　　　　　　　　　　　　　252~273

지도
크라쿠프 IN

볼거리
바르바칸 / 플로리안 문 / 구 시가지 광장 / 직물회관 / 성 마리아 성당 /
아담 미츠키에비치 동상 / 구 시청사 탑 / 차르토리스키 박물관 / 울리카 카노니차 거리
대교구 박물관 / 성 피터와 폴 교회 / 도미니칸 교회 / 프란시스칸 교회 /
바벨 성 / 바벨 성당 / 왕궁 / 용의 동굴

EATING

토룬   252~273

간단한 역사 / 한눈에 토룬 파악하기 / 지도

볼거리
구시청사 / 코페르니쿠스 집 / 성모 마리아 교회 / 성 요한 대성당 / 독일 기사단 성터
토룬의 성문 / 기울어진 탑 / 다양한 동상 / 진저브레드 박물관
토룬의 옛 법원 / 버스와 유람선

EATING

브로츠와프   290~309

간단한 역사 / 한눈에 브로츠와프 파악하기 / 지도
시내 곳곳에 흩어져 있는 난쟁이들

볼거리
구시청사 / 브로츠와프(역사박물관 / 건축박물관 / 국립 박물관 / 구 시장 광장
익명의 보행자 / 시치트니츠키 공원 / 파노라마 박물관 / 성 엘리자베스 교회
성당의 집 / 성 요한 대성당 / 백년 홀 / 브로츠와프 오페라 / 브로츠와프 대학교

EATING

포즈난   310~331

간단한 역사 / 한눈에 포즈난 파악하기 / 지도

볼거리
구시가 광장 / 국립박물관 / 군사박물관 / 구 시청사 / 역사 박물관 / 포즈난 대성당
문화궁전 / 바로구 교회 교회 / 장식 미술 박물관 / 민속 박물관 / 아담 미츠카에비치 대학
1956년 6월 기념비 / 보타닉 가든

EATING
SLEEPING

>> 체코

지도

체스키 크룸로프　　　　　　　　　　340~359
체스키 크룸로프 IN
체스키 크룸로프 성 구경하기 / 지도
핵심도보여행

볼거리
체스키 크룸로프 성 / 곰 해자 / 라트란 거리 / 이발사의 거리 / 에곤 실레 아트 센트룸
성 비투스 성당

EATING

카를로비 바리　　　　　　　　　　　360~371
카를로비 바리 IN / 지도

볼거리
브지델니 콜로나 / 사도바 콜로나다 / 믈란스카 콜로나다 / 트르주니 콜로나다
성 마리 막달레나 교회

EATING

플젠　　　　　　　　　　　　　　　372~385
플젠 IN / 지도
한눈에 플젠 파악하기

볼거리
성 바르톨로뮤 교회 / 맥주 박물관 & 지하 세계 박물관
필스너 우르켈 양조장(양조장 투어)

EATING

브르노　380~399

브르노 IN / 간단한 브르노 역사 / 지도
밤의 도시, 잘 알려지지 않은 대학도시
한눈에 브르노 파악하기

볼거리
자유광장 / 구 시청사 / 오메가 펠리스 백화점 / 녹색 광장
슈필베르크 성 / 두겐다트 별장

EATING

올로모우츠　406~423

올로모우츠 IN / 지도
중앙역에서 시내 IN / 핵심도보여행

볼거리
호르니 광장 / 성 삼위일체 기념비
시청사 & 천문시계 / 올로모우츠의 새로운 즐거움, 분수 찾기

EATING

》 헝가리

부다페스트　424~457

왕궁 언덕 주변
부다 성 언덕 궤도 열차 / 성 이슈트반 기마상 / 마차슈 성당 / 삼위일체 광장
부다 왕궁 / 어부의 요새

겔레르트 언덕
겔레르트 언덕 / 치타델라 / 성 겔레르트 동상 / 자유의 동상

영웅광장
영웅광장 & 시민 공원 / 서양 미술관 / 시민공원 / 바아다휴냐드 성

〉〉 크로아티아

지도 / 크로아티아 여행코스

플리트비체 458~487
플리트비체 IN / 베스트 코스 / 핵심도보여행 / 입체 지도

볼거리
국립 호수 공원 / 라스토케

EATING

자다르 488~513
한눈에 파악하는 자다르 역사 / 핵심도보여행

볼거리
요새도시 / 육지의 문 / 바다의 문 / 성 도나트 성당 / 성 아나스타샤 대성당 /
로마시대 포럼 / 5개의 우물 / 나로드니 광장 / 바다 오르간 / 태양의 인사

EATING

스플리트　　　　　　　　　　　　　　　　　　　488~513

한눈에 스플리트 파악하기 / 스플리트 IN / 스플리트 베스트코스 / 핵심도보여행

볼거리
디오클레티아누스 궁전 / 열주광장 / 성 돈니우스 대성당 / 황제의 아파트 /
지하 궁전홀 / 주피터 궁전 . 그레고리우스닌 동상 / 나로드니 광장 / 마르얀 공원 /
리바 거리 / 바츠니체 해변 / 카수니 해변

EATING

집중탐구 스플리트 가이드 투어

흐바르　　　　　　　　　　　　　　　　　　　514~549

흐바르 섬으로 가는 방법 / 지도 / 흐바르 역사 / 한눈에 흐바르 파악하기

볼거리
성 스테판 성당과 광장 / 스파뇰 요새 / 아스날 / 로지아 /
프란체스코 수도원과 박물관 / 포코니 돌

보스니아 헤르체코비나　　　　　　　　　　　568~577

한눈에 보는 보스니아 역사 / 유고슬라비아는 어떤 나라? / 보스니아 내전

볼거리
모스타르 다리

보스니아에 대한 질문들

》 몬데네그로

한눈에 보는 몬테네그로

코토르　　　　　　　　　　　　　　　　580~601

코토르 IN / 몬테네그로 역사 / 지도 / 여행 코스

볼거리
코토르 성벽 / 남문 / 무기 광장 /
피마 궁전 / 카림파나 우물 / 성 트리폰 성당 / 스베티 루카스 성당 & 스베티 니콜라스 /
성 메리 성당 / 북문

》 조지아

트빌리시　　　　　　　　　　　　　　　604~630

한눈에 트빌리시 파악하기 / 핵심도보여행
쿠라 강, 동, 서의 상징
어머니 상 / 츠민다 사메바 성당 / 트빌리시의 이국적인 분위기 / 지하철 노선도

트빌리시의 가장 중요한 볼거리 Best 6
메테히 교회 / 바흐탕 고르가살리 왕의 기마상 / 나리칼라 요새 / 시오니 교회 /
평화의 다리 / 유황온천

관광객이 꼭 찾아가는 트빌리시 볼거리
About 와인
트빌리시 근교

About 동유럽

동유럽(Eastern Europe)이란?

발트 해에서 발칸반도에 이르는 지역의 명칭이 동유럽Eastern Europe이다. 동유럽Eastern Europe이라는 이름은 동쪽에 있는 유럽이기도 하지만, 서유럽과 다른 문화를 가지고 있다는 의미도 내포하고 있다. 다르게 역사적인 관점으로 보면 오랫동안 유럽 전역을 지배했던 합스부르크 왕가의 지배를 받은 나라들이라는 공통점도 있다. 동유럽 국가들은 합스부르크 왕가의 문화 예술에 대한 관심이 높아서일까, 도도하면서도 우아한 매력이 넘치기도 하다.

역사적·정치적 관점

동유럽Eastern Europe이라는 단어의 개념은 지리적인 관점이 아니고 냉전시대에 서유럽과의 관계에 따라 역사적·정치적 관점에서 생겨나기도 했다. 따라서 지역적 범위도 일정하지 않고, 민족적·문화적·종교적 측면에서도 이질성이 강하다. 문화적인 통합을 이야기하는 것은 쉽지 않은 일이다.

역사적으로 제1차 세계대전 뒤, 동유럽Eastern Europe 각국이 독립하면서 작은 국가라는 공통된 인식을 갖게 되었다. 제2차 세계대전이 끝난 뒤 냉전시대가 시작되면서 소련이 주도하는 사회주의 체제로 이행했던 유럽의 국가들을 뜻하는 정치적 의미로 사용하고 있다. 1989년 이후 냉전이 종식되면서 정치적 의미의 동유럽은 소멸되고 현재는 지역적 개념만 남아있다. 폴란드·체코·슬로바키아·크로아티아·슬로베니아·마케도니아·몬테네그로·세르비아·보스니아–헤르체고비나·불가리아·헝가리·루마니아·알바니아 등이 동유럽 국가에 속한다.

유럽에서의 소외감

국가에 따라, 시대에 따라 동유럽이라는 단어는 사용되다가 사라지기도 하였다. 정치적으로는 제2차 세계대전 후, 냉전시대가 도래하면서 소련이 주도하는 사회주의 체제로 이행했던 유럽의 국가들을 뜻한다. 영국, 미국, 독일과 러시아간의 지역을 가리키기도 한다. 유럽대륙의 서유럽 국가에서는 독일보다 동쪽의 유럽지역을 가리키면서 경제적으로 발전된 국가를 지칭한다. 반대로 상대적으로 낙후된 동쪽의 유럽 국가를 낮춰서 부르는 단어로도 사용된다.

그래서 동유럽Eastern Europe 국가들과 인접한 오스트리아, 슬로베니아 등의 경제적으로 발전된 국가 자신은 스스로를 동유럽Eastern Europe이라고 인정하고 싶어 하지 않기 때문에 '중부유럽Center Europe'이라고 칭하는 경우가 많다. 최근에는 세계적으로 발트3국뿐만 아니라 우크라이나, 조지아, 몰도바도 동유럽에 포함시키는 경우가 많다.

대표적인 동유럽 국가

헝가리

헝가리는 동양인의 후예인 마자르 족이 세운 나라이다. 현재는 헝가리의 수도이자 합스부르크 왕가의 도시였던 부다페스트는 야경이 아름다운 도시로 유명하다.

헝가리는 동유럽 공산주의 국가들 중에서 가장 먼저 개방한 나라이다. 수도인 부다페스트는 도나우 강을 사이에 두고, 왕궁이 있는 부다 지역과 서민이 사는 페스트 지역으로 나뉘어져 있다. 헝가리를 건국한 7명의 어부 모습을 새긴 어부의 요새와 부다 왕궁에서 바라보는 도나우 강의 전망은 압권이다.

폴란드

폴란드에는 세계 문화유산으로 지정된 수도인 바르샤바만 있는 것이 아니다. 폴란드 하면 떠오르는 '피아노의 시인, 쇼팽', 발트 해의 아름다운 도시 그단스크, 코페르니쿠스가 태어난 도스, 토른, 브로츠와프, 포즈난, 중세시대에 수도역할을 한 크라쿠프까지 폴란드의 관광자원은 끝이 없다.

체코

천 년의 역사를 간직한 체코는 유럽대륙의 중앙에 위치한 내륙국가로 수도인 프라하는 관광도시로 성장하고 있다. 남한보다 조금 작은 면적을 가진 체코는 최근에 급성장을 하면서 GDP 2만 달러를 넘는 국가로 성장하고 있다. 프라하 이외에 체스키크룸로프와 온천으로 유명한 카를로비바리, 맥주로 유명한 플젠, 모라비아 지방의 주도시인 올로모우츠 등 아름다운 도시들은 일일이 열거할 수 없을 정도이다.

슬로베니아, 크로아티아, 몬테네그로, 알바니아

20세기 초에 발칸반도에는 세르비아가 주도하는 유고슬라비아가 세워졌다. 제2차 세계대전 이후 사회주의 국가가 된 유고슬라비아 연방은 1980년대 말, 급격하게 몰락하면서 여러 나라로 분리가 되었다. 발칸 반도에서 20세기 말에 벌어진 유고 연방의 주축이었던 세르비아와 전쟁으로 얼룩졌지만 급속하게 전후 복구를 통해 이제는 관광대국으로 거듭나고 있다.

특히 슬로베니아는 GDP 2만 달러를 넘는 부국이 되었고 크로아티아는 발칸 반도에서 관광대국이 되어 성장을 거듭하고 있다. 작은 국가인 몬테네그로는 크로아티아를 잇는 관광국가로 알려지고 있다. 아직 우리에게 잘 알려지지 않은 알바니아는 최근에 민주화를 통해 경제성장 동력을 관광객 유치를 통해 이루려고 한다.

동유럽을 꼭 가야 하는 이유

중세 문화

체코의 프라하는 14세기에 카를교를 해가 지는 그때 건너면 아름다운 일몰과 함께 추억을 만들 수 있을 것이다. 크라쿠프에서는 중앙광장의 리네크 글루프니를 돌아보고 중세 문화를 직접 느낄 수 있다. 발트 3국의 탈린, 리가, 빌뉴스와 헝가리의 부다페스트, 폴란드의 그단스크 같은 도시는 중세 문화유산으로 가득하다. 동유럽의 소도시에서는 아기자기한 마을에서 만나는 사람들 또한 순박하다.

EASTERN EUROPE

환상적인 야경

체코 프라하, 헝가리 부다페스트, 폴란드 크라쿠프 등 동유럽은 서유럽의 야경과는 다른 옛 시절의 보는 야경이 관광객의 마음을 사로잡는다. 각 도시들의 다리를 건너면서 강을 건너면 황홀한 풍경에 사로잡힌다. 관광객의 마음을 빼앗아 가는 야경을 보는 기회를 잡아 보자.

굴곡의 역사

동유럽은 산업혁명의 흐름에 동참하지 못하고 시대에 뒤쳐져 서유럽의 발전을 지켜보면서 힘든 현대사를 살아왔다. 1945년 2차 세계대전 이후의 분할을 점령한 얄타 회담이 끝난 후 냉전의 소용돌이에서 소련의 지배를 받았다. 소련의 위성국가였던 발트 3국, 폴란드, 체코, 유고슬라비아까지 한동안 유럽여행에서 배제된 곳이 대부분이었다.

그런데 크로아티아가 유고슬라비아 연방에서 탈퇴하면서 시작된 전쟁이 끝나면서 아름다운 문화유산을 간직한 동유럽이 점점 사람들에게 알려지기 시작했다. 그리고 최근에는 중세 유럽의 문화를 간직한 동유럽만 따로 여행하는 관광객이 늘어나고 있다.

중세 문화축제

오랫동안 발전을 하지 못하고 살아온 동유럽 국가들은 중세 유럽의 문화를 간직하고 있다. 그래서 중세 문화축제가 동유럽 국가들마다 개최되고 있다. 가을 수확이 끝나는 9월부터 중세문화와 함께하는 축제를 경험하는 것도 동유럽 여행의 재미이다.

로마 가톨릭 VS 정교회

체코, 헝가리, 크로아티아, 슬로베니아 등의 나라들은 로마 가톨릭의 영향을 많이 받아 옛 성당이 오랜 시간동안 간직되어 왔다. 반대로 발트3국과 발칸반도의 국가들, 조지아는 정교회의 영향을 받았다. 같은 기독교 문화지만 다른 역사적 배경을 간직한 국가들의 기독교 문화를 비교할 수 있는 좋은 경험을 할 수 있다.

친절한 사람들

동유럽은 서유럽에 비해 가족 공동체를 중요하게 생각한다. 그래서 가족에 대한 애정이 남다르며 가족들이 함께 시간을 보내는 시간이 많다. 또한 그들의 마을에 사람들이 찾아오면 친절하게 맞이하면서 가족처럼 따뜻하게 대한다. 그들의 친절한 태도는 여행자를 감동시키고 다시 찾아오고 싶은 느낌을 받게 만들어준다. 그래서일까? 최근에 동유럽으로 장기 여행인 한 달 살기를 하는 여행자들이 많아지는 추세이다.

동유럽의 소도시 여행 잘하는 방법

동유럽을 처음으로 여행하는 여행자들은 처음에 여행을 어떻게 할지 몰라 당황하는 경우가 많다. 하지만 동유럽의 도시들은 그리 크지 않기 때문에 여행할 때는 대부분 도시 안에서 여행하는 패턴이 있다. 그 방법을 처음에 숙지하고 여행을 하다보면 자연스럽게 여행의 패턴에 자신도 생겨나게 된다. 동유럽의 도시들을 여행하는 방법에 대해 알아보자.

1. 인포메이션 방문

목적지의 기차역이나 공항, 버스터미널에 도착하면 먼저 인포메이션 센터를 찾아가는 습관을 들이는 것이 좋다. 시내 지도를 받아 이동하는 방법을 문의할 수도 있고 가끔 축제나 행사가 있을 경우 관련 정보를 얻을 수 있다.

2. 숙소 찾아가기

숙소를 예약하지 않은 경우 당일이라도 부킹닷컴이나 에어비앤비에 숙소는 남아있으므로 걱정하지 말고 찾아보자. 아니면 관광안내소에서 YHA 등 저렴한 숙소를 물어보고, 찾아가는 방법도 문의할 수 있다. 야간 기차를 타고 다른 도시로 이동할 예정이라면 역 안에 있는 코인라커에 큰 배낭은 맡겨두고 필요한 짐만 가지고 가볍게 도시를 둘러볼 수 있다.

3. 광장에서 여행 시작

대도시를 제외하면 대부분의 동유럽 도시들은 도보로 여행이 충분히 가능하다. 마을 중심에 있는 광장에 도착해 도시의 거리를 중심으로 볼거리들이 보이게 된다. 지하철, 버스를 타고 관광지에 도착해 중앙역을 중심으로 여행을 하게 된다.

4. 현지인의 도움

최근에는 구글 지도를 이용해 목적지를 찾아가는 것이 어렵지 않게 되었다. 하지만 소도시에서 구글 지도에 표시가 안 되어 있는 곳도 있다. 그럴때는 현지에서 무료로 나누어주는 시내 지도와 가이드북을 보면 찾아가는 데 어려움이 없지만 잘 모를 경우에는 주저하지 말고 지나가는 현지인에게 물어보는 것이 가장 좋다. 물어보는 것을 창피하게 생각하지 말자.

5. 슈퍼마켓 위치 파악

유럽에서는 마트나 슈퍼가 우리나라처럼 흔하지 않으므로 물이나 간단한 먹거리는 눈에 보였다면 사 두는 것이 좋다. 아니면 숙소에 도착했을 때 가장 먼저 마트와 슈퍼를 프런트에 물어보고 들어가서 미리 물이나 필요한 물품을 사두는 것이 좋다. 우리나라처럼 늦게까지 하는 마트도 있지만 많지 않다. 같은 콜라나 물이라도 기차 안, 역전, 역 밖 등의 가격이 다 제각각인 점도 유의하자.

6. 골목길 다니기

너무 후미진 골목은 되도록 돌아다니지 않는 것이 좋다. 이유 없이 너무 친절을 베풀면 일단 경계를 하는 것이 좋다. 밤의 야경을 보러가는 것은 혼자보다는 숙소에서 만난 여행자들과 같이 어울려 다니는 것이 사진을 찍기도 좋고 안전하다.

동유럽에 여행 필요한 한
INFO

동유럽 여행 밑그림 그리기

우리는 여행으로 새로운 준비를 하거나 일탈을 꿈꾸기도 한다. 여행이 일반화되기도 했지만 아직도 여행을 두려워하는 분들이 많다. 유럽여행에서 특히 동유럽 여행자가 급증하고 있다. 몇 년 전부터 늘어난 동유럽의 체코, 프라하를 비롯해 크로아티아를 다녀온 여행자는 발트 3국과 폴란드, 헝가리 부다페스트, 아드리아 해의 몬테네그로로 눈길을 돌리고 있다. 그러나 어떻게 여행을 해야 할지부터 걱정을 하게 된다. 아직 정확한 자료가 부족하기 때문이다. 지금부터 동유럽의 여행을 쉽게 한눈에 정리하는 방법을 알아보자. 동유럽 여행준비는 절대 어렵지 않다. 단지 귀찮아 하지만 않으면 된다. 평소에 원하는 동유럽 여행을 가기로 결정했다면, 준비를 꼼꼼하게 하는 것이 중요하다.

일단 관심이 있는 사항을 적고 일정을 짜야 한다. 처음 해외여행을 떠난다면 동유럽 여행도 어떻게 준비할지 몰라 당황하게 된다. 먼저 어떻게 여행을 할지부터 결정해야 한다. 아무것도 모르겠고 준비를 하기 싫다면 패키지여행으로 가는 것이 좋다. 동유럽 여행은 주말을 포함해 7박9일, 9박11일 여행이 가장 일반적이다. 해외여행이라고 이것저것 많은 것을 보려고 하는 데 힘만 들고 남는 게 없는 여행이 될 수도 있으니 욕심을 버리고 준비하는 게 좋다. 여행은 보는 것도 중요하지만 같이 가는 여행의 일원과 같이 잊지 못할 추억을 만드는 것이 더 중요하다.

다음을 보고 전체적인 여행의 밑그림을 그려보자.

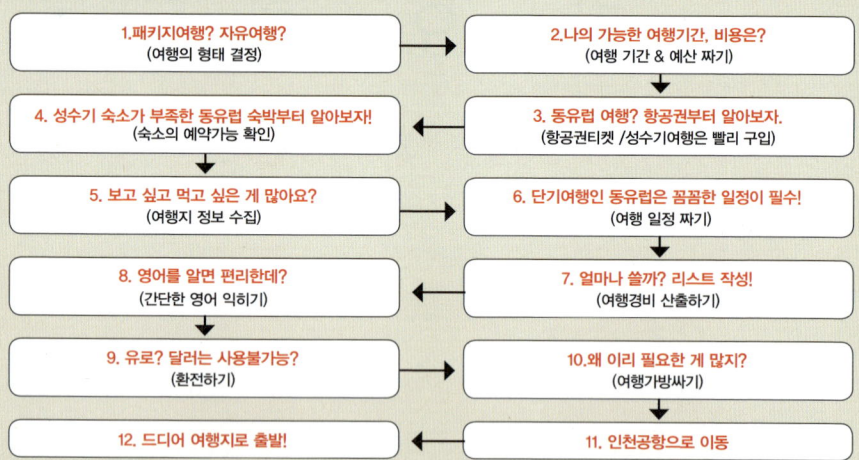

결정을 했으면 일단 항공권을 구하는 것이 가장 중요하다. 전체 여행경비에서 항공료와 숙박이 차지하는 비중이 가장 크지만 너무 몰라서 낭패를 보는 경우가 많다. 평일이 저렴하고 주말은 비쌀 수밖에 없다. 항공료, 숙박, 현지경비 등 사전에 확인을 하고 출발하는 것이 문제를 발생시키지 않는 방법이다.

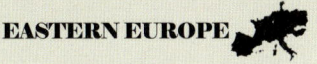

패키지여행 VS 자유여행

대한민국에서 유럽여행은 누구나 가고 싶은 여행지이다. 그 중에서 최근에 동유럽으로 여행을 가려는 여행자가 늘어나고 있다. 대한민국의 여행자는 런던, 파리, 프랑크푸르트에 집중되어 상대적으로 동유럽에는 한국인 관광객이 많지 않다. 그래서 더욱 누구나 고민하는 것은 여행정보는 어떻게 구하지? 라는 질문이다. 그만큼 동유럽의 프라하, 잘츠부르크를 제외한 작은 도시에 대한 정보가 매우 부족한 상황이다. 그래서 처음으로 동유럽을 여행하는 여행자들은 패키지여행을 선호하거나 여행을 포기하는 경우가 많았다. 20~30대 여행자들이 늘어남에 따라 패키지보다 자유여행을 선호하고 있다.

발트 3국이나 폴란드를 여행하고 이어서 오스트리아, 헝가리, 슬로베니아, 크로아티아로 여행을 다녀오는 경우도 상당히 많다. 발트3국부터 남유럽의 발칸반도의 슬로베니아, 크로아티아만의 3주 여행이나, 발칸반도의 슬로베니아, 크로아티아만의 1~2주일의 여행 등 새로운 형태의 여행이 늘어나고 있다. 20대의 젊은 여행자들은 호스텔을 이용하여 친구들과 여행을 즐기는 경우도 있다.

편안하게 다녀오고 싶다면 패키지여행

동유럽이 뜬다고 하니 여행을 가고 싶은데 정보가 없고 나이도 있어서 무작정 떠나는 것이 어려운 여행자들은 편안하게 다녀올 수 있는 패키지여행을 선호한다. 다만 아직까지 동유럽의 소도시까지는 많이 가는 여행지는 아니다 보니 패키지 상품의 가격이 저렴하지는 않다. 여행일정과 숙소까지 다 안내하니 몸만 떠나면 된다.

연인끼리, 친구끼리, 가족여행은 자유여행 선호

2주정도의 긴 여행이나 젊은 여행자들은 패키지여행을 선호하지 않는다. 특히 여행을 몇 번 다녀온 여행자는 동유럽에서 자신이 원하는 관광지와 맛집을 찾아서 다녀오고 싶어 한다. 여행지에서 원하는 것이 바뀌고 여유롭게 이동하며 보고 싶고 먹고 싶은 것을 마음대로 찾아가는 연인, 친구, 가족의 여행은 단연 자유여행이 제격이다.

동유럽 여행 물가

동유럽 여행의 가장 큰 장점은 저렴한 물가이다. 동유럽 여행에서 큰 비중을 차지하는 것은 항공권과 숙박비이다. 항공권은 대한항공, 아시아나 항공 같은 국적기나 폴란드, 체코 항공이 직항으로 동유럽의 바르샤바, 프라하, 자그레브 등까지 가는 항공을 저렴하게 구할 수 있다면 버스나 기차를 타면서 동유럽 여행을 할 수 있다. 숙박은 저렴한 호스텔이 원화로 10,000원대부터 있어서 항공권만 빨리 구입해 저렴하다면 숙박비는 큰 비용이 들지는 않는다. 하지만 좋은 호텔에서 머물고 싶다면 더 비싼 비용이 들겠지만 호텔의 비용은 저렴한 편이다.

▶**왕복 항공료**_ 68~168만원
▶**버스, 기차**_ 3~10만원
▶**숙박비(1박)**_ 1~10만 원
▶**한 끼 식사**_ 2천~4만 원
▶**입장료**_ 2천 7백 원~3만 원

구분	세부 품목	7박9일	9박11일
항공권	루프트한자, 대한항공	680,000~1,680,000	
택시, 버스, 기차	택시, 버스, 기차	약 4,000~30,000원	
숙박비	호스텔, 호텔, 아파트	300,000~1,200,000원	500,000~1,600,000원
식사비	한 끼	5,000~30,000원	
시내교통	택시, 우버	2,000~30,000원	
입장료	박물관 등 각종 입장료	2,000~8,000원	
		약 1,270,000원~	약 1,790,000원~

동유럽 여행 계획 짜기

1. 주중 or 주말
동유럽 여행도 일반적인 여행처럼 비수기와 성수기가 있고 요금도 차이가 난다. 7~8월의 성수기를 제외하면 항공과 숙박요금도 차이가 있다. 비수기나 주중에는 할인 혜택이 있어 저렴한 비용으로 조용하고 쾌적한 여행을 할 수 있다. 주말과 국경일을 비롯해 여름 성수기에는 항상 관광객으로 붐빈다. 황금연휴나 여름 휴가철 성수기에는 항공권이 매진되는 경우가 허다하다.

2. 여행기간
동유럽 여행을 안 했다면 "폴란드, 발트3국, 몬테네그로가 어디야?"라는 말을 할 수 있다. 하지만 일반적인 여행기간인 7박9일의 여행일정으로는 다 못 보는 지역이 동유럽이다. 동유럽 여행은 대부분 7박9일~9박11일이 많지만 동유럽의 깊숙한 면까지 보고 싶다면 2주일 여행은 가야 한다.

3. 숙박
성수기가 아니라면 동유럽 여행의 숙박은 저렴하다는 점이다. 숙박비는 저렴하고 가격에 비해 시설은 좋다. 주말이나 숙소는 예약이 완료된다. 특히 여름 성수기에는 숙박은 미리 예약을 해야 문제가 발생하지 않는다. 소도시로 가면 당일에도 숙소가 있지만 만일을 대비하는 것이 필요하다.

4. 어떻게 여행 계획을 짤까?
먼저 여행일정을 정하고 항공권과 숙박을 예약해야 한다. 여행기간을 정할 때 얼마 남지 않은 일정으로 계획하면 항공권과 숙박비는 비쌀 수밖에 없다. 특히 동유럽처럼 뜨는 여행지역은 항공료가 상승한다. 최대한 저렴하게 구입하는 방법을 찾아야 한다. 숙박시설도 호스텔로 정하면 비용이 저렴하게 지낼 수 있다. 유심을 구입해 관광지를 모를 때 구글맵을 사용하면 쉽게 찾을 수 있다.

5. 식사
동유럽 여행의 가장 큰 장점은 물가가 저렴하다는 점이다. 그렇지만 고급 레스토랑은 동유럽도 비싼 편이다. 한 끼 식사는 하루에 한번은 비싸더라도 제대로 식사를 하고 한번은 동유럽 사람들처럼 저렴하게 한 끼 식사를 하면 적당하다. 시내의 관광지는 거의 걸어서 다닐 수 있기 때문에 투어비용은 도시를 벗어난 투어를 갈 때만 교통비가 추가된다.

동유럽 한달 살기

솔직한 한 달 살기

요즈음, 마음에 꼭 드는 여행지를 발견하면 자꾸 '한 달만 살아보고 싶다'는 이야기를 많이 듣는다. 그만큼 한 달 살기로 오랜 시간 동안 해외에서 여유롭게 머물고 싶어 하기 때문이다. 직장생활이든 학교생활이든 일상에서 한 발짝 떨어져 새로운 곳에서 여유로운 일상을 꿈꾸기 때문일 것이다.

최근에는 한 달, 혹은 그 이상의 기간 동안 여행지에 머물며 현지인처럼 일상을 즐기는 '한 달 살기'가 여행의 새로운 트렌드로 자리잡아가고 있다. 천천히 흘러가는 시간 속에서 진정한 여유를 만끽하려고 한다. 그러면서 한 달 동안 생활해야 하므로 저렴한 물가와 주위

에 다양한 즐길 거리가 있는 동유럽의 많은 도시들이 한 달 살기의 주요 지역으로 주목 받고 있다. 한 달 살기의 가장 큰 장점은 짧은 여행에서는 느낄 수 없었던 색다른 매력을 발견할 수 있다는 것이다.

사실 한 달 살기로 책을 쓰겠다는 생각을 몇 년 전부터 했지만 마음이 따라가지 못했다. 우리의 일반적인 여행이 짧은 기간 동안 자신이 가진 금전 안에서 최대한 관광지를 보면서 많은 경험을 하는 것을 하는 것이 자유여행의 패턴이었다. 하지만 한 달 살기는 확실한 '소확행'을 실천하는 행복을 추구하는 것처럼 보였다. 많은 것을 보지 않아도 느리게 현지의 생활을 알아가는 스스로 만족을 원하는 여행이므로 좋아 보였다. 내가 원하는 장소에서 하루하루를 즐기면서 살아가는 문화와 경험을 즐기는 것은 좋은 여행방식이다.

하지만 많은 도시에서 한 달 살기를 해본 결과 한 달 살기라는 장기 여행의 주제만 있어서 일반적으로 하는 여행은 그대로 두고 시간만 장기로 늘린 여행이 아닌 것인지 의문이 들었다. 현지인들이 가는 식당을 가는 것이 아니고 블로그에 나온 맛집을 찾아가서 사진을 찍고 SNS에 올리는 것은 의문을 가지게 만들었다. 현지인처럼 살아가는 것이 아니라 풍족하게 살고 싶은 것이 한 달 살기인가라는 생각이 강하게 들었다.

현지인과의 교감은 없고 맛집 탐방과 SNS에 자랑하듯이 올리는 여행의 새로운 패턴인가, 그냥 새로운 장기 여행을 하는 여행자일 뿐이 아닌가?

현지인들의 생활을 직접 그들과 살아가겠다고 마음을 먹고 살아도 현지인이 되기는 힘들다. 여행과 현지에서의 삶은 다르기 때문이다. 단순히 한 달 살기를 하겠다고 해서 그들을 알 수도 없는 것은 동일할 수도 있다. 그래서 한 달 살기가 끝이 나면 언제든 돌아갈 수 있다는 것은 생활이 아닌 여행자만의 대단한 기회이다. 그래서 한동안 한 달 살기가 마치 현지인의 문화를 배운다는 것은 거짓말로 느껴졌다.

시간이 지나면서 다시 생각을 해보았다. 어떻게 여행을 하든지 각자의 여행이 스스로에게 행복한 생각을 가지게 한다면 그 여행은 성공한 것이다. 배낭을 들고 현지인들과 교감을 나누면서 배워가고 느낀다고 한 달 살기가 패키지여행이나 관광지를 돌아다니는 여행보

다 우월하지도 않다. 한 달 살기를 즐기는 주체인 자신이 행복감을 느끼는 것이 핵심이라고 결론에 도달했다.

요즈음은 휴식, 모험, 현지인 사귀기, 현지 문화체험 등으로 하나의 여행 주제를 정하고 여행지를 선정하여 해외에서 한 달 살기를 해보면 좋다. 맛집에서 사진 찍는 것을 즐기는 것으로도 한 달 살기는 좋은 선택이 된다. 일상적인 삶에서 벗어나 낯선 여행지에서 오랫동안 소소하게 행복을 느낄 수 있는 한 달 동안 여행을 즐기면서 자신을 돌아보는 것이 한 달 살기의 핵심인 것 같다.

떠나기 전에 자신에게 물어보자!

한 달 살기 여행을 떠나야겠다는 마음이 의외로 간절한 사람들이 많다. 그 마음만 있다면 앞으로의 여행 준비는 그리 어렵지 않다. 천천히 따라가면서 생각해 보고 실행에 옮겨보자.

내가 장기간 떠나려는 목적은 무엇인가?

여행을 떠나면서 배낭여행을 갈 것인지, 패키지여행을 떠날 것인지 결정하는 것은 중요하다. 하물며 장기간 한 달을 해외에서 생활하기 위해서는 목적이 무엇인지 생각해 보는 것이 중요하다. 일을 함에 있어서도 목적을 정하는 것이 계획을 세우는데 가장 기초가 될 것이다.

한 달 살기도 어떤 목적으로 여행을 가는지 분명히 결정해야 질문에 대한 답을 찾을 수 있다. 아무리 아무 것도 하지 않고 지내고 싶다고 할지라도 1주일 이상 아무것도 하지 않고 집에서만 머물 수도 없는 일이다.

동남아시아는 휴양, 다양한 엑티비티, 무엇이든 배우기(어학, 요가, 요리 등), 나의 로망여행지에서 살아보기, 내 아이와 함께 해외에서 보내보기 등등 다양하다.

EASTERN EUROPE

목표를 과다하게 설정하지 않기

자신이 해외에서 산다고 한 달 동안 어학을 목표로 하기에는 다소 무리가 있다. 무언가 성과를 얻기에는 짧은 시간이기 때문이다.
1주일은 해외에서 사는 것에 익숙해지고 2~3주에 현지에 적응을 하고 4주차에는 돌아올 준비를 하기 때문에 4주 동안이 아니고 2주 정도이다. 하지만 해외에서 좋은 경험을 해볼 수 있고, 친구를 만들 수 있다. 이렇듯 한 달 살기도 다양한 목적이 있으므로 목적을 생각하면 한 달 살기 준비의 반은 결정되었다고 생각할 수도 있다.

여행지와 여행 시기 정하기

한 달 살기의 목적이 결정되면 가고 싶은 한 달 살기 여행지와 여행 시기를 정해야 한다. 목적에 부합하는 여행지를 선정하고 나서 여행지의 날씨와 자신의 시간을 고려해 여행 시기를 결정한다. 여행지도 성수기와 비수기가 있기에 한 달 살기에서는 여행지와 여행시기의 틀이 결정되어야 세부적인 예산을 정할 수 있다.

한 달 살기를 선정할 때 유럽 국가 중에서 대부분은 안전하고 볼거리가 많은 도시를 선택한다. 예산을 고려하면 항공권 비용과 숙소, 생활비가 크게 부담이 되지 않는 동유럽의 폴란드, 체코, 헝가리 부다페스트 등이다.

한 달 살기의 예산정하기

누구나 여행을 하면 예산이 가장 중요하지만 한 달 살기는 오랜 기간을 여행하는 거라 특히 예산의 사용이 중요하다. 돈이 있어야 장기간 문제가 없이 먹고 자고 한 달 살기를 할 수 있기 때문이다.

한 달 살기는 한 달 동안 한 장소에서 체류하므로 자신이 가진 적정한 예산을 확인하고, 그 예산 안에서 숙소와 한 달 동안의 의식주를 해결해야 한다. 여행의 목적이 정해지면 여행을 할 예산을 결정하는 것은 의외로 어렵지 않다. 또한 여행에서는 항상 변수가 존재하므로 반드시 비상금도 따로 준비를 해 두어야 만약의 상황에 대비를 할 수 있다. 대부분의 사람들이 한 달 살기 이후의 삶도 있기에 자신이 가지고 있는 예산을 초과해서 무리한 계획을 세우지 않는 것이 중요하다.

세부적으로 확인할 사항

1. 나의 여행스타일에 맞는 숙소형태를 결정하자.

지금 여행을 하면서 느끼는 숙소의 종류는 참으로 다양하다. 호텔, 민박, 호스텔, 게스트하우스가 대세를 이루던 2000년대 중반까지의 여행에서 최근에는 에어비앤비Airbnb나 부킹닷컴, 호텔스닷컴 등까지 더해지면서 한 달 살기를 하는 장기여행자를 위한 숙소의 폭이 넓어졌다.

숙박을 할 수 있는 도시로의 장기 여행자라면 에어비앤비Airbnb보다 더 저렴한 가격에 방이나 원룸(스튜디오)을 빌려서 거실과 주방을 나누어서 사용하기도 한다. 방학 시즌에 맞추게 되면 방학동안 해당 도시로 역으로 여행하는 현지 거주자들의 집을 1~2달 동안 빌려서 사용할 수도 있다. 그러므로 자신의 한 달 살기를 위한 스타일과 목적을 고려해 먼저 숙소형태를 결정하는 것이 좋다.

무조건 수영장이 딸린 콘도 같은 건물에 원룸으로 한 달 이상을 렌트하는 것만이 좋은 방법은 아니다. 혼자서 지내는 '나 홀로 여행'에 저렴한 배낭여행으로 한 달을 살겠다면 호스텔이나 게스트하우스에서 한 달 동안 지내는 것이 나을 수도 있다. 최근에는 아파트인데 혼자서 지내는 작은 원룸 형태의 아파트에 주방을 공유할 수 있는 곳을 예약하면 장기 투숙 할인도 받고 식비를 아낄 수 있도록 제공하는 곳도 생겨났다. 아이가 있는 가족이 여행하는 것이라면 안전을 최우선으로 장기할인 혜택을 주는 콘도를 선택하면 낫다.

2. 한 달 살기 도시를 선정하자.

어떤 숙소에서 지낼 지 결정했다면 한 달 살기 하고자 하는 근처와 도시의 관광지를 살펴보는 것이 좋다. 자신의 취향을 고려하여 도시의 중심에서 머물지, 한가로운 외곽에서 머물면서 대중교통을 이용해 이동할지 결정한다.

3. 동유럽 숙소에 대한 이해

동유럽 여행이 처음이고 한 달 살기라면 숙소예약이 의외로 쉽지 않다. 짧은 자유여행이라면 숙소에 대한 선택권이 크지만 한 달 살기는 숙소 선택이 난감해질 때가 많다. 동유럽 숙소의 전체적인 이해를 해보자.

1. 숙소의 위치

동유럽에서 관광객은 도시의 어느 곳에 숙소를 정해야 할지 고민하게 된다. 시내에 주요 관광지가 몰려있기 때문에 숙소의 위치가 도심에서 멀어지면 숙소의 비용이 저렴해도 교통비로 총 여행비용이 올라가게 될 수도 있다. 따라서 숙소의 위치가 중요하다. 그러나 동유럽 도시의 중심지에 있는 숙소를 정하고 싶어도 숙박비를 생각해야 한다.

처음 동유럽을 오는 사람들은 어디가 중심인지 파악이 쉽지 않다. 그래서 3~5일 정도의 숙소를 예약하고 나서 도착하여 숙소를 정하는 것도 좋은 방법이다. 시내에서 떨어져 있다면 도심과 숙소 사이를 이동하는 데 시간이 많이 소요되어 좋은 선택이 아니라고 생각한다.

2. 숙소예약 앱의 리뷰를 확인하라.

숙소는 몇 년 전만해도 호텔과 호스텔이 전부였다. 하지만 에어비앤비나 부킹닷컴 등을 이용한 아파트도 있고 다양한 숙박 예약 어플도 생겨났다. 가장 먼저 고려해야 하는 것은 자신의 여행비용이다. 항공권을 예약하고 남은 여행경비가 200만 원 정도라면 반드시 100만 원 이내의 숙소를 정해야 한다. 자신의 경비에서 숙박비는 50% 이내로 숙소를 확인해야 한 달 살기 동안 지내면서 돈 걱정 없이 지낼 수 있다.

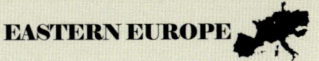

3. 내부 사진을 꼭 확인
숙소의 비용은 우리나라보다 저렴하지만 시설이 좋지않은 경우가 많다. 오래된 건물에 들어선 숙소가 아니지만 관리가 잘못된 아파트들이 의외로 많다. 반드시 룸 내부의 사진을 확인하고 선택하는 것이 좋다.

4. 에어비앤비나 부킹닷컴을 이용해 아파트를 이용
시내에서 얼마나 떨어져 있는지를 확인하고 숙소에 도착해 어떻게 주인과 만날 수 있는지 전화번호와 아파트에 도착할 수 있는 방법을 정확히 알고 출발해야 한다. 아파트에 도착했어도 주인과 만나지 못해 아파트에 들어가지 못하고 1~2시간만 기다려도 화도 나고 기운도 빠지기 때문에 여행이 처음부터 쉽지 않아진다.

알아두면 좋은 동유럽 이용 팁(Tip)

1. 미리 예약해도 싸지 않다.
일정이 확정되고 아파트에서 머물겠다고 생각했다면 먼저 예약해야 한다. 여행일정에 임박해서 예약하면 같은 기간, 같은 객실이어도 비싼 가격으로 예약을 할 수 밖에 없다. 하지만 성수기가 아닌 비성수기라면 여행일정에 임박해서 숙소예약을 많이 하는 특성을 아는 숙박업소의 주인들이 일찍 예약한다고 미리 저렴하게 숙소를 내놓지는 않는다.

2. 후기를 참고하자.
아파트의 선택이 고민스럽다면 숙박예약 사이트에 나온 후기를 잘 읽어본다. 특히 한국인은 까다로운 편이기에 후기도 적나라하게 평을 해놓는 편이라서 숙소의 장, 단점을 파악하기가 쉽다. 실제로 그곳에 머문 여행자의 후기에는 당해낼 수 없다.

3. 미리 예약해도 무료 취소기간을 확인해야 한다.
미리 숙소를 예약하고 있다가 나의 한 달 살기 여행이 취소되든지, 다른 숙소로 바꾸고 싶을 때에 무료 취소가 아니면 환불 수수료를 내야 한다. 그러면 아무리 할인을 받고 저렴하게 숙소를 구해도 절대 저렴하지 않으니 미리 확인하는 습관을 가져야 한다.

숙소 예약 사이트

부킹닷컴(Booking.com)
에어비앤비와 같이 전 세계에서 가장 많이 이용하는 숙박 예약 사이트이다. 동유럽에도 많은 숙박이 올라와 있다.

Booking.com
부킹닷컴
www.booking.com

에어비앤비(Airbnb)
전 세계 사람들이 집주인이 되어 숙소를 올리고 여행자는 손님이 되어 자신에게 맞는 집을 골라 숙박을 해결한다. 어디를 가나 비슷한 호텔이 아닌 현지인의 집에서 숙박을 하도록 하여 여행자들이 선호하는 숙박 공유 서비스가 되었다.

airbnb
에어비앤비
www.airbnb.co.kr

동유럽 한 달 살기 잘하는 방법

1. 도착하면 관광안내소(Information Center)를 가자.

어느 도시가 되도 도착하면 해당 도시의 지도를 얻기 위해 관광안내소를 찾는 것이 좋다. 공항에서 나오면 왼쪽에 관광 안내소가 있다.
환전소를 잘 몰라도 문의하면 친절하게 알려준다. 방문기간에 이벤트나 변화, 각종 할인쿠폰이 관광안내소에 비치되어 있을 수 있다.

2. 심(Sim)카드나 무제한 데이터를 활용하자.

공항에서 시내로 이동을 할 때 자신의 위치를 알고 이동하는 것이 편리하다. 자신이 예약한 숙소를 찾아가는 경우에도 구글맵이 있으면 쉽게 숙소도 찾을 수 있어서 스마트폰의 필요한 정보를 활용하려면 데이터가 필요하다. 동유럽의 각 나라에서 심카드를 사용하는 것은 매우 쉽다.

심카드를 사용하는 방법은 쉽다. 매장에 가서 스마트폰을 보여주고 사용하려고 하는 날짜를 선택하면 매장의 직원이 알아서 다 갈아 끼우고 문자도 확인하여 이상이 없으면 돈을 받는다.

3. 유로인지 아닌지 확인해야 한다.

서유럽의 대부분의 나라들이 EU에 가입되어 유로(€)를 사용하지만 동유럽의 폴란드, 체코, 크로아티아, 몬테네그로, 조지아 등의 나라들은 유로를 사용하지 않고 자국화폐를 사용하고 있다.

'유로(€)'를 사용하는 것에 대비해 미리 한국에서 필요한 돈을 환전해 가도 다시 환전이 필요하게 된다. 동유럽에 도착해 시내로 들어가는 금액은 공항이나 기차역에서 환전을 하고 자신의 숙소로 이동해야 한다. 여행을 하다가 필요한 환전소는 어디든 동일하므로 필요한 금액만을 먼저 환전해도 상관이 없다.

보다폰(Vodafone)

많은 동유럽 나라마다 통신사가 있지만 약간의 비용이 비싸도 보다폰(Vodafone)을 선택하는 것이 현명하다. 유럽 어느 나라를 가도 보다폰(Vodafone)을 사용할 수 있기 때문에 빠르고 문제없이 사용할 수 있다. 또한 다른 나라를 이동할 때에도 보다폰(Vodafone)의 심(Sim)카드는 문제없이 사용할 수 있는 장점이 있다. 만약 공항에서 심(Sim)카드를 바꾸지 못했다면 시내의 보다폰(Vodafone) 매장에서 심(Sim)카드를 이용할 수 있다.

---

4. 버스에 대한 간단한 정보를 갖고 출발하자.

동유럽은 현지인들이 버스를 많이 이용하기 때문에 버스가 중요한 시내교통수단이다. 버스정류장도 잘 모르고 도시를 여행하려고할 때 버스를 몰라 당황하는 경우가 많이 발생한다.
장기 여행자라도 도시를 여행하려면 가장 필요한 정보가 도시 내에서 이동하는 버스노선 파악이다.

5. '관광지 한 곳만 더 보자는 생각'은 금물

동유럽의 대부분 도시들은 소도시이다. 소도시들은 대부분 하루 안에 도시를 둘러볼 수 있으므로 어렵지 않게 여행이 가능하다. 한 달 살기라면 도시 내에 있는 관광지의 의미를 파악하면서 여행하는 것이 장기여행에서 필요하다. 무리해서 관광지를 다 보고 오겠다는 생각을 하고 다니면 탈이 날 수 있다.

사람마다 생각이 다르겠지만 평생 한번만 갈 수 있다는 생각을 하지 말고 여유롭게 관광지를 보는 것이 좋다. 한 곳을 더 본다고 여행이 만족스럽지 않다. 자신에게 주어진 여행 기간 만큼 행복한 여행이 되도록 여유롭게 여행하는 것이 좋다. 동유럽은 여유롭게 지내면서 자신을 돌아볼 수 있는 여행지이다. 편안한 마음으로 여행한다면 오히려 더 여유롭게 여행을 하고 만족도도 더 높을 것이다.

6. 아는 만큼 보이고 준비한 만큼 만족도가 높다.

동유럽의 관광지는 동유럽의 아픈 역사와 긴밀한 관련이 많다. 그런데 아무런 정보 없이 본다면 재미도 없고 본 관광지는 아무 의미 없는 장소가 되기 쉽다.

역사와 관련한 정보는 습득하고 동유럽 여행을 떠나는 것이 준비도 하게 되고 아는 만큼 만족도가 높다.

7. 작은 문제에 대해 관대해져야 한다.

해외에서 단기간이든, 장기간이든 지내면서 길거리를 다니다가 소매치기를 당하거나 상인들과의 작은 다툼 등의 문제가 발생할 수 있다. 국내처럼 신경을 쓰지 않아도 다니기는 쉽지 않다. 그래서 작은 문제들이 발생한다면 빨리 문제를 잊고 감정을 추스르는 것이 필요하다. 고급 레스토랑에서 팁을 주는 것에서도 가끔씩 문제가 발생할 수 있다. 예약이 필수인 레스토랑은 무작정 들어가서 앉으려고 하다가 문제가 생기고 있으니 예약과 팁에 대해 알고 레스토랑에 입장하는 것이 좋겠다.

4. 숙소 근처를 알아본다.

지도를 보면서 자신이 한 달 동안 있어야 할 지역의 위치를 파악해 본다. 관광지의 위치, 자신이 생활을 할 곳의 맛집이나 커피숍 등을 최소 몇 곳만이라도 알고 있는 것이 필요하다.

동유럽 한 달 살기 비용

동유럽은 서유럽에 비하면 물가가 저렴한 곳이다. 하지만 저렴하다고 하여 동남아시아처럼 여행경비가 저렴하다고 생각하면 오산이다. 물론 저렴하기는 하지만 '너무 싸다'는 생각은 금물이다. 저렴하다는 생각만으로 한 달 살기를 왔다면 실망할 가능성이 높다.

여행을 계획하고 실행에 옮기면 가장 많이 돈이 들어가는 부분은 항공권과 숙소비용이다. 또한 여행기간 동안 사용할 식비와 버스 같은 교통수단의 비용이 가장 일반적이다. 동유럽에서 한 달 살기를 많이 하는 도시는 체코의 프라하, 헝가리의 부다페스트, 폴란드의 크라쿠프 등으로 이 도시들을 기반으로 한 달 살기의 비용을 파악했다.

항목	내용	경비
항공권	동유럽으로 이동하는 항공권이 필요하다. 항공사, 조건, 시기에 따라 다양한 가격이 나온다.	약 59~100만 원
숙소	한 달 살기는 대부분 아파트 같은 혼자서 지낼 수 있는 숙소가 필요하다. 홈스테이부터 숙소들을 부킹닷컴이나 에어비앤비 등의 사이트에서 찾을 수 있다. 각 나라만의 장기여행자를 위한 전문 예약 사이트(어플)에서 예약하는 것도 추천한다.	한 달 약 500,000~1,500,000원
식비	아파트 같은 숙소를 이용하려는 이유는 식사를 숙소에서 만들어 먹기 때문이다. 동유럽 국가에서 마트에서 장을 보면 물가가 저렴하다는 것을 알 수 있다. 외식물가는 나라마다 다르지만 대한민국과 비교해 조금 저렴한 편이다.	한 달 약 500,000~1,000,000원
교통비	각 도시마다 도시 전체를 사용할 수 있는 3~7일 권을 사용하면 다양한 혜택이 있다. 또한 주말에 근교를 여행하려면 추가 교통비가 필요하다.	교통비 300,000~500,000원
TOTAL		150~250만 원

BALTIC STATES

발트3국

Tallinn | 탈린

Riga | 리가

Vilnius | 빌뉴스

TALLINN
탈린

탈린은 핀란드만에 접해 있으며 툼페아Toompea 언덕이 그 안에 우뚝 솟아 있다. 14~15세기의 중세 분위기는 탈린의 시내 중세 성벽들과 작은 탑, 첨탑, 구불구불한 자갈길을 따라 그대로 살아 있으며 주위를 둘러보기에 아주 좋다. 에스토니아의 수도에는 대학과 훌륭한 바, 카페도 있으며 볼만한 것들이 아주 많다. 탈린은 러시아의 상트페테르부르크와 비슷한 위도에 있어 한여름의 백야나 짧고 어두운 겨울날이 비슷하다.

EASTERN EUROPE

탈린 IN

탈린 공항에서 시내 IN
공항에서 시내의 버스터미널까지 시내버스 2번이 운행하고 있다. 약 20분마다 버스가 운행되고 있으며 20분 정도 소요된다. (07~23시까지 운행)

페리
핀란드의 헬싱키와 탈린에는 매일 25척의 쾌속선이 운행된다. 모든 선박 회사들은 학생할인을 해주고 주말에는 가격이 상승한다. 탈링크 Tallink, 실자라인 Silja Line이 오래된 선박회사이지만 최근에 에크로라인 Eckero Line의 페리를 저렴한 가격에 많이 탑승하고 있다.

페리의 비용이 저렴해 헬싱키에서 주말에 많이 탑승해 저렴한 탈린의 도시를 여행하고 식료품을 쇼핑하는 헬싱키 시민들이 많다.

> **페리회사**
> TALLINK | www.tallink.com
> ECKERO LINE | www.eckeroline.ee
> SUPERSEACAT | www.superseacat.com
> NORDIC JET LINE | www.njl.ee
> VIKING LINE | www.vikingline.ee

버스
기차역의 버스 정류장에서 대부분 출발한다. 발트 3국의 다른 나라인 라트비아나 리투아니아에서 오는 여행자는 버스를 타고 대부분 여행을 한다.
버스이동시간은 최대 7시간 정도이다. 유로라인은 우리나라의 '일반 고속'버스이고 럭스 익스프레스 Lux Express는 '우등고속'버스라고 판단하면 된다. 7~8월의 성수기가 아니라면 전날이나 도시를 이동하는 날에 충분히 버스티켓 구매가 가능하다.

> 럭스 익스프레스 | luxexpress.eu
> 에코라인 | www.ecolines.net

기차

탈린의 기차역은 올드 타운의 북서쪽 가장자리에 있으며 라에코야 광장에서 걸어갈 만한 거리에 있다. 타르투와 페르누는 3~4시간이 소요되며 나르바는 3시간 15분 정도 소요된다.

러시아의 상트페테르부르크에서 에스토니아의 탈린까지 이용이 가능하여 러시아인들의 상트페테르부르크에서 탈린으로 여행이 많다. 여행사의 패키지 상품이 상트페테르부르크에서 발트3국 여행상품이 시작되었는데 버스를 이용해 이동한다.

시내교통

올드 타운에서 여행을 할 때는 도보로만 여행할 수 있지만 신시가지로 이동하거나 시 외곽으로 이동하려면 버스와 트램이 필요하다. 버스표나 트램 티켓은 기사에게 직접 구입하면 된다. 트램 탑승을 하려면 펀칭기에 티켓을 넣고 찍으면 되기 때문에 어느 문으로도 탑승이 가능하다.
탈린에서 2일 이상 머무는 여행자에게 추천한다. 탈린카드는 저렴하지 않기 때문에 단지 시내교통만 사용한다면 추천하지 않는다. 박물관이 무료이며 가이드투어와 공연이나 식당이 할인이 된다. 평범하게 2일 정도를 머물면서 여행하고 싶다면 탈린카드는 비싸기 때문에 잘 따져보고 구입을 하는 것이 좋을 것이다.

EASTERN EUROPE

시티투어버스(City Tour Bus)

탈린을 쉽고 빠르게 돌아보고 싶을 때 좋다. 시내의 18개 정류장에서 내려 둘러보고 내린 동일한 정류장에서 다음 차를 타면 된다. 버스 티켓은 직접 버스운전사 에게 구입하는 것이 가장 편하고 온라인, 각 숙소나 여행사에서 구입할 수 있지만 한국에서 미리 구입해 갈 필요는 없다.

버스 티켓은 구입시간부터 24시간 동안 탈 수 있기 때문에 도시 풍경도 보고, 다음날 오전에 시내를 돌아다닐 수 있다. 버스를 탑승하면 운전기사분이 이어폰을 하나씩 준다. 그 이어폰을 좌석마다 꽂는 위치가 있어 꽂으면 관광 가이드 설명을

▶ 탈린카드

들을 수 있는데 한국어도 지원되고 있다. 8개 국어로 음성지원을 하고 있다.

시티투어버스는 2층의 맨 앞자리에서 둘러보는 것이 시내의 전경을 가장 잘 볼 수 있다. 다만 추운 겨울에 시티투어버스의 2층은 상당히 춥다. 그러므로 겨울에는 추천하지 않는다. 시티투어버스를 타면 나눠주는 팸플릿에 번호 순으로 이동하는 목적지가 그림으로 나열되어 쉽게 위치를 파악 할 수 있고 시내에서 보고 싶은 곳을 선택하며 이동할 수 있다.

중세의 향기, 탈린(Tallinn)

동쪽으로는 러시아, 서쪽으로는 발트해Baltic Sea를 사이에 두고 핀란드, 스웨덴과 마주보고 있는 나라가 에스토니아Estonia이다. 나는 에스토니아의 수도 탈린Tallinn에 도착했다. 잘 알지 못하는 나라, 이름만 알고 있는 나라 그래서 첫 만남은 모두 떨림이었다.

유서 깊은 탈린의 구시가지로 들어가기 위해서는 비루문Viru Gate을 지나가야 한다. 구시가로 들어가는 6개의 대문 중 하나인 비루문은 지금부터 시작될 고풍스런 시간여행을 예고라도 하는 듯하다. 하지만 발밑으로 전해오는 돌길의 투박한 느낌과 낯선 듯 아기자기한 건물들의 모습은 어느새 나를 편안하게 이끌어준다.

EASTERN EUROPE

시가지에 들어서니 누군가 나를 반갑게 불러대는 듯하다. "안녕하세요! 이곳으로 와서 달콤한 아몬드 맛 좀 보세요?"라는 소리에 고개를 왼쪽으로 돌리니 얼굴이 하얀 아가씨가 나를 향해 아몬드를 사라고 손짓한다. 중세에 튀어나온 듯한 복장의 그녀에게 다가갔다.

중세에도 이렇게 장사를 했을까? 이 아가씨의 애교섞인 이끌림에 못 이긴 척 넘어가준다. 몇 개를 집어 먹어보니 생각보다 맛있다. 어떻게 만드는 것일까? 물어보니 비밀이라고 안 가르쳐주며 직접 맞춰보라고 한다. 비밀이 아닌 것은 아몬드를 넣는 거라며 웃는 그녀는 아몬드를 넣고 계피와 설탕을 넣으며 만드는 과정을 다보여주면서 맞춰보라고 계속 웃는다. 아몬드가 굳을 수 있어 낮은 불에 계속 볶는다. 굳지 않도록 주걱으로 계속 15~20분을 저어주면 알맞게 굳어지면서 중세부터 이어졌다는 달콤한 아몬드가 된다. 탈린에서 재미있는 여행을 하라고 손을 흔드는 그녀와의 첫 만남이 탈린의 여행을 기대하게 해준다.

흥겨웠던 그녀와의 첫 만남을 뒤로 한 채 몇 걸음을 건네자 이내 구시청사의 광장이 모습을 드러낸다. 광장 한가운데에 선 나는 동화나라로의 초대장을 받은 듯하다. 어두운 하늘 아래 붉은 지붕을 머리에 진 건물들은 그림이 되어 서 있고 그 아래에 펼쳐진 사람들의 모습은 어두워도 평화로운 인간의 모습을 다 담은 듯하다.

가운데에 커다란 크리스마스트리가 있는데 1월 10일이 지나 아름답다는 탈린의 크리스마스마켓은 볼 수 없어 아쉬웠다. 그 옆으로는 고딕양식의 구시청사가 우뚝 서 있다. 1416년에 완공된 탈린의 구시청사는 현존하는 북유럽 최고의 고딕양식의 건물로 중세시대부터 1970년대까지 탈린시의 청사로 사용되었다. 지금의 박물관으로 사용되는 내부는 중세시대 상업의 거점도시로 번영했던 탈린의 모습을 보여주는 듯 화려하다.

중세시대 세금을 거두던 함에는 동전들이 수북하게 쌓여있고 창고로 썼던 시청의 가장 위로 올라가면 광장이 보이는 한쪽 문에 도르래가 달려 있다. 항구로 들어온 물건들을 맨 위층의 창고로 쉽게 올리기 위한 도르래였다.
14세기부터 상업적 번영을 위한 중세 동맹인 한자동맹으로 번성했던 이곳 탈린에는 큰 건물마다 물건을 올리기 위한 도르래가 달려있
다고 한다. 옮기기 쉬운 밑층인 1층으로 물건을 넣어두면 좋지 않을까 생각했는데 비싼 물품들이 도둑맞기가 쉬워 힘들더라도 위층으로 옮겨야했다는 사실도 나중에 알게 되었다.

탈린을 걷다보면 어디에서든 볼 수 있는 높은 첨탑이 있다. 16세기에 완공된 올레비스테 교회의 첨탑 높이는 무려 159m이다. 중세시대 탈린으로 들어오는 모든 배들에게 이정표가 되었다고 한다. 이 교회의 첨탑에 올라가면 시가지를 한눈에 볼 수 있다는 사실에 나는 빨

EASTERN EUROPE

리 발걸음을 옮겼다. 끝도 없이 이어진 나선형의 돌계단, 수백 년의 세월을 머금어 반들반들한 돌계단을 오르는 일은 생각만큼 쉬운 것은 아니었다. 지칠 대로 지친 나를 손짓으로 이끌어주는 앞 선 이들의 응원을 받아 나는 마침내 첨탑 위에 섰다. 그리고 그 아래로 펼쳐진 풍경 속으로 빨려 들어갔다.

1991년 러시아로부터 독립한 에스토니아는 대한민국 절반 크기의 국토를 가진 작은 나라이다. '덴마크인의 도시'라는 뜻으로 청록 빛 숲과 붉은 지붕, 회색 성벽이 조화롭게 이루어진 탈린은 동화 속에서나 꿈꿔온 그 모습 그대로였다. 하지만 에스토니아가 걸어온 역사는 늘 숨 가쁘고도 가팔랐다. 13세기부터 덴마크, 스웨덴, 독일, 러시아 등 주변 4대 강대국의 이권 다툼에 방어를 위한 성벽들이 도시 전체를 둘러싸고 있다. 세월의 두께만큼이나 회색빛으로 변해간 성벽에는 고단했던 세월의 흔적이 덧칠해진 듯하다.

탈린에 남아있는 19개의 성탑 중 하나인 '부엌을 들여다 보아라 성탑'은 남의 집 부엌을 훤히 들여다 보일 정도로 높다하여 붙여진 이름으로 에스토니아를 둘러싼 강대국들의 다툼이 얼마나 치열했는지 보여주는 상징물이다.

75

16세기경 에스토니아를 차지하기 위해 이반대제가 탈린으로 진격해왔다. 당시 탈린을 점령하고 있던 독일 기사단은 끝내 러시아를 격퇴시켰다. 이 전쟁과 이어진 기근에 살아남은 에스토니아인은 불과 10여만 명. 이 도시는 처절했던 역사의 아픔을 견뎌내고서도 아무렇지 않은 듯 아름답기만 하다.

탈린의 고지대로 향하는 길에는 중세시대부터 귀족과 성직자가 살았던 주요성당과 공공기관이 몰려있다. 13세기 덴마크 점령기부터 관저와 대주교 관저로 사용된 톰성당이 우뚝 서 있고 고지대 가장 위에는 제정 러시아 황제 '짜르'의 위세를 풍기는 알렉산드르 넵스키 성당이 우아한 자태를 내세우고 있다. 화려하게 장식된 내부는 러시아 미사가 지금이라도 거행될 것처럼 화려한 그림의 등장인물들이 나올 듯하다. 러시아 정교의 전통인 수건을 머리에 두르고 미사를 드리는 모습을 담아낸 그림들은 엄숙하다.

EASTERN EUROPE

성당 건너편에 있는 톰페아 성은 덴마크, 스웨덴, 독일의 점령자들이 사용했다. 꾸준히 증축하여 사용한 톰페아 성은 이제 어엿한 에스토니아의 국회의사당이 되어 21세기 민주주의를 이끄는 에스토니아를 대변해주는 건축물이 되고 있다. 1차 세계대전 후 잠시 독립을 얻기까지 한 번도 자신들의 나라를 가져본 적이 없는 에스토니아, 그리고 다시 수십 년을 소련의 점령으로 숨죽여 살아온 에스토니아는 마침내 독립해 활발한 활동을 보여주고 있는데 앞으로도 지켜갈 수 있을까?

다시 나선 거리는 이제 어둠으로 조용하다. 간간히 상점에서 들려오는 음악과 불빛에 중세 곳곳의 향기는 여행자의 발길을 절로 붙들고 있다. 어느새 관광객들은 너나할 것 없이 중세로의 여행에 기꺼이 동참할 수밖에 없다. 여행자는 어두워도 향기가 배어나오는 도시의

EASTERN EUROPE

냄새에 취해 천천히 걸어간다. 그리고 그들의 웃음은 또 다른 향기에 되어 도시를 가득 채운다.

한참 밝을 시간인데 벌써 어두워진 탈린의 어둠은 이곳이 위도가 높아 겨울이면 해가 일찍 져버리는 북유럽이라는 사실을 알려준다. 내 배꼽시계는 벌써 밥 먹을 시간을 요란스레 나의 배에게 통보해주었다. 걷기에 지친 나는 분위기 좋은 레스토랑으로 들어섰다. 그런데 한명의 손님도 보이지 않고 어두운 불빛의 레스토랑 내부는 순간 내 걸음을 멈춰 세웠다.

이 순간 직원들이 모두 서툴게 웃으며 나를 안내했다. 앞의 테이블도 있는데 굳이 뒤로 안내하는 직원이 나를 어둠으로 이끄는 저승사자처럼 순간 무서웠다. 주문을 하고 기다리는 순간에도 아무도 없는 커다란 레스토랑에서 준 메뉴판은 가격이 저렴해 더욱 의심이 되었다. 드디어 내가 주문한 스테이크가 나왔다. 나이프로 잘라서 입에 넣은 스테이크를 맛보고서야 안심이 되었다. 그리고 계속 잘라서 먹으면서 감탄했다. 무표정에서 환희의 얼굴로 바뀌던 순간 다른 손님이 들어왔다. 이제 다른 이까지 있으니 안심하면서 스테이크가 입안에서 녹는 황홀한 향연에 빠져들었다.

탈린의 향기에 빠져 중세로의 시간여행을 마지막으로 온 몸에 느끼고 나는 잠자리에 들기 위해 돌아왔다.

EASTERN EUROPE

에스토니아 페리 참사 기념비

Ahtri

비루 문
Viru Gate

maantee

● 비루 호텔
Viru Hotel

에스토니아 극장
Estonia Theater

길드 앞 거리

라에코야 광장

카드리오르그 궁전

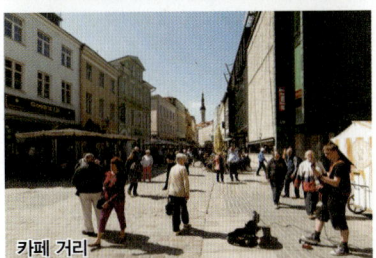

카페 거리

알렉산드르 네프스키 대성당

81

Lower Town
저지대

탈린 저지대는 12세기 이후 중세시절 탈린을 중심으로 무역하던 상인들의 주거건물이나 길드건물들이 주로 위치해 있는 곳으로 탈린 볼거리의 대부분이 이곳에 몰려있다.

비루문
Viru Gate

탈린의 올드 타운을 들어가는 입구가 비루 문 Viru Gate이다. 중세 시절 시가지로 들어가는 6개의 대문 중 하나였다. 비루 문을 지나면 베네 거리 Vene St. 거리로 이어진다. 15~17세기까지 지어진 중세 건물들이 보인다.

올드 타운 Old Town

올드 타운은 핀란드 만 바로 남쪽에 있으며 2지역으로 구분되어 있다. 톰페아는 도시 위에 있으며 아래 지역은 톰페아의 동쪽 기슭 근처에 퍼져 있다.

EASTERN EUROPE

라에코야 광장
Raekoja plats

탈린 시민들이 만나는 대표적인 장소이다. 1422년부터 지금까지 영업하고 있는 북유럽에서 가장 오래된 약국이 있고 그 옆에 올레비스테 교회 Oleviste Kogodus를 찾을 수 있다. 여름에는 버스킹이 이어지고 노천카페가 광장의 운치를 뽐낸다. 겨울에는 유럽에서도 유명한 크리스마스 마켓이 열려 1년 내내 붐비는 광장이다.

지난 800년 동안 구시가지의 중심지였다. 상인 주택으로 둘러싸여 있는 광장은 역사적으로 시장과 만남의 장소로 사용되었다. 광장 가운데에 나침반 장미가 표시된 둥근 돌을 찾으면 이 지점에서 구시가지 첨탑의 5 가지 꼭대기를 모두 볼 수 있다.

오늘날 광장은 도시의 사회적 중심으로 야외 콘서트, 수공예 박람회, 크리스마스 시장을 장소로 남아 있다. 매년 겨울에 1441 년으로 거슬러 올라가는 전통의 크리스마스 트리와 흥겨운 크리스마스 마켓이 탈린의 겨울 밤을 수놓는다. 봄에는 중세 시대의 전통이 살아있는 중세 카니발의 현대 버전 인 Old Town Days 축제가 열린다.

구 시청사
Town Hall Square

1530년 이후, 주목을 받고 있는 탈린의 상징인 올드 토마스 할아버지 풍향계를 발견하기 위해 첨탑의 꼭대기를 자세히 살펴보는 관광객을 보게 된다.

홈페이지_ http://www.tourism.tallinn.ee/
주소_ Raekoja plats 1
요금_ 탑(4€) 11~18시 (5월 1일~9월 15일
6월 23~24, 9월 16~4월 30일은 닫는다)
홀(5€) 10~16시(월~토요일 / 8월20일,
12월 24~26일, 1월 1일 부활절, 5월 1일,
5월 15일은 닫는다)
전화_ 645-7900

북유럽에서 가장 오래된 고딕양식으로 지어진 건물이다. 1320년경부터 1402년에 완공되어 지금까지 600여년이나 후기 고딕양식의 건물로 남아있게 되었다. 건물 내부는 2층의 홀과 공간으로 여름철에 한해 활용되고 있지만, 시내가 한눈에 들어오는 뾰족한 64m의 성탑은 언제나 입장이 가능하다. 115계단을 올라가면 구시청사 탑 앞에는 시청광장이 펼쳐져 있다.

어떻게 활용되나요?
중세 탈린의 주요 광장을 지배하는 인상적인 고딕 양식의 시청은 1402~1404년에는 귀족들이 만남의 장소로 지어다가 점차 도시의 대표적 장소로 활용되었다. 오늘날 북유럽에서 유일하게 온전한 고딕양식의 시청인 구시청사는 주로 콘서트나 방문하는 대통령을 위해 사용된다.

박물관
7~8월에 시청은 박물관으로 공개된다. 건물의 내부는 화려한 회의장, 아치형 천장, 복잡한 나무 조각 및 유명한 트리스탄(Tristan), 아이 솔데(Isolde) 조각 벤치를 포함하여 도시에서 가장 유명한 예술작품으로 꾸며져 있다.

토마스 할아버지
높이가 64m에 이르는 첨탑꼭대기에 매달린 탈린의 상징을 '토마스 할아버지'라고 부른다. 토마스 할아버지는 어린 시절 석궁 경연대회에서 우승한 명사수였는데 미천한 출생신분 때문에 우승자가 되지 못하는 상황이 발생했다. 불쌍히 여긴 시장이 탈린 경비대원에 그를 임명하여 임무를 잘 수행하였다는 이야기가 있다. 풍향계의 토마스는 15301~1944년까지 풍향계를 부여잡고 탈린 시를 경비하다가 2차 세계대전 중에 폭격으로 파괴되었다가 1980년대에 수리되면서 토마스 할아버지 풍향계를 다시 부착했다.

시청 약국
Raeapteek

1415년에 당시의 화학자들이 모여 문을 연 약국인데, 지금까지도 약국으로 운영되고 있는 놀라운 약국으로 유럽에서 가장 오래되었다고 한다. 헝가리 출신의 부르크하르트 가문이 인수하여 20세기 초까지 약 4백년 간 운영하였고 지금은 현대 의약품을 판매하고 있다.

실제로 유럽에서 가장 오래 지속되는 시청 약국은 부차트^{Burcharts}가 1511~1911년까지 10 세대를 운영해 전통의 약국으로 자리매김했다. 당시 러시아 차르가 이곳에서 의약품을 주문하기까지 했다고 한다.

중세에 약국에서 판매된 약에는 뱀 가죽 물약, 미라 주스, 가루 유니콘 혼(남성 효능) 등이다. 그러나 잼, 차, 자홍색, 화약 등의 일상 용품을 구매할 수 있는 곳이기도 했다. 그 중에서 마르지 판^{Marzipan}이라는 약은 약국의 베스트셀러로, 15세기에 실제로 치료제로 발명되었다고 주장하기도 한다. 역사적 장소는 오늘날 약국으로 운영되어 현대식 제품을 판매하지만 그 옆방에는 17~20세기의 약품들이 전시되어 있다.

예부터 약재로 사용하고 말의 음경 등을 전시해 놓았다. 개똥도 약이 된다는 속담이 있는데 여기서는 개똥도 전시하고 있다. 교육적 목적상 박물관으로도 활용되고 있다.

올라프 교회(올레비스테 교회)
St. Olaf's Church (Oleviste Kirik)

노르웨이가 탈린을 정복한 시기인 12세기에 노르웨이의 올라프 국왕에게 헌정된 교회이다.
13~16세기 고딕양식으로 지어질 때에 159m로 가장 높았던 올라프 교회 St. Olaf's Church는 당시, 탈린으로 들어오는 배들의 이정표 역할을 했다고 한다.
오랜 기간 보수를 거쳐 지금 첨탑까지의 높이가 124m로 좁은 계단 258개를 올라가야 탑의 꼭대기에 오를 수 있다.
높은 첨탑 때문에 소련 점령기에는 라디

첨탑에서 올라가는 통로

오 방송 송신탑으로 활용되기도 했다고 한다. 지금은 다시 교회로 사용되고 있다.

홈페이지_ www.oleviste.ee
주소_ Lai 50
미사시간_ 10, 12시
관람시간_ 10~18시(전망대 시간 동일하나 7~8월은 20시까지 운영 / 3€)

EASTERN EUROPE

교회의 수난

피뢰침의 역할
1549년~1625년까지 고딕 양식의 교회는 세계에서 가장 높은 건물이었다. 거대한 159m의 첨탑은 접근하는 선박의 푯말로도 사용된 매우 효과적인 피뢰침으로 밝혀졌다. 교회의 역사에서 번개가 반복적으로 첨탑에 부딪쳐 구조를 완전히 3번 불태웠다.

1267년, 교회는 지역에 정착 한 스칸디나비아 상인들에 봉사한 것으로 교회는 그 이름을 지은 거인이나 신비한 낯선 사람에게서 이름을 얻었지만 실제로 노르웨이의 올라프 II왕에게 헌정되었다. 현재의 모양과 크기는 16세기에 증축공사로 만들어졌고 내부에는 높이 아치형의 본당은 1830년 화재 이후 다시 재건되었다.

재단장
한때 세계에서 가장 높은 건물인 탈린의 상징적인 고딕 양식의 교회 꼭대기까지는 2019 년 7월 15일부터 재단장을 마쳐서 다시 오를 수 있다.

첨탑을 구분하자.

탈린에 있는 높은 첨탑을 가진 건물을 구분하는 여행자는 많지 않다. 다 비슷하게 생겨 혼동되기만 하기 때문에 지나치기 쉽다. 탈린에는 교회가 3개가 있다. 높은 첨탑이 있는 건물은 구시청사까지 총 4개가 있다. 이것을 구분할 필요가 있다. 올라프 교회(St. Olaf's Church)는 고딕양식으로 첨탑이 직선이고 성 니콜라스 교회(St. Nicholas Church)은 올라프 교회(St. Olaf's Church)와 비슷하지만 첨탑이 곡선이다. 성령교회(Holy Spirit Church)는 벽에 시계가 있는 교회이다. 라에코야 광장(Raekoja plats)에 있는 건물은 시청사 건물이지 교회가 아니다.

성 니콜라스 교회 & 박물관
St. Nicholas Church(니굴리스테/Niguliste Kirik)

13세기에 어부들과 선원들의 수호성인인 성 니콜라스를 기리기 위해 지어진 중세 고딕 양식의 교회이다.
처음에는 요새로서의 기능도 있었지만 탈린 시 전체에 성벽이 설치된 14세기 이후에는 교회로만 사용되었다.

폭격으로 파괴된 것을 1980년대에 복원하였다. 다행히 폭격 전 교회 안에 있던 역사적 유물들은 다른 곳으로 옮겨 놓아 13~16세기에 지어진 교회 제단들, 바로크와 르네상스식의 샹들리에들이 원형 그대로 보존되어 지금은 박물관으로 사용하고 있다.

홈페이지_ www.nigulistemuseum.ee
주소_ Niguliste 3
시간_ 10~17시(월요일 휴관) **요금_** 16€

작품 전시의 역사

1230년의 교회 박물관에서 절묘한 제단, 중세 매장 석판, 기타 종교 예술 작품을 볼 수 있다. 고틀란드 섬의 독일 상인과 이민자들에 의해 설립된 튼튼한 교회는 성벽이 건축되기 전, 요새로 설계되었다. 건물은 1523년의 종교개혁 약탈에서 살아남았지만, 제 2차 세계대전 때는 폭탄으로 파괴되었다.

1980년대에 복원된 성 니콜라스St. Nicholas 교회는 종교 예술 작품인 베른트 노케의 아름답지만 으스스한 그림 죽음의 춤Danse Macabre(Dance of Death)를 전시하는 박물관으로 기능이 추가되었다. 복잡한 제단, 바로크 양식의 샹들리에, 수백 년 된 매장 석판도 전시되어 있다.

EASTERN EUROPE

성령교회
Holy Spirit Church

13세기 초에 세워진 루터 교회이다. 교회 담벼락에는 조각가이자 시계공인 크리스틴안 아커만이 1684년에 제작한 아름다운 파란색과 금빛 시계가 지금도 잘 가고 있다.

내부에는 1483년에 만든 제단화와 바로크 양식의 목각과 성단이 있다. 1483년에 제작한 성단은 에스토니아에서 가장 중요한 중세 예술 작품으로 알려져 있다.

교회의 중요성

14세기 성령 교회는 목재 인테리어에서 정교한 외관 시계까지 내부와 외부의 화려한 구조로 재탄생했다. 외관에 정교하게 그려진 시계는 17세기 후반에 탈린에서 가장 오래된 공개시계이다. 그러나 가장 유명한 것은 뤼베크 예술가인 베른트 노케Bernt Notke의 독특한 15세기 제단과 1597년에 세워진 에스토니아에서 가장 오래된 강단이다.

교회는 원래 도시의 병자와 노인들을 돕는 교회의 일부로 설립되었다. 중세 시대에도 교회는 일반 사람들의 주요 교회로 남아있었다. 종교 개혁 이후, 여기에서 첫 번째 설교가 에스토니아어로 주어졌으며, 교회의 목사 요한 코엘Johann Koell이 1535년에 출판한 교리 문답은 에스토니아 최초의 책으로 여겨진다.

홈페이지_ www.puhavaimu.ee
주소_ Pühavaimu 2
시간_ 1~2월 12~14시
    (월~금요일, 토요일은 15시까지)
    3~4월 & 10~12월 10~15시
    5~9월 10~17시
요금_ 1.5€

달콤한 입술 카페

성령 교회 맞은 편에 노란 색의 아름다운 3층 건물이 있다. 1층에 1806년 문을 연 카페 '달콤한 입술'이 들어서 있다. 탈린에서 가장 오래된 카페이며, 지금도 카페로 운영된다. 소련 점령 시절에는 국유화된 상태에서도 카페가 운영되었다. 에스토니아 독립 이후에는 사유화되었다.

대길드 건물(역사박물관) & 소길드
Great Guild & Great Guild

라트비아의 리가가 무역의 중심이라 길드 건물이 리가에만 있다고 생각하는 관광객이 의외로 많다.
하지만 탈린도 중세 길드 상인들이 무역을 하던 중심 도시였다. 그래서 아름다운 중세 건물들을 감상하는 것이 탈린 구시가 관광의 포인트이다.
성령교회 근처에 길 좌우로 있는 건물들이 다 유서가 깊지만 역사박물관History Museum 이 된 대길드 건물은 찾아봐야 하는 곳이다.

홈페이지_ www.meremuseum.ee
주소_ Pikk 70
시간_ 5~9월 10~19시
(휴관 없음 / 그 외 기간에는 18시까지, 월요일 휴관)

역사박물관(www.tacticalshooting.ee)
소련 점령기에 저항하며 투쟁을 벌인 전설적인 무장 게릴라조직인 '숲속의 형제들'의 거점이기도 하였다. 지금은 유서깊은 건물이 에스토니아 역사박물관으로 자리 잡았다.
영화와 디스플레이는 에스토니아에서 11,000년 동안 어떻게 생활하고 싸웠으며 생존했는지 보여주고 있다. 박물관은 선사 시대부터 20세기 말까지 에스토니아의 역사를 다룬다. 15세기 대길드 홀에 집을 지은 것 자체는 탈린의 과거의 화려한 유물이다. 거대한 현관과 사자 머리 문을 두들기는 사람으로 가득 찬이 황홀한 홀이 놀랍다. 지하 저장실에서는 '엘리트의 힘'이라는 전시회가 건물의 역사를 보여주고 있다. 무기관은 시대에 따라 전쟁과 무기를 제시하며 시뮬레이터는 무기의 소리를 낸다.

올레비스테 길드
Oleviste Guild

1410년에 완공된 건물로 20세기 초까지 상인과 기술자들의 길드 건물로 사용되었다. 탈린의 중세 고딕 양식 건축을 대표하는 건물로 건물 정면에 유리창없는 창문형태의 아치 문양이 인상적이다.

홈페이지 www.meremuseum.ee
주소 Pikk 70
시간 5~9월 10~19시
(휴관 없음 / 그 외 기간에는 18시까지, 월요일 휴관)

성 캐서린 길드(St. Catherine 's Guild)

공예 워크샵 모임인 성 캐서린 길드(St. Catherine 's Guild)의 본거지는 구시가에서 가장 아름다운 산책로는 성 캐서린 교회였던 자리 뒤에 있다. 도시의 유명한 니트 마켓이 운영되는 무리하케(Müürivahe) 거리와 베네(Vene) 거리를 연결한다. 예술가들이 유리 그릇, 모자, 퀼트, 도자기, 보석류, 손으로 그린 실크와 기타 도자기를 만들고 판매한다. 현재, 오픈 스튜디오 방식으로 설치되어 방문객들이 유리 공예, 직조나 작업 중인 예술가를 볼 수 있다.

탈린 시립 박물관
Tallinn City Museum

탈린에는 시립박물관으로 10개 정도의 장소를 사용하고 있다. 그래서 어느 시립박물관인지 혼동된다. 그중에서 14세기에 지은 상인의 집에 자리한 곳이 본관으로 탈린의 발전상을 역사적으로 전시해 놓고 있다. 영어로 상세히 설명되어 있고 한국어 설명자료는 없다.

홈페이지_ www.linnamuuseum.ee
주소_ Vene 17
요금_ 3.2€(어린이 2€)

카타리나 도미니칸 수도원
St. Catherine's Monastery

베네 거리Vene St.에 있는 1246년에 지어진 수도원으로 탈린에 남아있는 가장 오래된 수도원이다. 종교개혁 이후 파괴되었지만 수도원 터에 중세 시대의 조각품으로 전시된 박물관이 있다.

주소_ Vene St. 16번지

카타리나 골목
Katarina

카타리나 수도원을 나와 왼쪽의 좁은 골목 안으로 들어가면 중세 분위기를 느낄 수 있는 골목이 나온다.

수도원으로 안내하던 거리여서 카타리나 골목이라는 이름이 붙여졌다. 탈린에서 골목의 정취를 느끼기에 좋다.

카타리나 골목

자유 광장
Freedom Square

키에크 인 데 쾨크 시립 박물관
Kiek in de Kok

탈린의 도심은 현대적인 고층 건물 사이에 중세 교회가 자리 잡고 있어 매혹적인 대조를 이룬다. 자유 광장은 주요 랜드마크가 가까운 거리에 편리하게 위치해 있다. 자유 광장에는 독립 전쟁 기념비가 하늘에 닿아 1918~20년에 자유에 대한 에스토니아를 상기시켜 준다.

대부분의 투어는 구시가지 바로 옆에 있는 자유광장Vabaduse Väljak에서 시작된다. 광장은 인기 있는 만남의 장소이지만 에스토니아의 과거를 엿볼 수도 있다. 광장의 반대편에는 1860년대에 지어진 성 요한 교회Jaani kirik가 있다. 교회는 최초의 에스토니아 프레스코화로 유명한 찰스 11세의 작품이 있다.

자유 광장 뒤로 올라가는 길에 1475년에 지은 높은 요새가 견고한 포탑이다. 독일어로 키에크 인 데 쾨크는 '**부엌 엿보기**'라는 뜻으로 부엌을 볼 수 있을 정도로 높았다고 한다. 지금은 시립 박물관으로 도시 방어의 역사를 소개하고 있다.

자유 레스토랑(Freedom Restaurant)

중심가에 위치한 자유 광장은 지나가는 사람들로 가득 차 있지만 벤치나 카페에서 편안한 순간을 위해 찾는 사람들을 위한 곳이기도 하다. 1937년에 자유 레스토랑(Freedom Restaurant)이 광장에 세워졌다. Wabadus는 탈린아트홀(Tallinn Art Hall)과 탈린 아트홀 갤러리(Tallinn Art Hall Gallery)와 바바두스 갤러리(Vabaduse Gallery)의 갤러리 옆에 있다.

EASTERN EUROPE

뚱뚱이 마가렛 포탑
Fat Margarets Tower, Paks Margaareeta

뚱뚱이 마가렛 포탑Fat Margarets Tower은 핀란드 만에서 탈린 성으로 들어오는 관문 역할로 뚱뚱한 마가렛 포탑에서 꼭대기의 톰페아 언덕까지 경사면을 타고 형성되어 있다. 전쟁에서 탈린시를 보호하는 역할로 건설되었다.

13세기 초에 덴마크의 마가레트 왕비의 지시로 탈린 구시가 주위에 성벽이 건설되었다. 16세기 초에 이 성벽에 건설된 지름 25m, 높이 20m 크기의 커다란 포탑을 설치하였는데, 이를 지금 사람들은 '뚱뚱한 마거릿 포탑'이라고 부른다. '뚱뚱한fat'이라는 수식어가 붙은 이유는 두께가 1.5m나 되는 크기 때문이다.

이 포탑에서 포가 발사된 적은 거의 없다고 한다. 성벽이 상당히 두꺼워 내부 공간이 크기 때문에 현재는 에스토니아 해양박물관으로 사용하고 있다.

홈페이지_ www.linnamuuseum.ee
주소_ Vene 17
요금_ 3.2€(어린이 2€)

탈린의 중세 성벽

에스토니아의 수도 탈린은 북유럽의 러시아, 덴마크, 스웨덴, 폴란드의 발트해 진출에 중요한 위치였기 때문에 13세기부터 성벽으로 방어했다. 지금의 성벽은 16세기에 건설해 27개의 탑이 있었지만 지금은 19개만이 남아있다. 대부분의 성벽은 박물관으로 사용하고 있지만 꼭대기에 전망대를 조성해 올드 타운의 풍경을 조망할 수 있다.

타운 월(Town Wall / 6€)

탈린의 올드 타운은 발트 3국 중에 가장 보존이 잘된 중세도시일 것이다. 특히 올드 타운의 외벽인 타운 월(Town Wall)에 올라가면 구시가지를 내려다 볼 수 있다. 비루 문(Viru Gate) 바로 옆에 위치하여 찾기는 어렵지 않다.

성벽 위로 올라서 나무로 된 통로를 걸으면 중세로 타임머신을 타고 이동한 듯하다. 성벽 위에 쭉 연결된 나무로 만들어진 통로가 생각보다 높아 색다른 느낌을 가지게 한다. 흐린 날씨에 중세 복장의 사람을 보면 미국 드리마 '왕좌의 게임'의 한 장면을 보는 듯하다. 귀여운 그림들과 아트작품들이 있어 전 계절의 모습을 한눈에 볼 수 있다.

호텔 비루 KGB박물관
Hotel Viru KGB Museum

에스토니아에서 유일한 고층 건물로 탈린의 유일한 호텔이었을 때가 소련의 점령 시기였다. KGB는 23층에 감시 기지를 두고 탈린에 들어오는 외국인과 내국인까지 관리했다.

홈페이지_ www.viru.ee **주소_** Viru valjak 4
요금_ 투어 9€ (5~9월 매일 / 11~다음해 4월 화~일요일) **전화_** +372-680-9300

떠오르는 여행지, 에스토니아의 블루라군 Estonia Blue Lagoon

에스토니아(Estonia)의 수도인 탈린(Tallin)에서 서쪽으로 45km 떨어진 이곳은 맑은 물과 주변의 울창한 숲 등이 아름답다. 현재 이곳은 에스토니아의 유명 관광지로 떠올라 여름에 주말을 이용해 수많은 피서객들과 다이버들이 방문하고 있다.

세상에서 하나뿐인 특별한 이유는 수중에 남겨진 구소련 시절의 감옥 (Murru Soviet Prison)과 석회석 채석장 때문이다. 70여 년 전 수감자들의 강제노역 장소였던 석회석 채석장은 1991년 구소련의 붕괴 이후 에스토니아가 독립을 선언하면서 폐쇄되어 수몰되었다. 수중에는 감옥으로 사용되었던 건물들 뿐 아니라 당시 사용하던 수많은 채석장비들이 그대로 남겨져 있다.

에스토니아에는 수중에 잠든 구소련 감옥이 있다. 버려진 구소련 시절의 감옥이자 과거 수감자들의 강제노역 장소였던 석회석 채석장이 지금, 세계에서 가장 이국적이고 독특한 피서지로 탈바꿈했다. 무루 프리즌 Murru Prison은 다이버들에게 강력한 인상을 남겨주는 다이빙 지점으로 알려지고 있다.

Upper Town
고지대

톰페아 언덕
Toompea

탈린의 구시가를 한눈에 조망할 수 있는 곳이 바로 톰페아 언덕이다. 탈린의 아름다운 사진이 나오는 엽서나 책자의 사진은 다 톰페아 언덕의 전망대에서 찍은 사진이다. 비가 온 후 뭉게구름이 약간 있는 파란 하늘 아래 중세 건물의 붉은 지붕들, 뾰족한 첨탑과 그 옆의 중세 성벽, 멀리 보이는 발트 해가 일품인 광경이다.
탈린의 한가운데 위치해 적으로부터 방어를 하기 좋아서 탈린 지배층들이 거주하던 지역이다. 언덕에 세워진 알렉산더 네프스키 대성당은 지배층의 권력을 상징하고 있다.
1219년 덴마크가 최초로 요새를 건설하면서 탈린의 도시화가 이뤄졌던 시작 지점이다. 상인들이 거주하면서 무역을 했던 저지대의 길드와 상인들의 건물과는 구분된다.

신화 속에 나오는 에스토니아 최초의 지도자인 칼레브Kalev의 무덤이 톰페아Toompea가 되었다고 한다.

EASTERN EUROPE

알렉산데르 네프스키 대성당
Aleksander Nevsky Katedral

러시아제국의 지배를 받던 1900년에 완공된 러시아정교회 성당이 알렉산드르 네프스키 성당이다. 크기도 큰데다 지붕도 흑색이어서인지 위압적인 느낌에 화려한 모자이크와 이콘icon 그림이 제정러시아 차르의 권력을 보여준다. 러시아에 있는 많은 러시아정교회 성당들에 비해서는 내부 이콘화 등은 좋지 못하다.
1924년에 성당 철거를 시도했지만 자금부족으로 못했기 때문에 가끔씩 철거여부를 국민투표에 부치자는 여론이 일기도 한다.
상트페테르부르크의 건축가인 미하일 프레오브라젠스키Mikhail Preobrazhenski가 디자인 한 교회는 혼합된 역사주의 스타일로 장식되어 있다. 모자이크와 아이콘으로 채워진 내부는 화려하다. 탈린에서 가장 큰 교회 종을 보유하고 있는 교회 탑에는 무게가 15톤에 달하는 탈린에서 가장 큰 종을 포함하여 11개의 종으로 구성되어 있다.

홈페이지_ www.orthodox.ee
주소_ Lossi plats 10
관람시간_ 08~19시 **전화_** +372-641-1301

제정 러시아 제국의 지배의 상징
톰페아 언덕 꼭대기에 위치한 화려한 양파 돔 구조는 에스토니아의 러시아 정교회 성당이다. 탈린에서 가장 크고 부유한 정교회이기도 하다. 에스토니아가 러시아 제국의 일부였던 1900년에 건축된 성당은 원래 무자비한 발트 해 영토에서 종교적, 정치적으로 제국의 지배의 상징으로 사용되었다. 성당은 1242년 페입시(Peipsi) 호수에서 유명한 얼음 전투를 이끌었던 노브 고로드 왕자인 알렉산더 야로슬라비치 네브스키(Alexander Yaroslavich Nevsky)에게 헌정되었다.

톰페아 성
Toompea Loss

알렉산데르 네프스키 교회 입구 앞으로는 톰페아 Toompea Loss 성이 자리잡고 있다. 톰페아 성은 지배층이 안전을 보장하기 위해 성 안에 새로운 건물을 지은 것이다.

1227~1229년까지 덴마크 인이 건설한 탑이 있었지만 18세기에 러시아의 지배에 들어가면서 기존의 건물을 허물고 성의 주 건물은 18세기 바로크양식으로 지었다. 독립 후에 분홍색 건물을 새로 지었고,

'키다리 헤르만'이라고 불리는 탈린에서 가장 인상적인 건물로 꼭대기에 에스토니아의 3색의 깃발이 펄럭이고 있다.
지금은 에스토니아 국회의사당 Riigkogu 으로 사용되고 있으며 국회가 열리면 40분간 무료 영어 투어(여권 지참)도 진행하고 있다.

홈페이지_ www.riigikogu.ee(에스토니아 국회)
주소_ Lossi plats 1a
관람시간_ 10~16시(가이드 투어)
전화_ 631-6331(631-6357 가이드 투어)

권력의 자리

석회암 절벽에 자리 잡은 톰페아 성(Toompea Loss)은 탈린의 위로 우뚝 솟아 있어서 항상 에스토니아에서 권력의 자리였다. 독일 기사단이 1227~29년에 석조 요새를 지은 이후로 에스토니아를 지배한 모든 제국은 톰페아 성(Toompea Loss)을 기지로 사용했다. 지금은 에스토니아 의회가 있다.

다양한 양식

수세기에 걸쳐 수많은 시대로 개편되었지만 13~14 세기에 지어진 기본 형태를 유지하고 있다. 정면에서 방문객들은 캐서린 대왕 시대의 분홍색 바로크 양식의 궁전을 볼 수 있다. 언덕의 밑면에서 보이는 반대쪽을 보면 중세의 관점으로 볼 수 있다.

탑의 중요성

성 남쪽 가장자리에 있는 주지사의 정원에서 46m의 피크 헤르만(Pikk Hermann)타워가 보인다. 탑은 중요한 국가 상징으로 전통에 따르면 피크 헤르만(Pikk Hermann) 위로 깃발을 날리는 국가가 에스토니아를 지배하고 있다는 표시이다. 그래서 매일 일출 때 에스토니아 국기가 탑 위로 올라가 있다.

국회의사당
Parliment

소련 점령기에 에스토니아 의회는 해산되었지만 에스토니아가 독립한 1년 후인 1992년부터 다시 의회가 들어왔고 지금은 전자 투표를 비롯해 다양한 정치 실험을 하는 등 정치의 새바람을 보여주고 있다.

톰페아 언덕에 지은 톰페아 성 안에 자리하고 있다. 1922년에 지은 건물은 구시가의 중세건물과 다른 양식이다.

성모 마리아 성당(돔 교회)
St.Mary's Cathedral

톰페아^{Toompea} 언덕의 중심에 위치한 중세 교회는 1233년 이전에 세워졌고 그 이후로 재건된 교회는 여러 건축 양식을 보여준다. 아치형의 본체는 14세기에 세워졌고 바로크 타워는 1770년대 후반부터 추가되었다.

역사적으로 에스토니아의 엘리트 독일 귀족 교회였던 성모 마리아 성당은 내부는 17~20세기의 장교한 장엄한 팔의 외투와 13~18세기의 매장하는 돌로 채워져 있다. 여기에 묻힌 주목할 인물은 북방 전쟁 당시 스웨덴 군을 지휘 한 폰투스 드 라가르디, 아담 요한 폰 크루 센턴, 발트-독일 제독, 러시아 최초의 원정대를 이끌었던 발트-독일 제독, 스코틀랜드 태생의 사무엘 그레이그 제독 등이다.

17~18세기에 가장 능숙하고 유명한 목각 조각가인 크리스티안 아케르만^{Christian Ackermann}은 1686년에 강단과 1694~1696 사이에 제단을 만들었다. 그는 하나님을 두려워하는 사람들이 들어가서 기도하기 위해 무릎을 꿇을 때 결국 그의 영혼을 깨끗하게 할 수 있도록 교회의 문턱에 묻힐 것을 요청했다고 한다.

교회의 내부 모습을 보고 난 후, 방문객들은 도시의 멋진 전망을 위해 69m의 바로크 양식으로 된 종탑을 올라갈 수 있다.

홈페이지_ www.eeik.ee
주소_ Toom-kooli 6 Kaart
관람시간_ 6~8월 : 09~18시 / 5, 9월 : 17시까지
4, 10월 : 16시 / 11~3월 : 09~15시
(월요일 휴관(4, 10월도 동일))
요금_ 탑 6€(어린이는 안전문제로 입장 불가)

사진 스팟, 코투오트사(Kohtuotsa) 전망대

코투오트사(Kohtuotsa)는 현대 탈린을 배경으로 구시가지의 옥상과 타워의 아름다운 파노라마 장면을 보여준다. 톰페아(Toompea) 언덕의 동쪽 구석에 있는 넓은 지역은 중세 모습의 전망을 제공하고 있어서 가장 유명한 사진 명소로 알려져 있다. 여기에서 탈린의 수세기 전의 첨탑 대부분을 볼 수 있다. 가장 높은 곳은 멀리서 볼 수 있는 TV 타워이다. 현대적인 도시너머에는 수많은 소비에트 스타일의 블록 아파트 건물이 있는 라스나매(Lasnamäe) 교외가 있다.

TV 타워(에스토니아 VS 리투아니아)

발트 3국에서 에스토니아의 탈린과 리투아니아의 빌뉴스에 TV 타워가 있다. 소련의 통치기간에 만들어진 것인데 아직까지 유지되고 있다.

에스토니아의 탈린

1980년 소련 올림픽에 맞추어 만들어진 314m높이의 현대적인 탑이다. 22층(175m)에는 전망대가 있어 아름다운 경치를 조망할 수 있다. 원형태의 투명한 유리가 보이는 장면은 아찔하게 느껴진다. 최근에 야외에 엣지 워크(Edge walk)를 만들어 담력을 시험하고 로프를 타고 탑에서 내려가는 투어도 운영하고 있다.

▶주소_ Kloostrimetsa tee 58a
▶시간_ 10~19시
▶홈페이지_ www.teletorn.ee
▶요금_ 8€(어린이 5€)

리투아니아 빌뉴스

326m높이의 탑으로 TV 신호를 보내는 단순한 탑이지만 1991년 1월 13일에 소련의 특수부대가 14명의 리투아니아 인을 죽이는 사건이 발생하고 TV 방송국은 방송을 내보내 탄압에 굴복하지 않는 강인한 정신을 상징하는 타워가 되었다. 190m의 전망대에서 빌뉴스 시내를 조망할 수 있다.

▶주소_ Sausio13-osios gatve 10
▶시간_ 11~22시
▶홈페이지_ www.telecentras.lt
▶요금_ 6€(어린이 3€)

Tallinn Town
탈린 도심

카드리오르그 지역은 구시가지에서 동쪽으로 약 2㎞ 정도 떨어져 있다. '카드리오르그Kadriorg' 라는 말의 뜻은 '예카테리나의 계곡'이라는 뜻이다.

러시아 점령시기에 표트르 대제Peter the Great가 에스토니아를 점령한 후 아내 예카테리나 1세Catherine I를 위해 바로크 양식의 궁전과 공원을 만들었다. 후에는 러시아 귀족들이 살던 곳으로 지금도 탈린 시민들의 휴식처로 이용되고 있다.

카드리오르그Kadriorg는 구시가지에서 도보 거리에 있는 조용하고 나무가 많은 지역이다. 러시아 표트르 대제는 1700년대 초에 발트 해 연안을 정복 한 후 궁전과 공원이 있는 부지를 설립했다. 그는 그의 아내 캐서린 I 의 이름을 따서 예카테리나Ekaterinenthal의 에스토니아어인 '카드리오르그Kadriorg'라는 이름을 지었다. 그가 지은 바로크 양식의 궁전은 주변 숲, 연못, 분수와 함께 이루어져 있다.

200년 동안, 카드리오르그Kadriorg가 고급 주택가로 발전함에 따라 공원 근처의 거리에는 화려한 나무 저택이 늘어서 있다. 에스토니아의 스파 문화의 초기 개발에 중요한 역할을 했다. 베네딕트 게오르그 비테 박사는 1813년 러시아 제국의 첫 해변 휴양지를 설립하기도 했다. 오늘날에도 카드리오르그Kadriorg 주소를 갖는 것은 명예의 표시이다. 에스토니아 대통령의 거주지와 많은 외국 대사관이이 여기에 있다.

카드리오르그 지도

EASTERN EUROPE

카드리오르그 공원과 궁전
Kadriorg & Kadriorg Palace

카드리오르그Kadriorg 공원은 탈린 시가지에서 2km로 걸어갈 수 있는 거리의 여름 휴양지로 러시아가 에스토니아를 점령한 후 러시아 황제였던 표트르 대제Peter the Great가 그의 아내 예카테리나를 위해 만들었다.

'예카테리나의 계곡'이었던 명칭이 에스토니아 어로 '카드리오르그Kadriorg'라고 하여 지금도 그대로 사용하고 있다. 각종 나무와 꽃들이 가꾸어진 연못과 정원은 로맨틱한 장소로 연인들의 데이트코스로 유명하다.

카드리오르그Kadriorg 공원 안에 있는 궁전은 1718년 이탈리아의 건축가인 니콜로 미체티가 설계한 성으로, 카드리오르그 미술관Kadriorg Art Museum으로 쓰이고 있다.

루살카(Russalka)와 탈린 노래 축제 장소(Tallinn Song Festival Grounds)

탈린 시민들이 가장 좋아하는 산책 장소 중 하나로 일본 정원 과 같은 다양한 소규모 정원에서 전시되는 다양한 조경으로 유명하다. 공원에서 멀지 않은 곳에 2개의 중요한 탈린 명소인 루살카(Russalka)와 탈린 노래 축제(Tallinn Song Festival Grounds) 장소가 있다.

루살카(Russalka)는 차리스트(Tsarist)의 선박이 루살카(Russalka)에 침몰했을 때 잃어버린 사람들을 기념하는 '바다의 기념비'이다. 피리타Pirita 산책로를 따라 동쪽에서 조금만 걸어가면 노래 혁명 – 탈린 노래 축제(Tallinn Song Festival Grounds)의 발상지인 에스토니아에서 가장 성스러운 행사 장소를 볼 수 있다. 1988년 소련의 지배에 대한 에스토니아의 대규모 음악 시위가 국가를 독립으로 향한 길을 열었다. 유명한 장소는 5년마다 열리는 에스토니아의 노래, 무용 축하 행사가 있는 곳으로, 최대 34,000명의 공연자와 200,000명의 관중이 함께 참관할 수 있다.

카드리오르그 미술관
Kadriorg Art Museum

1718~1736년까지 표트르 1세가 건설한 궁전은 에스토니아 미술관의 분관으로 사용하고 있다. 미술관은 16~18세기 중에 네덜란드, 독일, 이탈리아 화가의 바로크 작품과 18~20세기까지의 러시아 작품을 소장중이다.
1718년 표트르 대제를 위해 지어진이 웅장한 바로크 양식의 궁전에는 현재 에스토니아 미술관의 외국 소장품이 있다. 이탈리아 건축가 니콜로 미쉐티Niccolo Michetti가 디자인 한 궁전과 주변의 잘 다듬어 진 공원은 러시아 황제인 차르의 호화로운 생활을 보여주는 예이다.
현재, 카드리오르그 미술관Kadriorg Art Museum으로 사용되면서 서양과 러시아 예술가들의 16~20세기 그림과 인쇄물, 조각, 기타 작품들 수백 점을 전시하고 있다. 정교하게 칠한 천장과 치장용 벽토작업이 있는 2층 메인 홀이나 근처 대통령궁이 건축되기 전에 에스토니아의 국장에 의해 사무실로 사용된 방이 가장 유명하다.

홈페이지_ www.kadriorgmuseum.ee
주소_ Weizenbergi 37
관람시간_ 5~9월 10~17시(수요일은 20시까지 / 10~다음해 4월 19시까지, 월, 화 휴관)
요금_ 5€(어린이 3€)

EASTERN EUROPE

쿠무 현대미술박물관
Kumu Art Museum

2006년 핀란드의 건축가는 7층의 현대식 건물을 완공했다. 유리, 구리, 석회암으로 된 화려한 건물은 주변을 압도한다. 쿠무 Kumu는 '쿤스트뮤지엄Kunstimuuseum'의 줄임말로 다양한 에스토니아 예술작품을 전시하고 있고 지속적인 기획 전시로 하고 있다.

홈페이지 www.kumu.ekm.ee
주소 Weizenbergi 34, Valge 1
관람시간 10~18시(목요일은 20시까지 / 4~9월 월요일 휴관, 그 외에는 월, 화 휴관)

탈린의 새로운 인기 관광지

크리에이티브 허브(Creative City)
기차역의 버려진 산업단지를 변화시킨 곳으로 그래피티로 화려하게 사람들을 맞는다. 점차 사람들이 몰리면서 스튜디오, NGO단체, 등의 회사와 다양한 재미를 찾으려는 관광객도 점차 찾고 있다. 레스토랑도 들어오면서 맛집도 생겨나고 있다. 주말마다 벼룩시장도 열리기 때문에 새로운 에스토니아를 볼 수 있는 기회가 될 것이다.
▶Telliskivi Loomelinnak

키비 바페르 까리드(Kivi Paber Kaarid)
전채, 메인, 디저트로 나온 레스토랑으로 신선한 재료로 만든 스테이크가 인상적이다. 또한 에끌레르도 디저트로 충분히 맛이 있다. 다만 좀 달다는 단점이 있으니 참고하자.

에스토니아 전통 음식

에스토니아 요리는 전통적으로 감자와 육류위주의 식사이지만 유럽연합에 가입한 이후 북유럽과 프랑스 요리가 많이 들어오고 있다. 유제품을 많이 소비하며 호밀로 만든 흑빵이 가장 유명하고 흔하다. 에스토니아 음식은 오랫동안 계절에 따라 차이가 있다. 훈제를 차게 식혀서 먹거나 감자 샐러드인 로솔제와 청어류를 주로 먹는다.

흑빵

기본적인 빵으로만 주는 것이 아니라 간이 된 흑빵을 레스토랑에서 주기에 싫어하는 한국인 관광객도 많다. 에스토니아의 흑빵은 모든 식사에 등장하는 없어서는 안 될 우리나라의 김치와 같은 음식이다. 옛 에스토니아는 먹을 것이 귀했는데 가장 기본적인 음식인 빵으로만 끼니를 채우는 경우도 다반사였다. 그래서 빵은 귀중하고 신성시하여 에스토니아에서 빵을 바닥에 떨어뜨리면 주운 다음에 그 빵에 꼭 입맞춤을 해야 한다. 에스토니아 사람들이 해외에 가면 가장 그리워하는 맛이 바로 이 빵이라고 할 정도이다.

수프

전통적으로 주 요리 전에 먹으며 닭고기와 야채를 섞어서 끓여 먹는 것이 일반적이다. 크림으로 우유와 요구르트를 같이 넣어 요리해 부드럽게 만든다.

래임(räim)

청어나 가자미를 먹는데 바다 가재요리나 수입산 게, 새우 소비가 많아서 발트해의 작은 청어인 래임räim을 모든 국민들이 좋아한다.

EASTERN EUROPE

육류와 소시지

육류와 감자는 으깨서 함께 먹으며 코스 요리에 꼭 나온다. 돼지고기는 구이로 먹으며 베이컨, 햄으로 먹는다. 파이나 소시지로도 많이 소비된다. 에스토니아에서는 영국에서처럼 블러드 소시지를 만들어 먹는데 베리보르스트 verivorst라고 부른다. 크리스마스에는 꼭 먹는 음식이다.

훈제생선

민물송어 suitsukala 는 에스토니아의 특별음식이고, 소시지가 나올 때 흡혈귀를 위한 음식이라는 생각을 하게 될 지도 모를 정도로 신선한 돼지의 피와 내장으로 싼 소시지를 만든다. 선지소시지 verevorst와 선지팬케이크 vere pannkoogid는 대부분의 에스토니아 전통식당에서 먹어 볼 수 있다.

술

시럽 같은 바나 탈린 술 Vana Tallinn liqueur을 무엇으로 만들었는지는 아무도 모른다. 역할 정도로 달고, 매우 강하지만, 에스토니아식단에 자주 나온다. 커피와 아주 잘 어울리며, 만일 견딜 수 있으면 우유나 샴페인에 띄운 얼음 위에 얹어 먹을 수 있다.

맥주

사쿠 Saku맥주와 사아레마아섬에서 만든 약간 강한 사아레 Saare맥주가 있고, 향신료를 가미해서 따뜻하게 마시는 와인 hõõgvein을 카페나 바에서 마실 수 있다.

겨울 저장음식 잼(Jam)

겨울에는 잼(Jam)류를 꺼내다가 빵에 찍어 먹고 피클을 보관해두었다가 먹는다. 과일이나 야채, 버섯류가 겨울에는 귀했기 때문에 저장하는 기술이 반드시 필요했다. 현재는 대부분 상점에서 구입하면 되기 때문에 흔하지 않지만 겨울을 대비해서 김장을 하는 관습은 시골에서 행사로 생각한다.

EATING

에스토니아 경제는 지속적으로 상승하고 있어서 경제사정이 좋다. 젊은이들의 성공에 활기찬 분위기여서 레스토랑도 유기농과 해산물, 프랑스요리가 점점 메뉴로 올라오고 있다. 따라서 레스토랑 음식비용도 상승하고 있지만 아직은 다른 유럽에 비해 상당히 저렴한 편이다.

라타스카에부 16
Rataskaevu 16

문을 열고 들어가면 직원들이 친절히 손님을 맞이하고 활기찬 분위기에 기분도 좋아진다. 아늑하고 캐주얼한 현대적인 분위기의 레스토랑으로 탈린에서 누구에게 소개를 받아서 처음 맛집으로 추천해주는 레스토랑이다.
세계 각지에서 온 관광객으로 가득차서 예약을 하지 않으면 먹기 힘든 곳으로 음식마다 플레이팅도 깔끔하게 나온다.

식전에 나오는 빵과 버터도 맛있고 양고기와 순록고기 스테이크에 함께 나오는 매쉬 포테이토 맛도 좋다.

EASTERN EUROPE

시청 앞 광장의 레스토랑보다 저렴하지만 전체적인 탈린의 음식비용보다 비싼 편이다. 양보다 음식 맛으로 알려져 있어서 조금 배고프다고 느낄 수도 있다. 현지의 젊은 비즈니스 인들이 주로 찾는다고 한다.

주소_ Rataskaevu 16
요금_ 스테이크 12~25€, 생선스테이크 15~20€, 와인10~20€ 정도에서 선택하면 무난함
시간_ 12~24시
전화_ +372-642-4025

배이케 라타스카에부 16
Väike Rataskaevu 16

위의 라타스카에부 레스토랑과 같은 레스토랑으로 2호점 같은 곳이다. 맛도 거의 비슷하고 분위기도 비슷하지만 내부 인테리어는 같지 않다.

주소_ Niguliste 6
시간_ 12~23시 45분
전화_ +372-601-1311

베간 레스토랑 V
Vegan Restoran V

씨푸드Seafood를 주 메뉴로 유기농 재료를 사용해 에스토니아의 젊은 성공 비즈니스 인들을 대상으로 알려진 레스토랑이다. 연어, 디저트 모두 적당한 간으로 맛있다. 와인도 20~30유로에 적당한 가격이다. 직원은 과잉 친절일 정도로 주문을 받아 기분이 좋아진다. 오랜만에 씨푸드를 고급스럽게 먹고 싶다면 추천한다.

주소_ Rataskaevu 12
요금_ 스테이크 12~22€, 생선스테이크 13~20€, 와인10~20€ 정도에서 선택하면 무난함
시간_ 12~24시
전화_ +372-626-9087

본 크라흘리 아에드
Von Krahli Aed

작은 레스토랑으로 양이 많은 장점이 있다. 유기농 채소를 듬뿍 주기 때문에 배가 부르고 유기농 식자재로 만든 요리를 제공한다. 양고기가 부드럽고 잡내가 나지 않아 양고기를 주문하는 비율이 높다. 수프처럼 나오는 비프 칙스 Beef Cheeks도 느끼함이 적어 먹을 만하다.

홈페이지_ www.vonkrahl.ee
주소_ Rataskaevu 8
요금_ 주 메뉴 6~15€
시간_ 12~24시
전화_ +372-626-9088

올리버 레스토랑
Oliver Restoran

할아버지의 모습이 인상적이어서 한번은 쳐다보고 지나가는 레스토랑으로 편안하고 스테이크가 주 메뉴라서 다른 것을 먹는 사람들은 거의 보지 못한다.

스테이크는 미디엄으로 주문을 하면 겉만 익혀서 먹기에 나쁘니 웰던 Well done으로 주문하는 것이 좋다. 유명세만큼 가격이 비싸다는 단점이 있다.
12시 전에 입장하면 런치세트를 할인하여 10€이하로 먹을 수 있는 기회도 있으니 활용하자.

홈페이지_ www.oliverrestoran.ee
주소_ Rataskaevu 22
요금_ 주 메뉴 12~30€
시간_ 11~23시(여름에 한시적으로 10~12시 할인함)
전화_ +372-630-7898

EASTERN EUROPE

그렌카 카페
Grenka Cafe

유기농 웰빙 메뉴를 기반으로 스테이크도 판매를 하지만 후식의 디저트를 추천한다. 맛깔스럽게 플레이팅이 되어 나오는 음식은 보기에도 먹음직스러워 맛집으로 소문난 집이다.
케이크와 커피가 소문나서 거의 스테이크세트와 커피를 마시고 간다. 창문으로 보이는 탈린의 모습이 여유를 즐기게 해준다.

주소_ Paernu mnt 76
시간_ 11~22시
전화_ +372-655-5514

도미닉
Dominic

직접 구운 빵과 정성들여 조리한 스테이크와 생선구이가 비린 맛을 잡아 부드럽게 목을 넘긴다. 맛있는 고기지만 양이 적어 아쉬움이 많이 남아 빵으로 배고픔을 달랜다. 채식요리는 양이 많지만 우리의 입맛에는 그저그런 맛이다.

주소_ Vene 10
시간_ 12~24시
전화_ +372-641-0400

트차이고브스키
Tchaikovsky

올데 한사
Olde Hansa

꽤 큰 내부에 화려한 샹들리에와 금테 액자와 식물로 인테리어도 고급스러운 레스토랑으로 관광객보다 현지인이 주로 찾는 식당이다.
동유럽의 메뉴가 주였지만 점차 현지인의 기호에 맞추어 프랑스식의 요리스타일로 바꾸었다고 이야기를 해주었다. 주말에는 빈자리가 없을 정도로 사람들이 많다. 라이브 연주가 인상적인 레스토랑에 한국인은 거의 없다.
호박스프와 해산물요리가 개인적으로 가장 좋았지만 양이 적어서 메인과 후식까지 주문해야 아쉽지 않을 것이다.

발트 3국에는 중세 분위기로 레스토랑을 꾸민 곳이 몇 곳이 있다. 그래서 이런 레스토랑은 방송에 소개가 많이 되지만 정작 맛은 별로 없는데 올데 한사는 맛도 보증해주는 맛집이다.
중세 시대를 테마로 내부는 촛불로만 빛을 내기 때문에 약간 어둡다. 야생고기를 메뉴로 내기 때문에 천천히 먹어야 한다는 생각으로 음식을 대하자.

홈페이지_ www.telegraahhotel.com
주소_ Vene 9
시간_ 07~23시 **요금_** 주 메뉴 20~30€
전화_ +372-600-0610

홈페이지_ www.oldehansa.ee
주소_ Vana turg 1
시간_ 10~24시 **요금_** 주 메뉴 15~30€
전화_ +372-627-9020

굿 원 스테이크 하우스
Goodwin Steak House

마치 아웃백 스테이크하우스 같은 느낌의 대중적인 패밀리 레스토랑이다. 입구에는 돼지가 벤치의 한쪽에서 들어오라고 손짓하는 것 같다. 스테이크도 우리나라에서 먹는 스테이크 느낌의 바짝 구운 스테이크이고 가격도 12~30€ 사이이다.

홈페이지_ www.googwinsteakhouse.ee
주소_ Viru 22
시간_ 10~23시 요금_ 주 메뉴 15~30€
전화_ +372-661-5518

페가수스
Pegasus

자유광장에서 가까워 찾기가 쉬운데 관광객을 대상으로 하는 레스토랑은 아니다. 직원들은 친절하고 내부도 커서 안정적인 느낌이 든다. 주 메뉴의 가격은 10€부터 먹을 수 있어 무난하다 메뉴를 주문하면 나오는 빵은 현지인들이 먹는 약간 짠 빵이고 스테이크도 약간은 질기다고 느낄 수 있지만 현지인의 기호에 맞추어서 호불호가 갈린다.

홈페이지_ www.pegasus.ee
주소_ Harju 1
시간_ 12~24시 요금_ 주 메뉴 15~30€
전화_ +372-662-3013

RIGA

리가

라트비아의 발트 해 중심 도시인 리가는 라트비아, 러시아, 독일의 영향이 섞여 있는 도시로, 약 80만 명 정도가 살고 있다. 1930년대에 리가는 서유럽의 동쪽으로 러시아를 감시하던 주요 거점이었고 외교관, 무역업자들을 둘러싸고 어지럽게 얽혀 그들이 리가를 '동쪽의 파리'라고 불렀다.

리가는 1201년에 설립된 후 13세기에는 독일 십자군에 16세기에는 폴란드, 18세기에는 스웨덴과 러시아에 의해 반복해 침략과 지배를 받았다. 오늘날 다른 발트 해 국가의 수도들처럼 리가에는 잘 보존된 유서 깊은 사적 구역들이 있으며 탈린이나 빌뉴스처럼 엽서에 나오듯 예쁘지는 않지만 다른 도시가 가지지 못한 장엄한 건축물들이 도시 전체에 널리 퍼져 있다.

리가 IN

리가 국제공항에서 라트비아의 거의 모든 항공기가 드나든다. 리가공항은 시 중심에서 서쪽으로 14km에 있는 유르말라에 있고 버스나 택시로 연결된다. 대한민국의 대한항공과 아시아나항공이 직항노선을 개설하고 있지는 않다.

시간적으로는 거리상 가까운 핀란드의 헬싱키나 폴란드의 바르샤바를 거쳐 리가에 낮 시간에 입국하는 것이 가장 효율적이다. 유럽의 다른 나라를 경유하면 저녁에 리가에 도착하는 시간대가 많다.

비행기

유럽 관광객은 저가항공을 이용하여 여행을 하는 것이 일반화되어 있다. 헬싱키, 런던, 프랑크푸르트, 바르샤바 등으로 운항하고 있지만 헬싱키에서 가장 많은 편수를 운항하고 있다. 미리 리가 여행계획을 만들고 리가로 입국한다면 쉽게 여행을 할 수 있다. 몇 년 전만 해도 리가는 에스토니아나 리투아니아에서 버스를 타고 여행을 하였지만 현재 저가항공을 이용해 리가로 여행하려는 유럽인들이 늘어나고 있다.

저가항공 에어발틱(Air Baltic)

라트비아의 항공사 에어발틱(Airbaltic)은 발트 3국을 대표하는 저가항공이다. 발트 3국은 버스로 대부분의 여행자가 여행을 하기 때문에 여행자가 저가항공을 이용하는 비율은 높지 않다.

에어발틱(Airbaltic)은 18~25만원 사이에 항공권을 제공하기 때문에 상트페테르부르크나 모스크바 왕복항공권을 구입했다면 발트 3국을 여행하고 러시아로 이동하기 위해 에어발틱(Airbaltic)을 이용하는 경우가 발생한다. 저가항공은 아무리 항공료가 저렴해도 개인수화물이 20kg을 넘는다면 추가비용이 발생한다는 사실을 잊지 말고 예약과 결재를 해야 한다.

www.airbaltic.com

페리

라트비아를 페리로 여행하는 여행자는 북유럽의 스웨덴이나 핀란드 인들만 있을 것이다. 페리는 비효율적이다.

독일의 트라베뮌드Travemünd, 스웨덴의 스톡홀름과 슬리테Slite, 에스토니아의 사아레마Saaremaa섬에 있는 로우마싸아레Roomassaare 등에서 리가로 가는 직항 페리를 운항하고 있다.

스웨덴의 스톡홀름
~라트비아의 리가 왕복노선
탈링크 실자 라인 크루즈 Tallink Silja Line

스톡홀름에서 라트비아의 리가로 이동하는 노선은 매일 저녁 출발해 다음날 아침 도착하는 일정으로 운항된다.

스톡홀름을 둘러본 후 크루즈에서 하룻밤을 보내면 아침에 리가에 도착해 있으니 보다 편안한 북유럽 여행을 즐길 수 있다.

▶ B Class(4인 1실, 통로)
▶ 객실 146€(1인당 36.5€~)
▶ 조식 포함 186€(1인당 46.5€~)

버스

유로라인 Eurolines, 럭스 익스페리스 Lux Express는 버스터미널에서 탈린 Tallinn(6시간 소요)과 빌뉴스 Villius(6시간 소요) 등에서 운행하고 있다. 같이 여행 온 여행자가 4명이라면 택시로 시내로 이동하는 것이 버스요금과 차이가 없고 편리하다.

버스이용방법

1. 버스표 구입
2. 티켓을 가지고 버스 문이 열렸다고 바로 올라타지 말고 기다린다.
3. 버스 기사가 번호를 말하면 22번 버스에 올라탄다.
4. 좌석의 번호를 보고 앉는다.

기차

버스터미널 앞의 오리고 백화점 내부에 있으니 2번 플랫폼으로 가서 타면 된다. 리가 Riga에서 카우나스 Kaunas를 거쳐 빌뉴스(8시간 소요)로 야간열차가 운항하고 상트페테르부르그(13시간 소요)도 야간열차가 운행하고 있다.

베를린-상페테스부르그 노선이 라트비아의 남동부 다우가프필스를 통과하므로 이용할 수 있다. 또 리가와 모스크바, 상페테스부르그, 민스크 사이에 기차편이 있고, 다우가프필스와 헤르니피치 Chernivtsi도 기차로 연결된다.

▶ 위치 : Stacijas Laukums
▶ 홈페이지 : www.ldz.lv

EASTERN EUROPE

트람바이스

공항에서 시내 IN

공항에서 리가 시내로 들어가기 위해 가장 좋은 방법은 버스이다. 버스정류장으로 가서 22번 티켓을 구입하고 타고 있으면 시간에 맞추어 버스가 출발한다. 광장은 최종 정류장이라 그대로 앉아 있으면 마지막 정류장에서 내리면 된다.

시내교통

리가에는 광범위한 도심전차, 트롤리(무궤도버스), 버스로 연결된 포괄적인 교통망이 있다. 주요 도로가 잘 정비되어 있고 거리가 멀지 않기 때문에 자동차와 자전거를 이용하는 여행이 라트비아에서는 인기가 있다.

리가의 시내교통은 트램, 트롤리버스, 버스, 미니버스가 있다. 요금은 어느 교통수단을 사용해도 1회에 1.15€로 저렴하지는 않다. 그러나 리가의 외곽까지 여행을 한다면 1일 권을 구입해 여행해도 좋은 방법이다. 리가 시민이 아닌 이상 3, 5일 권은 거의 사용하지 않을 것이다.
'트람바이스'라고 부르는 트램은 버스와 함께 리가 시민들이 가장 많이 이용하는 시내교통수단이다.

트롤리(무궤도버스)

이용요금

1~5일권 | 1일 5€
3일 10€
5일 15€
※미니버스는 사용불가
1회 | 1.15€
10회 | 10.90€

택시

택시는 기준 요금이 없고 택시회사에 따라 요금이 다르기 때문에 바가지를 당했다는 인상도 가지게 되므로 탈일은 거의 없다. 다만 늦게 숙소로 이동하는 경우에 사용할 수밖에 없다. 판다 택시Panda Taxi가 저렴하기 때문에 잘보고 타기를 바란다.

시티투어버스

리가에는 현재 2개의 회사가 시티투어버스를 운영하고 있다. 빨강색과 노랑색 시티투어버스는 같은 코스를 운영하고 있다. 운영시간은 여름에는 09~20시까지, 겨울에는 09~18시까지만 운영한다. 리가 시내를 한바퀴 도는 데 약 90분이 소요된다.

홉온-홉오프 버스(빨강색)

대부분의 도시에서 운영하는 시티투어버스로 빨강색 2층 버스로 2층은 오픈되어

리가카드

리가에서 많은 혜택을 받고 싶다면 필요하다. 1~3일 동안 사용할 수 있는 카드를 가장 많이 사용한다. 리가카드는 무료로 대부분의 박물관이 입장가능하고 할인 혜택을 주는 숙소와 레스토랑도 있다. 리가카드는 공항, 관광안내소 등에서 구매가 가능하다.

1일(24시간) 25€ / 2일(48시간) 30€ / 3일(72시간) 35€

EASTERN EUROPE

있다. 티켓은 티켓오피스나 판매원, 버스 안에서 기사에게도 구입이 가능하다. 가장 많은 버스를 운영하기 때문에 버스 정류장에서 버스를 기다리는 시간이 단축되는 장점이 있다. 많은 언어로 설명을 하는 안내방송이 있지만 한국어서비스는 없다.

마나 리가(Mana Riga)
100년 전에 운행하던 전차를 관광객을 위해 주말마다 운행하고 있다.

당일치기 리가 투어

1941~1944년까지 리가에서 이송된 45,000명의 유대인들과 다른 나치 점령 지역에서 이송된 약 55,000명으로 추산되는 유대인과 죄수들이 리가 15km 남동쪽에 떨어진 살라스필스 수용소에서 학살되었다. 입구의 거대한 콘트리트 장벽에 적힌 글에는 '이 문 너머에서 세상이 신음을 한다'라고 씌어 있다.

주소_ Dienvidu iela **전화_** +371 6770 0449

라트비아 리가 핵심도보여행

발트3국 중 가운데에 위치한 리가에 도착했다. 리가의 첫 인상은 마치 예전부터 알고 있었다는 착각에 빠져들게 되는 중세풍의 도시이다. 리가 광장에는 라트비아 신화에 나오는 사랑의 신 밀다^{Milda}가 조형탑 꼭대기에 있는 자유의 여신상이 보인다. 이민족의 침략을 꽤나 버텨낸 라트비아는 자유의 여신상은 나라를 위해 희생한 라트비아 사람들을 위해 만들었다. 라트비아의 주권과 자유를 상징하는 조형물인 자유의 여신상부터 리가의 여행이 시작된다. 이곳은 리가 시민들의 만남의 장소로 사용되고 있다.

다리를 건너 왼쪽으로 한 블록을 지나 정면으로 보이는 광장이 있다. 리가에서 가장 유명한 건물은 구시가에 들어서자마자 보이는 검은머리전당이다. 1344년에 지어진 이 건물은 중세시대에 활발하게 활동했던 검은머리길드가 사용한 건물이기 때문이다. 이 건물의 앞벽에 검은 얼굴의 인물이 장식되어 있는데, 당시에 검은머리길드의 수호신이 아프리카 모리셔스의 여성이었기 때문에 검은머리 흑인을 가리키고 있는 그림을 2001년에 그렸다.

교회 한쪽에는 과거에 사용된 거대한 모양의 수탉이 전시되어 있다. 수탉은 루터교의 상징이다. 루터교의 상징일 뿐만 아니라 풍향계의 역할도 했다. 예로부터 리가는 무역항이었기 때문에 풍향계는 바다를 항해하는 무역상들에게 매우 중요한 역할을 했던 것이다.

성 피터교회를 오는 관광객은 대부분 정상으로 가는 엘리베이터를 타고 올라가 전망대에 오를 수 있는데 800년의 역사를 가진 리가의 모습이 한눈에 들어온다. 전망대(요금은 9유로)에 올라 리가 시내를 조망할 수 있다.

성 피터교회 전망대

피터 성당 뒤쪽으로 가면 친숙한 모양의 동상이 있다. 그림형제의 유명한 동화 브레멘의 음악대에 나오는 동물들의 동상이다. 독일 브레멘시가 리가에 1990년에 기증한 것이라고 한다. 이 동물들의 코를 만지면 행운이 찾아온다고 한다는데 누가 퍼뜨렸을까? 우리나라에는 잘못 전달되어 가장 밑의 동상의 코를 만져야 한다고 나와 있다.

화약탑을 지나 카페와 상점들이 있는 리가에서 가장 긴 건물이라는 노란색 건물을 따라가면 리가 구시가지의 외곽을 돌게 된다. 화약탑은 스웨덴의 침략으로 17세기 한차례 파괴된 적이 있다.

유럽의 다른 큰 도시처럼 웅장하지는 않지만 아기자기한 중세풍의 건물사이를 걷다보면 다양한 볼거리를 만날 수 있다. 구시가지에서 바로 옆 블록을 지나면 시내 중심으로 들어갈 수 있다. 마치 동그랗게 도시를 감싸고 있는 수로가 있고 꽃들이 만발한 공원 뒤로 오페라 극장이 있다. 노래를 한다거나 공연을 즐기는 사람이 많다.

브레멘 음악대

화약탑

그 중 내가 찾아낸 것은 작은 인형 박물관이다. 라트비아 전국에서 수집된 다양한 인형들을 만날 수 있다. 이곳은 인형을 사랑한 한 가족이 인형을 전시하면서 시작되었다.
몇 가지 재미있는 전시물이 있다. 한 사람이 머리를 돌려서 보는 것과 아이를 때리는 아빠의 모습 등등이다. 라트비아 사람들은 털실 인형을 가장 좋아한다고 하는데 도자기로 만든 인형은 어떻게 가지고 놀라고 만들었을까 궁금하다. 라트비아 어린이들의 추억이 깃든 곳이다.

블랙 발잠은 술이라기보다 약에 가깝다. 리가를 방문하는 관광객의 쇼핑품목에 항상 포함되어 있다. 근처에 블랙 발잠을 만드는 공장이 있는데 라트비아에서 생산되는 발잠은 대부분 이 공장의 것이라고 한다. 오렌지껍질, 떡갈나무, 쑥 등 약 25종의 재료가 사용되는데 만드는 방식은 오래 동안 비밀이었다고 한다.
리가의 약사였던 '쿤쩨'가 발명했는데 처음에는 신비스런 효과 때문에 주술사의 약물로 알려졌다. 정작 알려지게 된 계기는 러시아의 여제 카타리나

EASTERN EUROPE

로젠그랄스(Rozengrals)

때문이란다. 18세기 카타리나 여제가 리가를 방문했을 때 매우 아팠다. '쿤쩨'라는 약사가 발잠을 처방해주었는데 놀랍게도 카트리나 여제의 병세가 호전되었다. 그러면서 세상에 널리 알려졌다. 발잠은 걸쭉하고 색이 검은 갈색으로 우리가 먹는 한약과 맛이 비슷하다.

중세 분위기인 레스토랑으로 식당내부로 들어가는 입구가 어둡다. 중세를 표현하기 위해 촛불로만 빛이 나기 때문이다. 오래된 벽돌과 중세풍의 장식이 눈에 들어오는데 이 식당은 실제로 13세기에 지어진 중세시대의 건물로 와인 저장시설이었다고 한다.
건물 벽의 절반은 13세기 운형 그대로 유지하고 있으며 나머지는 다시 복원되었다. 다만 화장실이 수세식으로 개조되어 옛 모습은 없다. 음식도 13세기 중세의 재료와 요리법으로만 만든다.
15세기에 남미에서 전해진 감자도 없고 당연히 콜라도 없다. 중세 피로연에서 먹었다는 토끼고기는 중세의 맛이 먹기도 전에 부담스럽게 보였는데 한입 먹는 순간 생각보다 담백해 깜짝 놀랄 것이다.

200년 이상 된 전통가옥들이 있는데 마당에 큰 통나무집처럼 된 나무통이 눈에 들어온다. 발통이라고 한다. 집에는 침대와 간단한 가재도구만이 있을 뿐이고 추운 날씨 때문에 창문은 작게 냈다. 난방이 힘든 옛 시절에는 어쩔 수 없는 궁여지책이었을 것이다. 소박한 농촌 가옥들 중에 나무막대기가 눈에 들어왔는데 옛날 초 대신에 불을 붙이는 도구라고 한다.

리가 파악하기

리가는 다우가바 강 양쪽에 걸쳐 있으며 동쪽에 구시가를 포함한 주요 볼거리가 모여 있다. 리가의 중심 거리는 아크멘스 다리에서 남북으로 이어져 있으며 구시가를 지날 때에는 '칼쿠 이엘라 (Kalku iela)'라고 불리며 강에서 2km 정도 떨어진 높은 지역까지 이어지고 있다. 리가 시내의 중심부에는 운하가 흐른다. 보트를 타고 운하를 둘러볼 수 있다. 산책하는 사람들이 보이고 아름다운 풍경이 둘러싼다. 리가는 강을 따라 신시가지와 구시가지로 나뉜다. 중세 유럽 양식이 잘 보존된 유네스코에 등재된 구시가지에서 리가의 여행이 시작된다.

순수미술관
유대인박물관
자유기념탑
리도
브라네스 가든
오페라하우스
장식디자인박물관
세인트 존스 교회
성피터성당
기차역
검정머리 전당
버스역
중앙시장

구시가
Old Town

구시가에는 17세기나 그 이전에 세워진 많은 독일 건물들이 있다. 칼쿠 이엘라^{Kallku iela}는 깔끔하게 구시가를 반으로 나누고 있다. 칼쿠^{Kallku}의 북쪽은 벽돌로 만든 리가 돔 성당으로 1211년 세워졌으며 현재는 교회와 오르간 콘서트홀이 되어 있다.

리가 돔 성당
Riga Doms Cathedral

1211년, 완공 당시에는 가톨릭 성당이었지만 독일의 영향을 받은 이후로 루터교 교회로 사용되어온 발트 3국에서 가장 규모가 큰 중세의 성당이다.

가톨릭에서 루터교 교회로 바뀌면서 13~18세기까지 건축 양식이 혼합되어 증축이 이루어졌다. 초창기의 모습을 나타내고 있는 동쪽 면은 로마네스크 양식이며 15세기의 고딕양식의 개축과 리가 시내를 한눈에 볼 수 있는 탑은 18세기 바로크 양식이다.

EASTERN EUROPE

홈페이지_ www.doms.lv 주소_ Doma laukums 1
관람시간_ 09~17시
요금_ 4€ 전화_ 6721-3213

검은머리 전당
House of Blackheads

구 시가지를 대표하는 건물 중 하나인 검은머리전당은 리가에서 가장 유명한 건물이다.

1344년에 지어진 이 건물은 중세시대에 활발하게 활동했던 검은머리길드가 사용한 건물이기 때문이다. 이 건물의 앞 벽에 검은 얼굴의 인물이 장식되어 있는데, 당시에 검은머리길드의 수호신이 아프리카 모리셔스의 여성이었기 때문에 검은머리 흑인을 가리키고 있는 그림을 2001년에 그렸다.

중세 길드 상인들의 숙소와 회의 룸으로 당시 길드 상인들이 흑인 성 모리셔스를 존경해 붙인 이름이다. 건국 100주년을 기념해 보수공사도 완료했다.

검은 머리 전당 앞 바닥
최초의 크리스마스 트리가 세워졌던 곳을 표시하는 팔각형의 기념 명판

홈페이지_ www.nami.riga.lv/mn
주소_ Rātslaukums 7
시간_ 10~17시(월요일 휴관)
전화_ +371 6704 4300

삼형제 건물
Three Brothers

구시가지의 골목으로 깊이 들어가면 골목에는 거리의 화가와 아기자기한 가게들이 있다. 골목에서 음악이 흘러나온다. 거리 연주자로 가득한 이곳은 중세 도시 리가를 잘 알려주는 삼형제 건물이다. 필스 이엘라Maza Pils iela에는 삼형제Three Brothers로 알려진 예쁜 집들이 늘어서 있다. 15, 17, 18세기에 건축된 3개의 건물이 나란히 붙어 있어서 시대별 건축 양식을 잘 보여준다. 당시에 창문세가 있어서 창문은 크지 않다. 15세기의 집으로 라트비아에서 가장 오래된 것이다.

홈페이지_ www.archmuseum.lv
주소_ Mazā Pils 17, 19, 21
시간_ 화, 수, 목 09~17시/월요일은 18시, 금요일은 16시까지)
전화_ +371-6722-0779

롤랑의 석상 & 리가시청
Rolands & Town Hall

검은머리전당 앞 광장에 있는 롤랑의 석상은 중세 무역상들의 수호신인 롤랑의 모습을 형상화한 것이다. 목상이었던 것을 1897년에 석상으로 개조하였지만 1945년에 소련이 점령하면서 철거했다. 2000년에 재건하면서 지금 광장에 있  는 석상을 새로 만들고 원형 석상은 성 피터 교회 내부에 전시해 놓았다.
롤랑의 석상 맞은편에 1334년에 만들어진 건물에 17세기부터 시청사로 사용되었다. 2차 세계대전에서 파괴된 건물을 2003년에 복원하여 지금도 시청사 건물로 사용하고 있다.

리가 시청

소총수 동상
Rafle Mournment

검은 머리 전당에서 강변을 바라보면 있는 붉은 석상이다. 라트비아 소총수들이 2차 세계대전에서 소련군에서 싸운 군인들을 기리기 위해서 만들어진 기념비이다.

성 피터 성당
St. Peters Church

> **전망대**
> 전망대(요금은 9€)에 올라 리가 시내를 조망할 수 있다. 72m높이의 첨탑에 올라 리가의 시내를 바라보기 위해 전망대에 관광객들의 발길이 끊이지 않는다.

Church이 있다. 칼쿠 이엘라^{Kallku iela} 남쪽의 붉은 벽돌로 만들어진 고딕 건물인 성 피터 교회는 15세기에 만들어진 교회로 현재 전시관으로 이용되고 있고, 엘리베이터를 타고 72m를 올라가 2번째 갤러리까지 가면 구시가의 환상적인 전경이 보인다.

발트 3국에서 가장 오래된 800여 년 전에 지어진 중세 건물로 리가에서 성 피터 성당보다 높은 건물은 짓지 못하도록 스카이라인의 중심을 이루는 고딕 성당이다. 높은 천장과 붉은 벽돌로 가지런히 지어진 성당으로 기둥에는 방패 모양의 문장이 걸려 있고 측면 통로에 성당의 내부 장식과 대조를 이루는 미술작품들이 전시되어 있다. 성당 옆에는 의회 건물 Jokaba iela 11이 있다.

마자 필스 이엘라^{Maza Pils iela}의 끝은 칼쿠 이엘라^{Kallku iela}와 리가의 로마 가톨릭 대주교가 있는 13세기 성 피터 성당^{St. Peters}

주소_ Skārnu 19
시간_ 10:00~18:00 (월요일 휴관)
요금_ 2유로, 전망대는 7유로
전화_ 67 22 94 26

리가의 박물관

리가 역사 & 해양 박물관

성당 옆의 수도원에는 리가 항해 역사박물관이 있다. 1773년에 성당의 수도원으로 사용되던 곳에 개관한 박물관으로 발트 3국에서 가장 오래된 박물관이다.
전시실에 보석, 중세의 문서와 유물까지 전시되어 있다. 신고전주의 양식의 칼럼 홀이 가장 유명하지만 국민들과 유럽의 관광객을 제외하면 방문객은 많지 않다.

홈페이지_ www.rigamuz.lv
주소_ Palasta iela 4 **요금_** 4.75€
관람시간_ 10~17시(5~9월)
　　　　　11~17시(10~4월, 수~일요일)

점령박물관

리가에서 가장 인상적인 점령 박물관은 소련과 나치의 점령에 대한 여러 가지 인상적인 물건들을 전시하고 있지만 라트비아인들을 순진한 양처럼 묘사하고 소련에 대해서는 나쁘게 묘사한다는 비난도 있다.
20세기에 들어서 1918년에 라트비아 공화국을 출범했지만 나치 독일에 점령되고 다음으로 소비에트 군대에 점령당했다. 그래서 라트비아의 자유는 그 무엇보다 소중하고 의미가 깊다.

홈페이지_ www.okupacijasmuzeis.lv
주소_ Latviesu Strelnieku laukums
요금_ 무료(기부금으로 운영)
관람시간_ 11~18시

리가 미술관 (Art Museum Riga Bourse)

증권거래소 건물을 개조해 만든 미술관으로 건물의 정면은 창문사이에 춤추는 신을, 내부에는 화려한 천장에 달린 황금빛 샹들리에 등의 유명 미술작품을 전시하고 있다. 모네와 로댕의 '입맞춤'이라는 작품뿐만 아니라 중국과 일본의 도자기와 이집트의 미라까지 전시되어 있다.

홈페이지_ www.lnmm.lv
주소_ Doma laukums 6
요금_ 7€
관람시간_ 10~18시(금요일 10~20시)

장식 디자인 박물관 (Museum of Decorative Arts & Design)

리보니아 검의 형제 기사단이 리가에 세운 1207년에 성 제오르지오(St. George's Church) 성당 건물에 함께 지어졌다. 이 박물관은 가구, 목판화, 도자기도 소장하고 있지만 아르누보 양식부터 지금의 응용미술까지 전시하고 있다.

홈페이지_ www.lnmm.lv
주소_ Skarnu 10~20
요금_ 4,75€
관람시간_ 11~17시(수요일은 19시)
전화_ 6722-7833

리가 아르누보 박물관

구시가지의 알버타Alberta, 스트렐니에쿠Strelnieku 거리와 리가 센트럴의 엘리자베테스 Elizabetes 거리에 많이 보인다. 스트렐니에쿠Strelnieku 거리에서 들어가 12번에 아르누보 박물관이 있다. 유명한 영화 제작자인 세르게이의 아버지인 미하엘 아이젠슈타인은 생전에는 가치를 인정받지 못해 불행하였지만 아르누보 건축의 진수로 평가받는다.

아르누보 건물의 정면에는 상상력이 뛰어난 장식이 있다. 1920년대의 콘스탄틴스 페크센스Konstantins Peksens의 주택을 재현해 놓았다. 하나의 특정한 건물이 아니다. 리가에는 많은 건물에서 발견되는 19세기 말~20세기 초에 유럽을 강타한 아르누보 양식의 건물들이 많다. 리가 건물의 약 40% 정도가 아르누보 양식으로 지어졌다고 한다.

리가 성
Castle of Piga

다우가바^{Daugava} 강변에 리가성이 있다. 리가 성은 1330년에 시작되었으며 독일 기사단을 위해 지어졌다. 현재는 카나리아 색깔로 칠해져 라트비아 대통령 관저이며 별로 흥미롭지 않은 외국 미술 박물관으로 사용되고 있다.

홈페이지_ www.president.lv
주소_ Pils laukums 3

화약탑
Powder Tower

카페와 상점들이 있는 리가에서 가장 긴 건물이라는 노란색 건물을 따라가면 리가 구시가지의 외곽을 돌게 된다. 화약탑은 스웨덴의 침략으로 17세기 한차례 파괴된 적이 있다.

화약탑

EASTERN EUROPE

스웨덴 문
Swedish Gates

아름다운 스웨덴 문은 1698년 성벽으로 세워졌다. 둥글고 끝이 뾰족한 14세기의 풀베르토니스는 톰바 이엘라에 있으며 화약 상점, 감옥, 고문실, 소련 혁명 박물관, 학생들이 파티를 즐기는 곳으로 변형되어 사용되어왔다.

현재는 전쟁기념관이 되어 있으며 거대한 철 대문을 보는 것만으로도 한번은 볼 만하다.

스웨덴이 폴란드와의 전쟁에서 승리한 뒤 더 이상 필요 없다는 의미로 대포를 거꾸로 세워놨지만 또 다시 러시아와 전쟁이 일어났다.

여행의 피로를 카페에서

리가 시내에서 가장 맛있고 저렴한 레스토랑과 카페는 Rama와 Svamidzi이다. 이곳뿐만 아니라 아름답게 늘어서있는 노천카페와 레스토랑은 멋진 음식을 주문하고 기다리면서 여행의 피로를 풀 수 있다. 맛있고 따뜻한 식사를 야외에서 즐겨보자.

토르냐 거리(Torna iela)는 옛 건물들이 몰려있는 거리였던 것을 1997년에 도시 활성화 공사에 따라 화려한 카페골목과 옛 분위기가 공존하는 거리로 바뀌었다.

리가의 골목길 정취

스웨덴 문(Swedish Gates)은 역사적으로도 의미가 있지만 중세의 분위기를 느끼면서 조용히 걷기 좋은 트로녹슈 거리(Trosnu iela)에 있다. 13세기에는 상점들로 북적였지만 14세기부터 스웨덴이 점령하면서 스웨덴 문을 따라 조용한 거리로 바뀌었다.

발트 3국 엑티비티

발트 3국을 여행하면 다양한 체험활동을 하면서 여행을 할 수 없냐는 질문을 받는다. 발트 3국은 아직 관광객을 위한 시설과 프로그램이 개발되고 있는 중이기 때문에 엑티비티가 제한적이라고 한다. 각국의 다양한 체험활동을 알아보자.

하이킹
사람의 발길이 닿지 않은 곳을 걷거나 다양한 풍경을 보는 데는 발트3국이 최고가 아닐 까 생각한다. 발트 3국에서의 하이킹은 내, 외국인 통틀어 매우 인기 있으며, 2000년대 초 이후, 하이킹 시설과 다양한 하이킹 코스 개발이 이루어졌다. 특히 발트 3국 각지에 있는 습지를 따라 있는 나무데크를 따라 가면 된다. 겨울에도 설피를 신고 하이킹을 즐길 수 있다.

카누
카누 타기는 에스토니아의 라헤마Lahemaa 국립공원, 라트비아의 가우야Gauja, 살라차, 아바파Abava 등의 강과 라트갈레 호수지역이 인기가 있다. 라트비아의 가우야Gauja 국립공원은 시굴다Sigulda에서 조직하는 승마유람을 하면서 돌아볼 수 있다. 카누 4~9월에 1~2시간 대여가 일반 적이다. 소마 국립공원에서 조수 간만의 차이 때문에 수면이 높아지는 시기에 카누를 하는 짜릿한 모험을 즐길 수 있다. (3월 말~4월 초)

버섯따기
에스토니아의 라헤마Lahemaa 국립공원에는 하이킹과 카누를 많이 즐기지만 버섯 따기도 좋은 체험이다.

번지점프
라트비아의 가우야Gauja 국립공원은 리가에서 하루에 다녀올 수 있을 만큼 가깝기는 하지만 충분한 시간을 가지고 번지점프를 즐길 수 있다. 다른 번지점프와 다르게 케이블카에서 뛰어내리는 짜릿한 느낌을 만끽해보자.

열기구
5월 중순에는 매년 열리는 국제 열기구 콘테스트가 개최되기도 한다.

스키
라트비아의 발미에라Valmiera에는 스키점프대가 있다. 리가에 있는 야외 스케이트장은 기온이 영하 3도 이하로 내려가면 개장한다.

봅슬레이 경기장
가우야Gauja 계곡은 동계스포츠의 중심지로 시굴다Sigulda에 봅슬레이 경기장이 있다.

리부 광장
Livu Square

리부 광장은 한자동맹으로 영화를 누렸던 독일인들이 리가를 점령하고 만든 건물들이 있는 장소이다. 그래서 리부 광장에는 대길드, 소길드, 고양이 집 등이 몰려있다. 상권을 장악한 사람들이 몰려 살았기 때문이다.

대길드와 소길드
Lielā & Mazā Gilde

무역의 중심지였던 리가에는 상인들의 모임인 길드가 자리잡았다. 대길드는 상인들의 주거지이고 소길드는 기능공 장인의 모임장소를 말한다. 지금 대길드는 라트비아 오케스트라 건물이고, 소길드는 회의 등을 개최하는 곳으로 쓰이고 있다.

주소_ Amatu 5, 6

고양이 집
Cat House

1909년, 아르누보 양식의 영향을 받은 이 건물은 첨탑에 겁먹은 검은 고양이들이 올라가 있는 모습을 보여주고 있다. 길 건너에 위치한 대길드Great Guild에 가입을 하려고 했지만 가입을 거절당하자 분노한 길드 회원들과의 법정 싸움 끝에 건물주였던 상인이 고양이를 반대쪽으로 돌려놓는다는 조건 하에 길드에 가입을 했다고 한다.

주소_ Meistaru iela 10~12

뉴타운
New Town

리가의 상업 중심지는 엘리자게테스 이엘라의 경계를 넘어 넓은 6개의 도로에 걸쳐 있다. 리가가 대도시로 보이는 것은 뉴타운의 이 도로 때문이다. 대로를 따라가면 많은 인상적이고 화려한 19세기, 20세기 초의 건물들이 리가의 특징인 아르누보 스타일로 지어져 있는데 그중에서 유명한 것은 영화 제작자인 세르게이의 아버지인 미카일 아이젠슈타인이 디자인한 집이다. 알베르타 이엘라에도 다른 인상적인 건물들이 서 있다.

라트비아의 유대인 박물관에는 2차 세계 대전 중 라트비아의 유대인 탄압에 대한 전시물을 볼 수 있다. 독일 군인에 의해 찍힌 섬뜩한 설명을 담은 10분 비디오를 보면 잔인함에 놀랄 것이다.

자유 기념탑(자유의 여신상)
Brīvības Piemineklis

구시가 동쪽의 시 운하는 19세기에 만들어진 넓은 대로 사이에 놓인 공원들을 구불구불 지난다. 라인바 불바리스의 교차로 근처에 공원들 가운데에는 1980년대와 90년대 라트비아 독립 운동의 중심이 되었던 자유 기념탑이 있다.

리가 광장에는 라트비아 신화에 나오는 사랑의 신 밀다^{Milda}가 조형탑 꼭대기에 있는 자유의 여신상이 보인다. 이민족의 침략을 꽤나 버텨낸 라트비아는 자유의 여신상을 통해 나라를 위해 희생한 라트비아 사람들을 기념하고 있다.

EASTERN EUROPE

자유 기념탑 근위병 교대식

자유의 여신상 서쪽은 1991년 1월 20일 소련군이 근처 내무성을 급습할 때 숨진 희생자들을 추모하는 기념물로 5개의 붉은 돌로 만들어진 판으로 되어 있다. 순수 미술관은 북쪽에 있으며 아마 발트 해 국가에서 가장 뛰어난 미술품을 가지고 있을 것이다.

기념탑 서쪽 Bastejkalns는 1991년 1월 20일 소련군이 근처 내무성을 급습할 때 숨진 희생자들을 추모하는 기념물로 5개의 붉은 돌 판으로 만들어져 있다.

리가 시민들의 만남의 장소

구시가지에서 바로 옆 블록을 지나면 시내 중심으로 들어갈 수 있다. 마치 동그랗게 도시를 감싸고 있는 수로가 있고 꽃들이 만발한 공원 뒤로 오페라 극장이 있다. 노래를 한다거나 공연을 즐기는 사람이 많다. 라트비아의 주권과 자유를 상징하는 조형물인 자유의 여신상부터 리가의 여행이 시작된다. 이곳은 리가 시민들의 만남의 장소로 사용되고 있다.

라이마 시계탑
Laima Clock

올드 타운의 끝에서 보이는 자유 기념탑을 가려면 횡단보도를 건너야 한다. 횡단보도에 도착하기 바로 직전에 조그만 시계탑이 있다.
작은 시계탑에 실망도 하지만 리가 시민들의 만남의 장소로 활용되고 있으며 라이마 초콜릿 회사가 직원들의 지각을 방지하기 위해 세운 시계탑이 지금은 시민들의 시간을 책임지고 있다.

중앙시장
Central Market

제1차 세계대전에 사용된 체펠린 비행선의 격납고와 주변에 있는 대형시장으로 흥정을 하는 리가시민들을 볼 수 있는 관광 명소이다.

라트비아 전통 음식

라트비아는 발트 3국 중에 가장 전통음식이 발달되지 않았다. 러시아스타일의 음식들이 주를 이루는데 라트비아 스타일로 변형되었다. 감자, 밀, 보리, 양파, 배추, 계란, 돼지고기 등을 재료로 사용하고 추운 나라이기 때문에 지방을 많이 함유하는 음식을 즐겨 먹는 것도 특징이다.

키메누 시에르스 imeņu siers

치즈Cheese는 라트비아 어로 키메누 시에르스 Kimeņu siers라고 부른다. 자니Jāņi라고 하는 6월 중순에 있는 라트비아 축제 때에 먹는 음식이다.

솔란카 Solanka

고기, 올리브, 채소를 넣고 끓인 스프로 매콤하기 때문에 우리 입맛에는 안 맞을 수 있지만 라트비아 인들은 겨울철에 특히 자주 먹는다.

수프 Soup

소고기 수프인 보르시borshch, 감자 샐러드인 라솔즈rasols도 있다.

보르시   라솔즈

스페치스 Spekis

돼지비계와 호밀빵에 얹어 먹는 음식으로 긴 겨울에 지방이 부족할 때 필요한 영양분을 공급받기 위해 먹는 음식이다. 리가에서는 볼 수 없고 동부의 라트갈레에서 주로 먹는다고 알려져 있다.

피라지 pīrāgi

라트비아에서도 자국식의 피라지pīrāgi가 있는데 우리식으로 생각하면 밀가루 반죽 속에 속을 넣어서 찌거나 구워 낸 만두의 일종이라고 생각하면 될 것이다.

EATING

도미니 카네스
Domini Canes

직원들이 친절하고 내부 인테리어도 북유럽 스타일로 따뜻하게 꾸며놓았다. 성당 앞 브레멘 음악대 동상을 보면서 식사를 할 수 있어 전망이 좋다. 모든 메뉴가 플레이팅이 잘되어 먹음직스럽다.
주메뉴와 디저트까지 주문하는 것이 일반적이어서 단품 메뉴만 주문하는 경우가 거의 없다. 빵도 거칠지 않고 안이 부드러워 한국인의 입에 맞고 같이 나온 버터와 곁들이면 더욱 맛있다. 리가 시민은 수제 파스타를 추천해 주었다.

주소_ Skarmu Street 18~20
요금_ 주 메뉴10~25€(런치메뉴 10€, 폭립 10.8€)
전화_ +371-2231-4122

리도
Lido

일반 식당은 메뉴보고 주문하면 어떤 음식이 나올지 알 수 없어 불안한데 리도는 그럴 걱정이 없다. 샐러드와 족발이 쫀득쫀득하고 맛이 있다. 생맥주와 함께 먹으면 비싸지 않게 만족스럽게 먹을 수 있다. 닭 샤슬릭, 디저트와 음료수 종류도 뷔페식이라 고르기가 좋다.

홈페이지_ www.lido.lv
주소_ Gertrudes iela 54 / Elizabetes iela 19(11~23시)
요금_ 주 메뉴 4~10€
영업시간_ 12~24시
전화_ +371-2780-0633

EASTERN EUROPE

리도 아트푸아스 센터스
(Lido Atpuas Centers)

크라스타 거리에 있는 리도는 야외 놀이 시설과 아이스링크, 공연 등이 있어 가족 단위의 주말 고객이 많다.

▶ Krasta iela 76(11~23시)

빈센트
Vincent

라트비아의 유명 셰프인 마르틴스 리틴스 Martins Ritins가 운영하는 빈센트는 해외 유명인사가 오면 한 번씩 찾는 최고급 레스토랑으로 알려져 있다.
동유럽 음식은 달고 짠 음식이 많지만 빈센트는 과하게 달고 짜지 않아 어떤 메뉴를 주문해도 맛있다는 이야기를 듣고야 마는 레스토랑이다.
빵의 종류부터 다양해 놀라고 스테이크는 부드럽게 목을 타고 넘어간다.

생선스테이크는 잘게 부서지지 않고 두툼하게 찍어 먹을 수 있는데 맛은 신선하다. 빌뉴스에서 가장 고급스러운 레스토랑을 추천해달라고 하면 누구나 빈센트를 말한다.

홈페이지_ www.vincent.lv
주소_ Elizabetes iela 19
요금_ 주 메뉴 25~80€
영업시간_ 18~22시
전화_ +371-6733-2830

이스타바
Istaba

라트비아 TV에도 나오는 현지 유명 셰프인 마르틴스 시르마이스 Martins Sirmais가 운영하는 최고급 레스토랑이다.

151

2층에는 미술관과 공연장이 들어서 있다. 세트 메뉴는 없고 셰프가 매일 특선 메뉴를 만들고 있다. 빵, 소스, 채소는 추가해야 한다. 빌뉴스에서 빈센트와 함께 가장 고급스러운 레스토랑으로 추천하는 레스토랑이다.

주소_ Krisjana Barona iela 31a
요금_ 주 메뉴 15~30€
영업시간_ 12~23시
전화_ +371-6728-1141

빅 배드 베이글
Big Bad Bagels

우리가 평소에 먹던 거칠고 딱딱한 베이글을 생각했다면 기대감을 올려서 만족할 수 있다. 베이글이 햄버거처럼 다양한 유기농 재료와 어울리고 풍성한 크림은 입맛을 돋굴 것이다. 생과일 주스와 같이 먹는다면 한 끼 식사로 충분하다.

홈페이지_ www.bigbadbagels.lv
주소_ Krisjana Barona iela 31a
요금_ 주 메뉴 12~23€
전화_ +371-6728-1141

리비에라
Riviera

지중해 요리를 표방하는 해산물이 주 메뉴인 맛집으로 성수기에는 예약이 필수이다. 고기 등의 요리가 많은 리가에서 홍합, 해산물 BBQ는 맛보기 힘들어 현지인의 발길을 끊이지 않는다.

라트비아화 된 지중해 요리로 식전 빵, 디저트도 최고라고 추천하는 레스토랑이다. 풍성한 해산물 요리를 먹고 싶다면 추천한다.

홈페이지_ www.riviera.lv
주소_ Dzirnavu iela 31
요금_ 주 메뉴 8~30€
전화_ +371-2660-5930

EASTERN EUROPE

피쉬 레스토랑 르 돔
Fish Restaurant Le Dome

발트 해의 신선한 어류를 재료로 다양한 음식을 만들 수 있다는 사실을 알 수 있는 레스토랑이다. 친절한 직원과 서비스도 훌륭하며 다양한 음식에 라트비아의 맛을 가미했다는 이야기를 듣는 곳으로 고급화된 생선요리를 맛보고 싶다면 추천한다.

홈페이지_ www.zivjurestorans.lv
주소_ Miesnieku iela 4
시간_ 08~23시 요금_ 주 메뉴 23~35€
전화_ +371-6755-9884

리츠
Riits

젊은 감각의 레스토랑으로 젊은이들이 주로 찾는 레스토랑이다. 라트비아 전통 수프와 스테이크 등이 인기가 많은 주 메뉴로 가격도 5€시작해 가격부담도 적다. 현대화되고 있는 리가에서 젊은 입맛에 맞는 레스토랑으로 추천해주는 곳이다.

홈페이지_ www.riits.lv
주소_ Dzirnavu iela 72
시간_ 09~23시 요금_ 주 메뉴 8~30€
전화_ +371-2564-4408

밀다
Milda

옛 라트비아 전통 음식과 맥주를 맛보면 좋을 것 같다. 전통음식은 주로 짜기 쉬어 짠맛을 중화시켜 주어야 한다.
전통음식을 먹을 수 있는 곳에서는 현대화되어 관광객이 찾기에 부담이 없다. 청어생선구이, 수프(솔란카)가 가장 인기있는 메뉴이다.

홈페이지_ www.milda.lv
주소_ Kungu iela 8
요금_ 주 메뉴 12~23€
시간_ 12~23시
전화_ +371-2571-3287

카페 미오
Cafe Mio

식탁 위에 놓인 스테이크와 케익을 맛보면 카페같지 않고 전문 레스토랑처럼 느껴진다. 맥주나 와인과 같이 스테이크는 맛보면 좋을 것 같다.
리가의 전통음식을 만들었다가 관광객을 대상으로 음식 메뉴를 바꾸고 소스도 다르게 변화시켜 관광객은 부담없이 즐길 수 있다.

주소_ Blaumana iela 15
요금_ 주 메뉴 8~20€
시간_ 12~23시
전화_ +371-2814-3139

발트 3국의 수제 맥주 펍 & 레스토랑 Best 4

유럽에서 수제 맥주를 직접 만들어 파는 레스토랑과 펍Pub이 조화된 곳이 인기가 많다. 발트 3국도 마찬가지로 수제 맥주를 직접 공급하는 맥주와 레스토랑을 겸하면서 젊은이들에게 인기를 끌고 있다. 전 세계의 관광객과 현지인이 섞여 맥주를 마시고 안주로는 전통음식을 안주삼아 즐길 수 있다.

에스토니아

헬 헌트(Hell Hunt)

에스토니아 최초의 펍 Pub이라고 하는 오래된 펍이다. 에스토니아 맥주와 수입 맥주를 마실 수 있고 생맥주도 마실 수 있다. '지옥 사냥Hell Hunt'이라는 무서운 뜻이지만 에스토니아에서는 '온순한 늑대'라는 뜻으로 사용된다고 한다.

홈페이지_ www.hellhunt.ee
주소_ Pikk 39 시간_ 12~새벽 02시

리투아니아

레이시아이(Leiciai)

레이시아이도 마찬가지이다. 감자 팬케이크와 체펠레나이 만두를 저렴하게 판매하고 있다. 2층의 테라스에서 맥주의 풍부한 맛이 더운 여름날에 여행의 피로를 푸는 즐거움을 준다.

주소_ Aristidas Briana iela 9A2
시간_ 13~새벽03시
전화_ +371-2565-5958

라트비아

라비에티스 알루스 다르브니카 (Labietis Aius Darbnica)

직접 모든 맥주를 만들 수 있는 양조장을 겸하면서 50가지가 넘는 맥주를 공급한다. 주마다 다른 맥주를 마실 수 있는 기회가 있다. 5잔의 맥주를 소량으로 마셔보고 마실 맥주를 선택하면 된다.

주소_ Aristidas Briana iela 9A2
시간_ 13~새벽03시 전화_ +371-2565-5958

알라우스 비블로테카(Alaus Bibloteka)

위의 수제 맥주 레스토랑과 마찬가지이다. 다양한 맥주를 마시면서 전통음식을 안주삼아 관광객은 여행의 피로를 풀고 현지인은 삶의 피로를 푸는 펍이자 레스토랑이다.

VILNOUS

빌뉴스

숲과 호수의 나라, 바로크풍의 도시의 중세의 향기를 간직한 나라, 아픈 역사를 딛고 일어선 나라로 요약할 수 있는 리투아니아의 수도인 빌뉴스는 가장 아름답고 푸른 숲이 많은 도시이다. 빌뉴스는 네리스^{Neris}강에서 내륙으로 250㎞ 떨어진 곳에 위치하고 있다.

3층 높이의 바로크풍 건축물과 고전 건축물로 가득한 동화의 나라 같은 구시가의 구불구불한 거리는 돌아다니기에 좋다. 폴란드와 밀접한 관계를 잘 나타낸 흔적을 수많은 가톨릭 교회와 수세기 동안 중부유럽 스타일로 건설된 건축물에서 볼 수 있는 편안하고 다정한 도시이다.

간단한 도시 역사

빌뉴스는 리투아니아의 수도로, 옛 이름은 '빌나^{Vilna}'였다. 리투아니아 대공국 후에 폴란드-리투아니아 연방의 영토였다. 17~18세기에 빌뉴스는 화재, 전쟁, 기근, 전염병 등을 겪었지만 19세기에 산업이 발전함에 따라 다시 성장하여 폴란드에서 쫓겨난 귀족들의 피난처가 되기도 했다.

1차 세계대전동안 독일이 3년 동안 점령하면서 파괴되고 전쟁이 끝난 후 빌뉴스는 다시 폴란드에 합병되었다. 2차 세계대전 전까지 빌뉴스 인구 중 1/3은 유대인이었고 전 세계에서 유대인 문화의 중요한 중심지역할을 하였다. 제2차 세계 대전 이후 리투아니아 소비에트 사회주의 공화국의 수도가 되었고, 이어 독립국 리투아니아 공화국의 수도가 되었다.

빌뉴스 IN

인천공항을 출발해 핀란드 헬싱키를 경유해 리투아니아의 빌뉴스에 11시간, 폴란드의 바르샤바를 경유하면 13시간 정도만에 도착할 수 있다.

비행기
리투아니아도 저가항공을 이용하여 여행을 하는 것이 일반화되어 있다. 리투아니아에는 빌뉴스Vilnius와 카우나스Kaunas, 팔랑가Palanga 국제공항이 있다. 카우나스는 1차 세계대전 후 폴란드가 점령했을 때 임시수도의 역할을 했던 도시이기도 하다.
빌뉴스 행 비행기는 북유럽(덴마크의 코펜하겐, 핀란드의 헬싱키, 스웨덴의 스톡홀름)에서 주로 운항하고 있고 독일의 베를린, 프랑크푸르트, 바르샤바에서도 운항을 하고 있다. 폴란드의 바르샤바나 핀란드의 헬싱키를 거쳐 가는 방법이 가장 빠른 방법이다.

▶주소_ Rodûnios road 10A
▶홈페이지_ www.vilnius-aitport.lt

주의사항
카우나스Kaunas는 주로 영국이나 아일랜드, 북유럽으로 운항되는 저가 항공이 취항하는 공항이다.

버스
리투아니아에서 버스여행이 제일이다. 거리에 따라서 버스표의 값이 다르다. 빌뉴스와 카우나스Kaunas 는 가까우니 5~6유로, 클라이패다Klaipéda 는 17-20 유로이다. 리투아니아에서는 버스표를 매표소에서 구입할 수도 있지만 버스 안에서 사도 된다.
유로라인Eurolines, 럭스 익스페리스Lux Express 이 동일하게 운행하고 있다. 리가Riga(6시간 소요) 등에서 운행하고 있다.

▶주소_ Sodu St. 22
▶홈페이지_ www.toks.lt

기차
폴란드의 바르샤바, 라트비아의 리가에서 기차여행을 즐기며 들어올 수도 있다. 기차는 클라이페다 Klaipeda, 샤울레이Šiauliai, 빌뉴스Vilnius, 트라카이Trakai 등으로 이동한다.

출발~도착	시간
빌뉴스~ 러시아 상트 페테르스부르크	14시간
빌뉴스~러시아 모스크바	15시간
빌뉴스~폴란드 바르샤바에서	9시간
빌뉴스~벨라루스의 민스크	4.5시간
빌뉴스~칼라닌그라드	6.5~7.5시간

공항에서 시내 IN

빌뉴스 국제공항은 빌뉴스 시내에서 대략 10㎞ 정도 떨어져 있으며 공항에서 리가 시내로 들어가기 위해 가장 좋은 방법은 버스이다. 1, 2번 버스(23시까지 운행)를 타면 30분 이내에 빌뉴스 시내에 도착한다. 미니버스는 40분마다 운행하고 1€로 저렴하다.
공항철도(0.8€)는 자주 운행을 하지 않기 때문에 관광객이 많이 탑승을 하지 않지만 10분이면 중앙역까지 도착한다. 택시는 아직 많이 이용하지 않아서 택시비는 유동적인데 바가지요금도 있다고 하니 조심하자.

시내교통

빌뉴스 시내에는 버스, 트롤리 버스, 미니버스가 운행되고 있다. 차가 없다면 도로가 잘 정비되어 있고 거리가 멀지 않기 때문에 빌뉴스에서 버스로 가는 게 가장 편하다. 버스표는 버스를 타면서 구입이 가능하다.(1€로 저렴/학생 0.5€)
빌뉴스 시민들은 대한민국의 티머니 교통카드와 같은 전자 교통카드를 사용한다. 키오스크(1회용 버스표는 구입불가)에서 전자 교통 카드를 사서 이용해도 된다. 카드는 충전하면 된다.

버스

미니버스

주의사항

버스표는 구입 후에 내릴 때까지 버리지 않는 것이 좋다. 가끔 표를 확인하기 때문이다. 표가 없으면 벌금을 내는데, 17~28€이다.

빌뉴스 시티 카드

시티카드 소지자는 대중교통을 24~72시간 동안 이용할 수 있다. 무료로 박물관 입장과 가이드 투어를 이용할 수 있고 기념품을 구입하고, 버스와 미니버스, 자전거를 빌려서 관광 투어를 다닐 수 있다. 레스토랑, 카페, 숙박에서 할인도 받을 수 있어 사용처는 점점 늘어나고 있다. 빌뉴스 관광안내소, 관광청 등에서 구입이 가능하다.

▶ **홈페이지_** www.vilnius-tourism.lt
▶ **요금_** 1일 권(20€)/3일 권(45€)
　　　　14세 이하 어린이는 5%할인 적용

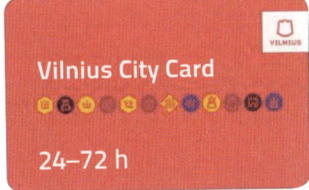

택시

택시가 대중교통보다 더 빠르지만 비싸다. 빌뉴스는 택시비가 1km에 0,6~1€ 정도이다. 택시 주차장에서 택시를 타던지 아니라면 택시회사에 전화를 해야 한다.

핵심도보여행

빌뉴스의 중심가는 게디미나스 언덕Gedimimas Hill이 솟아있는 대성당 광장인 카테드로스 아익스테 Katedros Aikste이다.

카테드로스 아이크스테Katedros Aikste의 남쪽이 구시가 거리로 서쪽으로 게디미노 프로스펙타스Gedimino Prospektas가 시내에서 새로운 중심가이다.
기차역, 버스터미널은 약 1.5km정도 떨어져 있다. 구시가는 다양한 건축 양식의 박물관이기도 하다.

게디미나스 언덕

게디미나스 언덕위

EASTERN EUROPE

대성당과 종탑 앞 모습

대성당과 종탑 뒤의 모습

현재 미술관으로 사용하고 있는 구시청사는 고전주의 양식이다.

빌뉴스 대학의 주요 건물들이 필리에스 가트베와 윈베르지테토 가트베 사이에 있는 대부분의 지역에 들어서 있다. 1579년에 세워진 빌뉴스 대학은 가장 훌륭한 폴란드 학문 중심지의 한 곳이었으며 1832년 러시아가 폐쇄하기 전까지 17~19세기 초에 수많은 유명한 학자들을 배출한 곳이다. 빌뉴스 대학은 1919년에 다시 개관했으며 오늘날에는 14,000명 이상의 학생들이 공부하고 있다.

현 미술관(구. 시청사)

빌뉴스 대학

12곳에 연결된 정원은 여러 길과 정문을 통해 들어갈 수 있다. 조노 가트베$^{Sv Jono Gatve}$에 있는 남쪽 정문으로 들어가면 삼면에 17세기 초의 양식으로 지어진 갤러리, 18세기의 웅장한 바로크 양식으로 지어진 갤러리, 18세기의 웅장한 바로크 양식으로 된 건물외형으로 된 성 요한 교회$^{Sv Jono Baznycia}$가 있는 디디시스^{Didysis} 또는 스카르가^{Skarga} 정원로 이어진다.

필리에스 가트베 동쪽으로는 베르나르디누 가트베 11에 위치한 폴란드의 낭만주의 시인인 아담 미키비츠의 오래된 집이 있으며 지금은 미키비츠 박물관으로 쓰이고 있다.

성 안나 교회

마이로니오 가트베 건너편에는 1581년에 건설된 멋진 벽돌로 된 성 안나 교회가 있다. 이 교회는 완만한 곳과 정교한 첨탑으로 된 리투아니아 고딕양식으로 지어진 건축물의 결정체이다.

마이로니오를 따라 더 내려가면 12번지에 아름다운 성모마리아 러시아 정교회가 서 있다. 이 교회는 17세기말에 파괴되었지만 1865~68년에 재건되었다. 그 뒤에 좁은 빌나개울 위로 빌뉴스에서 가장 흥미로운 이웃도시인 우주피스 Uzupis로 연결되는 우주피오 다리 Uzupio Bridge가 있다.

이 지역은 부랑자나 범죄자가 많은 지역이었지만 지금은 여러 미술가들이 옮겨와 여러 곳의 허물어져가는 건물에 거주하며 즉흥 미술 쇼를 펼치기도 한다.

문학골목

게디미나스 도로 Gedimino prospektas

대성당 앞에 있는 도로로 빌뉴스에서 가장 번화한 도로이다. 자동차가 운행하는 도로이지만 18시부터 보행자 전용도로로 변화한다. 명품 매장, 백화점 등 분위기 좋은 카페가 늘어서 있고 국립 극장, 국회의사당, 국립도서관이 같이 서있다.

디조이 Didzoji gatvé & 필리에스 Pilies gatvé 거리

새벽의 문을 나오면 중세의 분위기를 연출하는 건물들에 인상적인 거리가 디조이 거리 Didzoji gatvé이다. 관광객이 구시가지에서 가장 처음으로 만나는 거리로 디조이 거리 Didzoji gatvé에서 필리에스 거리 Pilies gatvé로 이어져 대성당이 나오면 끝이 난다. 관광객에게 가장 인상적인 화려함을 자랑하는 거리이다.

빌뉴스 거리 Vilniaus gatvé

수도 빌뉴스 이름을 가진 거리는 게디미나스 도로에서 연결되어 있다.

보키에츄 거리 Vokiečių gatvé

구시청사 광장 서쪽의 보키에츄 거리는 걷기에 좋다. 옛 분위기의 카페골목에 분위기 좋은 레스토랑과 카페가 늘어서 여름에는 관광객과 시민들이 뒤엉겨 북적이는 분위기를 연출한다.

콘스티투치요스 대로 Konstetucijos prospektas

네리스 Neris 강 북쪽에 있는 거리로 고층 빌딩들이 들어선 신시가지이다. 쇼핑몰(유로파 Europa 등)과 새로운 건물이 다른 나라에 온 듯하다. 리에투바 앞으로 연결된 다리는 데이트장소로 빌뉴스 시민들의 새로운 집합지이다.

EASTERN EUROPE

Neris River

Radvilų

Gedimino pr.

Totorių

리투아니아 국립박물관

게디미나스 캐슬 타워

삼 십자가 언덕

대통령 궁   빌뉴스 대학교

구 시청사

Šv.Kazimiero

성 테레사교회

Arklių

새벽의 문

167

구시가
Old Town

카테드로스 아이크스테 Katedros Aikste에서 남쪽으로 1km 정도 이어진 지역은 15~16세기에 건설된 구시가 지역으로 여러 번 둘러봐도 좋은 곳이다. 중심가는 필리에스 거리와 남쪽으로 이어진 디조이 거리 Didzioji Gatve이다.

단순히 중세의 건물만 있는 라트비아나 에스토니아와 다르게 공원과 빌뉴스 대학교, 우주피스까지 다양한 모습을 볼 수 있다. 그밖에도 구시가 곳곳에는 아름다운 건물들과 골목길이 펼쳐져 있다. 순수한 풍경을 간직하여 조용한 도시의 모습이 간직될 것이다.

새벽의 문
Gates of Dawn

기차역에서 가장 먼저 구 시가지를 반겨주는 곳은 새벽의 문이다. 구시가지 관광은 새벽의 문에서 시작된다. 16세기 르네상스 양식으로 지어진 이 건물은 원래 도시를 지키는 성의 일부분이었다고 한다.

2층은 성당으로 아름다운 성모 마리아 상이 있는데 671년에 이곳으로 가져다 놓았다고 한다. 이 마리아 상은 기적을 행하는 상으로 알려져 있어 새벽의 문은 성지로 손꼽히는 곳이다. 새벽의 문을 지나 구시가지로 들어서면 다양한 볼거리들이 나타난다.

전화_ +370-6825-9309

EASTERN EUROPE

성 테레사 교회
Saint Thersa Church

바로크 양식으로 지어진 가톨릭 성당으로 초기 바로크 양식의 건물로 내부는 화려한 후기 바로크 양식으로 이우러져 있다. 입구 밑에는 망자를 위한 지하실이 있다.

홈페이지_ www.ausrosvartai.lt
주소_ Aushros Vartu 7b
시간_ 07~12시, 16~19시 **전화_** +370-212-3513

성령교회
Holy Spirit Orthodox Church

성 삼위일체 성당의 위에 있는 교회로 바로크 양식의 가톨릭 성당이었다. 그런데 옆 건물에는 러시아 정교회 수도원이 같이 있는 특이점이 있다.
안타나스Antanas, 요나스Jonas, 에우스타히우스Eustachijus의 순교한 성인 3인의 시신이 안치되어 있고 성당입구의 벽화에 그림으로 얼굴이 표현되어 있다.

주소_ Aushros Vartu g.10
시간_ 10~17시 **전화_** +370-5212-7765

성 카시미르 성당

성 카시미르 성당
St. Casimir's Church

리투아니아 어로 성 카지미에라스 성당이라고 부른다. 구시청사 바로 옆에 성 카시미르 성당 St. Casimir's Church은 리투아니아에서 가장 오래된 바로크 성당이다. 빌뉴스에서 가장 오래된 양식의 성당으로 예수회가 1604~1615년까지 건설한 성당의 돔과 십자가 모양의 내부는 완전히 새로운 양식으로 평가받는다. 수백 년 동안 성당은 여러 번 파괴되었지만 최근에 보수공사를 끝내고 다시 개장하였다.

홈페이지_ www.kazimiero.lt
주소_ Didzioji Gatve 34
시간_ 07~19시
전화_ +370-212-1715

빌뉴스 게토
Vilnius Ghetto

구시청사에서 이어진 골목으로 유대인이 집단으로 거주한 지역이다. 2차 세계대전 전까지만 해도 유럽의 각 나라에서 유대인 집단 거주지가 많았지만 나치의 유대인 학살 후 없어졌다.
발트 3국에 유대인이 특히 많이 살았는데 발트3국 중에 리투아니아의 빌뉴스에 많은 유대인이 살았다. 지금은 과거 유대인

의 삶과 2차 세계대전의 장면을 동시에 볼 수 있는 장소로 관광객이 찾고 있다.

주소_ Mesiniy g. 3A

구 시청사
Rotušė

15세기에 리투아니아의 행정, 정치의 중심지로 역할을 하기 시작했지만 미흡하였고 18세기에 스투오카-쿠체비츄스 Stuoka-Gucevicus가 대성당과 함께 건축하면서 지금의 모습을 갖추기 시작했다. 16세기부터 시청 광장으로 사람들이 몰리면서 광장은 빌뉴스 시민들이 정보를 얻을 수 있는 장소로 탈바꿈하기 시작해 범죄자의 처형도 열기 시작했다. 중요 행사에서 손님을 대접하는 영빈관으로 사용되기도 한다.

주소_ Didžoji g. 31

성 피터 & 폴 교회
Saint Peter & Paul Church

빌뉴스에서 반드시 가봐야 할 교회로 알려져 있다. 소박한 외관에 실망했다가 화려한 성당으로 만족할 것이다. 교회의 내부가 아름답다고 알려진 성당으로 구시가지 중심에서 조금 떨어져 있는 단점이 있다.

주소_ Antakalnio g.1
시간_ 10~17시
전화_ +370-234-0229

구시청사

세인스 존스 교회(요나 성당)
St. John's Church

고딕양식의 요나 성당은 나폴레옹이 와서 보고는 손바닥에 옮겨 파리로 가져가고 싶다고 할 정도로 아름다운 건물로 뽑힌다.

존스 교회 종탑, 역사적인 종탑에는 현대 엘리베이터가 있으며 방문자는 발을 끌지 않고 45m 높이의 전망대로 들어갈 수 있다. 나무 계단과 함께 빌뉴스의 구시가지와 펼쳐진 거리는 조감도에서 볼 수 있다.

주소_ S. Daukanto a. 3

리투아니아 대통령 궁
Lithuania Presidential Palace

빌뉴스대학교 정문을 찾게 되거든 그 앞쪽에 있는 알록달록한 건물을 그냥 지나치지 말자. 그곳이 현재의 대통령 궁이다. 그곳은 중세시대부터 리투아니아 대주교들이 거주했던 곳이었고 제정 러시아 시대에는 리투아니아 지역을 관할하던 사령관들의 관저로 사용되기도 했다.

1812년에는 러시아로 향하던 나폴레옹이 이곳에 하루 묵어간 것으로 유명하다. 정말 대학교에서 돌을 던지면 닿을 곳에 위치해 있다.

대통령 궁 내부에 들어가 보고 싶다면 www.president.lt에 들르자. 대통령 궁 내부 견학을 할 수 있는 방법이 나와 있다. 중세시대부터 내여온 방들이 아주 훌륭하다.

요금_ 종탑 2.5€, 1.5€
시간_ 10~18시 30분(5~9월)

EASTERN EUROPE

빌뉴스 대학교
Vilnius University

대학 서점

빌뉴스 대학교는 동유럽에서 가장 오래된 대학 중 하나이다. 리투아니아에서 개혁 운동이 확산되던 시기에 설립된 예수회신부들은 종교개혁을 위해 신속하게 교육을 받았다. 그들은 1569년, 대학을 만들기 시작해 1579년에 빌뉴스 대학교 University of Vilnius를 설립했다.

빌뉴스 대학교의 캠퍼스는 오랫동안 형성되어 고딕, 르네상스, 바로크, 고전주의 건축이 혼합되어 있다. 중세적인 분위기의 건축물은 학생들의 즐거운 분위기와 상반 된 듯 보인다. 다채로운 13개의 안뜰, 아케이드, 갤러리는 대학교를 더욱 부럽게 만들고 있다.

현재 빌뉴스 대학교 Vilnius University에는 약 23,000명의 학생들이 공부하는 12개의 학부가 있다. 대학 행정부는 가장 오래된 궁전과 3개(역사, 문학 및 철학)학부에 자리 잡고 있다.

1570 년대에 설립된 도서관도 있다 . 500만 장이 넘는 지문과 오래된 원고가 축적되어 있는 대학교는 세계 최초로 알려진 리투아니아어 도서 2권 중 하나 인 마르티나스 마즈브다스Martynas Mažvydas 교리 문답의 원본이 있다.

1579년에 세워진 빌뉴스 대학교는 대학 구내 서점 때문에 관광객이 찾는다. 잘 알려져 있지는 않지만 전 세계에서 가장 아름다운 서점으로 꼽힐만한 곳이라고 한다. 서점에 들어서면 눈에 띄는 것이 천장에 그려진 벽화들이다.

1979년 대학교 설립 400주년을 기념해 안티나스 흐미엘랴우스카스가 그렸다는 벽화는 대학 400년의 문화와 자부심을 그렸다. 벽화 사이사이 그려진 인물들은 유명교수와 학교 발전에 관련된 인물들이다. 벽화와 서점 모두 40년이 넘었다. 그냥 두었으면 평범한 서점이었을 공간이 벽화로 인해 새로운 공간, 전혀 다른 의미로 다가오는 공간이 될 수 있다는 사실이 새로웠고 부러웠다.

가이드 투어
리투아니아어, 영어, 프랑스어, 러시아어 및 폴란드어 언어로 9~15시까지 빌뉴스 대학을 보고 싶어하는 관광객에게 제공되고 있다.

빌뉴스 대성당
Vilnius Cathedral

리투아니아의 심장으로 불리는 대성당으로 성당 앞에는 종탑이 있는데 처음에는 성의 방어탑이었다가 성당이 들어서자 종탑으로 용도가 변경되었다고 한다.
리투아니아의 독립운동시기에 대부분의 민중집회가 열리던 카테드로스 아이크스테Kateros Aikste에는 빌뉴스 대성당Vilnius Cathedral이 우뚝 솟아있다.

이 대성당은 소련시대에 미술관으로 사용된 후에 1989년 다시 신에게 봉헌된 곳이다. 이 성당은 고대 그리스 신전을 모델로 한 하얀색 성화로 기독교에서는 그 예를 찾아보기 힘들다고 한다. 또한 벽에 걸려있는 그림으로도 유명한데 모두 다 인물화로 이 지방의 유명인과 성인들이라고 한다.

대성당의 특징

천둥의 신인 페르쿠나스(Perkunas)에게 제사를 지내던 장소를 국가의 상징물로 만들었다. 1387년부터 2년 동안 최초의 목조 성당이 세워졌다. 파괴되었지만 다시 복원되었다. 성당 뒤에 있는 성 카시미르 예배당은 바로크식 둥근 지붕과 화려한 대리석, 프레스코화로 장식되어 아직도 아름다움을 뽐내고 있다.

스테부크라스 STEBUKLAS

'기적'이라는 뜻의 대성당과 종탑 사이, 바닥면에 적힌 석판으로 리투아니아의 빌뉴스부터 시작해 에스토니아의 탈린까지 이어진 발트의 길을 기념하는 석판이

다. 독립이 된 이후 이 석판 위를 3바퀴 돌면 소원이 이루어진다는 이야기가 돌면서 지금도 관광객이 주위를 빙글빙글 돌고 있다.

게디미나스 동상

대성당의 오른쪽에 있는 커다란 동상으로 수도를 빌뉴스로 옮긴 것을 기념하는 동상이고 동상 아래에는 수도를

옮기는 데 도움을 준 5대 공작의 얼굴이 새겨져 있다.

대성당 광장

대성당 광장
Cathedral Square

빌뉴스 대성당과 종탑(57m)이 있는 대성당 광장이 빌뉴스의 중심으로 항상 시민과 관광객으로 북적인다.

독립을 위해 인간 사슬을 만든 1989년 빌뉴스에서 탈린까지의 650㎞ 길이의 시작점이 여기이다. 광장의 뒤로 게디미나스 언덕이 있어 올라가 빌뉴스 시내를 보고 여행을 시작한다.

리투아니아 국립 박물관
National Museum of Lithuania

13세기부터 1945년까지 리투아니아 인들의 삶을 알 수 있는 박물관이다. 민속 공예품이 대부분이지만 14세기에 만들어진 초창기 동전이 인상적이다.

리투아니아 귀족 궁전
Palace of the Grand Dukes of Lithuania

리투아니아 귀족들이 살았던 궁전을 재건한 곳인데 강대국의 침입을 받았던 역사를 이해하는데 도움이 된다.
1층에 16~17세기의 역사 흔적이 주로 담

EASTERN EUROPE

겨 있지만 그 이전의 귀족들의 삶을 이해할 수도 있도록 준비되어 있다. 18세기부터는 사교 행사가 주로 열렸고 러시아 점령기에 폐허가 되었다. 이후 복원사업을 거쳐 2013년에 다시 열었다.

홈페이지_ www.valdovurumai.lt
요금_ 4€ / 가이드투어 20€(학생 2€)
시간_ 화~금요일 11~18시 / 토~일요일 11~16시

게디미나스 언덕
Gediminas Hill

대성당 광장 뒤로 솟아 있는 48m높이의 언덕에서 빌뉴스 시내를 감상할 수 있다. 언덕에 있는 게디미나스 성 ^{Gediminas Castle}은 13세기에 도시의 시작과 함께 지어졌으나 파괴되었다가 최근에 복원이 완료되었다. 케이블카를 이용해 언덕을 오르면서 아름다운 빌뉴스 시내를 볼 수도 있다.

리프트

2003년 빌뉴스에서 리프트가 시작되었는데, 게디미나스 언덕에서 정상까지 쉽게 올라갈 수 있다. 71m를 35초 만에 산으로 올라가고 16명이 탑승한다. 네리스(Neris) 강이 있는 도시의 아름다운 경치를 보러 언덕으로 올라간다.

▶**전화_** +370 5 261 7453
▶**이용시간_** 9~10월 10~21시
　　　(10~다음해 3월까지 10~18시)
▶**요금_** 2€

게디미나스 성(Gediminas Castle)

빌뉴스 전경을 위해 찾는 관광지는 빌뉴스의 상징인 게디미나스 성Gediminas Castle 빌뉴스로 수도를 옮긴 게디미나스Gediminas 공작이 처음으로 지은 성이다.

이곳에서 보는 구시가지 전경은 아름답기로 유명하다. 구시가지는 세계문화유산으로 지정되어 있다.

게디미나스 캐슬 타워
(Gediminas Castle Tower)

48m높이의 게디미나스 언덕Gediminas Hill 꼭대기의 대성당 뒤에 위치한 여러 번 재건된 게디미나스 캐슬 타워Gediminas Castle Tower는 빌뉴스 전경을 보기 좋은 곳이다.
카테드로스 아이크스테Kateros Aikste에서 길을 따라 가면 된다. 붉은 벽돌의 탑은 상류층 성의 일부였다. 구시가지의 아름다운 전경을 감상하려면 나선식 계단을 통해 탑의 꼭대기로 올라가면 된다.
탑 안에는 박물관이 있고 14~18세기의 성 모습을 재현한 모형과 중세 무기가 전시되어 있다.

> **게디미나스 캐슬 타워 일시 패쇄**
> 2017년 11월 4일 게디미나스 언덕은 작업으로 인해 방문객에게 일시적으로 닫힌다. 게디미나스 캐슬 타워도 폐쇄된다.

EASTERN EUROPE

성 박물관(Castle Museum)

1968년에 시작해 그는 리투아니아 국립 박물관의 회원이 되었다. 게디미나스 성의 박람회는 14세기에 소개된다.
17세기 후반 빌뉴스 성Vilnius castle, 무기, 옛 빌뉴스Bilnius의 상징적인 재구성의 시작. 탑 꼭대기에는 빌뉴스의 멋진 파노라마가 보이는 전망대가 있다.

홈페이지_ www.lnm.lt
요금_ 5€(학생 2.5€)
시간_ 4~9월 10~21시(10~다음해 3월 18시까지)
전화_ +370-5-261-7453 / +370-5-262-9426

삼 십자가 언덕
Three Crosses Hill

빌뉴스를 굽어보고 있는 3개의 하얀색 십자가는 바로 이곳에서 십자가에 못 박힌 3명의 수도승들을 기념하기 위해 17세기부터 이곳에 세워졌다. 1989년에 세워진 현재의 십자가는 소련당국이 무너뜨려 묻어버린 3개의 원형 십자가를 복제한 것이다.
코스키우스프코스 가트베Kosciuskos Gatve의 끝에 위치한 성 피터St. Peter & 성 바울교회St. Paul's Church 내부는 여러 실제 인물, 신화 속 인물, 동물, 식물을 나타낸 하얀색 치장벽토 조각으로 가득한 세계이다.
대부분의 장식은 1675년~1704년까지 이탈리아 출신의 조각가들이 조각한 것이다. 걸어가는 것이 싫다면 성당 부근의 브루블레프스키오 가트베Vrublevskio Gatve에 있는 게디미노Gedimino 정거장에서 2, 3, 4번 트롤리버스를 타고 가면 된다.

문학골목

문학골목
literature alley

골목길을 걷다가 발걸음을 멈추게 하는 곳은 문학골목으로 유명 문학인의 작품과 사진들이 담벼락에 촘촘히 붙어 있다. 리투아니아의 문학인과 문학사를 한눈에 볼 수 있도록 만든 참신한 아이디어가 돋보인다. 현재 101명의 문학인이 소개되어 있는데 누군가를 기다리는 빈자리는 여유와 여백의 미를 느끼게 한다.

KGB 박물관
KGB Museum

벽에 수많은 사람들의 이름이 새겨진 건물은 소련 시대에 빨치산 활동을 하다가 살해된 사람들이다. 소련시대 KGB건물이었던 이곳은 지금 박물관으로 사용하고 있다. 박물관 2층에는 흑백사진으로 시베리아로 끌려간 사람들의 역사적 사실에 관한 것을 알려주는 사진들과 옷가지가 전시되어 있다.

EASTERN EUROPE

리투아니아는 40년대부터 50년간 소련의 지배를 받았다. 당시 36만 명이 사망했거나 시베리아로 강제 추방되었다. 지하에는 수많은 라투아니아 인들이 고문당하고 쥐도 새도 모르게 처형당하는 공간을 그대로 남겨두었다. 잠을 자지 못하게 하는 서 있는 방도 있는데 죽지 않을 만큼만 제공받았던 음식들과 함께 그들의 힘겨운 싸움을 느낄 수 있다.

완벽한 방음을 갖춘 고문실 등이 당시의 상황을 말없이 웅변하고 있다. 또 다른 지하실은 몰래 처형을 자행했던 처형실에는 아직도 당시의 총탄 자국이 그대로 남아 있다. 가슴을 뭉클하게 만드는 현장으로 우리나라의 서대문 형무소 같다.

그루타스 공원
Grutas Park

2001년 4월에 완공된 공원은 입구부터 특이하다. 93개의 동상과 조각상이 전시되고 있다. 감시초소가 있고 철조망이 있는 이 공원의 컨셉은 시베리아라고 한다.
시베리아로 사람들을 나르던 기차까지 있다. 이곳에 수용되던 이들은 누굴까? 소련시대의 동상들이다. 소련시대가 종식되면서 리투아니아 전역에 있던 동상과 조각상을 철거했는데 처리방법을 놓고 많은 토론이 오갔고 동상을 용해하거나 파괴하는 대신 이렇게 한곳에 모아 공원을 만들기로 한 것이다.
레닌, 스탈린 등의 조각상은 당대에 유명한 조각가가 만든 것으로 미적 감각은 뛰어나다고 한다. 공산 세계가 무너진 후 그들의 조각상과 동상을 파괴함으로써 일종의 한풀이를 했다. 반면 리투아니아는 그들을 한곳에 모아 감금하는 방법으로 세련된 한풀이를 하고 있는 것이다.
공원에는 박물관과 미술관도 만들어 놓았고 한해 20만 명 정도가 찾는다고 하는데 자라나는 아이들의 교육에 큰 도움을 주고 있다.

그루타스 공원식당
식당에서 맞이하는 이들의 복장도 특이하다. 소련시대 가난한 이들의 음식을 먹는 특이한 경험을 할 수 있다. 빵 위에 청어와 양파를 얹고 보드카를 한 번에 다 마신 후에 빵을 먹는다. 보드카를 먹는 잔에 눈금이 표시되어 있다. 100g은 조국을 위하여, 150g은 당을 위하여 200g은 스탈린을 위하여라는 문구가 표시되어 있다. 스탈린이 조국과 당보다 위에 있다는 것을 표현했는데 권력이 얼마나 강력했는지 알 수 있다.

EASTERN EUROPE

우주피스
Uzupis

빌뉴스의 몽마르트로 불리는 언덕의 예술인 마을로 유명한데 이 우주피스는 소련시대만 해도 가장 낙후되고 소외된 마을이었으나 지금은 누구나 부러워하는 마을이 되었다. 독립과 함께 많은 예술인이 마을로 들어와 살면서부터이다. 낡고 초라한 건물들은 예술가들에 의해 특색 있고 볼만한 건물들로 바뀌어갔고 더 많은 예술가들이 합류하면서 마을은 활기를 찾았다.

젊은 예술가들은 그들의 재능을 마을을 살리는데 쏟아 부었다. 연주회나 설치 예술작업을 개최하면서 인기를 얻었고 흥미롭고 매력 있는 마을이 되었다. 그리고 우주피스를 더 좋은 마을로 바꾸기 위한 작업은 지금도 진행 중이다.

리투아니아 전통음식

리투아니아를 대표하는 음식은 '체펠리나이^{Cepelinai}' 정도로만 아는 사람들이 많다. 이마저 모르는 사람들이 더욱 많겠지만 리투아니아는 의외로 대표적인 음식들이 많다. 리투아니아는 독일 기사단의 영향으로 독일과 폴란드의 음식에도 영향을 받았다.

호밀 빵 (Juoda duona)

리투아니아는 농사가 잘되지 않는 춥고 거친 환경에 놓여 있었다. '호밀 빵'은 먹을 것이 풍부하지 않은 옛날부터 리투아니아 인들이 즐겨 먹던 전통음식이다. 먹을 것이 없던 시절에 사람들은 '호밀 빵'을 신성한 음식이라고 생각했다. 호밀 빵만으로 식사를 하는 경우도 다반사였다.
호밀 빵은 수프, 샐러드와 곁들어 먹거나, 샌드위치를 만들 때 사용한다. 레스토랑에서는 음식을 주문하면, 식전 빵으로 나오거나 따뜻한 수프와 함께 나온다. 리투아니아에는 빵 종류가 다양한 이유가 주식으로 빵을 중요하게 생각하기 때문이다. 마요네즈, 치즈, 마늘을 첨가해 튀겨서 술안주로도 먹는다.

키비나이 (Kibinai)

리투아니아의 트라카이에서 빵 속에 고기가 들어간 키비나이가 유명하다. '키비나이'는 간단하게 먹을 수 있어서 전쟁에 대비해 만들었다.

커드치즈 (Varškės sūris)

리투아니아의 대표적인 '커드치즈'는 젖소에서 짜낸 우유로 만들어진다. 주로 디저트로 먹는 커드치즈는 달고, 짭짤한 맛을 지니지만 연하고 부드러운 식감을 가지고 있다. 꿀이나 잼을 발라먹지만 그냥 먹어도 부드러워 먹기에 좋다.

EASTERN EUROPE

살티바르시아이 (Šaltibarščiai)

살티바르시아는 관광객에게 호불호가 갈리는 전통음식이다. 색깔이 보통의 스프와 다른 밝은 분홍색이기 때문에 처음 보면 신선하다고도 하고 이상하다고도 한다. 발효시킨 우유, 비트, 오이, 파, 달걀 등을 스프에 넣고 삶은 감자와 함께 먹는다. 특이한 것은 여름에는 차가운 스프로 먹는다는 것이다.

체펠리나이 / 딛츠쿠쿠리아이 (Cepelinai/ Didžkukuliai)

비행선 모양에서 이름이 유래한 체펠리나이는 리투아니아에서 가장 유명한 요리일 것이다. 비행선 모양에서 유래한 것이다. 현재는 딛츠쿠쿠리아이라는 이름을 더 많이 사용하고 있다. 속에 감자뿐만 아니라 고기, 버섯 등이 들어간다.

제마이츄 브리나이 (Žemaičių blynai)

삶은 감자를 고기, 버섯, 커드로 채워 튀긴다. 튀겨서 상하는 것을 방지하려고 했던 이 음식도 느끼하다. 리투아니아 인들도 시큼한 크림과 함께 먹는다.

바란데리아이 (Balandėliai)

배추쌈처럼 보이는 바란데리아이는 배추 안에 쌀과 고기를 채워 만든다. 느끼하기 때문에 감자나 소스가 함께 있어야 한다.

베다라이 (Vėdarai)

한국의 순대와 거의 비슷하다. 돼지창자 안에 빨은 옥수수, 감자를 으깨 채운다. 우리나라에서 느끼한 음식을 김치와 먹듯이 시큼한 크림 함께 먹는 것이 특징이다.

EATING

트라토리아 드 플라비오
Trattoria de Flavio

리투아니아 전통음식을 바탕으로 지중해의 해산물 요리를 접목시킨 요리를 선보인다. 청어요리에 레몬을 곁들여 신선함을 높이고 돼지고기와 감자로 만든 요리들이 주 메뉴이다. 현지인의 기호에 맞추어서 호불호가 갈린다.

주소_ Ligonines g. 5
요금_ 주 메뉴 10~20€
시간_ 12~23시
전화_ +370-5212-2225

스윗 루트
Sweet Root

우즈피스에서 리투아니아 전통음식을 재해석해 유럽의 다른 나라 음식에 조화를 이룬 요리로 인기를 끌고 있다. 비트, 말린 버섯, 양파, 감자, 훈제 고기 등의 재료를 사용하고 신선한 채소로 기발한 음식을 만든다. 다만 우리나라 관광객의 입맛에는 조금 난해할 수 있으니 추천음식으로 선택하는 것이 좋겠다.

주소_ Uzupio g. 22-1
요금_ 주 메뉴 10~20€
시간_ 12~23시
전화_ +370-6856-0767

텔레그라파스
Telegrafas at Kempinski

1897년부터 시작되었지만 내부 인테리어는 깔끔하고 세련된 분위기다. 고급 레스토랑답게 음식의 질도 높고 서비스 수준도 훌륭하다.

메인 요리는 가격대가 비싸서 부담이 되지만 고급호텔의 유명 셰프가 만드는 요리에 맛있는 음식을 먹을 수 있다. 스테이크와 튀긴 브리나이는 커드치즈와 함께 먹으면 더욱 풍부한 식감을 나타낸다. 리투아니아에서 가장 고급 레스토랑으로 추천해주는 곳이다.

주소_ Universiteto g. 14
요금_ 주 메뉴 15~40€
시간_ 07~11시 30분, 18시 30분~22시 30분
전화_ +370-5220-1160

두블리스
Dublis

사전에 미리 예약을 하는 고급 레스토랑으로 가격은 비싸지만 음식은 맛있다고 소문난 맛집이다. 직원은 친절하고 내부 인테리어는 차분하고 조용한 느낌이다. 코스별로 나오기 때문에 허겁지겁 먹기보다 맛을 즐기면서 여행의 이야기를 풀어 놓으면 좋은 레스토랑이다. 스칸디나비아 스타일의 재료 본연의 맛을 내도록 짠맛도 덜하다.

주소_ Traku g.14
요금_ 주 메뉴 10~25€
시간_ 12~23시
전화_ +370-6744-1922

아만두스
Amandus

리투아니아에서 맛본 음식 중 가장 입맛에 맞도록 요리를 해주어 먹을 때 입안에서 소스와 함께 녹는 맛을 잊을 수 없다. 주말에는 30분 이상 기다려야 먹을 수 있으니 미리 예약을 하고 가야 기다리지 않는다. 각 음식마다 담는 용기와 플레이팅도 자연에서 가지고 온 재료이기 때문에 친환경적이라는 취지에 맞다.

주소_ Pilies st 34 at Hotel Artagonist
요금_ 주 메뉴 10~25€
시간_ 11~22시
전화_ +370-6754-1191

차이카
Chaika

파니니와 케이크, 다양한 주스를 마시면서 이야기를 나누기 때문에 한 끼를 해결하기보다 간식이 더 적합할 수도 있다. 북유럽스타일의 목조주택에 간결한 내부 인테리어도 리투아니아에 있을 것 같지 않은 카페이다. 관광객보다 현지인이 더 많이 찾는 카페로 단맛이 강한 케이크가 우리나라 관광객의 입맛에 달 수 도 있다.

주소_ Totoriu g.7
요금_ 주 메뉴 10~25€
시간_ 11~19시
전화_ +370-6004-7200

EASTERN EUROPE

하차푸리 소두
Chacapuri Sodu

리투아니아에서 특이하게 조지아 음식인 하차푸리를 요리하는 레스토랑이 신기하지만 현지인들의 사랑을 받고 있다. 정통 조지아 음식인 하차푸리Chacapuri와 힝칼리Hinchali를 주메뉴로 하고 있으며 탄산수와 함께 먹으면 느끼함이 줄어든다.

하차푸리(Khachapuri)
피자를 닮은 하차푸리는 안에 치즈를 넣었기 때문에 칼로리가 대단히 높다. 2조각정도를 먹으면 배가 부를 정도이다. 밀가루 반죽 안에 치즈를 듬뿍 넣고 오븐이나 화덕에 구워 조지아 와인과도 잘 어울린다.

힝칼리(Khachapuri)
우리의 왕만두를 닮은 힝칼리는 만두를 빚는 것과 마찬가지로 속에 야채와 고기를 넣어 빚어서 육수에 담아 익힌 후에 건져낸다.

주소_ Sodu g.9
요금_ 주 메뉴 10~25€
시간_ 12~23시 **전화**_ +370-5240-5851

세인트 게르민
Saint Germin

중세풍의 골목길에 레스토랑이 늘어서 있는 곳에서 스테이크와 생선요리를 주메뉴로 한다. 관광객이 많이 찾아서 바쁠 때는 불친절하다고 느낄 수도 있지만 서비스는 좋은 편이다.
스테이크는 부드럽고 질기지 않아 먹기에 좋다. 생선요리는 조금 짜다는 것만 빼면 맛있다.

주소_ Literatu g. 9
요금_ 주 메뉴 10~20€
시간_ 11~23시
전화_ +370-5262-1210

POLAND

폴란드

Krakow | 크라쿠프

Gdańsk | 그단스크

Torun | 토룬

Wrocław | 브로츠와프

Poznań | 포즈난

리투아니아

올슈틴
Olsztyn

바아위스토크
Białystok

벨라루스

바르샤바
Warszawa

루블린
Lublin

자모시치
Zamość

키엘체
Kielce

우크라이나

오시비엥침
Oświęcim

제쇼프
Rzeszów

크라쿠프
Kraków

타르누프
Tarnów

자코파네
Zakopane

폴란드 여행 계획 짜기

폴란드 여행에 대한 정보가 부족한 상황에서 어떻게 여행계획을 세울까? 라는 걱정은 누구 나 가지고 있다. 하지만 폴란드 여행도 역시 유럽의 나라를 여행하는 것과 동일하게 도시를 중심으로 여행을 한다고 생각하면 여행계획을 세우는 데에 큰 문제는 없을 것이다.

1. 먼저 지도를 보면서 입국하는 도시와 출국하는 도시를 항공권과 같이 연계하여 결정해야 한다. 동유럽여행을 하고 있다면 독일의 베를린에서 폴란드의 바르샤바부터 여행을 시작하고, 체코의 프라하에서 입국한다면 폴란드의 남부, 크라쿠프부터 여행을 시작한다.

폴란드항공을 이용한 패키지 상품은 많지 않다. 폴란드 항공은 인천과 바르샤바를 직항으로 왕복한다.
폴란드의 바르샤바-남부 체스트호바, 오시비엥침, 자코파네, 비엘리치카, 크라쿠프-서부의 브로츠와프, 포즈난, 토룬-북부의 그단스크에서 다시 바르샤바로 돌아오는 일정이다.

2. 폴란드는 네모난 국가이기 때문에 가운데의 바르샤바부터 여행을 시작한다면 북부의 그단스크나 남부의 크라쿠프를 어떻게 연결하여 여행코스를 만드는 지가 관건이다.
동유럽 여행을 위해 독일이나 체코를 경유하여 입국한다면 버스나 기차로 어디서부터 여행을 시작할지 결정해야 한다. 독일의 베를린에서 바르샤바로 이동하는 기차와 버스가 매일 운행하고 있고 체코의 프라하에서 크라쿠프로 입국하는 버스와 기차도 매일 운행하고 있다. 시작하는 도시에 따라 여행하는 도시의 루트가 달라지게 된다.

3. 입국 도시가 결정되었다면 여행기간을 결정해야 한다. 틀어진 네모난 모양의 국토를 가진 폴란드는 의외로 볼거리가 많아 여행기간이 길어질 수 있다.

4. 대한민국의 인천에서 출발하는 일정은 폴란드의 바르샤바에서 2~3일 정도를 배정하고 IN / OUT을 하면 여행하는 코스는 쉽게 만들어진다. 바르샤바 → 브로츠와프 → 포즈난 → 토룬 → 그단스크 → 푸츠오크 → 루블린 → 크라쿠프 → 비엘리치카 → 오시비엥침 → 바르샤바 추천여행코스를 활용하자.

5. 10~14일 정도의 기간이 폴란드를 여행하는데 가장 기본적인 여행기간이다. 그래야 중요 도시들을 보며 여행할 수 있다. 물론 2주 이상의 기간이라면 폴란드의 더 많은 도시까지 볼 수 있지만 개인적인 여행기간이 있기 때문에 각자의 여행시간을 고려해 결정하면 된다.

▶바르샤바- 동부 → 북부 → 남부

8일 코스

바르샤바 → 브로츠와프 → 포즈난 → 그단스크 → 크라쿠프 → 비엘리치카 → 오시비엥침 → 바르샤바

10일 코스

바르샤바 → 브로츠와프 → 포즈난 → 토룬 → 그단스크 → 말보르크 → 루블린 → 크라쿠프 → 비엘리치카 → 오시비엥침 → 바르샤바

2주 코스

바르샤바 → 브로츠와프 → 포즈난 → 토룬 → 그단스크 → 말보르크 → 루블린 → 크라쿠프 → 체스트호바 → 비엘리치카 → 오시비엥침 → 자코파네 → 바르샤바

▶ 바르샤바– 남부 → 북부 → 남부

8일 코스

바르샤바 → 브로츠와프 → 포즈난 → 그단스크 → 크라쿠프 → 비엘리치카 → 오시비엥침 → 바르샤바

10일 코스

바르샤바 → 체스트호바 → 오시비엥침 → 비엘리치카 → 크라쿠프 → 브로츠와프 → 포즈난 → 토룬 → 그단스크 → 말보르크 → 바르샤바

2주 코스

바르샤바 → 체스트호바 → 오시비엥침 → 자코파네 → 비엘리치카 → 크라쿠프 → 브로츠와프 → 포즈난 → 토룬 → 그단스크 → 말보르크 → 루블린 → 바르샤바

크라쿠프- 남부 → 북부 → 남부

8일 코스

크라쿠프 → 비엘리치카 → 오시비엥침 → 브로츠와프 → 포즈난 → 그단스크 → 바르샤바

10일 코스

크라쿠프 → 체스트호바 → 비엘리치카 → 오시비엥침 → 브로츠와프 → 포즈난 → 토룬 → 그단스크 → 말보르크 → 바르샤바

2주 코스

크라쿠프 → 체스트호바 → 오시비엥침 → 자코파네 → 비엘리치카 → 크라쿠프 → 브로츠와프 → 포즈난 → 토룬 → 그단스크 → 말보르크 → 루블린 → 바르샤바

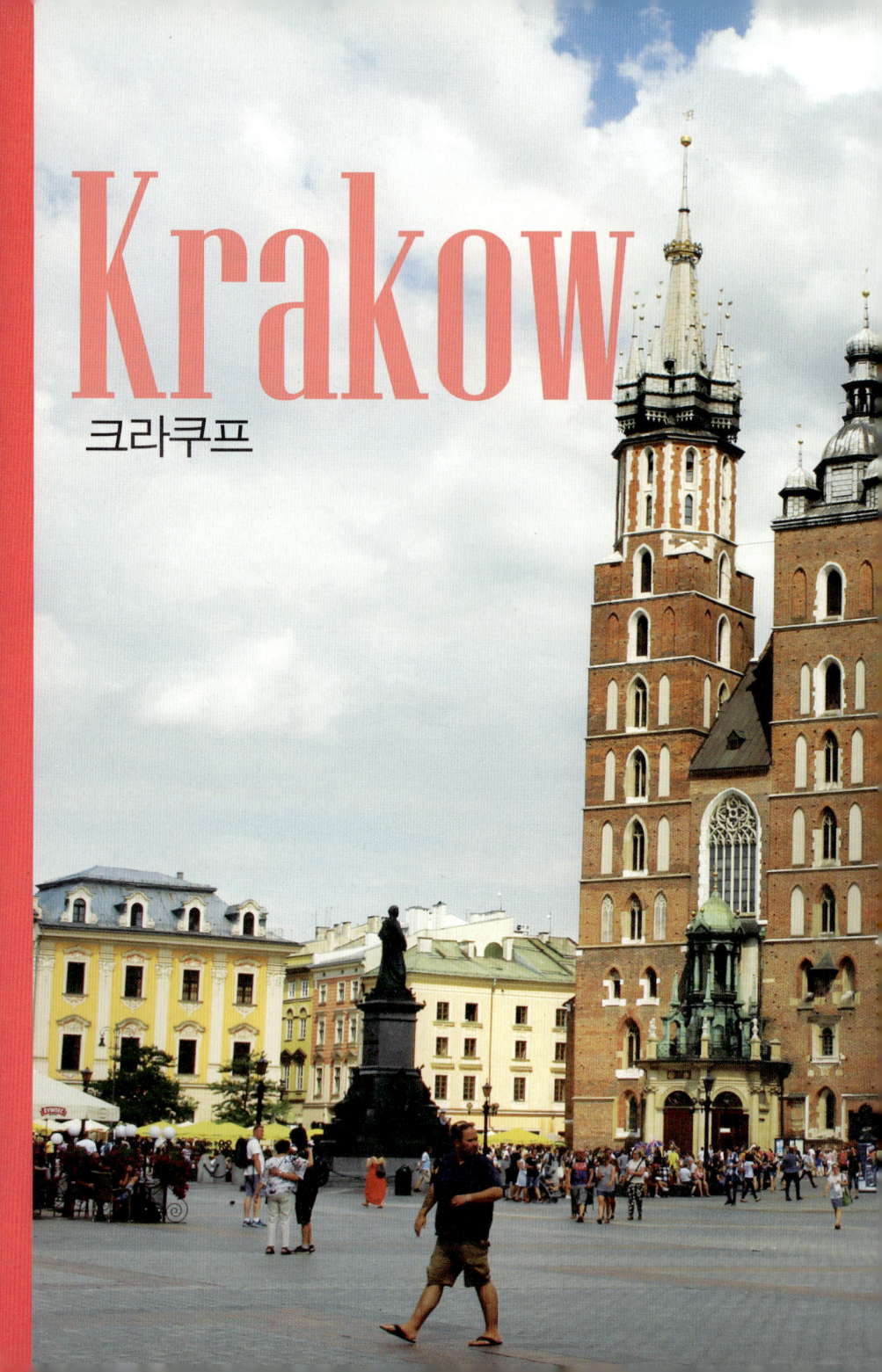

Krakow
크 라 쿠 프

7세기부터 시작해 폴란드에서 가장 오래된 도시 중의 하나인 크라쿠프Krakow는 바르샤바로 수도가 이전되기 전까지 중세 유럽 문화의 중심지 역할을 해온 폴란드의 천년 고도다. 대한민국의 경주와 비슷한 도시로 생각하면 된다. 바벨Wawel 언덕 아래 비스와Vistula 강이 흐르는 곳에 위치한 이곳은 대한민국에 방문한 적도 있던 교황 요한 바오로 2세의 고향으로도 유명하지만 아우슈비츠와 비엘리츠카 소금광산을 같이 여행하기 위해 항상 관광객들로 붐빈다.

크라쿠프는 유난히 붉은 빛이 어울리는 도시로 수많은 붉은 물결이 모여 하늘까지 말로 표현할 수 없는 색깔을 빚어낸다. 수많은 침략과 전쟁의 역사 속에서도 굳게 지켜온 폴란드의 강인한 자존심과 잘 어울리는 풍경이다.

EASTERN EUROPE

Krakow

간단한 크라쿠프 역사

1038년~1596년
폴란드 왕국의 수도이기도 했으며 특히 이 도시의 전성기는 예술과 학문을 적극 후원하였던 카지미에즈Kazimierz왕의 통치 시기였다. 1364년 카지미에즈Kazimierz는 크라쿠프Krakow아카데미를 설립하여 후에 야기엘론스키 대학으로 개명되었다.

2차 세계대전
크라쿠프Krakow는 2차 세계대전의 피해를 입지 않고 건축물이 보존된 폴란드 유일의 도시이다. 크라쿠프는 바르샤바와 다르게 잔혹한 전쟁의 역사 속에서도 거의 모든 것이 그대로다. 전쟁 초에는 독일군 사령부가 이곳에 자리 잡았고 전쟁이 끝날 무렵 연합군도 이 지역만은 폭격하지 않았다.

1960년대
불행히도 이곳은 근처 노바 후타Nova Huta의 거대한 제철소에서 나오는 심각한 공해로 몸살을 앓았다.

1978년
크라쿠프는 유럽에서 처음으로 유네스코가 지정한 세계 문화유산에 오르게 되었다.

한눈에 크라쿠프 파악하기

유럽에서 가장 크고 아름다운 구시가지의 중앙광장(가로 200m, 세로 200m)을 중심으로 고딕 양식의 성모마리아 성당, 고딕 양식과 르네상스 양식이 혼재된 직물 회관(그릇, 직물 등의 폴란드 특산품을 살 수 있다), 세계에서 가장 작은 로마네스크양식의 건축물인 보이체크 성당, 귀족들의 저택들이 늘어서 있다.

광장 주변으로 노천카페와 레스토랑을 가득 채운 관광객들은 활기를 불어넣는다. 구시가지를 둘러볼 수 있는 관광마차가 일몰을 향해 달리는 풍경에 마음이 달뜬다. 중앙광장 사이사이로 난 좁은 골목을 탐방하다보면 관광객의 발길이 뜸한 크라쿠프 본연의 모습들을 만날 수 있다. 현지인들이 즐겨 찾는, 세월의 흔적이 고스란히 묻어나는 건물에 둥지를 튼 많은 카페와 상점들이 기품 있으면서도 아늑한 매력을 발산하며 골목에 운치를 더한다.

201

크라쿠프 IN

비행기

하루에 5~7편이 유럽의 전역을 연결하는 저가항공으로 매일 유럽의 다른 도시에서 출발해 도착할 수 있다. 영국의 런던, 독일의 프랑크푸르트, 프랑스 파리(요일에 따라 운항수가 다름)에서 50~70분 정도 소요된다.

기차

중앙역에는 폴란드의 전역을 연결하는 모든 열차가 준비되어 있다. 바르샤바까지 2시간 30분~3시간 정도가 소요되며 첸스트호바까지는 2시간 30분, 브로츠와프는 4시간 30분, 포즈난은 7시간, 루블린은 4시간이 소요된다. 오슈비엥침행 열차는 1시간 30분 정도가 소요된다.

버스

기차역과 MDA버스터미널은 같이 있어 접근성이 좋다. 버스는 수도인 바르샤바와 더불어 비슷한 정도의 버스가 운행하고 있다. 폴스키Polski 익스프레스와 플릭스Flix Bus버스가 매일 폴란드의 모든 도시와 연결되어 운행하며 서부의 브로츠와프와 북부의 그단스크까지 6~7시간이 소요된다.

▶홈페이지_ www.mda.malopolska.pl

크라쿠프 핵심도보여행

도시 곳곳에서 성, 유적과 박물관을 찾아볼 수 있는 크라쿠프는 화려한 건축물, 독특한 현대 미술과 흥미로운 역사로 유명한 폴란드의 옛 수도이다. 폴란드에서도 가장 오래된 도시 중 하나인 크라쿠프는 격동적인 역사로 유명하다. 옛날 성과 화려한 르네상스 양식의 궁전에 자리한 박물관에는 왕실 보물과 홀로코스트 전시가 가득하다. 현대미술, 주말 시장과 흥겨운 나이트라이프가 발달한 크라쿠프는 과거만큼이나 현재도 활기가 넘친다.

크라쿠프는 750년이 넘는 역사 중 500년 동안 폴란드의 수도였다. 대대로 군주들이 성과 성당을 건축하며 왕의 권위를 자랑하는 도시를 세워나갔고 지금도 지속되고 있다. 도시 내에 전차와 버스 등의 대중교통이 잘 갖춰져 있어 어디를 가든지 이동이 편하다. 하지만 대부분의 관광지는 걸어서 돌아다녀도 될 정도로 가까워 크라쿠프 구시가지인 역사 지구에 밀집해 있다. 유럽에서 가장 화려한 제단화를 소장한 화려한 성모 마리아 성당을 방문해 보자. 한때 구시가지 성벽이 세워져 있던 곳에 자리한 플란티 공원을 거닐어도 좋다. 구시가지의 성문인 바르바칸은 공원에서 가장 인상적이다.

구시가는 가장 큰 시장 광장Rynek Glowny을 둘러싸고 있으며 구시가 남쪽 끝으로 바벨 성이 있다. 더 남쪽으로 이동하면 카지미에즈 지역이 나오고 버스와 기차역은 구시가 북동쪽에 위치해 있다.

EASTERN EUROPE

시장이 들어서 있는 리네크 글로브니^{Rynek Glowny}는 아름다운 광장으로 유럽에서 가장 큰 중세 마을 광장이다.
16세기 르네상스 양식의 클로스 홀^{Cloth Hall}은 광장 중앙에 위치하고 있으며 커다란 공예 시장이 1층에 있다. 위층은 19세기 폴란드 회화 미술관으로 마테코의 유명한 작품 등이 전시되어 있다.

구사가지를 걷다보면 어디에서나 볼 수 있는 2개의 첨탑이 있는 건물은 중앙 시장 광장 동쪽에 위치한 성 마리아 성당이다. 13세기에 고딕 양식으로 지어진 이 성당은 2개의 첨탑의 높이가 다른 것이 특징이다. 형제가 1개씩 탑을 맡아서 짓게 되었는데 더 높고 멋지게 만든 형의 탑을 시기한 동생이 형을 죽이고 자살했다는 이야기가 전해온다.
성당의 탑에서는 매 시간 나팔소리가 울리는데, 이 소리는 13세기 타타르군의 침략을 알리는 기상나팔을 불다가 화살에 맞아 숨진 나팔수를 기리는 것이다. 클로스 홀 반대편으로 15세기 시청 타워가 있으며 꼭대기까지 오를 수 있다.

7개의 문 중 유일하게 남아있는 플로리안 문^{Florian Gate}(1307)은 1498년 방어 성벽인 바르바칸 뒤에 있다. 차르토리스키 박물관^{Czartoryski Museum}에는 레오나르도 다 빈치의 '가운 입은

여인'을 비롯해 많은 미술품들이 전시되어 있다. 숄라스키 박물관 Szolajski Museum에는 고딕과 르네상스 종교 작품들이 다양하게 전시되어 있다.

15세기 콜레기움 마이우스 Collegium Maius는 크라코프 아카데미 건물 중 현존하는 가장 오래된 것으로 니콜라스 코페르니쿠스 Nicolauas Copernicus가 공부하던 곳이다. 중앙도로인 크로즈카 Grodzka 남쪽에는 17세기 초 예수회교회이며 폴란드 최초의 바로크 교회인 SS베드로 & 바울 교회 Church of SS Peter & Paul가 있다. 크라쿠프에서 가장 아름다운 거리로 꼽히는 쭉 뻗은 카노니카 Kanonicza 거리는 유명한 시인, 화가, 극작가, 스테인드글라스 디자이너 등을 위한 비스피안스키 Wyspiansk 박물관이 있다.

도시 위로 우뚝 솟은 바벨 성도 지나칠 수 없다. 16세기 이후 침략으로부터 크라쿠프를 지켜낸 바벨 성에는 멋지게 꾸며진 방들이 있으며, 호화로운 보석과 각종 갑옷이 전시되어 있다. 또한 역사적인 바벨 대성당과 용들이 살았다는 전설을 간직한 석회암 동굴인 용의 동굴에도 들러보자.

구시가 남쪽에 있는 바벨 언덕 꼭대기에는 폴란드를 상징하는 바벨 Wawel 성과 성당이 있다. 바벨 성당 Wawel Cathedral은 4세기에 걸쳐 폴란드 왕족의 대관식과 장례에 이용되던 곳으로 100명의 왕과 왕비가 비문에 씌어 있다. 성당 안쪽 탑에는 폴란드에서 가장 큰 11톤의 종이 있으며 성당 옆 박물관이 있다.(일요일 오전을 제외하고 매일 개관)

16세기 바벨 성은 성당 뒤에 있으며, 화려한 이탈리아 르네상스 풍의 정원 건물에 있는 전시관은 정문에서 별도

EASTERN EUROPE

로 표를 구입해야 한다. 성과 성당을 제대로 보려면 최소 3시간이 소요되며 특히 여름관람 시에는 일찍 입장하는 것이 좋다. 성의 외곽에 있는 악명 높은 용의 동굴 Dragon's Cave은 이 지역을 다스리던 최초의 영주가 살던 곳이다. 전설에 의하면 크락 왕자는 비츌라가 내려다 보이는 최적의 장소에 크라쿠프를 세우기 위해 이곳에 살던 용을 속였다고 한다.

크라쿠프의 역사는 유대인 공동체와 밀접하게 관련되어 있다. 오스카 쉰들러의 공장에서 그 역사를 볼 수 있다. 스티븐 스필버그의 영화인 '쉰들러 리스트'로 유명해졌다. 옛날 공장 은 홀로코스트에 관한 잊을 수 없는 전시물로 가득한 종합 박물관이 되었다. 갈리치아 유 대인 박물관은 현재의 크라쿠프에서 유대인으로 사는 것이 어떤 것인지 사진을 통해 알려 준다.

여름이 되면 크라쿠프의 도시 공원은 야외 콘서트와 축제로 활기를 띤다. 요르단 공원에서 소풍을 즐기거나 도 시를 가로질러 흐르는 비스와 강에서 크루즈 여행을 떠나는 관광객이 많다. 겨울이면 눈 내린 크라쿠프의 구시가 지 건물들이 낭만적인 분위기를 자아 낸다.

바르바칸
Barbaken

동서 유럽의 한복판에 위치한 폴란드는 외새의 침략이 끊이지 않았던 나라이다. 크라쿠프에 700년 된 '바르바칸'이라는 희귀한 성벽 요새도 강한 나라의 침략 앞에서는 어쩔 수 없었을 것이다.

플로리안 문 Florian Gate 을 수호하듯 서있는 원형 요새가 1498년에 만든 바르바칸 Barbaken 이다. 이 원형 요새는 지금은 유럽에 몇 군데 밖에 남아있지 않은 원형 모양의 매우 희귀한 건축물로 유럽에는 바르샤바와 크라쿠프에만 있다. 크라쿠프에 있는 것이 현존하는 것 중 최대 규모로 남아 있다.

바르바칸 내부에는 이름을 알 수 없는 돌들을 볼 수 있다. 크라쿠프 시민들이 돌을 던져 적의 침입을 막았던 역사를 기리기 위한 것이라고 하는데 우리나라의 조선시대 행주대첩과 비슷하다.

한때 크라쿠프의 안위를 책임졌던 망루는 유럽에서 가장 보존이 잘 된 것으로 유명하다. 고딕 양식의 장엄한 바르바칸 Barbaken 앞에 서서 건물을 둘러싸고 있는 130개의 창에서 적을 향해 쏟아지는 화살

EASTERN EUROPE

을 상상할 수 있다. 인근에는 오래된 성벽의 잔해를 찾아볼 수 있다. 커다란 안뜰에는 야외 콘서트나 중세의 마상 창 시합이 열리기도 한다.

1498년에 지어진 바르바칸Barbaken은 과거에 도시의 주요 성문이었다. 7개의 포탑으로 구성된 바르바칸Barbaken은 양쪽의 고딕 양식 파사드에 의해 성벽과 연결되어 있었다. 과거에는 30m 너비의 해자로 둘러싸여 있어서 적의 침략에 대비하여 세워진 강력한 요새였다.

높이 10m, 두께 3m에 달하는 두꺼운 벽으로 적의 침입에 효과적으로 맞설 수 있었다. 지금 유럽에 남아 있는 3개의 망루 중 하나로, 가장 훌륭하게 보존된 곳으로 알려져 있다.

가이드 투어(약 1시간 진행)
성벽의 역사와 탑에 살며 크라쿠프를 적으로부터 보호한 군인들이 서있는 모습을 상상할 수 있는 설명을 한 후에, 벽에 올라 창밖을 내다보면 고국을 수호하는 군인이 된 듯한 느낌을 받을 것이다.

박물관(4~10월)
날씨가 따뜻한 시기에는 각종 야외 행사가 개최되기도 한다. 유서 깊은 배경 속에서 펼쳐지는 야외 콘서트를 관람하고, 펜싱 경기, 고문 도구 전시, 사형 집행인 등을 볼 수 있는 중세 행사에도 참여할 수 있다.

홈페이지_ www.mhk.pl
주소_ Ul. Basztowa 50
전화_ +48-12-422-9877

플로리안 문
Florian Gate

침입자로부터 구 시가지를 지키던 성벽은 19세기에 파괴되어 녹지로 꾸며져 현재는 거의 남아 있지 않다. 그나마 과거의 위용을 짐작할 수 있는 것이 바르바칸 옆에 있는 구시가지로 연결된 플로리안 문 Florian Gate이다. 크라쿠프 구시가지의 북쪽 문에 해당하는 플로리안 문 Florian Gate은 1300년 경에 세워졌다.

다른 성문은 다 무너졌지만 크라쿠프의 구시가지 북쪽 출입구인 플로리안 문 Florian Gate은 아직도 옛 모습을 간직하고 있다. 플로리안 문 Florian Gate을 들어서면 전통복장을 입은 사람들이 공연도 하고 무엇인가를 나눠주기도 한다.

홈페이지_ www.krakow.pl
주소_ Ul. Pijarska

EASTERN EUROPE

리네크글로브니 구시가지 광장
Rynek Glowny

최고의 번화가이자 여행의 시작점인 리네크 글로브니 구시가지 광장이 있다. 크라쿠프 구시가지 중심에 있는 중세부터 그 모습이 남아있는 총면적 40,000㎡의 유럽 최대의 대형 광장이다.
13세기에 조성되었다는 이곳은 유럽에 남아 있다는 중세 광장 중에서도 가장 넓은 곳으로 구 시청사탑, 가장 오래된 쇼핑센터인 직물회관 등 멋스러운 건물로 둘러싸여 있다. 노천카페와 박물관이 많아 만남의 광장으로도 사랑받고 있다. 광장 주변에는 상점, 레스토랑, 카페 등이 있으며 현지인과 관광객이 뒤엉켜 붐빈다.

홈페이지_ www.krakow-info.com
주소_ Center of Old Town

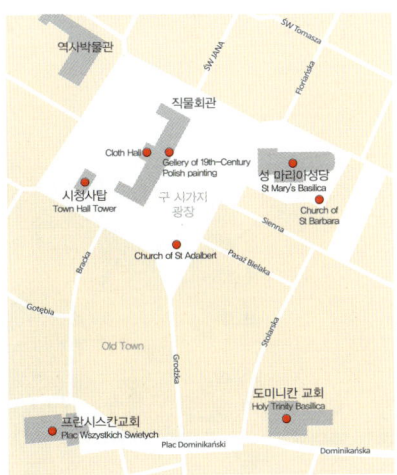

Tip

About 리네크 글로브니

광장은 그야말로 축제라도 벌인 듯 크라쿠프 시민들과 관광객이 하나처럼 움직이고 매일 신기한 퍼포먼스가 펼쳐지는 듯하다. 크라쿠프라는 도시 이름조차 제대로 몰랐던 내게 이처럼 활기찬 모습은 신선한 충격이었다. 말을 탄 복장을 사람이 봉으로 행인들이 머리를 두드리고 있었다. 크라쿠프의 전통으로 행운이 깃들게 하는 것이다. 13세기에 타타르족이 쳐들어왔을 때 시작된 것을 기념하여 거의 800년 동안 지켜온 풍습이라고 한다.

려하다. 14세기에 지었으며 그 당시 의복이나 천을 교역하던 곳이었다. 현재 1층의 중앙통로 양쪽에 목 공예품, 악세사리, 자수 등을 판매하는 작은 상점이 빼곡이 늘어서 있다. 2층은 국립 미술관으로 마테이코Matejko, 로다코프스키Rodakowski 등 18~19세기의 폴란드 회화갤러리로 꾸며져 있다. 직물회관 동쪽에는 폴란드 국민 시인인 아담 미츠키에비치Adam Mickiewicz의 동상이 서있다.

직물회관
Cloth Hall

광장 중앙에 서있는 르네상스 양식의 위엄 있는 건물은 직물회관이다. 길이가 100m나 되고 크림색 외관이 장엄하고 화

주소_ Rynek Glowny 1/3
전화_ +48-12-422-1166

EASTERN EUROPE

성 마리아 성당
St. Mart's Basilica / Kosciol Mariacki)

중앙시장 광장에 인접한 성 마리아 성당은 1222년에 지은 고딕양식의 대형 건물로 스테인드글라스나 성당 내의 예술품이 아름답다.

특히, 국보로 지정된 비오트 스토우오시 성단은 꼭 한번 볼만한 가치가 있다. 12년의 세월동안 지었으며 유럽에서 2번째로 높은 목조 조각으로 되어있다. 홀 안에는 언제나 기도를 올리는 신자들로 가득하며 여름에는 결혼식을 하고 있는 경우도 많다.

14세기에 몽고군이 크라쿠프를 공격했을 때 적군의 습격을 알리는 나팔을 이 교회 탑 위에서 불었다. 결국 나팔수는 몽고군이 쏜 화살에 목이 관통되어 죽음을 맞이했는데, 지금도 그 죽음을 애도하며 한 시간마다 탑에서 나팔을 불고 있다. 주변이 어둠에 휩싸이고 소음이 사라진 광장에서 듣는 나팔소리는 그대로 가슴에 스며든다.

사실 폴란드야말로 이방 종교로부터 로마 가톨릭을 지켜온 유럽 기독교의 보루였다. 그래서인지 성당 내부는 화려함과 예술미가 내가 본 성당 중 최고였다.

특히 국보로도 지정된 높이 3m의 대 제단은 1477년 독일 뉘른베르크에서 온 천재 조각가 "바이트 스토스의 작품으로 12년에 걸쳐 완성되었다. 유럽 후기 고딕 양식의 최고 걸작으로 인정받고 있다. 러시

아의 사회주의 체제아래에도 더욱 신앙생활을 강조했다는 폴란드, 오늘날까지도 성 마리아 성당은 마음속의 의지하는 듯하다. 고딕 양식의 성 마리아 성당은 성모 마리아의 생애를 그리고 있는 제단화로 유명하다. 매 시간 정각마다 성 마리아 성당 꼭대기에서 울려 퍼지는 트럼펫 소리를 따라 크라쿠프의 시장 관장을 거쳐 성당으로 향해 보자. 성당을 둘러싸고 수많은 전설이 전해져 내려온다. 나무로 된 제단화의 정교하게 조각된 장면을 보고, 탑 위에 올라 도시의 전경을 둘러보자.

성당은 14세기에 처음 완공되었다가 15세기에 탑이 추가로 건축되었다. 성당은 주시장 광장을 굽어보며 서 있다. 높이가 80m에 달하는 성당은 크라쿠프의 스카이라인을 장식하는 중요한 건물이다. 광장을 중심으로 크라쿠프의 관광지를 대부분 찾아갈 수 있다.

내부
깊은 푸른빛과 붉은빛의 성당 벽, 별들이 반짝이는 광활한 천장, 아름다운 스테인드글라스 창이 방문객의 눈길을 끈다. 성당의 자랑거리인 제단화에는 200명이 넘는 인물들이 조각되어 있다. 알록달록한 색채가 아름다운 15세기 제단화는 목 조각가 '바이트 슈토스'에 의해 12년이 넘는 세월 동안 제작되었다. 지금도 유럽에서 가장 아름다운 제단화로 손꼽힌다.

탑과 트럼펫
정각이 되면 탑 꼭대기에서 울려 퍼지는 트럼펫 소리에 귀 기울여 보자. 아름다운 소리가 갑자기 끊기는 것을 들을 수 있다. 끊기는 이유는 13세기 몽골의 침입을 알리기 위해 트럼펫을 불다 중간에 목에 화살을 맞고 목숨을 잃은 경계병을 기리고 있다. 탑에서는 탑 건설에 참여한 노동자가 자신의 형제를 죽이고 스스로 목숨을 끊는 데 사용한 칼을 볼 수 있다. 239개의 계단을 올라 탑 꼭대기에 서면 도시의 전경이 펼쳐진다.

위치_ 광장 북동쪽 모서리

성당의 나팔소리

관광객들이 한 곳을 주시했다. 잠시 후 성당 첨탑의 창문이 열리더니 나팔소리가 들리는 듯 했다. 그런데 인기가 대단하다. 나팔수를 만나려면 첨탑을 올라야하는데 불가능하다. 가파른 계단을 올라가자 나팔수를 관광객이 기다리고 있다. 이 탑의 나팔수는 매 정시마다 먼저 종소리로 시간을 알리고 그 다음 사방으로 돌아가면서 나팔을 분다.

나팔수에 얽힌 이야기가 있다. 외적의 침입에 대비해서 보초를 서는 제도가 있었다. 13세기에 타타르족이 쳐들어왔을 때 이 탑을 지키던 나팔수가 그 사실을 알리다가 목에 화살을 맞아 전사했다. 그때부터 그 병사를 기리기 위해 나팔을 불고 있다. 화살을 맞고 전사한 나팔수를 기리기 위해 그때 끊긴 멜로디 그대로 부른다고 하니 외세의 침입을 받았던 과거를 폴란드 인들이 그토록 기억하려고 한다는 사실이 놀랍다. 지금의 것은 15세기에 완성한 것이고 13새기에는 이보다 낮았다고 한다.

EASTERN EUROPE

아담 미츠키에비치 동상
Adam Mickiewicz

직물회관Cloth Hall 앞에 사람들이 앉아 있는 동상이 폴란드의 유명한 낭만시인인 아담 미츠키에비치Adam Mickiewicz 동상이다. 폴란드에는 그의 동상이 곳곳에 남아있는 데 대표적인 동상은 바르샤바의 올드 타운Old Town, 포즈난에 있는 동상이다.

아담 베르나르트 미츠키에비치(Adam Bernard Mickiewicz)

폴란드의 낭만주의 시인이자 극작가로 폴란드에서 지그문트 크라신스키, 율리우시 스워바츠키 등과 함께 가장 위대한 시인으로 꼽힌다.

미츠키에비치는 현재의 벨라루스인 노보그루데크(Nowogródek) 근처에서 태어났다. 그의 아버지 미코와이 미츠키에비치는 폴란드-리투아니아 연방의 귀족이었는데, 당시 폴란드-리투아니아 연방은 1795년의 마지막 분할로 지도상에서 사라진 후였고 미츠키에비치가 태어난 곳은 러시아 제국의 지배를 받고 있었다. 미츠키에비치는 빌뉴스 대학교에서 공부했는데 거기서 폴란드-리투아니아 연방의 부흥을 목적으로 하는 비밀 학생 조직에 관여하였다.

1819년부터 리투아니아, 카우나스의 학교에서 교사로 일하다가 정치적 활동으로 인해 1823년 체포되어 반소정치운동을 한 죄로 러시아로 추방되었다. 이미 빌뉴스에서 시집 두 권을 출판하여 슬라브어를 구사하는 대중의 호응을 받았던 바가 있어 미츠키에비치는 1824년 상트페테르부르크에 도착했을 때 그 곳 문학 사회의 환영을 받았다. 1825년에는 크림 반도 여행을 하여 그에 대한 소네트 몇 편을 썼다.

러시아에서 5년간 유배 생활 후 여행 허가를 받은 미츠키에비치는 러시아로 돌아가지 않기로 결심하고 바이마르로 떠나 괴테를 만났다. 이후 이탈리아의 로마에 정착하여 작품 활동을 계속하였다. 그의 대표작인 '판 타데우시(Pan Tadeusz)'은 이때 쓴 작품이다. 크림 전쟁 때에는 러시아 제국군에 대항한 폴란드인 연대를 소집하려 노력하기 위해 콘스탄티노폴리스에 갔으나 거기서 콜레라로 돌연 사망하였다.

최고 걸작은 〈선조들의 밤〉이라는 시극으로서 2부·4부가 먼저 나오고(1823), 3부가 10년 뒤에 나왔으나 1부는 완성을 보지 못하고 죽었다. 이 작품은 이교도의 조상숭배 의식을 바탕으로 한 작품인데 각 부가 일관된 이야기가 아니고, 다만 3부는 그의 투옥과 추방의 경험을 젊은 시인을 빌려 표현했다.

구 시청사 탑
Town Hall Tower

1820년 구 시청사 건물이 파괴되었는데, 그 때 이 탑만 남았다. 탑 위에는 직경 3m 나 되는 큰 시계와 독수리상이 자리 잡고 있다. 꼭대기까지 올라가면 크라쿠프 시내의 경치를 즐길 수 있다.

홈페이지_ www.mhk.pl
주소_ Rynek Glowny
전화_ +48-12-619-2318

차르토리스키 박물관
Museum Czarytoryiskich

18세기 차르토라스카 가문이 설립한 이 박물관은 17세기 이후 폴란드의 회화, 조각뿐만 아니라 동 서양의 수준 높은 유물을 전시하고 있다. 이집트의 미이라도 전시되어 있는데 작은 규모의 박물관이지만 수집가의 감각, 폴란드 부유층의 역량을 말해주는 듯하다. 한 가문이 설립한 이 박물관의 놀라움은 몇 가지 소장품을 보며 배가 된다.

레오나르도 다빈치의 '담비를 안은 여인' 작품(1483~1490), 램브란트의 '착한 사마리안이 있는 풍경' 1638년 작품. 명품을 보기 위해 많은 여행객들이 크라쿠프를 찾고 있다.

홈페이지_ www.museum-czarytoryiskich.krakow.pl
주소_ Ul. Sw.Jana 19
관람시간_ 10~18시(토, 일요일은 16시 / 월요일 휴무)
요금_ 13zł (일요일 무료)
전화_ +48-12-422-5566

울리카 카노니차 거리
Ulica Kanonicza Street

그림 같은 크라쿠프의 유명한 거리로 왕의 길Royal Road의 마지막 부분이자 가장 영광스러운 거리로 알려져 있다. 카노니차 거리는 리네크 글로브니Rynek Glowny 구시가지 광장에서 플로리안 문Florian Gate을 지나 바벨 귀족 성Wawel Royal Castle에서 끝이 난다.
2차 세계대전 이후 사람들의 기억에서 사라져갔다가 요한 바오로 2세가 성 피터와 폴 교회St. Peter and St. Paul Church에서 있었다는 사실이 알려지면서 방문객이 급증하면서 울리카 카노니차 거리가 살아났다.

> **울리카 카노니차 거리의 역사**
>
> 14세기까지 거리에는 고귀한 저택이 줄 지어있었다. 그 후, 크라쿠프 대저택과 고위 성직자의 궁전 같은 거주지가 자리를 잡았다. 지금도 몇몇 건물은 여전히 교회에 속해 있다.
>
> 카노니차(Kanonicza) 거리는 대부분 관광객에게 강한 인상을 심어주는 르네상스의 아름다운 거리를 보존하고 있다. 위풍당당한 르네상스 양식의 주택이 줄 지어 서있어 유럽 최고의 거리 중 하나이다. 이어진 그로드카(Grodzka) 거리에서 1090년 경. 세인트 앤드류(St. Andrew) 교회의 그랜드 로마네스크 양식 교회 옆에 있는 인상적인 바로크 양식의 예수회 성 베드로 성당과 1619년에 지어진 성 바울(St. Paul) 성당의 흰색 외관이 인상적이다

EASTERN EUROPE

대교구 박물관
Archdiocesen Museum

작은 박물관이지만 요한 교황 바오로 2세의 사진과 생전 영상 등을 전시하여 방문객이 꾸준하다. 생전 유품과 그가 입었던 옷까지 상세히 전시되어 서양인과 폴란드 사람들의 방문이 특히 많다.

주소_ Ul. Kanonicza 19/21
관람시간_ 10~18시(토, 일요일 16시까지)
요금_ 12zł (학생 5zł)
전화_ +48-12-421-8963

성 피터와 폴 교회
St. Peter and St. Paul Church

크라쿠프 최초로 만들어진 바로크 양식의 교회로 라틴십자가 형태로 설계되었고 뒤로는 커다란 돔이 있다. 성당 정면에 12사도 조각상이 있다. 매일 교회 앞에서 다양한 버스킹이 행해져 사람들을 끌어 모으기 때문에 쉽게 찾을 수도 있을 것이다.

홈페이지_ www.apostolowie.pl
주소_ Grodzka 31-044

 EASTERN EUROPE

도미니칸 교회
Dominikanow Church

13세기에 건축된 오래된 교회이지만 1850년 대화재 때 대부분이 파괴되었으나 현재의 모습으로 복구되었다. 입구의 빨간 벽돌로 쌓아올린 삼각형 모양으로 된 모습이 인상적이다.

홈페이지_ www.krakow.dominikarie.pl
주소_ Stolarska 1231-043

프란시스칸 교회
Franciszkanow Church

13세기부터 건축이 시작되어 몇 차례의 화재로 완공이 늦어지다가 1850년의 대화재를 마지막으로 재건축되어 지금까지 이어오고 있다. 성당 내부는 재건축 때 비스피안스키 Stanislaw Wyapianski에 의해 아르누보 스타일로 스테인드글라스를 만들어 유명하게 되었다.

홈페이지_ www.franciszkanska.pl
주소_ pl. Wszystkich Swietych 5 31-004
전화_ +48-12-422-5376

바벨 성
Wawel Royal Castle

크라쿠프의 오래된 골목을 나오면 11세기 중반부터 17세기 중반까지 왕의 거처로 사용된 바벨 성^{Wawel Castle}을 만날 수 있다. 성 안의 바벨 대성당은 누구라도 장대한 성과 성당의 아름다움에 넋을 잃게 만든다. 로마네스크, 고딕, 르네상스, 바로크 등 다양한 양식의 건축물들이 겹겹이 이어져 내려오는 모습이 압도적이다. 성당 내부에 전시된 왕들의 유물과 예술품을 둘러보느라 시간 가는 줄 모를 정도로 외형만큼 화려하고 아름답다.

크라쿠프의 남쪽 끝 폴란드의 젓줄인 비스와 강을 내려다보고 있는 바벨성은 폴란드의 찬란한 역사를 상징하는 왕궁이다. 바벨 성으로 올라가는 길에 흥겨운 음악소리가 들린다.

성당 내의 여러 예배당 중 가장 아름다운 예배당은 지그문트^{Zygmuntowska} 예배당으로 폴란드는 지그문트^{Zygmuntowska} 1세 때 폴란드어 문학, 건축, 과학의 꽃을 피워 문화 황금기를 구가했다. 황금빛 금으로 도배된 지그문트^{Zygmuntowska} 예배당은 지그문트^{Zygmuntowska} 왕이 이탈리아 건축가를 초청해 만들었다고 한다.

지그문트^{Zygmuntowska} 탑에는 폴란드 최대의 종이 있다는데 종을 보기 위해서는 탑의 꼭대기로 올라가야 한다. 둘레가 8m 종을 받치는 받침대는 전혀 못을 사용하

바벨성 지도

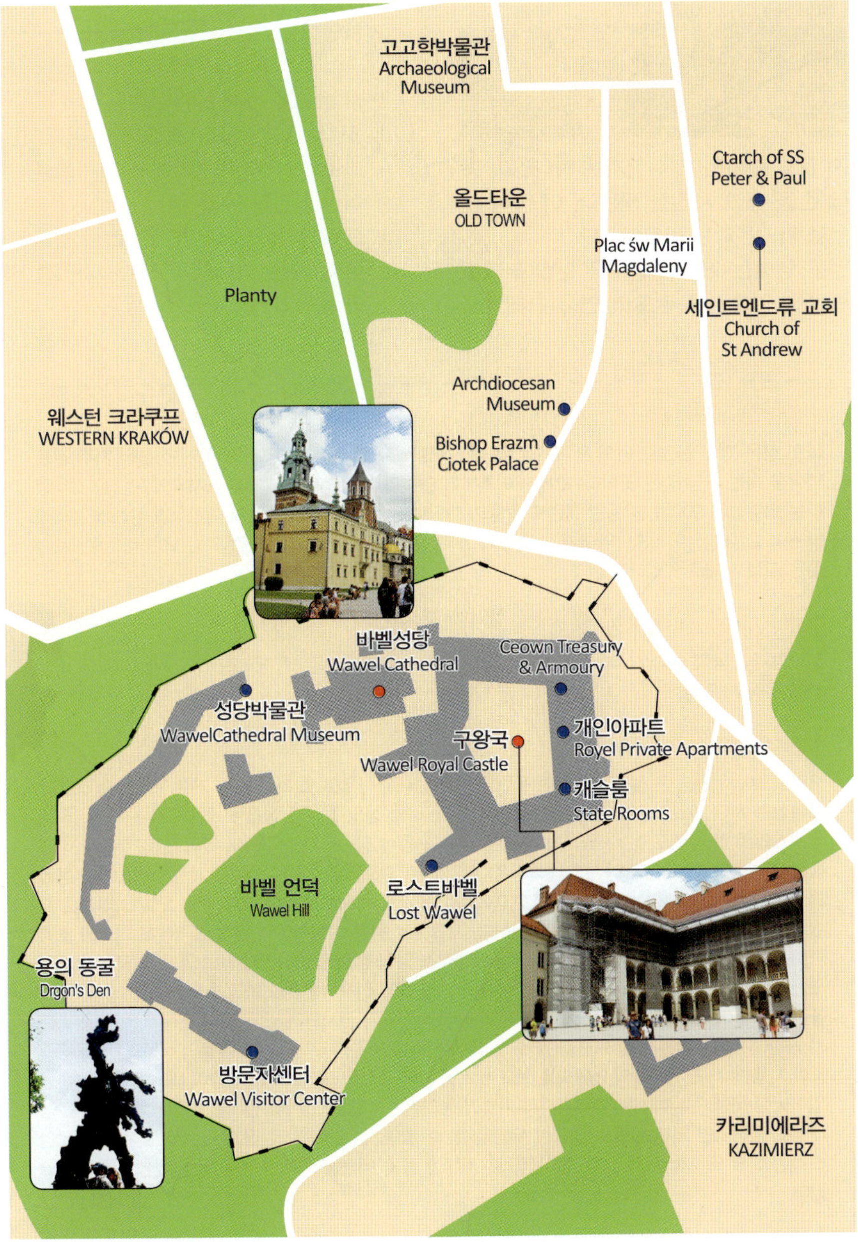

- 고고학박물관 / Archaeological Museum
- 올드타운 / OLD TOWN
- Planty
- 웨스턴 크라쿠프 / WESTERN KRAKÓW
- Ctarch of SS Peter & Paul
- Plac św Marii Magdaleny
- 세인트엔드류 교회 / Church of St Andrew
- Archdiocesan Museum
- Bishop Erazm Ciotek Palace
- 바벨성당 / Wawel Cathedral
- Ceown Treasury & Armoury
- 성당박물관 / Wawel Cathedral Museum
- 구왕국 / Wawel Royal Castle
- 개인아파트 / Royel Private Apartments
- 캐슬룸 / State Rooms
- 바벨 언덕 / Wawel Hill
- 로스트바벨 / Lost Wawel
- 용의 동굴 / Drgon's Den
- 방문자센터 / Wawel Visitor Center
- 카리미에라즈 / KAZIMIERZ

지 않고 만들었다. 여행자는 하나같이 종에 손을 대고 사진을 찍는다. 이 종이 행운을 가져온다는 이유에서다.

성문 옆에는 18세기 말 3국 분할에 대해 반란을 일으킨 폴란드의 영웅 타데우시 코시추시코의 상이 서 있다. 이 상을 누군가 가지고 가서 없어졌다가 1976년에 재건하였다.

바벨 성으로 가는 2가지 방법
1. 하나는 중앙시장 광장에서 이어지는 그로즈카 Grodzka 거리에서 교차로를 건너 비탈길을 올라가기
2. 그로즈카 거리와 평행으로 한 블록 서쪽에 있는 카노니차 Kanonicza 거리를 따라 올라가기

바벨(Wawel) 성의 의미
바벨 성은 역대 폴란드 왕의 주거지로 유명한 바벨(Wawel) 성은 폴란드인들에게 정신적 지주 같은 역할을 하는 사당 같은 곳이다. 10세기 이후부터 건축이 시작되어 16세기에나 지금의 모습을 갖추었다는 바벨성은 500여 년 동안 폴란드 왕들이 살았던 궁전과 폴란드 왕들의 대관식과 장례가 치러졌다는 바벨 대성당이 있다. 역대 폴란드 왕과 왕비, 영웅들이 묻혀 있는데 전 교황 요한 바오로 2세가 젊은 시절 사제로 있었다고 한다.

아름다운 바벨 성 사진 찍기
구시가지의 남쪽 외곽, 'ㄴ'자로 꺾어져 흐르는 비스와 강가에 있는데, 정확히 각이 지는 부분에 바벨 성이 우뚝 서 있다.

바벨 성 둘러보기
크라코프에서 가장 큰 성을 방문하여 폴란드 왕들의 대관식 검과 화려한 왕족 거주 구역을 둘러보고, 르네상스 시대 회화와 지하 동굴을 감상하게 된다. 바벨 성의 침실과 접견실, 플랑드르 태피스트리와 루벤스의 회화 작품도 볼 수 있다. 보고에는 갑옷과 왕실 장신구가 전시되어 있다. 성의 부지에서 발굴된 전시물을 보며 성의 과거에 대해 직접 확인할 수 있고, 과거에 용이 살았다는 전설을 가진 동굴과 왕실 정원을 산책할 수 있다. 바벨 언덕에는 14세기에 최초로 성이 지어졌지만, 오늘날의 성은 지기스문트 왕에 의해 16세기에 지어진 것이다. 지그문트 왕은 이탈리아와 유럽 전역에서 최고의 조각가와 건축가와 장인들을 불러 모아 세련된 르네상스 양식 성을 건립하였다. 비스와 강을 굽어보며 서 있는 바벨 성은 오늘날 크라코프에서 가장 뛰어난 광경을 선사하는 랜드마크가 되었다.

폴란드 왕들이 대관식에 사용하는 검, 갑옷과 왕실 장신구가 전시되어 있다. 꼭대기 층에 있는 왕의 주거 공간에서는 수많은 왕실 보물을 볼 수 있다. 루벤스를 비롯한 르네상스 화가들의 작품과, 과거 왕족들이 사용한 가구, 왕들의 인물화를 보고 헨스풋 탑에 오르면 크라코프의 전경이 내려다보인다.

'잃어버린 바벨' 전시에서는 10세기까지 거슬러 올라가는 각종 고고학적 전시물을 감상할 수 있다. 성 내부로 들어가면 역대 왕들의 정교한 무덤을 볼 수 있다. 성 밑에 자리 잡고 있는 미로 같은 동굴인 '드래곤스 댄'도 지나치지 말자. 정기적으로 거대한 불을 내뿜는 거대한 청동 용상이 입구를 지키고 있다.

EASTERN EUROPE

바벨 성당
Wawel Cathderal

성문을 지나면 바로 왼쪽에 3곳의 예배당이 있는 대성당이 보인다. 1320년에 고딕 양식으로 착공하여 수세기에 걸쳐 르네상스 양식과 바로크 양식이 더해져 건설한 것으로 바르샤바 천도 후에도 18세기까지 왕의 대관식을 이것에서 거행하였다. 외관에서 인상적인 것은 광장을 접한 남쪽에 있는 금색 돔인 지그문트 차펠 Kaplica Zygmuntowska 로 폴란드에 있는 르네상스 건축 중 걸작으로 일컬어지고 있다.

1519~1533년에 지그문트 왕의 요청으로 이탈리아에서 초청한 건축가가 건설하였다. 북쪽의 지그문트 탑 Wieza Zygmuntowska 에는 폴란드 최대의 종이 있다. 이 종은 1520년에 주조했으며 종교 및 국가의 특별한 행사에만 울린다. 둘레가 8m인 종을 지탱하는 종대는 못을 전혀 사용하지 않고 나무만으로 조립한 것이다. 종은 탑의 맨 위층에 있으며 이곳에서의 전망 또한 각별하다. 대성당 지하에 있는 묘소에는 역대 왕과 영웅들이 잠들어 있다.

1364년에 건립된 로마 가톨릭 성당인 바벨성당은 폴란드에서 가장 중요하게 여기는 종교 건물이다. 폴란드인들이 가장 성스럽게 여기는 성당을 방문하여 종교 작품이 가득한 예배당과 폴란드 역대 통치자들의 정교한 무덤, 600년 된 거대한 종을 볼 수 있다. 수많은 역대 폴란드 왕들의 대관식이 거행되었던 성당에는 45명의 역대 폴란드 왕들 중 4명을 제외한 무덤이 있다.

내부 모습
바벨성당의 지그문트 예배당 꼭대기의

황금빛 돔 천장이 인상적이다. 회화와 조각과 치장 벽토는 유럽에서도 손에 꼽히는 르네상스 예술 작품이다. 성당의 다른 예배당에는 폴란드 역대 왕들의 정교한 무덤이 있고, 종탑에 오르면 유명한 지그문트 종을 볼 수 있다. 1520년에 제작된 지그문트 종은 국가의 중요한 축일에만 울린다. 종탑에 올라가면 종소리를 들을 수는 없어도, 원한다면 손을 뻗어 만져볼 수 있다.

입구에 들어서면 블라디슬라브 2세의 붉은 대리석 석관이 눈길을 끌고, 흰색 대리석과 사암, 각종 보석으로 제작된 다른 무덤도 볼 수 있다. 예배당 중앙 제단의 흑색 대리석 아래에 모셔져 있는 성 스타니슬라오의 은색 무덤과 무덤을 둘러싸고 있는 벽은 성인의 삶과 사후 기적을 그리고 있는 부조로 장식되어 있다. 바로크, 고딕, 르네상스 시대의 예술 작품이 전시된 예배당을 돌아보며 감상할 수 있다. 성 십자 예배당에는 15세기의 스테인드글라스 창과 러시아 벽화가 보존되어 있다. 지그문트 예배당에서 게오르그 펜츠, 산티 구치, 헤르만 피셔 등 르네상스 시대 거장들의 예술 작품을 볼 수 있다.

바벨 성 구 왕궁
Wawel Royal Castle

대성당을 따라 안쪽으로 들어가면 구왕궁 입구가 나온다. 주위를 둘러싼 건물은 16세기 초에 지그문트 왕이 건설한 고딕과 르네상스의 복합양식이다. 현재 내부는 박물관으로 사용하고 있으며 몇 가지 전시로 나뉘어 있다.

왕궁의 전시에서는 16~17세기 무렵을 재현한 호화로운 방과 왕가의 초상화 등을 관람할 수 있다. 그 중에서도 1320년부터 폴란드 왕의 대관식에 사용했던 '슈체르비취 Szczerbiec'라는 검과 지그문트 아우구스트 왕이 수집한 16세기 플랑드르산 타피스트리는 꼭 볼만하다. 그 외에 왕족의

EASTERN EUROPE

개인실, 보물, 무기박물관, 오리엔탈 아트 등의 전시를 한다. 입구로 돌아가 동쪽에는 10세기 바벨성의 유구^{Wawel Zaginioy}가 있다.

용의 동굴
Cuevas Drach

바벨 성 밑은 용이 살았다는 전설의 동굴과 연결되어 있다. 나선형 계단을 따라 내려가는 데, 현기증이 날 때쯤 용의 동굴이 모습을 드러낸다. 동굴은 2,500만 년 전에 형성되었지만, 16세기가 되어서야 발견되었다. 발견된 이후 창고, 사창가, 주거지로 사용되었다. 크라쿠프 언덕 위의 바벨 성 밑에 '드래곤스 댄^{Dragon Daen}'이 있다. 으스스한 석회석 기암으로 둘러싸인 길은 흐릿한 불빛이 비추고 길을 따라 몸을 낮추고 걸어가야 한다.

바벨 성 밑의 지하 동굴은 전설에 따르면 과거 창고와 사창가로 사용된 이곳에 무시무시한 용이 살았다고 한다.

동굴의 길이는 250m가 넘지만, 관광객은 안전상의 이유로 80m까지만 둘러볼 수 있다. '도둑들의 탑'이라고 알려진 오래된 벽돌 우물 안의 135개의 계단을 따라 내려갈 수 있다. 우물은 1830년대에 만들어졌는데, 내부로 들어가면 '드래곤스 댄^{Dragon Daen}'을 이루고 있는 3개의 방 중 하나가 나온다.

길을 따라 가면 가장 큰 방이기도 한 2번째 방이 나온다. 고개를 들면 동굴이 창고로 사용되던 시기에 만들어진 돔 모양 천장을 볼 수 있다. 흐릿한 조명과 석회석 기암의 흡사 조각과도 같은 모양이 빚어내어 흔들거리는 그림자로 인해 오싹한 분위기를 느낄 수 있다. 마지막 방에서는 암석 돌기와 오래된 벽돌 굴뚝을 볼 수 있다.

땅 위로 돌아오면 거대한 용 청동상을 볼 수 있다. 용 동상은 무섭다기보다 귀엽다는 생각이 든다. 5분 간격으로 용의 입에서 불꽃이 뿜어져 나오는 것을 볼 수 있다. 기다렸다가 불이 나올 때에 사진을 찍는 관광객의 모습을 볼 수 있다.

드래곤스 댄은 크라쿠프 중심지 남쪽에 위치한 바벨 성에 자리 잡고 있습니다. 구시가에서는 걸어서 갈 수 있습니다. 4월에서 11월까지 매일 문을 엽니다. 소액의 입장료가 있습니다. 동굴 입구에 있는 기계에서 입장권을 구입하세요.

> **용의 전설**
>
> 16세기에 발견된 이후 수많은 전설이 탄생하였다. 과거에 살았다는 바벨, 용의 전설이 가장 유명하다. 옛날 바벨 언덕 밑에 매주 가축을 바쳐야 하는 용이 살고 있었다. 왕은 용을 해치우는 자를 공주와 결혼시켜 주겠다고 선포했다.
>
> 비천한 신분의 구두 수선공이 유황으로 속을 채운 양을 먹도록 용을 유인하여 죽였다. 구두 수선공은 왕의 딸과 결혼하게 되었고, 후에 왕이 된 수선공은 성을 세우고, 그 성을 중심으로 크라쿠프 도시가 성장했다. 그 용감한 청년의 이름 '크락(Krak)'에서 크라쿠프의 지명이 유래되었다고 한다.

야기엘론스키 대학
Uniwersytet Jagielloński

중앙 시장 광장 서쪽에는 식민지시절 폴란드 만족 운동의 구심점이자 학문의 중심인 야기엘론스키 대학이 있다. 1364년에 세워졌으며 유럽에서 2번째로 오랜 역사를 지닌 대학이다. 독일 괴테의 소설의 인물인 파우스트 박사가 이곳에서 연구를 했다고 전해진다.

1548년 유명한 지동설을 발표했던 니콜라스 코페르니쿠스(1473~1543)가 이 대학 출신이다. 천문학, 수학, 지리학에서 세계 최고 수준의 대학인 야기엘론스키 대학은 지금도 폴란드 최고 명문대학으로 명문을 이어오고 있다.

가장 오래된 건물은 콜레기움 마이우스로 대학교에서 가장 오래된 간물로 코페르니쿠스가 연구했던 곳이다. 야기엘론스키 대학을 졸업한 폴란드 출신 천문학자로 1543년 '천채의 회전에 대하여'라는 책을 통해 '지동설'을 발표했다.

주소_ ul.Jagiellonska 15
전화_ +48-12-422-0549

EASTERN EUROPE

쉰들러 공장
Oskar Schindler's Enamel Factory

크라쿠프는 제2차 세계대전 당시 20세기 인류 최대의 잔혹사, 홀로코스트를 겪은 곳이기도 하다. 영화 쉰들러리스트의 배경이 되었던 쉰들러 공장은 1939년 독일 기업가인 '오스카 쉰들러'가 처형당할 위기에 처한 1,200여명의 유대인을 자신의 공장 근로자로 채용해 목숨을 구해준 곳이다.

영화 '쉰들러 리스트'의 배경이 되기도 했다. 쉰들러가 실제로 사용했고 영화를 촬영한 쉰들러의 방은 썰렁했지만 세계 곳곳에서 다녀간 여행객의 흔적이 남아 있다. 이 곳 방에서 어떤 생각을 했을까? 1,200명의 생명을 구한 인간애의 흔적을 보고 싶다. 검물 곳곳에는 유대 마크인 별 모양이 새겨져 있다.

홈페이지_ www.mhk.pl
위치_ 크라쿠프의 산업 지구 자블로시에 위치
 구시가 남동쪽으로 3km
주소_ ul.Lipowa 4
시간_ 매월 첫째 주 월요일 휴관
전화_ +48-12-257-1017

About 쉰들러 공장

라쿠프 중심지에 위치한 오스카 쉰들러 공장은 홀로코스트 당시 유대인들의 역경에 대해 이야기하고 있는 박물관이다. 나치의 선전을 포고하고 있는 라디오를 들으며 전쟁 당시 크라쿠프의 오스카 쉰들러의 공장에서 일하던 유대인 노동자를 생각해 볼 수 있다. 각종 편지와 일기문, 일상생활을 재현해 놓은 각종 장면과 여러 사진을 통해 폴란드에 살고 있던 유대인들의 생생한 생활상을 경험할 수 있다.

오스카 쉰들러 공장은 2010년 6월에 박물관으로 재탄생했다. 공장은 오스카 수상에 빛나는 스티븐 스필버그 감독의 영화 '쉰들러 리스트'로 유명해졌다. 사업가 오스카 쉰들러는 제2차 세계대전 당시 이곳에서 법랑 제품 사업을 운영했다. 사업을 통해 재산을 축적한 쉰들러는 1,200명이 넘는 유대인들을 고용해 이들의 목숨을 구할 수 있었다. 박물관은 나치 점령 하의 크라쿠프의 생활상을 보존하고 있다.

둘러보기

안내판을 따라 여러 전시를 둘러보면 미용실과 거주 구역, 유대인 일가들이 종종 피난처로 삼아야 했던 비좁은 공간도 볼 수 있다. 각종 재현 장면, 사진과 생생한 묘사를 통해 공장에서의 삶과 노동자들의 생활상을 상상하게 된다. 법랑 제품으로 가득한 대형 유리 캐비닛과 책상이 놓인 쉰들러의 사무실도 볼 수 있다. 대규모 스크린 실에는 기록 영상과 다큐를 관람할 수 있다. 공장의 여러 구역과 물건은 영화에 등장하기도 했다.

카지미에라즈
Kazimierz

음산한 분위기의 2차 세계대전의 흔적을 고스란히 간직하고 있는 곳이다. 2차 세계대전이 발발하고 나치들은 카지미에라즈Kazimierz로 모이도록 했다. 그 이후에 아우슈비츠 수용소로 옮겨졌다. 바벨성 남동쪽으로 조금 내려간 곳에 있는 이 지역은 1820년대까지 독립적인 하나의 마을이었다.

15세기, 크라쿠프에서 쫓겨난 유대인들은 이 좁은 카지미에라즈Kazimierz 구역에 정착해, 방대한 기독교 주민지역과 담으로 분리되었다. 이 유대인 구역은 유럽 전역에서 박해를 피해 모여든 다른 유대인들과 합쳐져 2차 세계 대전 때는 7만 명의 유대인들이 거주하게 되었다고 한다. 스티븐 스필버그의 영화 '쉰들러 리스트'에서 전쟁 당시 나치 독일은 유대인들을 포조제Podgorze게토에 강제 이주시켜 인근 플라조프Plaszow 수용소에서 죽였다. 현재 크라쿠프의 유대인 수는 백여 명으로 추산된다.

유대인 구역에는 기적적으로 남은 유대 회당이 여기저기 있고, 이들 중 가장 중요한 곳은 폴란드에서 가장 오래된 유대인 건물인 15세기말 지어진 구 시나고그Old Synagogue로 오늘날 유대인 박물관으로 사용되고 있다.

홈페이지_ www.polin.pl 주소_ Szeroka 24
전화_ +48-513-875-814

갈리시아 유대인 박물관
Galicia Jewish Museum

갈리시아 유대인 박물관에는 유대인들의 문화적 유적지, 홀로코스트 장소와 크라쿠프에서 유대인으로 산다는 것에 대한 현대적인 해석 등 다양한 정보를 얻을 수 있다. 현대적인 갈리시아 유대인 박물관은 2004년에 개관한 박물관은 크라쿠프 시에서의 유대인들의 삶을 기리고자 한 보도사진 작가 크리스 슈바르츠에 의해 오래된 유대인 공장에 세워졌다. 문화 센터이기도 한 사진 박물관을 방문하여 800년에 걸친 크라쿠프 유대인들의 삶에 대해 전시해 놓았다.

박물관의 주 전시장에는 오래된 사진과 유물 대신 1990년대부터 12년에 걸쳐 촬영된 천여 장의 사진이 전시되어 있다. 이곳은 역사적인 사건에 대한 현대적인 관점, 그리고 크라쿠프의 유대인 문화에 초점을 맞추고 있다. 박물관을 방문한 다음, 크라쿠프에서 찾아볼 수 있는 다른 유대인 관광지도 함께 둘러보자.

전시관
시대순으로 배열된 5개의 전시가 있다. 첫 번째 전시에서는 유물과 역사 유적지 사진을 통해 과거의 유대인 문화를 조명하고 있다. 다음 전시에서는 홀로코스트가 발생한 장소를 볼 수 있다. 마지막 2개의 전시에서는 오늘날의 유대인 문화라는 주제와 관련된 사진을 훑어보도록 전시되어 있다.

EASTERN EUROPE

신 유대인 묘지
Remuh Synagoga

크라쿠프 유일의 유대인 공동묘지를 방문하면 제 2차 세계대전 당시 목숨을 잃은 유대인들의 모습을 볼 수 있다. 신 유대인 묘지에는 10,000개가 넘는 묘비가 서 있다. 1,800년에 세워진 이후 유명한 랍비, 예술가, 정치가들이 영면하는 장소가 되어 왔다. 여러 묘비를 둘러보며 홀로코스트로 목숨을 잃은 유대인들에게 헌정된 기념비를 찾을 수 있다.

유대인 공동묘지의 면적은 4.5ha에 달한다. 지난 200년간 크라쿠프에는 유명한 유대인들이 정착하여 거주하였고, 이들 중 대부분이 이곳에 묻혔다. 랍비이자 의원이던 '오스자스 손 $^{Ousjas\ Son}$'의 이름이 새겨진 묘비와 낭만주의 화가 '모리시 고트리브 $^{Moris\ Gotriv}$'도 있다. 여름철에는 덩굴과 나뭇잎으로 무성한 나무들을 볼 수 있고, 겨울철에는 눈에 뒤덮인 장엄한 분위기를 만끽할 수 있다.

정문으로 이동하면 홀로코스트로 목숨을 잃은 이들을 기리는 거대한 기념비가 보인다. 묘지 어디에서나 제 2차 세계대전 당시 목숨을 잃은 사람들에게 바쳐진 묘비를 볼 수 있다.

오래되어 조금씩 부서지고 있는 묘비 사이의 좁은 길을 따라 거닐면 제 2차 세계대전 당시 독일군에 의해 묘지의 대부분이 훼손되었기 때문에 현대적인 양식의 묘비가 대부분인 것을 볼 수 있다. 군인들은 도로를 까는 데 묘비 석을 사용하였고, 귀중품도 다수 팔아 버렸다. 묘비는 1957년에 이르러서야 복원되었다. 묘지를 둘러싸고 있는 벽을 관찰하면 부서진 묘비 석 조각들이 시멘트를 사용해 복구된 것을 볼 수 있다.

> **주의**
> 머리에 쓸 것을 착용해야 입장이 가능하다. 모자를 가져오거나 입구에서 종이 모자를 챙겨서 입장해야 한다.

홈페이지_ www.polin.pl
주소_ Szeroka 24
위치_ 크라쿠프 남동쪽의 유대인 마을 카지미에르즈 지구
시간_ 휴관 매주 토요일 / 유대인 명절
전화_ +48-513-875-814

크라쿠프의 대표적인 공원 Best 2

요르단 공원(Jordan Park)

크라쿠프에서 가장 오래된 공원에서 피트니스 트레일 위에서 달리기나 패들보트를 타고 뱃놀이를 즐기는 모습도 볼 수 있다. 자전거를 타고 요르단 공원의 수많은 길을 따라 달리면서 만개한 꽃으로 가득한 화단과 시끌벅적한 축구경기, 산책을 즐기는 가족들과 운동 기구에서 열심히 운동을 하는 사람들과 호숫가에 앉아 뱃놀이에 한창인 사람들을 볼 수 있다. 겨울에는 스케이트 램프에서 중력을 거슬러 묘기를 펼치는 신기한 장면이 인상적이다.

요르단 공원은 1889년에 의사이자 사회 개혁가이자 독지가였던 헨리크 요르단에 의해 세워졌다. 요르단은 어린이들의 성장에 신체 운동이 교육만큼 중요하다는 이론을 설파하기 위해 공원을 계획했다. 요르단 공원은 폴란드에 최초로 세워진 공립 공원이자 유럽 최초의 공립 공원이다. 제 2차 세계대전 당시 많은 부분이 파괴되었지만, 다시 과거의 영광을 되찾았다. 21 ha에 달하는 녹지는 각종 경기장과 주민들과 방문객들이 활동을 즐길 수 있는 공간으로 꾸며져 있다.
친절하게 다가가 주민들에게 합류해도 되는지 물어 보면 웃으면서 받아줄 것이다. 축구와 럭비, 프리스비를 즐기는 주민들을 곳곳에서 볼 수 있다. 예약을 하면 인근의 테니스 코트에서 테니스도 칠 수 있다.
만개한 꽃으로 가득한 화단과 백 년 된 느릅나무와 라임나무, 정성껏 가꾸어진 풀밭을 보면서 산책로를 거닐다 보면 폴란드의 역사적인 인물들의 흉상을 볼 수 있다. 아이들과 함께 36개의 흉상을 모두 찾아가는 장면을 보면 폴란드가 얼마나 역사교육에 관심을 가지는지 알 수 있다.

주소_ Aleja 3 Maja, Krakow

EASTERN EUROPE

플란티 공원(Planty Park)

플란티 공원Planty Park은 크라쿠프 구시가를 둥그렇게 둘러싸고 있다. 공원을 구성하고 있는 30개의 정원에는 분수대와 조각상, 각양각색의 화단과 정성껏 가꾸어진 밭도 볼 수 있다. 고요한 공원은 구시가의 유명 관광지를 모두 둘러보고, 곳곳에 놓여 있는 벤치에 앉아 대학 건물의 붉은 벽돌 파사드를 감상하거나 도미니코 수도원 정원을 구경하는 것도 좋다.

21 ha규모의 플란티 정원Planty Park은 크라쿠프 구시가 외곽을 4㎞ 길이로 둥그렇게 둘러싸고 있다. 공원은 폐허가 된 구시가의 성벽을 대체하기 위해 1822년부터 1930년까지 조성되었다. 오늘날에는 독특한 양식의 정원 30개가 산책로에 의해 이어져 있다. 구시가의 여러 명소를 방문하다 공원에 들러 잠시 휴식을 취하고 시간을 내 공원을 산책하는 것도 좋다. 플란티 공원Planty Park 곳곳에서 볼 수 있는 카페와 레스토랑, 바에서 식사나 음료를 즐기거나 도시락을 준비해 오는 것도 좋다. 날씨가 따뜻한 때에는 널찍한 풀밭 위에 누워 피크닉을 즐기는 시민들을 볼 수 있다.

성 앞의 바벨 정원에서 공원 탐험을 시작하자. 벽돌로 된 신 고딕양식의 신학대학이 눈길을 끈다. 정원 사이를 거닐며 각종 분수대와 기념비, 조각상과 화단을 둘러보면서 휴식을 즐기자. 겨울철을 제외하면 연중 꽃들이 만개할 수 있도록 신중을 기해 심어진 식물들이 보인다. 우아한 수양버들과 연철 다리가 가로지르는 연못이 이루는 멋진 풍경도 볼만 하다.

크라쿠프의 박물관 Best 3

폴란드 국립박물관(National Museum)

폴란드 국립박물관에는 다양한 예술 작품과 유서 깊은 유물을 볼 수 있다. 1879년에 설립된 국립박물관은 성장을 거듭한 결과 현재 78만 점에 이르는 전시품과 예술 작품을 소장하게 되었다. 꼭대기 층의 여러 전시실에는 20세기의 폴란드 예술 작품이 전시되어 있다.

러그와 자기, 크라쿠프의 여러 교회의 스테인드글라스 등 600년에 걸친 장식 예술을 볼 수 있다. 무기와 갑옷, 정복 등 오래된 군사 용품을 보면 10세기까지 거슬러 올라가는 전시물도 확인할 수 있다.

대부분의 관람을 하는 관광객은 다빈치의 그림인 흰 족제비를 안은 여인Lady with an Ermine을 보러 온 것이다. 차르토리스키 미술관의 리모델링 공사로 국립박물관으로 옮겨졌다. 특별 전시 티켓을 구입해야 그림을 볼 수 있다. 비교적 여유롭게 그림을 볼 수 있어 무료보다 좋다는 생각이 들게 될 것이다.

관람 순서
꼭대기 층에서 20세기 폴란드 예술가들의 작품을 둘러보며 관람을 시작하자. 올가 보즈난스카의 '국화와 소녀', 야체크 말체프스키의 '자화상' 등 500여명에 이르는 폴란드 화가들의 작품이 전시되어 있다.

장식 예술
전시에는 12세기 이후부터 폴란드의 가정집을 장식해 온 다양한 품목을 볼 수 있다. 금, 은, 주석 장식물과 악기, 폴란드 최대의 동양, 폴란드 러그 컬렉션이 인기가 높다.

폴란드 군사 역사 전시관
10세기에 사용된 무기, 1600년대의 갑옷, 18~20세기까지 이르는 전시물이 있다.

EASTERN EUROPE

위치_ 버스나 트램을 타고 Cracovia 역 하차, 구시가의 중앙 광장에서 도보로 15분 소요
주소_ al. 3 Maja 1　**요금_** 20zł　**전화_** +48-12-433-5500

About 흰 족제비를 안은 여인(Lady with an Ermine)

1489~1490년에 레오나르도 다 빈치가 그린 그림으로 주제는 도리에 맞는 안전함이다. 모델은 체칠리아 갈레라니(Cecilia Gallerani)인데 "로도비코 일 모로"라는 별명을 지닌 밀라노 공작인 루도비코 스포르차(Ludovico Sforza)의 애인이다. 이 그림은 레오나르도가 그린 오직 4점의 여성 초상화 중 하나이다. (다른 세 점은 모나리자, 지네브라 데 벤치의 초상과 라 벨 페로니에르(La Belle Ferronière)이다.) 표면은 많이 문질러졌고, 배경은 조정되지 않은 검은색으로 덧칠해졌고, 좌측 상단 구석은 깨진 뒤 수리되었고, 모델의 머리 위에 있는 투명한 베일은 사치스러운 머리모양으로 바뀌었으며 손가락들은 심하게 가필된 등의 많은 손상을 입었음에도, 레오나르도 다 빈치의 작품들 중에서는 양호한 상태의 작품에 속한다.

레오나르도는 로도비코 스포르차의 성채인 스포르체스코 성(Castello Sforzesco)에 그와 함께 살 때인 1848년 밀라노에서 체칠리아 갈레라니를 만났다고 한다. 체칠리아는 공작의 애인이었는데, 젊고 아름다운 17세의 그녀는 음악을 연주했고 시를 썼다.

그녀의 초상화에서 흰 족제비의 의미에 대해서는 다양한 해석이 있다. 애완용 흰 족제비는 귀족정치와 연관되었고 흰 족제비는 본래 갖고 있던 털가죽을 흙으로 더럽히느니 차라리 죽음을 선택하는 순수성의 상징이었다. 또한 흰족제비는 1488년 흰족제비 기사단을 만든 로도비코 스포르차의 개인적인 문장이었다.

엄밀히 보면, 이 그림에 있는 동물은 흰 족제비라기보다는 통통하고 덜 자란 흰 동물을 보는 것을 즐긴 중세 사람들이 좋아했던 페럿으로 보인다는 것이 정설이다.

폴란드 항공 박물관(Aircraft Exhibits)

폴란드 항공 박물관에서는 20세기 초반의 항공기와 각종 기념물을 볼 수 있다. 20세기에 폴란드 공군에 복무한 조종사들의 사진과 오래된 제복을 보고, 아이들과 함께 인터랙티브 전시를 둘러보며 직접 항공기를 조종해 보는 경험을 할 수도 있다. 박물관은 광범위한 자료를 소장하고 있는 도서관과 정기적으로 영화가 상영되는 극장도 갖추고 있다. 20세기 초반의 희귀 항공기, 제2차 세계대전 당시 사용된 제트기, 최첨단 인터랙티브 전시를 볼 수 있다. 폴란드 항공 박물관은 라코비츠-치지니 비행장에 자리 잡고 있다. 1912년에 문을 연 비행장은 유럽 최초의 비행장 중 하나였다. 1964년에는 박물관이 들어섰고, 항공기 격납고와 2010년에 지어진 전시관에는 200대가 넘는 항공기, 각종 엔진, 항공 기념물 등이 전시되어 있다.

중앙 전시관
프랑스의 1909 블레리오 11과 현존하는 유일한 폴란드 PZL P11을 비롯하여 총 21대의 항공기가 전시되어 있다. 항공 시뮬레이터에서 조종 실력을 시험해 보고, 스크린 실에서 조종사들의 삶에 관한 다큐를 감상할 수 있다.

격납고
바로 옆에 위치한 격납고가 박물관의 나머지 공간을 차지하고 있다. 첫 번째 격납고의 제1차 세계대전 항공기 전시에서는 헤르만 괴링의 개인 소장품이었던 여러 대의 전쟁 전 항공기를 볼 수 있다. 중앙 전시 격납고에서 제2차 세계대전에 사용된 항공기와 글라이더, 고성능 활공기가 있다. 세 번째 격납고에는 '역사의 이야기' 전시를 볼 수 있다.

위치_ 구시가 북동쪽으로 3km 거리 **주소_** Jana Pawla 39 **시간_** 9~17시(화요일 무료) **전화_** +48-12-642-8700

민족학 박물관(Ethnographic Museum)

과거 시청으로 사용된 건물에 자리 잡고 있는 민족학 박물관에는 과거와 현재의 문화를 보존하고 있다. 정교하게 복원된 침실과 주방을 구경하며 폴란드 농부들의 과거 실제 생활을 상상할 수 있다. 마을 목수에 의해 사용되었던 도구를 둘러보고, 종교 작품과 민속 예술을 감상해보자.

민족학 박물관Ethnographic Museum은 1911년에 교사이자 향토사가인 인물에 의해 설립되었다. 과거 카지미에르즈의 시청이었던 르네상스 건물에 자리 잡고 있는 박물관은 폴란드 최대의 컬렉션을 소장하고 있다.

완벽하게 재건된 이즈바 포드할란스카와 이즈바 크라코브스카에는 100여 년 전 폴란드 마을 사람들의 생활공간을 눈으로 확인할 수 있다. 당시의 가구와 예술 작품, 장식이 과거의 모습 그대로 꾸며져 있다. 박물관의 여러 곳을 돌아다니며 나무 땔감을 사용하는 전통적인 화로에서 요리를 하는 모습을 상상하고, 목수의 작업장에는 가구를 만드는 데 사용된 도구를 감상할 수 있다. 의복과 전통 의상이 전시된 공간에는 오늘날의 옷과 과거의 옷을 비교해 보고 꼭대기 층에는 박물관의 대규모 민속 예술 컬렉션을 볼 수 있다.

위치_ 카지미에르즈 지구의 구시가 남쪽 **주소_** pl. Wonica **시간_** 10~17시
전화_ +48-12-430-6023

EATING

크라쿠프 경제는 지속적으로 상승하고 있어서 경제사정이 좋다. 젊은이들의 성공에 활기찬 분위기여서 레스토랑도 유기농과 해산물, 프랑스요리가 점점 메뉴로 올라오고 있다. 따라서 레스토랑 음식비용도 상승하고 있지만 아직은 다른 유럽에 비해 상당히 저렴한 편이다.

리스토란테 산탄티코
Ristorante Sant'Antioco

문을 열고 들어가면 직원들이 친절히 손님을 맞이하고 활기찬 분위기에 기분도 좋아진다. 아늑하고 캐주얼한 현대적인 분위기의 레스토랑으로 맛집으로 추천해주는 레스토랑이다.
세계 각지에서 온 관광객으로 가득차서 예약을 하지 않으면 먹기 힘든 곳으로 음식마다 플레이팅도 깔끔하게 나온다.

식전에 나오는 빵과 버터도 맛있고 양고기와 순록고기 스테이크에 함께 매쉬 포테이토 맛도 좋다. 양보다 음식 맛으로 알려져 있어서 조금 배고프다고 느낄 수도 있다.

홈페이지_ www.ristorantesantantioco.pl
주소_ Mikolajska 30
요금_ 스테이크 75zł~, 생선스테이크 65zł~, 와인 35zł~
시간_ 13~22시
전화_ +48-12-421-4722

아트 레스토랑
Art Restaurant

채식을 위주로 유기농 재료를 사용해 폴란드 전문요리를 알려진 레스토랑이다.

EASTERN EUROPE

스테이크, 디저트 모두 적당한 간으로 맛있다. 직원은 과잉 친절일 정도로 주문을 받아 기분이 좋아진다. 현지의 젊은 비즈니스 인들이 주로 찾는다고 한다.

주소_ Kanonicza 15
요금_ 스테이크 65zł~, 와인 40zł~
시간_ 13~23시
전화_ +48-537-872-193

베가브
Vegab

현지인이 아침 일찍부터 찾는 음식점이다. 특히 케밥은 우리가 먹어오던 케밥과 비슷해 친숙한 맛이다. 다른 밥이나 반찬들도 우리가 먹던 것과 보기에는 비슷하지만 맛은 다르기 때문에 잘 보고 선택해야 한다. 선택한 음식대로 가격이 매겨지기 때문에 적당하게 먹을 만큼만 선택해야 한다.

홈페이지_ www.vegab.pl
주소_ Starowislna 6
요금_ 주 메뉴 35~60zł
시간_ 11~23시
전화_ +48-889-113-373

레스타우라캬 스타르카
Restauracja Starka)

길가에 바로 보이는 레스토랑이 아니기 때문에 찾기가 쉽지 않은 단점이 있다. 사전에 미리 예약을 하는 것이 기다리지 않고 먹을 수 있는 레스토랑이다.
부드럽고 유명세만큼 가격이 비싸다는 단점이 있다. 폴란드 전통음식과 함께 와인, 디저트까지 유명하니 맛있는 폴란드 음식을 먹을 수 있는 기회로 활용하자.

홈페이지_ www.starka-restauracja.pl
주소_ ul. Jozefa 14
요금_ 주 메뉴 35~60zl **시간_** 12~23시 55분
전화_ +48-12-430-6538

올드 타운 레스토랑 와인 & 바
Old Town Restaurant Wine & Bar

정성들여 조리해 겉은 바삭하고 육즙이 나오는 쇠고기 전통요리는 비린 맛을 잡아 부드럽게 목을 넘긴다. 맛있는 고기가 양이 적다는 아쉬움이 많이 남는다. 겨자 소스와 고기 맛이 잘 어울리고 쫄깃쫄깃한 촉감의 고기는 와인과 함께 연인과 함께 가면 좋은 레스토랑이다.

주소_ Ulica Swietego Sebastiana 25 Kazimierz
요금_ 주 메뉴 15~30zl
시간_ 12~22시
전화_ +48-12-429-2476

프라즈스타넥 피에로기
Przystanek Pierogarnia

관광객보다 현지인이 주로 찾는 피에로기 전문식당이다. 폴란드인들이 직접 먹는 다양한 피에로기를 맛볼 수 있는 장소로 추천한다. 또한 햄버거로 메뉴를 다양화하고 있다.
작은 공간으로 대부분의 손님은 테이크아웃으로 가지고 가며 항상 빈자리가 없을 정도로 사람들이 많다. 피에로기를 구입해 광장으로 이동해 맥주와 함께 먹는 피에로기의 맛을 잊을 수 없다.

홈페이지_ www.przystanek-pierogarnia.ee
주소_ ul. Bonerowska 14
시간_ 12~21시 **요금_** 10~17zł
전화_ +48-796-449-886

차르나 칵카 더 블랙 덕
Czarna Kaczka The Black Duck

크라쿠프에서 폴란드 전통음식을 가장 맛깔스럽게 플레이팅이 되어 나오는 소문난 집이다. 특히 케이크와과 커피가 소문나서 전통음식인 피에로기와 골룡카를 먹고 나서 디저트까지 먹고 간다. 창문으로 보이는 크라쿠프의 모습이 여유를 즐기게 해준다.

주소_ ul. Poselska 22 old Town
시간_ 12~23시
요금_ 주 메뉴 35~80zł
전화_ +48-12-426-5440

크라쿠프 Krakow
근교 투어

오슈비엥침 Oswiecim

오슈비엥침Oswiecim은 크라쿠프에서 60km정도 떨어진 중소 공업도시이다. 폴란드어 이름은 생소하게 들리지만 독일어 이름인 아우슈비츠Auschwitz는 우리에게 익숙하게 들린다. 아우슈비츠는 가장 큰 나치 수용소로 인류 역사상 가장 많은 학살이 일어난 곳이기도 하다. 우리에게는 아우슈비츠로 알려진 곳은 크라쿠프에서 1시간 정도를 가면 있다. 도착했을 때의 절망감은 내리는 순간 느끼게 된다.

오슈비엥침 IN

대부분의 여행자들은 크라쿠프Krakow로 도착해 그곳의 다양한 수용소 투어에 참가하여 오슈비엥침Oswiecim으로 온다. 크라쿠프Krakow 중앙 기차역에서 이른 아침과 오후에 몇 편의 기차가 출발한다. 기차역 뒤에는 하루에 10편의 버스(2시간 소요, 64km)가 운행하고 있다. 아우슈비츠 정문에서 매시간 지나는 버스를 타고 크라쿠프Krakow로 돌아오면 된다.

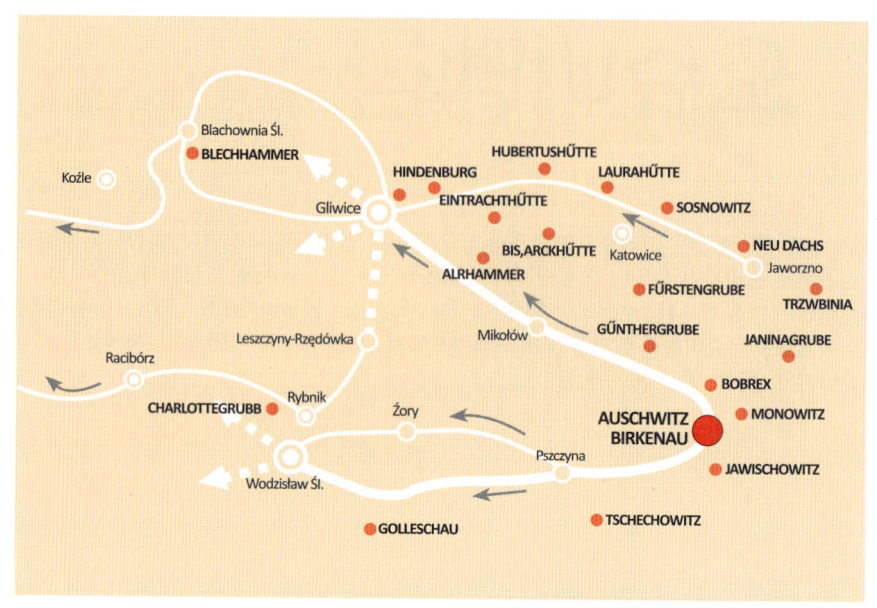

아우슈비츠^{Auschwitz}와 비르케나우^{Birkenau} 사이를 오가는 셔틀버스 운행
- ▶6~8월_ 08시~19시
- ▶5, 9월_ 08시~18시
- ▶4, 10월_ 08시~17시
- ▶3, 11월_ 08시~16시
- ▶12~2월_ 08시~15시

한눈에 아우슈비츠 파악하기

1. 방문 센터에서 먼저 티켓을 받아야 한다. 무료이지만 입장 티켓을 받아야만 입장이 가능하다.

2. 티켓을 확인하고 철조망 달린 정문을 들어가면 위에 'Arbeit Macht Frei(노동이 자유를 만든다)'라고 쓴 모순적인 구절을 읽을 수 있다.

EASTERN EUROPE

Tip

아우슈비츠

오슈비엥침(Oswiecim) 외곽에 있던 폴란드 군용 막사를 이용해 1940년 4월에 세워졌으며 원래 폴란드 정치범을 가두려던 목적이었으나 결국에는 유대인을 학살하는 거대한 수용소로 변하고 말았다. 1941년에는 비르케나우와 모노비츠의 두 수용소가 더 세워졌다. 이 수용소에서 27개국 150~200만 명이 죽어갔으며 그 중 85~90%가 유대인이었다.

나치는 수용 인원이 늘어나자 원래 마구간으로 쓰이던 곳에 제2수용소를 만들었다. 각 막사마다 유대인 400명을 수용했다고 하는데 3층 침대만 덩그러니 있는 것이 닭장처럼 느껴졌다. 독일군은 철수하면서 자신들의 만행을 감추기 위해 가스실과 소각로 등 중요시설은 파괴했다. 그나마 당시의 모습을 잘 간직한 곳이 제1 수용소이다.

정문에는 "노동이 너희를 자유롭게 하리라"라는 문구가 쓰여 있는데 이 문구를 제작한 유대인들은 B 문자를 왜곡된 문자로 만듦으로써 나치에 대한 저항심을 몰래 담았다고 한다. 정문을 지나면 28동의 수용소가 ㄷ자 모양으로 3열로 늘어서 있다. 이곳으로 끌려와 가혹한 노동을 하다가 학살된 인원이 400만 명 이상이라고 한다. 10동과 11동 사이에 있는 죽음의 벽, 죽음의 순간에 아무 저항을 할 수 없었던 유대인들의 모습이 머리 속에 그려질 것이다.

건물 내부에는 이곳에서 어떠한 일들이 일어났는지 알 수 있는 모습이 전시품들과 사진들이 있다. 강제 노동을 할 수 없는 노인들과 어린 아이들은 그 자리에서 처형당하기도 했다. 나치가 한통에 400명을 독살할 수 있도록 만든 가스통이 한쪽에 수북이 전시되어 있다. 이곳이 얼마나 생지옥이었는지 알 수 있는 참혹한 물건들이 전시되어 있고 어린 아이들을 대상으로 생체 실험을 한 서진들을 보면 눈물이 절로 나온다.

나치가 후퇴하면서 파괴한 건물은 극히 일부로 원래 건물 중 여러 채는 그대로 남아 당시의 섬뜩한 역사를 이야기하고 있다. 20여 채의 남은 감옥들 중 12채에는 박물관이 들어서있으며 일반 전시물과 여러 국가에서 희생자를 위해 제공된 전시물들이 포함되어 있다.

3. 감옥의 전시물을 본 후에는 마지막으로 가스실과 화장터로 쓰이던 건물로 연결된다. 이 생생한 투어를 보면서 새삼 등골이 오싹해진다.

4. 방문 센터에서 보여주는 15분 짜리 다큐멘터리 필름은 1945년 1월 27일 소련군에 의해 수용소가 해방되는 장면을 보여주며, 매 30분마다 상영된다.

아우슈비츠 수용소
Auschwitz Concentration Camp

제2차 세계대전 중에 폴란드 남부 오슈비엥침(Oswiecim)(독일명은 아우슈비츠(Auschwitz))에 있었던 독일의 강제수용소이자 집단학살수용소로 나치에 의해 400만 명이 학살되었던 곳으로, 가스실, 철벽, 군영, 고문실 등이 남아 있다.

아우슈비츠 제1수용소 고압 철책
수용소 주변을 고압 전류가 흐르는 철조망으로 둘러 싸 유대인의 탈출을 막았다

폴란드 남부 크라쿠프에서 서쪽으로 50km 지점에 위치해 있다. 인구 5만 명의 작은 공업도시로, 폴란드어로는 오슈비엥침(Oswiecim)이라고 한다. 나치가 저지른 유대인 학살의 상징으로 알려져 있으며, 당시 학살한 시체를 태웠던 소각로, 유대인들을 실어 나른 철로, 고문실 등이 남아 있다.

1940년 봄, 친위대 징관인 하인리히 힘러가 주동이 되어 고압전류가 흐르는 울타리, 기관총이 설치된 감시탑 등을 갖춘 강제수용소를 세웠다. 당해 6월 최초로 폴란드 정치범들이 수용되었고, 1941년 히틀

입구와 고압철책

러의 명령으로 대량살해시설로 확대되었으며, 1942년부터 대학살을 시작하였다.

열차로 실려 온 사람들 중 쇠약한 사람이나 노인, 어린이들은 곧바로 공동샤워실로 위장한 가스실로 보내 살해되었다. 가스, 총살, 고문, 질병, 굶주림, 인체실험 등을 당하여 죽은 사람이 400만 명으로 추산되며, 그 중 3분의 2가 유대인이다. 희생자의 유품은 재활용품으로 사용되었고, 장신구와 금니 등은 금괴로 만들었다. 또한 희생자의 머리카락을 모아 카펫을 짰으며, 뼈를 갈아서 골분비료로 썼다.

1945년 1월, 전쟁 막바지에 이르러 나치는 대량학살의 증거를 없애기 위해 막사를 불태우고 건물을 파괴하였다. 그러나 소련군이 예상보다 빨리 도착하여 수용소

건물과 막사의 일부가 파괴되지 않고 남게 되었다. 제2차 세계대전이 끝난 후, 1947년 폴란드의회에서는 이를 보존하기로 결정했다.

희생자를 위로하는 거대한 국제위령비가 비르케나우 Birkenau에 세워졌으며, 수용소 터에 박물관이 건립되었다. 나치의 잔학 행위에 희생된 사람들을 잊지 않기 위해 유네스코는 1979년 아우슈비츠를 세계문화유산에 지정하였다.

비르케나우(Birkenau)

유대인 학살이 대규모로 벌어지던 곳은 사실 아우슈비츠가 아니라 비르케나우(Birkenau)였다. 효율적인 학살을 위해 지어진 175ha의 광대한 수용소에는 300채가 넘는 막사와 4곳의 거대한 가스실, 화장터 등이 들어서 있다. 각각의 가스실은 2천 명을 수용할 수 있고 시체를 가마로 옮기기 위한 전기 리프트가 설치되어 있다. 이 수용소 안에는 한때 20만 명이 갇혀 있었다. 비르케나우(Birkenau) 개장시간은 아우슈비츠와 같다. 수용소를 돌아보려면 적어도 한 시간은 걸릴 만큼 광대하므로 충분한 여유를 갖고 출발하면 좋다. 돌아올 때는 셔틀버스로 아우슈비츠에 오거나 택시로 기차역까지 올 수 있다.

아우슈비츠 수용소조감도

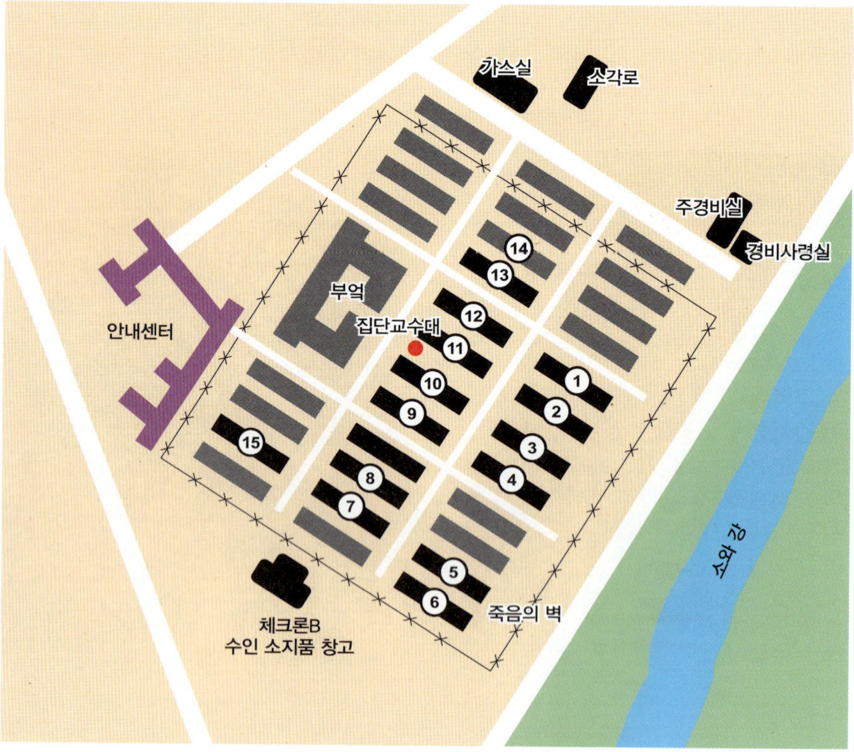

자모시치 Zamosc

자모시치는 폴란드 르네상스 시대를 지휘했던 수상, 얀 자모이스키^{Jan Zamoyski}에 의해 1580년에 세워졌는데, 이곳을 만든 목적은 동쪽으로부터의 침략을 방어하고 이상적인 도시 거주지를 설립하기 위해서였다. 1992년 자모시치는 유네스코의 세계 문화유산으로 지정되었다.

인상적인 르네상스 시대 광장인 비엘키 광장에서 관광을 시작하면 된다. 이곳에는 이탈리아 스타일의 중산층 주택과 16세기 시청이 있다. 지역 박물관 건물은 광장에서 가장 예쁜 건물 중 하나로 다양한 전시물들이 있다. 근처 자모이스키 궁은 1830년대 군사 병원으로 바뀌면서 상당부분 매력을 잃어버렸다. 북동쪽으로 조금 가면 1592년 폴란드에서 3번째로 생긴 고등 교육기고나, 아카데미가 나온다.

2차 세계대전 이전에 자모치의 인구 중 45%가 유대인이었으며 이들은 아카데미 동쪽 지역에 살고 있었다. 유대인 관련 건물 유적 중 가장 중요하게 남아 있는 곳은 1610년대 르네상스 풍의 시나고그로 모퉁이에 있다. 구시가에서 10분 정도 남쪽으로 가면 1820년대에 지어진 원 모양의 성채, 로툰다^{Rotunda}가 나온다. 2차 세계대전 중 나치는 이곳에서 8천 명의 주민을 학살했다. 현재는 희생자들의 추모 장소가 되었다.

Gdańsk

그단스크

Gdansk
그 단 스 크

발트해 연안의 항만 도시인 그단스크는 폴란드에서 가장 아름다운 도시 중 하나이며 크라쿠프와 함께 폴란드가 세계에 자랑하는 문화, 역사, 관광의 도시이다. 중세를 그대로 옮겨 놓은 것 같은 빨간 벽돌의 올드타운Old Town을 둘러보면 역사의 무게를 느끼게 된다.

Gdansk

간단한 그단스크 역사

997년에 폴란드령으로 이름이 기록되어, 1997년에 정확히 1,000주년을 맞이하였다. 예로부터 호박의 산지로도 유명하며, 인구 숫자로 독일인이 우세하지만 건축학적으로는 플랑드르 모습이 남아있는 그단스크는 역사적으로 사실상 독립적인 도시 국가였던 시절이 많았다. 지금 그단스크는 자유로운 정신을 상징하는 폴란드 자유노조의 탄생지로 알려져 있다.

13~14세기
한자동맹의 일원으로 독립국가로 번영을 이루었다.

16~17세기
그단스크는 독일기사단에 짓밟히며 도시는 쇠퇴하였다.

2차 세계대전
히틀러가 이끄는 나치 독일의 표적이 되기도 했다. 이는 발트 해Baltic Sea의 요충지로 번영했던 지리적 조건이 반대로 작용한 것이었다. 1939년 9월 1일, 독일군은 베스테르플라테로 기습작전을 전개하였는데 이것이 결과적으로 제 2차 세계대전의 시작으로 이어지면서 이 항구의 전략적 중요성이 강조되었다. 그단스크는 독일과 소련의 격전지가 되어 시가지의 90%가 파괴되고 말았다.

2차 세계대전 후~현재
도시의 모습을 그대로 복원하려는 시민의 열의와 노력이 결실을 맺어 지금은 찾아오는 이들을 중세로 이끌고 있다.

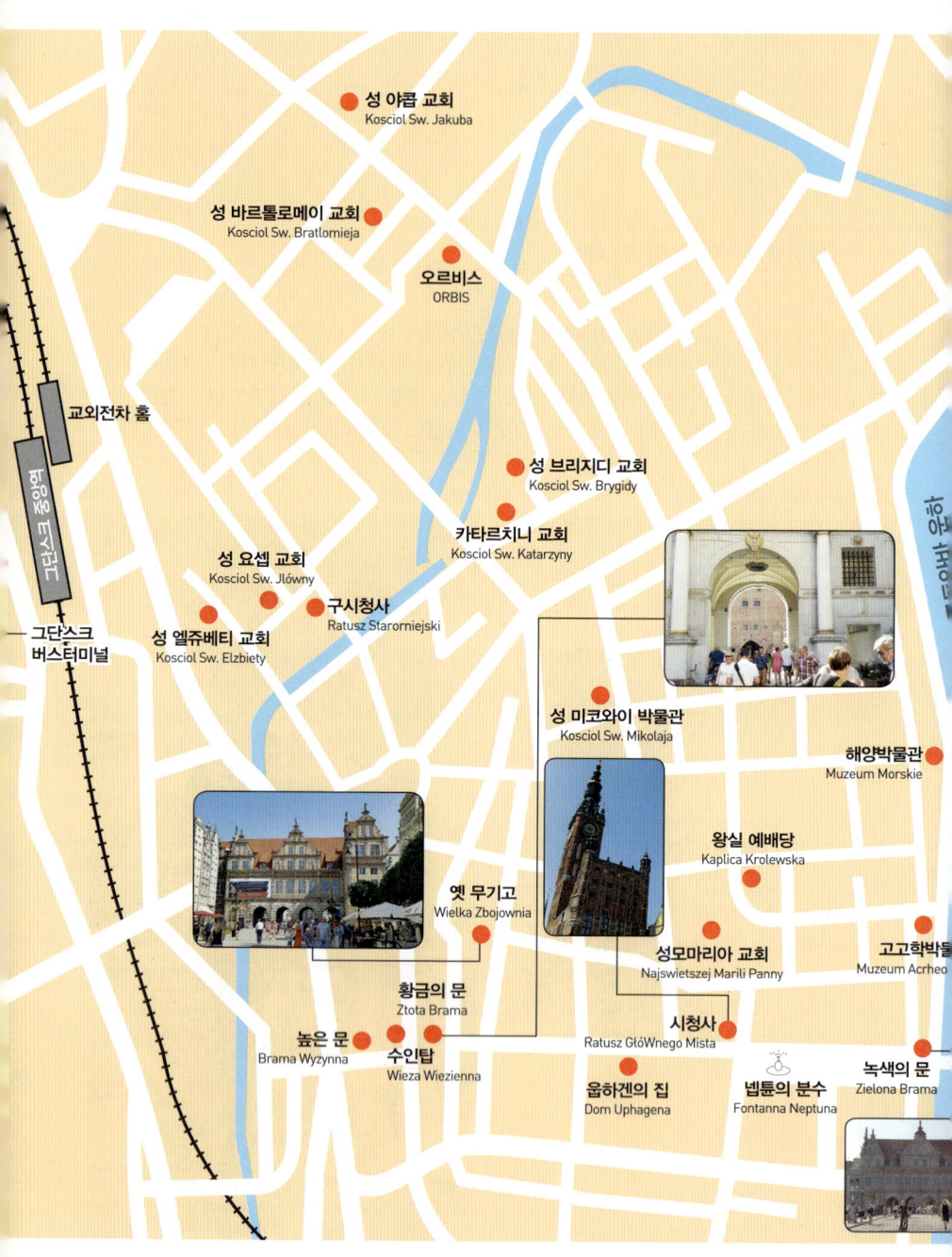

그단스크 IN

비행기
하루에 5~7편이 에스토니아 탈린, 덴마크 코펜하겐, 독일 프랑크푸르트와 함부르크, 오스트리아 빈(요일에 따라 운항수가 다름)에서 50~70분정도 소요된다.

기차, 버스
기차는 바르샤바 중앙역에서 3시간 45분~4시간 30분 정도가 소요된다. 버스는 폴스키 Polski 익스프레스와 플릭스 Flix Bus 버스가 하루에 2편이 운행하며 6~7시간이 소요된다.

페리
스웨덴의 뉘네스 항(주 3~4편)에서 18시간을 운항하여 그단스크의 시내에서 약 7km 북쪽의 신 항구에 도착한다.

추천 여행코스

1박 2일의 코스로 기차, 버스로 그단스크 중앙역으로 들어오면 중앙역에 숙소를 두고 둘러보면 된다. 우선 그단스크 중앙역이 기점이 되어 시가지만 관광하려면 하루면 충분하다. 동쪽에 있는 구 모트와

바 운하Motlawa River Embarkment 근처도 돌아
보려면 2일 정도가 소요된다.

핵심 도보여행

한눈에 그단스크 파악하기

역사적인 구역
은 가장 풍부한
건축물과 철저
한 복구 작업이
눈에 띄는 곳이
다. 긴 도로라는
뜻의 울 들루가
Ul Dluga와 긴 시
장이라는 뜻의
들루기 타르그
Dlugi Targ가 이곳의 주요 도로를 이루는데,
이곳은 폴란드 왕이 전통적으로 행진하
던 왕의 거리였다. 왕들은 업 랜드 게이트
Upland Gate를 지나 마을 중심으로 들어와
서 골든 게이트Golden Gate를 거쳐 르네상
스 풍의 그린 게이트Green Gate까지 행진하
였다.

그단스크 중앙역은 올드 타운Old Town에서
도보로 20~30분 거리에 있으며 버스 터
미널은 기차역 바로 옆에 있다. 시내는 3
곳의 유서 깊은 지역으로 이루어져 있는
데, 북부의 구시가, 시내 중심, 남부의 교
외 지역이다.
구시가지로 가기 위해서는 우선 성벽이
있었던 '높은 문'브라마 비진나Brama
Wyzynna에서 '황금의 문 즈워타 브라마Zlota
Brama'를 지난다. 시청사를 지나 그단스크
의 수호신 넵튠의 분수와 중세 그대로 분
위기를 전해주는 들루가Dluga 광장을 둘러
본 후 '초록문' 지엘로나 브라마Zielona
Brama로 가거나 운하를 따라서 걸어보자.

EASTERN EUROPE

지엘로나 브라마(Zielona Brama)

중앙역 앞 큰 도로인 바위야기엘로니스키 Waly Jagiellonskie를 따라 남쪽으로 약 500m정도가 그단스크 구시가지의 핵심이다. 1558년 완성되었으며, 당시에는 도개교로 만들어 외적이 접근하지 못하도록 하였다. 문 위에는 천사와 사자 조각, 폴란드와 독일 기사단, 그단스크의 문장이 있다.

드우기 광장

죄수의 탑
House of Copericus

높은 문과 황금의 문 사이에 있는 고딕, 르네상스 양식의 높은 탑은 수인을 고문하기 위해 지은 죄수의 탑이다. 1539년에 건설하였고, 당시에는 가장 발달한 고문 설비를 갖추었다. 스페인의 구두라고 부르는 안쪽에 바늘이 달린 구두와 바늘을 설치한 의자 등이 있다.

황금의 문 / 즈워타 브라마
Golden Gate / Zlota Brrama

높은 문과 죄수의 탑을 지나면, 황금의 문이 나타난다. 왕의 길의 시작점이자 올드 타운^{Old Town}으로 들어가는 첫 번째 문으로 드우가^{Dluga}거리 입구에 해당하며 1614년에 완성했다.

네덜란드 르네상스 양식으로 문 벽에는 성서 시편 1절이 조각되어 있다. 2차 세계대전 때 나치와 소련의 공습으로 도시의 90%가 파괴될 때 같이 소실되었다가 1957년에 재건되었다.

EASTERN EUROPE

시청사
Main Town Hall

1379년에 착공하여 1561년에 82m의 첨탑을 완성했다. 첨탑 위에는 지그문트 아우구스트 왕의 황금 상이 서 있는데 화재와 전쟁 등으로 3번에 걸쳐 피해를 입었지만 그 당당한 고딕양식의 탑은 드우기 광장의 풍경을 보다 매력적으로 만들어준다. 현재, 시청사 내부는 그단스크 역사박물관으로 공개하고 있는데, 인테리어 역시 예술적이다. 인테리어도 예술적이라서 붉은 홀이라고 부르는 평의회실은 꼭 둘러볼만하다.

유럽에서도 가장 아름다운 홀로 벽에는 폴랑드르 화가 Jan Vredman de Veries가 1596년 이후에 그린 7장의 훌륭한 그림이 장식되어 있다. 천장의 그림은 이삭 반 덴 블록 Isaac Van den Blook의 첫 작품으로 당시의 폴란드, 프러시아, 그단스크, 리우아니아의 군대 모습이다. 벽면의 날로, 보석함 등의 장식품은 전부 16세기의 것이다. 시청사 위에는 전망대가 있어서 드우기 광장은 물론 구시가지에서 발트 Baltic Sea해까지의 멋진 경치를 즐길 수 있다.

주소_ Dluga 46/47
전화_ +48-512-418-751

들루가 광장
Dluga Square

구시가지의 중심이라고 할 만한 곳으로 중세 귀족들의 거처가 늘어서 있어 수준 높은 분위기가 감돌고 있다.
예부터 갖가지 제전을 열렸던 곳으로 현재는 관광객이 모이는 활기찬 광장이다. 명물인 호박을 판매하는 노점상과 카페가 줄지어 있다.

옛 무기고
Great Armoury

황금의 문을 지나서 좁은 골목길을 왼쪽으로 돌아가면 있는 플랑드르 르네상스 양식의 멋진 건물로 그단스크의 집들은 이 지붕을 모방했다고 한다.
제 2차 세계대전 때, 4개의 벽과 천장의 일부를 남기고 파괴되어 1945년에 재건되었다. 1954년부터 미술 아카데미의 교사로 이용하고 있다.

홈페이지_ https://m.trojmiasto.pl
주소_ ul. Targ Weglowy 6 Piwna

북유럽의 내해인 발트 해

스웨덴 · 덴마크 · 독일 · 폴란드 · 러시아 · 핀란드에 둘러싸여 있는 발트 해의 옛 이름은 호박의 산지로서 알려진 마레수에비쿰$^{Mare\ Suevicum}$, 독일어로는 동쪽 바다라는 뜻의 오스트제^{Ostsee}라고 불렀다. 스칸디나비아 반도와 유틀란트 반도에 의하여 북해와 갈라져 있지만 반도 사이의 스카케라크 해협과 카테가트 해협으로 바깥바다와 통한다.

북해(北海)의 연장선에 해당하는 바다로 덴마크 동부의 여러 해협 및 카테가트 해협으로 북해와 통하고 킬 운하로 연결된다. 러시아의 운하와 발트 해 운하로 백해로 배가 통하게 되었기 때문에 항상 발트 해를 둘러싸고 전쟁은 끊이지 않았다.

반도로 둘러싸여 있는 바다이기 때문에 염분이 적어서 동, 북부의 발트 해는 겨울 동안의 3~5개월 동안 얼게 된다. 발트 해는 섬들이 많아 다도해를 이루고 있는데, 주요 섬으로는 셸란 · 퓐 · 롤란 · 보른홀름(덴마크), 욀란드 · 고틀란드(스웨덴), 욀란드(핀란드), 히우마 · 사레마(러시아) 등이 있다.

어업은 활발하지 않으나, 발트 청어가 많이 잡히고, 그 밖에도 대구 · 송어 · 가자미 등이 잡힌다. 주요 항구로는 코펜하겐 · 스톡홀름 · 헬싱키 · 상트페테르부르크 · 리가 · 그단스크 · 킬 등이 있다.

넵튠의 분수
Neptune Fountain

드우기 광장의 한 부분인 시청사 바로 옆에 있다. 낮은 목책으로 둘러싸인 우아한 분수로 1633에 청동으로 만들었다. 해상 교통의 요충지로 발전해온 도시인만큼 상징도 바다의 신이다.

EASTERN EUROPE

녹색의 문 지엘로나 브라마
Green Gate

두우기 광장에서 그단스크 항으로 쏟아지는 모트와바 운하 바로 앞에 초로의 문 지엘로나 브라마가 있다. 1568년에 건설하였으며 이탈리아 네덜란드 르네상스 양식의 건물이다. 왕궁의 일부로 사용된 적도 있다.

주소_ ul Dluga
전화_ +48-58-301-7147

녹색문 안쪽

옛 항구
Old Port

발트 해로 이어지는 모트와바Motwaba 운하는 한자동맹이 눈부셨던 무렵부터 19세기까지 많은 배가 왕래하여 상당히 변화했었다. 그러나 배가 대형화되고 그디니아 항구가 더 중요해지면서 결국 한적한 도시가 되었다.

15~16세기에 모트와바Motwaba 운하 양쪽에 늘어선 창고들과 망루가 2곳인 고딕 양식의 문 등이 있고 제로니 다리 부근에는 이곳의 명물인 호박을 파는 가게들이 많다.

EASTERN EUROPE

목조 크레인과 해양박물관
The Crane, Maritime Museum

세계적으로도 희소가치가 있는 목조 크레인은 초록의 문에서 약 200m 북쪽에 있다. 그단스크가 영화를 구가하던 시절에 건설되었  다. 해양박물관은 전부 3곳에 있다. 목조 크레인 북쪽에 인접한 박물관에서는 세계 각지의 전통적인 배를 전시하고 있다. 나머지 2곳인 해양 중앙 박물관과 선내 박물관은 모트와바^Motwaba 운하 건너편에 있고 전용 소형배가 15분 간격으로 왕복한다. 해양 중앙 박물관은 다양한 전시품을 통해 그단스크를 중심으로 한 폴란드의 해양 산업 박전과 역사를 보여주고 있다.

제 2차 세계대전 후 폴란드에서 처음으로 만든 증기선은 총길이가 87m이다. 내부에는 최신 구명기구와 항해 도구를 전시했으며 선실도 관람할 수 있다.

주소_ Ul.Szeroka 67/68
전화_ +48-58-301-6938

성모 마리아 교회
St. Mary's Church

구시가지에 있는 드우가Dluga 거리에서 한 블록 북쪽인 피브나Pivna 거리에 있다. 벽돌로 지은 교회로는 세계 최대 규모이다. 1343년부터 1502년까지 약 160년에 걸쳐서 건설하였다. 고색창연한 제단과 15세기에 만들어진 천문시계와 성모상, 28개의 기둥이 떠받치고 있는 별모양의 원형천장 등 볼거리가 많다.

하늘을 찌르는 듯한 첨탑은 높이 78m로 거리에 정취를 더해주고 있다. 건물 자체는 제 2차 세계대전으로 한 번 파괴되었으나 스테인드글라스는 피해를 입지 않은 원본이다. 400개 이상의 계단을 직접 걸어 타워 꼭대기에 올라가면 그단스크의 아름다운 전망을 볼 수 있으나 금지되는 경우도 상당히 많다.

주소_ Podkramarska 5
전화_ +48-58-301-3982

EASTERN EUROPE

성모 마리아 교회 1997년 화재

1997년에 성모 마리아 교회(St. Mary's Church)의 화재로 성당의 많은 부분이 화재로 소실되었다. 전 세계에 뉴스로 전파될 정도로 심한 문화재 화재장면으로 지금도 소개되고 있을 정도이다. 그 때의 아픈 현장을 잊지 않고자 소방관의 도끼와 대들보가 교회 한편에 전시되어 있다.

왕실 예배당
Royal Chapel

아담하지만 수려하고 우아한 왕실 예배당도 빼놓지 말고 돌아보면 된다. 1681년에 건축가 슈루라가 완성한 예배당으로 성모 마리아 교회에 인접했다. 슈루라는 후에 얀 소비에스키 왕의 주선으로 바르샤바, 베를린 등 각지에서 활약하며 명성을 얻었다.

홈페이지_ https://bazylikamariacka.gdansk.pl
주소_ ul.Sw.Ducha 58
전화_ +48-58-301-39-82

EATING

그다우네 미아스토
Glowne Miasto Pasta, Wine & More

직원들이 친절하고 내부 인테리어도 깔끔한 스타일로 따뜻하게 꾸며놓았다. 파스타가 플레이팅이 잘 되어 먹음직스럽다. 메뉴인 파스타와 디저트까지 주문하는 것이 일반적이어서 단품 메뉴만 주문하는 경우가 거의 없다.
빵도 거칠지 않고 안이 부드러워 한국인의 입에 맞고 같이 나온 버터와 곁들이면 더욱 맛있다. 시민은 크림 파스타를 추천해 주었다.

주소_ Weglarska 1
시간_ 12~21시
요금_ 주 메뉴 25~60zl
전화_ +48-791-255-355

자코르코바니 와인 비스트로
Zakorkowani Wine Bistro

식탁 위에 놓인 스테이크와 케익을 맛보면 전문 레스토랑처럼 느껴진다. 맥주나 와인과 같이 스테이크는 맛보면 좋을 것 같다. 폴란드 전통음식을 만들었다가 관광객을 대상으로 음식 메뉴를 바꾸고 소스도 다르게 변화시켜 관광객은 부담없이 즐길 수 있다.

주소_ Chmielna 72/4
시간_ 09~22시
요금_ 주 메뉴 25~60zl
전화_ +48-536-263-033

코르레제
Correze

해외 유명인사가 오면 한 번씩 찾는 최고급 레스토랑으로 알려져 있다. 폴란드 음식은 달고 짠 음식이 많지만 코르레제는 과하게 달고 짜지 않아 어떤 메뉴를 주문해도 맛있다는 이야기를 듣고야 마는 레스토랑이다.

빵의 종류부터 다양해 놀라고 스테이크는 부드럽게 목을 타고 넘어간다. 생선스테이크는 잘게 부서지지 않고 두툼하게 찍어 먹을 수 있는데 맛은 신선하다.

홈페이지_ www.correze.pl
주소_ Stara Stocznia 2/7
시간_ 12~22시
요금_ 주 메뉴 35~70zl
전화_ +48-792-595-969

피에로기 만두 센트럼
Pierogarnia Mandu Centrum

폴란드의 대표적인 음식인 피에로기가 대한민국의 만두와 비슷한 폴란드식 만두이다. 이름부터 친근한 '만두'가 들어갔는데 대한민국 '만두'에서 이름을 따온 것이라고 한다. 피에로기 전문 레스토랑으로 피에로기 종류가 정말 다양하다.
첫 번째 메뉴가 우리나라의 만두로 주문하면 김치가 같이 나온다. 김치가 달기는

하지만 폴란드에서 먹는 김치와 만두가 반가울 것이다.

홈페이지_ www.pierogarnia-mandu.pl
주소_ ul. Elzbietanska 4/8
시간_ 11~22시
요금_ 주 메뉴 25~60zl
전화_ +48-58-300-0000

마치나
Machina Eats & Beats

우리가 평소에 먹던 파스타와 맥주를 생각했다면 기대감을 올려서 만족할 수 있다. 파스타가 다양한 유기농 재료와 어울리고 풍성한 크림은 입맛을 돋울 것이다. 맥주와 함께 같이 먹는다면 한 끼 식사로 추천한다.

홈페이지_ www.machinaeats.pl
주소_ Chlebnicka 13/16
시간_ 12~23시
요금_ 주 메뉴 15~50zl
전화_ +48-58-717-4067

포메로 비스트로
Pomelo Bistro

폴란드식 정식을 주문하면 주스, 빵과 버터도 무료이다. 커피의 양은 적은 편이므로 다른 음료를 같이 주문하는 것이 좋다. 음식은 맛이 좋고 대부분은 맥주를 같이 주문한다.

오믈렛보다는 폴란드식 아침식사나 화이트 소시지 메뉴를 추천한다. 짠 폴란드 음식들이 많으니 참고해 주문하는 것이 좋으나 오믈렛은 간이 맞는 편이다.

급화된 피에로기등의 폴란드 요리를 맛보고 싶다면 추천한다.

주소_ Garbary 2 / 4 Street
시간_ 11~23시
요금_ 주 메뉴 35~70zl
전화_ +48-512-922-514

주소_ Ogarna 121/122
시간_ 09~21시
요금_ 주 메뉴 25~60zl
전화_ +48-883-090-907

리츠 레스토랑
Ritz Restaurant

젊은 감각의 레스토랑으로 젊은이들이 주로 찾는 레스토랑이다. 전통 폴란드요리와 스테이크 등이 인기가 많은 주 메뉴로 가격도 25zl시작해 가격부담도 적다. 현대화되고 있는 그단스크에서 퓨전요리 입맛에 맞는 레스토랑으로 추천해주는 곳이다.

파밀리아 비스트로 카르바리
Famillia Bistro Garbary

발트 해의 신선한 어류를 재료로 다양한 음식을 만들 수 있다는 사실을 알 수 있는 레스토랑이다. 친절한 직원과 서비스도 훌륭하며 다양한 음식에 폴란드의 맛을 가미했다는 이야기를 듣는 곳으로 고

주소_ ul. Szafarnia 6 80-755
시간_ 13~22시 **요금_** 주 메뉴 35~70zl
전화_ +48-666-669-009

Torun

토룬

Torun

2차 세계대전의 폭격을 피해있었기 때문에 중세의 향기가 비스와 강에 내려진 도시인 토룬은 중세 고딕 양식의 교회가 가장 잘 보존된 도시로 좁은 도로와 중산층의 주택들과 커다란 고딕 교회가 특징이다. 지동설을 주장한 천문학자 코페르니쿠스가 태어난 도시로 알려져 있다. 북쪽의 발트해 연안에서 나오는 호박을 바르샤바와 크라쿠프로 수송하는 중간에 위치한 도시로 성장해 호박의 도시로도 알려져 있다. 독일 기사단의 근거지 중 한 곳으로 성장하여 거리의 분위기는 독일의 소도시에 와있다는 느낌을 받기도 한다.

중앙역에서 시내 IN

비출라 북쪽 제방에 위치한 토룬의 사적지는 서쪽으로 구시가 Stare Miast와 동쪽으로 신시가 Nowe Miasto으로 나누어져 있다. 버스 터미널은 북쪽으로 5분 거리에 있고 중앙역은 강 건너 남쪽에 있다.

바르샤바와 그단스크 방면으로 연결되는 열차는 전부 토룬 중앙역에 도착한다. 역 앞에는 버스 정류장이 위치했는데 시내로 이동하려면 22, 27번 버스를 타고 5~6분 정도 이동하여 비스와 강의 철교를 건너 다음 정류장에서 하차하면 라파츠키에고 광장 pl. M. Rapackiego에 도착할 것이다. 이곳이 구시가지의 입구이다.

기억할 토룬의 이미지

1. 폴란드에서 가장 잘 보존된 고딕 마을로 도시 내의 유서 깊은 지역인 구시가지가 1997년 유네스코 세계 문화유산으로 지정되었다.
2. 1543년, 지동설을 주장하여 천문학계의 지각변동을 일으킨 니콜라우스 코페르니쿠스가 태어난 고향으로 코페르니쿠스의 흔적이 도시 곳곳에 있는 것으로 유명하다.
3. 아름다운 붉은 벽돌로 이루어진 교회와 정교한 파사드로 이루어진 도시의 풍경이 유명한 토룬의 쿠키인 진저브레드와 닮았다고 한다.

한눈에 토룬 파악하기

구시가지 중심지역은 구시가 시장광장 Rynek Staromiejski이다. 14세기에 지어진 커다란 벽돌 건물은 구시청으로 현재 지역 박물관이 들어서 있다. 붉은 벽돌의 시청과 복원된 가옥들이 줄지어 있고 광장 남동쪽 모퉁이에 있는 코페르니쿠스의 동상 Statue of Copernicus은 항상 관광객들로 붐빈다. 광장 북서쪽에는 13세기 말에 성모 마리아 교회St. Mary's Church가 있다. 이 교회 뒤로 천문대가 있는데 여름에는 설명회를 열기도 한다.

코페르니쿠스 박물관ul Kopermika은 1473년 출생한 코페르니쿠스의 고딕 벽돌집이다. 박물관에서 오른쪽으로 이동하면 13~15세기에 건축된 성 요한 성당이 나온다. 성당의 거대한 탑에는 미사를 알리는 폴란드에서 2번째로 큰 종이 울리는 곳이다. 더 직진하면 독일 기사단 성 유적지가 나오는데 이곳은 강압적인 지배에 대항하여 1454년에 일으킨 지역 주민들의 봉기에 파괴되었다.

구시청사
Ratusz Staromiejski Old Town Hall

1391년에 고딕 양식으로 만들어 구시가지 광장을 대표하는 건물로 상징되는 곳으로 화려한 외관의 장식이 인상적이다. 전쟁이 날 때마다 훼손되었지만 고딕양식의 구조는 지금까지 이어오고 있다. 가장 큰 훼손은 18세기 초에 스웨덴군의 포화로 희생되었다가 다시 복구되어 지금에 이르고 있다. 시청사 내부를 박물관으로 사용하고 있어 14세기에 제작된 종교화와 그리스도 상을 볼 수 있다. 토룬이 지역박물관으로 활용되고 있다. 17~18세기 공예품과 고딕 예술작품인 회화와 스테인드글라스가 화려하게 전시되어 있다.

EASTERN EUROPE

높이 40m의 탑을 개방하고 있는데 도시를 바라보기 위해 관광객이 방문하는 필수코스이다. 구 시청사 남쪽으로 코페르니쿠스의 상 Statue of Copernicus / Pomnik M. Kopernika도 인기 관광코스이다.

홈페이지_ www.muzeum.torun.pl
주소_ Rynek Staromiejski 1
시간_ 5~9월 10~18시(탑은 20시까지)
10~4월 10~16시(탑은 17시까지)
요금_ 11zl(탑 11zl)

코페르니쿠스 집
House of Copericus

지동설을 주장하여 천문학계의 새로운 업적을 만들어낸 코페르니쿠스의 생가인지는 확실하지 않지만 그의 생애와 업적에 대해 다루고 있다. 당시의 가구와 집필자료가 전시되어 있다.

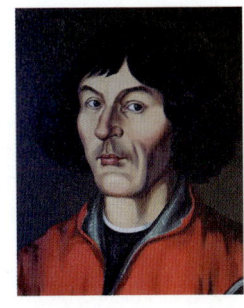

생가를 박물관으로 개조해 사용하고 있는데 컴퍼스와 지구의 등, 생전에 사용한 기구들을 전시하고 있다. 의외로 작은 곳에서 지동설을 관측한 그의 업적이 놀랍다는 사실을 알게 된다. 생가에서 가장 특이한 것은 '진저브레드 세계 World of Torun's Gingerbread'라는 것으로 진저브레드가 만들어진 과장에 예술적인 통찰력을 만들어낸 것이다.

주소_ ul Kopernika 15/17
시간_ 5~9월 10~18시 / 10~4월 10~16시
요금_ 11zl(시청각자료실 13zl, 진저브레드 전시실 11zl 통합입장권 22zl)
전화_ 56-660-5613

플라네타리움(Planetarium)
코페르니쿠스의 출생지인 토룬은 가이드투어 프로그램을 운영하고 있다. 계절에 따른 하늘의 변화와 혜성의 움직임 등을 설명하는 곳이다.

성모 마리아 교회
St. Mary's Church

구시가지 광장에서 북서쪽으로 한 블록 떨어진 곳에 14세기 후반에 지어진 전형적인 고딕양식의 건물로 위용 있게 서있다. 가장 가치 있는 교회당 안에는 14세기 고딕풍의 벽화에서 나오는 화려한 스테인드글라스가 인상적이다.

홈페이지_ www.muzeumoiernika.pl
주소_ ul Rabianski 9 **시간_** 9~18시
요금_ 12zl(학생할인 10zl) **전화_** 56-663-6617

성 요한 대성당
Cahedral of SS John the Baptist
& John the Evangelist

토룬에서 가장 오래된 성당으로 성모 마리아의 여성적이고 우아한 이미지를 띤 성당이 성모 마리아 교회라면 반대로 남성적인 이미지의 성당이다. 고딕, 르네상스, 바로크, 로코코 등 시대를 지나가면서 장식이 변화된 성당의 이미지를 볼 수 있다. 위에 있는 2.27m의 종이 크라쿠프의 지그문트 종에 이어 2번째로 크다.

홈페이지_ www.katedra.diecezja.tourn.pl
주소_ ul Zeglarska 16
시간_ 9〜17시|30분(일요일 14〜17시 30분)
요금_ 3zl
전화_ +48-56-657-1480

독일 기사단 성터
Ruin's of Teutonic Knights' Castle

13세기 중반부터 시작된 나무로 만들기 시작했다. 15세기 중반부터 점차 벽돌과 돌로 연장되었지만 지금은 폐허가 된 녹음이 우거진 공원의 분위기이다. 비스와 강변에 있는 구시가를 지키는 삼각형의 모습을 띠고 있다. 1454년 토룬 시민군의 봉기로 일어난 폐허가 되어 지금에 이르고 있다.

토룬의 성문
Torun's Bridge Gate

브릿지 게이트(The Bridge Gate)
1432년 비스와 강가의 배가 내리는 지점에서 성문으로 이어지는 길에 만들어져

성 문(앞)　　　　성 문(뒤)

페리 게이트 Ferry Gate라고 불리기도 했다고 한다.

토룬의 성문(Torun's Bridge Gate)
15세기 후반부터 성이 확대되면서 목조다리로 시작되었지만 점차 벽돌로 보강하면서 지금은 자동차들이 구시가를 드나드는 곳으로 사용하고 있다.

기울어진 탑
Krzywa Wieza

피사의 사탑까지 기울어져 있지는 않지만 어느 정도 기울어져 있다. 토룬의 성문에서 오른쪽으로 비스와 강변을 따라 이어진 성벽이 시작되는 지점에 있다. '기울어진 탑The Leaning Tower으로 불리는 탑에서 벽면에 몸을 붙이고 손을 앞으로 내밀어 쓰러지지 않는지 확인하는 행동을 취하는 것이 포인트이다.

벽면에 몸을 붙이고 손을 앞으로 내밀어 쓰러지지 않는지 확인하는 아이

주소_ ul Pod Krzywa Wieza 1
관람시간_ 10~18시
전화_ +48-881-628-545

여러가지 동상

강아지 동상(Monument to Filus)
폴란드의 작가인 즈비그뉴 렝그렌의 만화에 등장하는 강아지 동상 꼬리를 잡으면

사랑이 이루어지고 모자를 만지면 시험을 잘 보게 된다는 속설이 있다고 한다.

바이올린 연주하는 동상
(Pomnik Fkisaka)
구 시청 앞에 있는 동상으로 바이올린을 연주하는 소년 주변에 개구리들이 있다. 비스와 강에 개구리 떼가 나타나 피해를 입었을 때 바이올린을 연주하여 개구리 떼를 마을에서 멀리 떠나보냈다는 이야기가 전해진다.

진저브레드 박물관
Gingerbread Museum

16세기에 진저브레드 공장을 개조한 박물관으로 진저브레드의 역사를 알 수 있다. 중세시대 진저브레드가 만들어진 과정을 직접 만들어 볼 수도 있다.

홈페이지_ www.piernikarniatorun.pl
주소_ ul Rabianski 9
관람시간_ 9~18시
요금_ 12zl(학생할인 10zl)
전화_ +48-56-678-1800

과자로 만든 생강 빵(Gingerbread)의 경우 서양에서 아이들 간식으로 곧잘 굽기도 하며, 그 외에도 축제나 크리스마스 시즌이 되면 이걸로 과자 집이나 과자 사람 등을 만들어 장식하는 경우가 많다. 중세 이후로, 피에르니키pierniki는 폴란드의 속담과 전설에서 토룬(Toruń)과 연결되었다. 한 가지 전설에 따르면 진저 브레드는 꿀벌의 여왕으로부터 도제인 보그 미우에게 주는 선물이었다고 전해진다. 시인 프라이데릭Fryderyk 호프만에 의해 "17 세기에 폴란드의 4개의 최고의 물건을 말한다. 보드카의 그단스크 , 토룬 진저의 여성, 크라쿠프와 바르샤바의 신발을" 토룬(Toruń)은 진저 빵 축제(Święto Piernika)라는 진저 브레드의 행사를 매년 개최하고 있다.

최근에 진저브레드라고 하면 거의 대부분은 사진과 같은 사람 모양 과자를 가리킨다고 보면 된다. 다만 먹음직스런 외관과는 달리 전통적인 방식으로 만든 생강 과자는 딱딱하고 생강 특유의 향이 강해서 맛이 그다지 좋지 않다. 사실 이건 장식용 공예품이지 결코 식품이 아니다. 만약 과자로서 즐기고 싶다면 반죽에 버터, 우유, 계란 등을 다량 첨가하는 편이 좋은데, 이렇게 만들면 기존보다 잘 부서지는 탓에 장식용으로 쓰기에는 다소 부적합하지만, 맛 측면에서는 훨씬 낫다.

EASTERN EUROPE

토룬의 옛 법원
The Arther's Court

구 시청 건물에서 오른쪽으로 돌아가는 외곽에 특이한 건물이 보인다. 토룬의 옛 4~9월까지 매일 유람선을 운항하는데 관광객보다 주말에 현지인들이 가족단위로 주로 승선한다. 약 40분 동안 비스와

주소_ ul Rynek Staromiejski 6
전화_ +48-56-655-4929

비스와 강 유람선

강을 천천히 돌면서 토룬의 성채를 전체적으로 볼 수 있다. 수면에 비친 독일 기사단 성터가 가장 아름답게 보인다. 법원으로 빨간색의 독특한 모양을 하고 있다. 지금은 레스토랑과 상점으로 사용되고 있다.

요금_ 12zł / 인원 10명이상이 모이면 출발
시간_ 9~18시

EATING

커피 앤 위스키 하우스
Coffee and Whisky House

토룬은 관광객이 폴란드의 다른 도시보다 많지 않다. 그래서 대부분의 레스토랑은 현  지인의 추천이 중요하다. 그들이 가장 처음으로 추천한 곳이 커피와 위스키 전문점이다. 현대적인 분위기로 토룬 시민들이 자주 찾는다.
커피와 위스키가 인기가 없다가 점차 커피맛이 알려지면서 시민들이 많이 찾는 인기 장소로 2009년 이후에 확장하면서 토룬에서 가장 유명한 커피전문점이 되었다.

홈페이지_ www.coffeeandwhisky.pl
주소_ South West Ducha 3
시간_ 12~24시 **요금_** 주 메뉴 10~30zł
전화_ +48-533-985-144

카르크마 스피츠르즈
Karczma Spichrz

호텔에서 운영하는 스테이크 맛으로 유명한 레스토랑이다. 특히 고기를 날짜별로 보관하면서 원하는 고기상태가 되면 꺼내 스페이크로 구워준다. 토룬 시민들은 피에로기와 스테이크를 같이 먹는 경우가 많다. 맥주와 함께 레스토랑에서 맛있는 코스 요리도 즐길 수 있다.

홈페이지_ www.spichrz.pl
주소_ Mostowa 1
시간_ 12~23시 **요금_** 주 메뉴 10~30zł
전화_ +48-56-657-1140

레스토랑 1231
Restaurant 1231

호텔에서 운영하는 레스토랑으로 폴란드 음식을 퓨전스타일로 변형한 요리를 선보이고 있다. 원래 건물은 중세 건물로 사용되던 것을 호텔에서 인수하면서 1층을 레스토랑으로 바꾸었다. 건물의 형태는 바꾸지 않았기 때문에 동일하게 지금도 유지하고 있다. 대부분 생선요리가 많고 셰프의 요리는 매일 선보이고 있다.

주소_ ul.Przedzamcze 6
시간_ 12~23시
요금_ 주 메뉴 20~70zl
전화_ +48-56-619-0910

피자리아 피콜로
Pizzeria Piccolo

이탈리아 음식을 전문으로 내놓는 레스토랑으로 피자가 담백한 맛을 낸다. 광장에 있어 쉽게 찾을 수 있고 피자뿐만 아니라 파스타도 짜지 않고 담백한 맛을 낸다. 피자와 파스타를 토룬에서 찾는다면 추천한다. 저녁까지만 먹을 수 있기 때문에 밤에는 먹을 수 없다. 이탈리아에서 온 셰프가 직접 만들기 때문에 다른 피자전문점과 다른 맛을 낸다.

주소_ ul.Prosta 20
시간_ 10~21시
요금_ 주 메뉴 20~50zl
전화_ +48-56-621-0678

마네킨
Manekin

토룬에서 돼지고기와 허브가 들어간 크레페가 유명한 음식점이다. 오븐에 구워 모짜렐라 치즈, 채소, 살라미 등을 넣어 만든다. 마네킨은 토룬에 2곳에 있지만 광장에 있는 마네킨을 더 많이 찾는다. 크레페와 맥주나 커피를 주문해 먹는데 조지아의 펠메니와 비슷한 맛을 낸다.

주소_ ul.Rynek Staromiejski 16
시간_ 10~23시
요금_ 주 메뉴 20~70zł
전화_ +48-56-621-0504

폴란드 인에 대한 오해

불친절하다는 오해
처음에는 굉장히 쌀쌀맞다는 느낌이 든다. 무례한 행동을 하는 것처럼 보이는 사람도 많이 있기 때문에 기분이 나빠지기도 한다. 폴란드 상점에서 물건을 구입하고 결제를 하면 프런트 직원들이 불친절하다.

A) 그런데 오해일 수도 있다. 폴란드 인들은 폴란드에 대한 자부심이 강하기도 하지만 성격이 의외로 급하다. 또한 영어를 잘 못해서 관광객이 영어로 물어보고 말하는 상황이 싫은 것이다. 말이 안 통해서 답답하면 성격이 급해진다. 그래서 폴란드어로 인사라도 한 마디 하면 대우가 달라진다. 물론 폴란드어를 잘 모르기 때문에 말은 안 통해도 마음을 열고 이해하려고 해 준다. 이때부터 친절해지기 시작한다. 한 마디라도 폴란드어로 인사를 한다면 친절한 폴란드인들을 쉽게 만날 수 있을 것이다.

폴란드인들이 뚫어지게 쳐다본다.
처음에 어느 장소에 들어가면 계속 쳐다볼 때가 많다. 인종차별은 아니고 정말 신기해서 쳐다보는 것이다. 한번 토룬Torun에서 친구와 식사를 하고 있었다. 그런데 한 어린이가 와서 폴란드어로 와서 뭐라고 물어보는 것이었다.

A) 폴란드어를 모르는 나는 부모를 쳐다보니 어느 나라에서 왔냐고 물어보고 싶다고 해서 직접 가보라고 했다는 이야기를 들었다. 그럴 정도로 폴란드에는 동양인 관광객이 별로 없다. 당연히 살고 있는 동양인도 드물고 한국인은 정말 없다. "어떻게 저 사람이 여기에 있는 걸까?" 궁금해 하는 경우가 많다. 그러므로 기분 나쁘게 생각하지 말고 즐기면 된다. 폴란드에서 인종차별은 거의 없을 것이다. 그들도 차별을 심하게 당했기 때문에 차별당하는 것은 나쁘다는 사실을 잘 알고 있다.

남자가 문을 열어준다.
유럽에서는 남자가 여자를 위해 문을 열어주는 경우가 있지만 특히 폴란드에서 남자가 문을 열어 준다.

A) 폴란드에서는 여성에 대해 특히 배려해주는 것이 기본적인 매너이다. 가장 기본적인 것이 남자가 여성을 위해 문을 열어주는 행동이다. 심지어 반대편에서 빠르게 다가와 문을 열어 주는 경우도 있다. 문까지 오는 여성을 보고 문 열고 기다려 주는 경우도 있다.

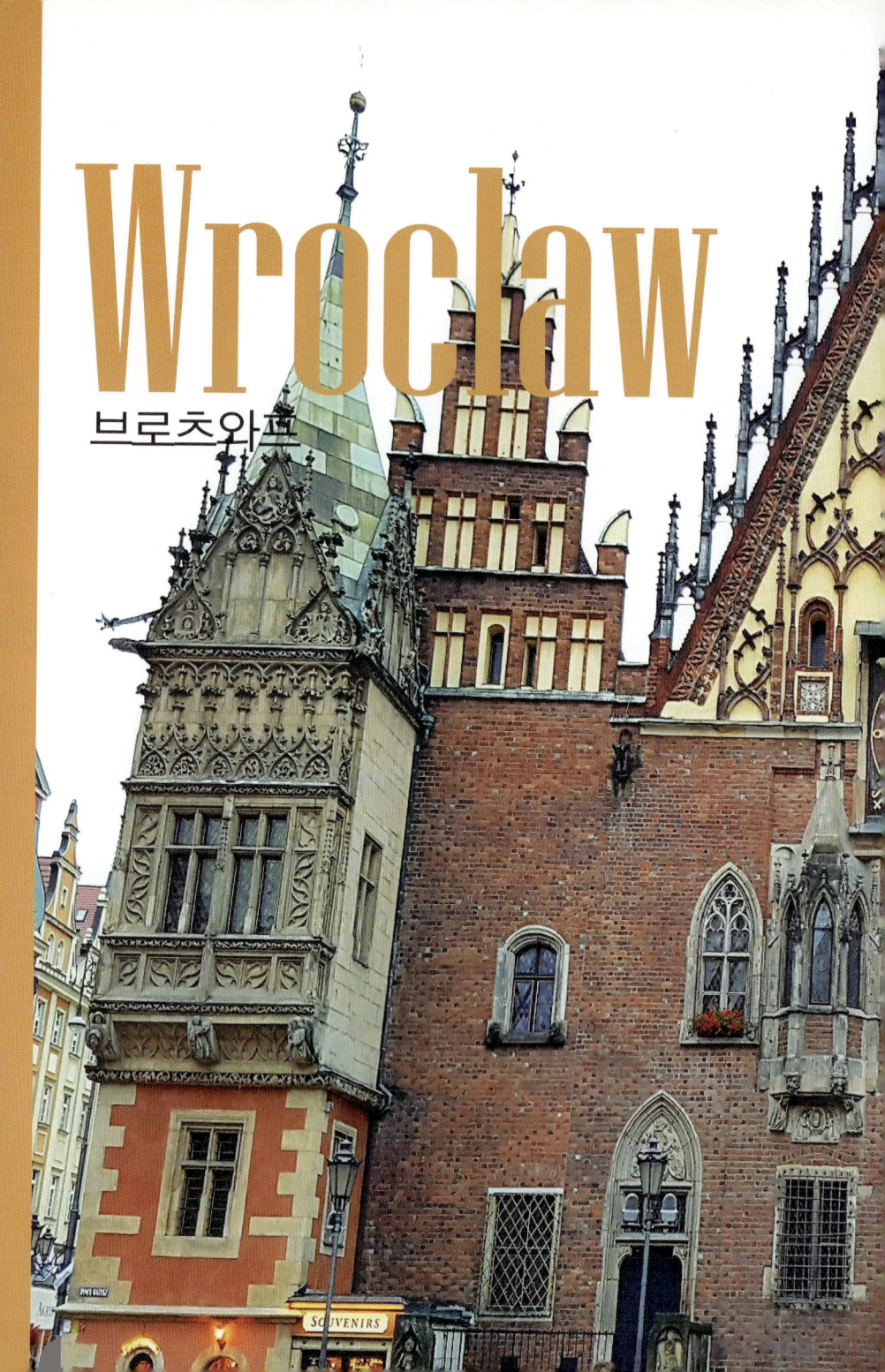
Wrocław
브로츠와프

오드리강

브로츠와프대학
Uniwersytet Wrocławski

Nowy Świat

성 엘리자베스 교회
Church of Elizabeth

성 십자
Kościoł

사상의 성처녀 교회
Kościoł MNP na Piasku

성 빈센트 교회
Kościoł Św. Wincentego

시장의 홀
Hala Targowa

구시가지

Rzeźnicza

Psie Budy

성 엘즈베티 교회
Kościoł Św.Elżbiety

Kuźnicza   Szewsku   Kotlarska

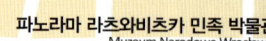
파노라마 라츠와비츠카 민족 박물관
Muzeum Narodowe Wrocław
Oddział Panorama Racławic

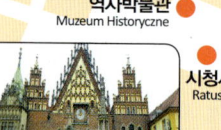
역사박물관
Muzeum Historyczne

시청사
Ratusz

마리 막달레니 교회
Kościoł Św.M. Magdaleny

성 알베르트 교회
Kościoł Św. Wojciecha

고고학 박물관
Muzeum Architektury

시나고고
Synagoga

오르비스
ORBIS

체신 박물
Muzeum P
i Telekomun

Olawska

역사민족박물관
Muzeum Archeologicane
i Etnograftczne

보르노시치 광장

성 도로시 교회
Kościoł Św. Doroty

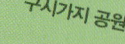
성 트르지스토파 교회
Kościoł Św. Krzysztorfa

Menniczna   Teatralna   P. Skargi   Podwale   Z. Krasińskiego

오페라 극장
Opera Dolnośląska

구시가지 공원

Podwale

Lakowa

백화점
Centrum

Cypsa   H. Kołłątaja

타데우시
코시추시코 광장

Gen. K. Kniaziewicza

• Holiday Inn
  Wrocław

• Polonia

Taadeusza Kościuszki

• Europejski
  • Piast

Dworcowa

292

브로츠와프
중앙역

Wroclaw

폴란드 내에서 매우 이국적인 느낌을 주는 도시이다. 폴란드와 체코, 독일 문화권의 교차로인 실레지아의 중심도시이다. 독일과 체코 접경지역에 위치한 브로츠와프는 폴란드 서부 최대 도시로서 예로부터 공업의 중심지로 발전했으며 2016년 EU가 선정한 '유럽 문화의 수도'이자 유네스코가 선정한 '세계 책의 수도'이기도 하다.

오드라 강을 끼고 발생한 브로츠와프 도시는 실레지아 지방의 중심지로 성장했다. 오드라 강을 잇는 다리인 모스트 포코유Most Pokoju를 건너보면 브로츠와프를 확실히 알 수 있다. 이 도시의 요람인 오스트로프 툼스키Ostrow Tumski 지역은 8세기경부터 사람들이 거주했던 곳으로 이 지역의 중앙에는 2개의 탑이 높이 솟은 고딕 성당이 있다.

한눈에 보는 브로츠와프 역사

6세기에 슬라브인의 거주지가 발생했다는 기록이 남아있다. 13세기에 몽고, 14세기에 보헤미아, 그 이후에는 1944년까지 합스부르크 왕국의 지배를 받았다. 복잡한 지배를 받은 만큼 다양한 문화유산이 풍부해 박물관, 교회도 다양한 스타일이 즐비하다.

실레지아는 오스트리아와 프러시아 지배 하에서 있던 도시였다. 1차 세계대전 후 폴란드 민족주의자의 봉기로 실레지아 북부 상당 부분이 폴란드에 합병되었고, 남은 실레지아 지역은 2차 세계대전 후 소련에게 점령된 폴란드 동부 지역 주민

들이 이주하면서 폴란드 영토가 되었다. 1945년 폴란드에 반환될 당시 브로츠와프Wroclaw의 상태는 최악이었다. 2차 세계대전이 막바지로 치달을 무렵 나치는 81일 동안 이곳을 장악하면서 시의 70%를 파괴하였고 1945년 5월 2일 베를린이 함락될 때야 비로소 항복하고 말았다.

현재의 브로츠와프Wroclaw는 아름답고 재

건된 구 시장 광장과 강변에 모여 있는 예쁜 교회들, 다양한 문화 공연으로 활기찬 도시가 되었다.

Tip 폴란드 도시와 다른 역사적 특징

그단스크, 바르샤바, 크라쿠프에 비해 브로츠와프는 폴란드의 주요 도시 중에서 역사적으로 폴란드인의 지배를 받은 기간이 짧은 도시다. 초기 약 300여년을 제외하면 이 도시는 줄곧 체코인(중~근세)과 독일인(근세~근현대)의 도시였고, 2차 세계대전 후 약 600여 년 만에 폴란드에 다시 귀속되었다.

브로츠와프 IN

비행기
하루에 4~6편이 수도인 바르샤바(요일에 따라 운항수가 다름)에서 운행하고 있다. 60~70분정도 소요된다.

기차/버스
기차는 11편의 직행과 완행이 바르샤바 중앙역에서 출발해 4시간 45분~6시간 30분 정도가 소요된다. 크라쿠프에서 13편의 기차가 운행하고 있으며 3시간 45분~4시간 45분이 소요된다. 버스는 폴스키Polski 익스프레스와 플릭스버스Flix Bus가 하루에 2편이 운행하며 6~7시간 30분이 소요된다.

중앙역
규모가 큰 중앙역은 다양한 상점이 입점해 있어서 도시 내에서 찾기 힘든 장소는 중앙역에서 찾는 것이 수월하다. 오래된 청사 내에는 연결통로로 기차의 선로와 연결되어 있다. 중앙역에서 왼쪽으로 돌면 폴스키 버스를 탈 수 있는 버스터미널이 나온다.

EASTERN EUROPE

국내공항에서 시내 IN

406번 버스가 중앙역에서 25분정도 소요되어 공항까지 이동한다. 다만 버스의 운행 간격이 30분정도이기 때문에 급한 경우에는 택시를 이용하는 것이 좋다.(약 10분 소요)

시내교통

다른 폴란드의 도시와 마찬가지로 버스와 트램이 운행하고 있다. 자동판매기에서 구입하면 3.2zl이기 때문에 조금 저렴하다. 운전사에게도 구입할 수 있지만 4zl이기 때문에 사전에 1회권을 사전에 구입하는 것이 좋다.
관광객의 숙소는 리넥 광장과 가까운 위치에 예약을 하는 것이 좋다. 대부분의 관광지는 광장을 중심으로 모여 있으므로 걸어 다닐 수 있는 위치를 확인하는 것이 여행을 하기에 편리하다.

한눈에 브로츠와프 이해하기

브로츠와프 중앙역의 정면에는 광장과 로터리로 이어져 제프 피우스츠키 Marsz. Jozefa Pilsudskiego 거리가 있다. 역 정면 출입구를 나오면 광장을 지나 요제프 피우스츠키 Jozef Pilsudskiego 거리에서 왼쪽으로 나오면 홀리데이 인 Holiday Inn 이 나온다. 여기서 오른쪽으로 돌면 시비드니츠카 거리와 타데우시 코시츄시코 광장 pl. Tadeusza Kosciuzki 이 나온다. 이 광장이 백화점과 카페가 즐비한 번화가이다.

북쪽으로 가다 카지미에즈 왕 거리와 교차하는 곳에서 지하로 들어가 맞은편에서 올라가면 중세의 정취를 느낄 수 있다. 똑바로 직진하면 구 시장 광장 Stary Rynek 이 나오는데 13세기에 고딕양식으로 지은 시청사가 있다. 오드라 강이 있는 다리를 건너면 폴란드어로 섬이라는 뜻의 오스트로프 툼스키에 도착할 수 있다.

시내 곳곳에 흩어져 있는 난쟁이들

브로츠와프 광장의 재미는. 골목골목 숨겨져 있는 작은 난쟁이 조각상을 찾는 것이다. 앙증맞고 익살스러운 난쟁이를 찾는 매력에 푹 빠져 버리게 된다.

브로츠와프는 우리에게 생소한 도시이지만 난쟁이 도시로 유명하다. 관광객의 즐거움 중에 가장 큰 것은 아마 시내 곳곳에 흩어져 있는 작은 난쟁이를 찾는 것일 것이다. 판타지나 게임, 만화 등에 나오는 1m보다 작은 턱수염을 가진 난쟁이 도시는 여행자의 호기심을 자극하는 도시로 인기 급상승 중이다.

난쟁이 동상이 설치된 것은 1980년 중반에 반공산주의 운동단체인 '오렌지 얼터너티브'가 공산주의를 조롱하는 평화적 시위의 일환으로 난쟁이 상징을 사용하면서부터 동상이 세워졌다고 한다. 2005년부터 작은 난쟁이 동상은 대장장이, 세공사, 소방수, 죄수, 도둑, 등 장인

EASTERN EUROPE

으로 활약하는 드워프(난쟁이)의 도시로 거리 곳곳에 설치되어 공업이 발달한 도시 브로츠와프를 관광도시로 탈바꿈시키고 있다. 아기자기한 건축물과 각양각색의 난쟁이 동상이 환상적으로 어울리며 판타지 세계로 안내하고 있다. 400여개가 도시 곳곳에 자리 잡고 브로츠와프 거리에 활기를 불어넣고 있다. 가장 최근에 세워진 것은 '빈센트'라는 이름을 가진 난쟁이 동상이다.

구 시청사
Ratusz / Town Hall

1290~1504년까지 조금씩 높게 지어진 시청사는 중세 시대를 대표하는 구 시장 광장Rynek Square의 상징이다. 13세기 중반에 사람들이 모여들기 시작하면서 조성된 광장은 광장을 360도로 둘러싼 아름다운 건물로 눈을 뗄 수가 없다. 동쪽보다 서쪽에 역사적인 건축물이 모여 있어 광장의 동쪽과 서쪽이 레스토랑의 음식 가격도 조금 차이가 난다.

주소_ Sukiennice 14/15
시간_ 11~17시(월요일 휴관)
요금_ 성인 15zl, 어린이 6zl
전화_ 071-347-1690

브로츠와프 3대박물관

브로츠와프는 시청광장을 중심으로 도시의 기능이 모여있기 때문에 여행하기에 쉬운 도시이다. 박물관도 기존의 시청이나 교회를 사용하고 있어서 자연스럽게 박물관으로 입장할 수 있다. 브로츠와프의 거리를 따라 발걸음을 옮기면서 박물관까지 함께 섭렵한다면 여행이 더욱 풍성해 질 것이다.

역사박물관(Museum Historyczne / 구 시청사)

구 시청 광장은 크라코프에 이어 2번째로 큰 시장 광장이다. 중앙 구역 남쪽에 자리한 시청은 폴란드에서 가장 아름다운 곳 중 하나로, 안에는 화려한 내부 장식을 자랑하는 역사박물관이 있다. 광장 북서쪽 구석에는 바로크 양식의 문으로 이어진 헨젤과 그레텔이라는 뜻의 야스 이 말고시아Jas I Malgosia라는 작은 2개의 집이 있다.

건축박물관(Museum of Bourgeois Art)

이 집들 바로 뒤로 거대하게 서있는 것은 14세기 성 엘리자베스 교회St. Elizabeth's Church로 83m 높이의 탑이 있다. 광장 동쪽으로 한 블록을 더 이동하면 고딕풍의 성 마리아 막달레나 교회St. Mary Magdalene's Church가 있으며 더 동쪽으로 이동하면 15세기 베르나르도 교회와 수도원이 있는데 현재는 건축 박물관으로 사용되고 있다.

국립박물관

박물관 뒤 공원에는 1794년 라치라비체 전투를 묘사한 커다란 360도 파노라마 라치라비치카가 있다. 이 유명한 전투에서 타테우즈 코시우즈코Tadeusz Raclawicka가 이끄는 폴란드 농민군은 폴란드를 분할하기 위해 쳐들어 온 러시아 군을 물리쳤다. 바로 동쪽으로 이동하면 국립 박물관이 있는데 중세 실레지아 예술품과 현대 폴란드 회화 등이 볼 만하다.

구 시장 광장
Rynek Square

시내 중심가에 위치한 구 시장 광장은 크라쿠프, 포즈난과 함께 폴란드를 대표하는 중세 시장 중 하나이다. 소금 광장pl. Solny과 함께 13세기 중반에 조성한 광장을 둘러싼 아름다운 건물들이 즐비하다. 오래되고 가치 있는 건물은 주로 서쪽에 위치해 있다. 1290~1504년까지 서서히 건축되어 지금에 이르렀고 현재 역사박물관으로 사용되고 있다.

리넥 광장Rynek Square이 무척 크다. 유럽의 다른 나라의 광장들처럼 파스텔톤의 예쁜 집들이 옹기종기 모여 있어 색다른 분위기를 풍긴다. 주변에는 중세풍의 멋진 성당과 조각상들이 눈에 띈다.

크리스마스 마켓

폴란드 리넥 광장(Rynek Square)에는 계절별로 사람들이 즐기는 모습도 다르고, 분위기도 달라진다. 추운 국가답게 사람들은 여름을 즐기고 겨울에는 광장을 중심으로 크리스마스 분위기가 물씬 풍긴다.

익명의 보행자
Anonymous Pedestrians

아르카디 사거리에 있는 조각상으로 제목은 '익명의 보행자'이다. 1977년에 만들어진 조각상은 2005년까지 브로츠와프 박물관에 있다가 보행로 공산주의시기인 1988년에 옮겨졌다.

주소_ Pilsudskiego

시치트니츠키 공원
Szczytnicki Park

1913년 〈가드닝 아트 박람회〉 때문에 조성하기 시작한 시치트니츠키 공원Szczytnicki Park은 녹음이 우거진 공원으로 브로츠와프 시민들의 휴식공간이다.

넓은 부지 안에 숲에는 딱따구리와 다람쥐가 보이고 유모차에 아이를 태우고 다니는 부부와 손잡고 다니는 노부부의 모습은 여유로운 일상을 즐기는 시민을 볼 수 있는 장소이다. 일반적인 공원이지만 특이하게 일본정원이 있다. 정원 안에 연목과 금색으로 만들어진 금각사와 정자, 폭포, 다리가 있다.

파노라마 박물관
Panorama Museum

파노라마 그림 속에 여러 가지 전쟁의 그림이 이어져 하나의 전쟁으로 이어지는 자연스러운 모습은 장관이다. 한국어로 된 해설까지 있어 박물관의 이해에 도움을 준다.

주소_ ul. Jana Ewanglisty Purkniego 11
전화_ +48 71 344 2344

성 엘리자베스 교회
Church of Elizabeth

헨젤과 그레텔 집 바로 북쪽에 있는 83m의 높은 탑을 가진 고딕양식의 벽돌교회이다. 브로츠와프를 대표하는 교회는 아니지만 탑에서 보는 풍경이 아름다워 항상 관광객의 발길이 끊이지 않는다.
300개가 넘는 계단을 올라가면 브로츠와프의 아름다운 모습을 볼 수 있다.

홈페이지_ www.elzbieta.archidiecezja.wroc.pl
주소_ ul. Sw Elzbiety 1
시간_ 10〜19시(토요일 17시까지 / 일요일 13시 시작)

EASTERN EUROPE

성 요한 대성당
Cathedral of St. John the Baptist

성당의 섬
Ostrów Tumski

파란색 강철 소재의 툼 스키 다리를 건너야 도착할 수 있다. '사랑의 다리'라는 이름도 가지고 있는 이 다리는 자물쇠를 채워 오데르 강으로 열쇠를 던지며 영원한 사랑을 약속하는 의식 때문에 유명해졌다. 툼스키 다리를 지나 성당 섬에 위치한 브로츠와프의 랜드마크인 성 요한 대성당에 도착했다. 세계 제2차 대전 당시 폭격으로 인하여 심하게 훼손되었다가 1950년대에 재건되었다고 한다.

오드라 강의 북쪽은 오스트루프 툼스키에 성직자와 권력자가 많이 살았던 장소였다. 13세기 건설을 시작해 1590년에 완성한 높게 솟은 2개의 탑은 파괴되었다가 1991년에 현재의 모습으로 재건되었다. 최고의 전망을 자랑하는 91m의 탑이 우뚝 솟아있다. 탑에서 바라본 광장의 모습은 매우 아름다워 꼭 한번 올라가야 하는 탑으로 힘들게 올라가지 않고 중간까지 엘리베이터(10zl)를 타고 이동할 수 있다.

홈페이지_ www.muzeum.miejskie.wroclaw.pl
주소_ Katedralna 18
요금_ 성인 5zl / 어린이 4zl
시간_ 10~18시(일요일 휴관)

요금_ 내부 무료 개방
타워 전망대 : 일반 5zl, 학생 4zl

백년 홀
Hala stulecia

20세기 초반 콘크리트로 지은 건물인데 기념비적인 건축물로 인정되어 유네스코 지정 세계문화유산에 등재되었다. 1813년 브로츠와프가 독일령이었던 당시 독일을 정복하려던 나폴레옹 군대를 물리친 라이프치히 전투에서의 승리 100주년을 기념해 건축했다.

2차 대전 이후 폴란드의 소련의 사회주의이던 시절 독일의 백년 홀 보다 높게 지어 소련의 위엄을 보여주고자 지은 강철 첨탑도 백년홀과 나란히 위치해 있다. 백년 홀 뒤편에는 큰 분수대가 있다. 낮에는 발을 담그거나 물놀이를 하며 더위를 식히는 시민들이 많다. 정해진 시간에는 분수 쇼도 진행하고 있다고 한다.

브로츠와프 오페라
Wroclaw Opera

폴란드에서 가장 유명한 오페라 전용극장 중에 하나로 1841년에 문을 열었다. 1945년까지는 독일영토였기 때문에 독일식 이름인 브레슬라우 오페라 Breslau Opera 로 불렸다. 1997년에 새롭게 개조하여 완공되어 다양한 공연을 보여주고 있다.

홈페이지_ www.opera.wroclaw.pl
주소_ Świdnicka 35
시간_ 12~19시(일요일 11~17시)
전화_ +48-71-370-88-50

브로츠와프 대학교
Wroclaw University

브로츠와프 대학교Uniwersytet Wrocławski는 브로츠와프에 있는 공립대학교로 현재 약 30,000명의 학생들이 재학하고 있다. 1702년 10월 21일 신성 로마 제국의 황제인 레오폴트 1세에 의해 설립된 중부유럽에서 가장 오랜 역사를 가진 대학교이다. 설립 당시에는 5개 학과인 철학, 약학, 법학, 개신교 신학, 가톨릭 신학이 설치되어 발전하다가 19세기 브로츠와프가 있는 실레시아지역이 프로이센에 합병된 이후에 빠르게 성장했다.

제2차 세계대전 중이던 1945년 5월에 소련 군대가 브로츠와프를 점령하면서 폴란드의 영토가 되었고 브로츠와프에 거주하던 독일인들은 추방당했다. 리비우 대학교의 폴란드인 교수들이 브로츠와프에 도착하면서 리비우 대학교에 있던 소장품을 이관하면서 지금과 같은 모습을 갖추었다.

예수대학교 교회
이웃 대학과의 초기 바로크 양식의 교회는 예수회에 의해 남겨진 실레지아의 건축물 중 하나이다. 본당과 옆의 채플로 이루어져 있다.

주소_ pl. Uniwersytecki 1
전화_ +48-791-500-122

EATING

콘스피라
Restauracja Konspira

폴란드 전통음식을 바탕으로 유럽의 채식을 접목시킨 요리를 선보인다. 맥주에 골룡카를 곁들여 짠맛을 중화시킨 돼지고기와 감자로 만든 요리들이 주 메뉴이다. 현지인의 기호에 맞추어서 호불호가 갈린다. 양이 많기 때문에 한 개씩 나누어서 주문하는 것이 좋다.

주소_ Plac Solny 11 **시간_** 12~22시
요금_ 주 메뉴 35~70zl
전화_ +48-796-326-600

비베레 이탈리아노
Vivere Italiano

폴란드에서 이탈리아의 지중해 음식을 재해석해 유럽의 다른 나라 음식에 조화를 이룬 요리로 인기를 끌고 있다. 비트, 말린 버섯, 양파, 감자, 훈제 고기 등의 재료를 사용하고 신선한 채소로 기발한 스파케티, 리조또, 피자를 만든다. 다만 우리나라 관광객의 입맛에는 조금 난해할 수 있으니 추천음식으로 선택하는 것이 좋겠다.

주소_ Ofiar Oswiecimskich 21 **시간_** 12~23시
요금_ 주 메뉴 25~60zl
전화_ +48-513-288-029

스톨 나 스제베드키에
Stol na Szwedzkiej

내부 인테리어는 깔끔하고 세련된 분위기다. 고급 레스토랑답게 음식의 질도 높고 서비스 수준도 훌륭하다. 메인 요리는 가격대가 비싸서 부담이 되지만 고급호텔의 유명 셰프가 만드는 요리에 맛있는 음식을 먹을 수 있다. 스테이크는 풍부한 식감을 보이고 디저트도 상당히 맛있는 레스토랑이다.

주소_ ul. Szwedzka 17a Lokal Miesci sie z drugiej
시간_ 14~21시
요금_ 주 메뉴 25~60zl
전화_ +48-791-240-484

버거
Ltd Burger Ltd

폴란드에는 버거Burger를 파는 전문점이 많지 않다. 물론 버거킹과 맥도날드도 있지만 대한민국에도 있는 대형 패스트푸드이기 때문에 버거Burger의 고급화를 대표하는 버거 전문점은 이 찾기 쉽지 않다. 수제버거와 커피를 파는 세련된 내부 인테리어인데 저렴한 가격으로 관광객에게 인기를 끌고 있다.

주소_ Psie Budy 7/8/9
시간_ 10~22시
요금_ 주 메뉴 15~50zl
전화_ +48-733-281-334

시에스타 트라토리아
Siesta Trattoria

직원은 친절하고 내부 인테리어는 차분하고 조용한 느낌에 음식은 맛있다고 소문난 맛집이다. 코스별로 나오기 때문에 허겁지겁 먹기보다 맛을 즐기면서 여행의 이야기를 풀어 놓으면 좋은 레스토랑이다. 지중해 스타일의 재료 본연의 맛을 내도록 짠맛도 덜하다.

홈페이지_ www.hostel.is
주소_ Bankastræti 7
요금_ 도미토리 5,500kr~
전화_ 553-8140

센트럴 카페
Central Cafe

베이글과 케이크, 다양한 커피를 마시면서 이야기를 나누기 때문에 한 끼를 해결하기보다 간식이 더 적합할 수도 있다. 북유럽스타일의 깔끔한 내부 인테리어도 폴란드에 있을 것 같지 않은 카페이다. 관광객보다 현지인이 더 많이 찾는 카페로 단맛이 강한 케이크는 우리나라 관광객의 입맛에 달 수 있다.

주소_ ul. Sw. Antoniego 10
시간_ 07~21시 **요금_** 주 메뉴 15~60zł
전화_ +48-71-794-96-23

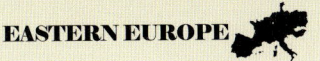

폴란드의 유네스코(UNESCO) 세계유산

폴란드에는 14개의 세계 문화유산이 등재되어 있다. 전쟁이 남긴 상처와 함께 되살아난 유산들을 찾아가 보자.

No	세계유산	분류	지정연도
1	크라쿠프 [Historic Centre of Krakow]	문화유산	1978
2	비엘리치카 소금광산 [Wieliczka and Bochnia Royal Salt Mines]	문화유산	1979년
3	아우슈비츠 수용소 [Auschwitz Birkenau German Nazi Concentration and Extermination Camp (1940-1945)]	자연유산	1979년
4	벨로베시스카야 푸슈차와 비아워비에자 삼림지대 [Bia ł owieza Forest]	문화유산	1980년
5	바르샤바 역사 지구 [Historic Centre of Warsaw]	문화유산	1992년
6	자모시치 옛 시가지 [Old City of Zamosc]	문화유산	1997년
7	말보르크의 독일기사단 성 [Castle of the Teutonic Order in Malbork]	문화유산	1997년
8	토룬의 중세 마을 [Medieval Town of Torun]	문화유산	1999년
9	칼바리아 제브르도프스카 [Kalwaria Zebrzydowska: the Mannerist Architectural and Park Landscape Complex and Pilgrimage Park]	문화유산	2001년
10	야보르와 시비드니차의 자유교회 [Churches of Peace in Jawor and swidnica]	문화유산	2003년
11	남부 리틀 폴란드의 목조교회 [Wooden Churches of Southern Ma ł opolska]	문화유산	2004년
12	무스카우어 공원 [Muskauer Park / Park Muzakowski]	문화유산	2006년
13	브로츠와프의 백주년관 [Centennial Hall in Wroc ł aw]	문화유산	2013년
14	폴란드와 우크라이나 카르파티아 지역의 목조교회 [Wooden Tserkvas of the Carpathian Region in Poland and Ukraine]	문화유산	2013년

Poznań

포즈난

- 바르샤바 | 3시간 소요 / 311km
- 브로츠와프 | 2시간 소요 / 165km
- 그단스크 | 3시간 30분 소요 / 313km
- 크라쿠프 | 7시간 소요 / 398km
- 토룬 | 2시간 소요 / 142km

Poznań

바르샤바와 베를린을 잇는 유럽 동서교역의 중계지로 번영을 누린 도시이다. 폴란드의 초대국왕인 미에스코Miesko 1세가 폴란드 왕국을 일으킨 곳으로 968~1039년까지 폴란드 왕국의 수도였던 도시이다. 상업도시로 발전한 포즈난은 현재 폴란드에서 5번째로 큰 산업도시가 되었다. 중세의 역사적인 건축물이 남아있어 의외의 매력을 풍기는 도시이다.

폴란드에서 포즈난(Poznan)은 어떤 이미지일까?

현재 대학도시로 명성을 얻으면서 흥미로운 박물관과 다양한 바, 클럽, 레스토랑이 즐비하다. 베를린과 바르샤바 사이에 위치하여 초기 폴란드 역사의 구심점이 되었던 곳이다. 9세기 경, 폴란드 인들은 오스트로브 툼스키(Ostrow Tumski) 섬에 요새를 쌓기 시작했고 968~1038년까지 포즈난은 사실상 폴란드 수도의 역할을 담당했다. 정작 지역은 점차 섬을 넘어서면서 1253년에는 바르타(Warta) 강 왼쪽 제방에 새로운 마을이 생겨나게 되었다.

15세기 경 포즈난은 시장으로 유명한 무역 도시가 되었으며 이 상업적 전통은 1925년 다시 부활되어 한 달에 몇 번씩 열린다. 지속적으로 열리는 시장은 도시의 경제, 문화생활을 지배하고 있으며, 수많은 관광객과 상인들을 이곳으로 끌어들이고 있다. 7~8월은 시장이 열리지 않는 조용한 시기로, 북적거림을 피하고 싶다면 이 시기를 추천한다.

비엘코폴스카(Wielkopolska)

비엘코폴스카는 '대 폴란드'라는 뜻으로 중세에 폴란드가 시작된 지역이다. 고대의 명성을 이어온 지역으로 역사와 문화를 간직한 유적들이 많다. 제2차 세계대전이 일어나면서 많이 파괴되었지만 전후 복구되어 지금은 폴란드의 경제의 중심으로 태어났다.

포즈난이라는 도시 이름의 유래

18세기말 독일로 넘어가면서 독일식의 도시이름인 포젠(Posen)으로 불렸다가 1차 세계대전이 끝나면서 폴란드로 합병되면서 폴란드식의 이름인 포즈난(Poznan)으로 불리게 되었다.

포즈난의 역사

9~10세기
몰려온 슬라브족이 이 도시의 기원이다. 10세기 말에 폴란드 최대의 가톨릭 주교가 있었던 시기에 독일 기사단의 진출하면서 독일인이 많이 이주하였다. 점차 교통의 요충지로 발전하고, 한자 동맹에 가맹하면서 도시가 크게 발전했다.

17세기
30년 전쟁으로 도시가 황폐화되면서 쇠락하였고, 18세기에 일어난 대북방 전쟁으로 도시는 기능을 상실하였다.

18세기말
제2차 폴란드 분할로 프로이센에 병합되었지만 19세기 초에 나폴레옹이 세운 바르샤바 대공국으로 변화되었다. 나폴레옹의 몰락과 함께 생겨난 빈 체제로 복귀하면서 다시 프로이센 령으로 바뀌었다.

제 1, 2차 세계대전
폴란드의 독립과 폴란드 봉기(1918~19)로 폴란드의 도시가 되었지만 1939년 제3제국의 폴란드 침공에 따라 1945년까지 나치 독일에 점령되었다. 제2차 세계대전 뒤에는 다시 폴란드 영토가 되었다.

포즈난 IN

바르샤바에서 직행열차가 매일 십여 편이 운행 중이다. 약 3시간이면 포즈난 중앙역에 도착할 수 있다. 구시가에서 기차역은 남서쪽으로 약 2㎞ 떨어져 있다. 버스터미널은 기차역에서 동쪽으로 걸어서 10분 거리에 있다.

중앙역에서 시내 IN

포즈난Poznan에 도착하는 기차는 중앙역에 내린다. 구시가까지 20분정도의 거리에 위치해 있어 5번 트램을 타고 이동하면 편리하다.

시내교통
버스와 트램이 포즈난 대부분을 관통해 운행하고 있지만 트램이 더 많은 노선을 가지고 있다. 택시는 다른 유럽의 나라에 비해 비싸지는 않지만 도시가 작아 탈 일은 거의 없다.

▶트램
다른 폴란드의 도시처럼 트램이 도시 전체를 운행하고 있어 현지인의 발 역할을 하고 있다. 트램을 타고 요금을 직접 트램 내에서 구입할 수 있고, 종류는 10(1.8zł), 30(2.8zł), 60(4.2zł), 90분(5.4zł)권, 1일 권(11.2zł)이 있다.

한눈에 포즈난 이해하기

트램은 동서로 뻗은 번화가인 성 마르친St. Marchin 거리를 지나 대형 쇼핑센터가 나오는 광장이 볼노스치 광장pl. Wolnosci이다. 이 광장은 레스토랑이 줄지어 있어 쉽게 찾을 수 있다. 국립미술관 옆을 따라 동쪽으로 이동하면 구시장 광장이 나온다. 광장 중앙에는 박물관과 카페로 꾸며진 신구빌딩이 있다. 구시가지의 동쪽에는 포즈난의 발상지인 바르타Walta 강이 흐르고 강 가운데의 모래톱에 교회가 있다.

비엘코폴스카 주에 속한 포즈난에는 약 550,000명이 살고 있다. 인근 도시인 뤼본에서 북동쪽 방향으로 8㎞ 정도 거리에 있으며, 수도인 바르샤바에서 서쪽 방향으로 약 280㎞ 떨어져 있다. 포즈난 시타델에서 바쁜 일상은 잠시 잊고 지친 마음을 충전하고 해가 지면 말타 호수의 풍경을 만끽하며 더 없이 운치 있는 일상을 즐겨보자. 도시의 주민들이 서로 만나 쏟아지는 햇빛을 즐길 수 있는 구시가 광장과 스타리 리넥은 꼭 방문해야 하는 장소이다.

포즈난에는 가족 모두 신나는 추억을 만들 수 있는 말타 스키장과 아쿠아 파크 테르미말탄스키에 등 가족들이 즐길 거리가 많은 도시이다. 포즈난 동물원에 방문하면 가족과 함께 다양한 동물을 구경하면서 즐거운 시간을 보낼 수 있다. 동물과 소통할 수 있는 먹이 주기 체험 시간은 미리 확인하는 게 좋다.

문화적 매력을 체험할 수 있는 명소인 악기 박물관을 방문해 전시관 관람을 해보자. 포즈난 고고학 박물관에 전시된 모형과 표본을 관람하며 미처 알지 못했던 세상을 알아보는 시간을 가질 수 있다. 예술 작품에 관심이 많다면 포즈난 국립 박물관과 갤러리아 몰타에서 작품을 둘러볼 수 있다. 포즈난 역사박물관과 로갈로베 박물관은 많이 찾는 역사박물관이다.

부유하고 찬란했던 과거의 모습을 알 수 있는 역사적 명소를 방문하고 아담 미츠키에비츠 대학교와 콜리지움 마이우스부터 여행을 시작해 보자. 포즈난 시청과 프란게르 오브 포즈난에도 지역의 역사와 관련된 볼거리가 가득하다. 궁전은 호화로운 외관과 잘 관리된 정원 등 볼거리가 많은 인기 관광지이다. 동화에 나올 법한 모습으로 유명한 임페리얼 캐슬, 지알린스키 궁이 있다.

포즈난의 가톨릭을 경험할 수 있는 성 스타니슬라우스 코스트카 교구, 프란치스칸 교회, 성 요한과 성 바오로의 아치 카테드랄 예배당 같은 곳이 있다. 포즈난 필하모닉, 폴란드 극장, 포즈난 그랜드 극장, 폴란드 무용 극장 등은 주민과 여행자 모두에게 인기 있는 문화의 장소이다. 스타리 브로와르 쇼핑 아트 센터, M1 쇼핑센터 등의 쇼핑 공간에서 다양한 기념품을 구매할 수 있다.

EASTERN EUROPE

구시가 광장
Stary Rynek

역사가 깊은 활기찬 분위기의 광장을 둘러싸고 있는 그림 같은 건물들이 있다. 중앙 광장은 폴란드에서 가장 큰 광장이자 중부 유럽에서 가장 아름다운 광장으로 알려져 있다. 광장을 둘러싸고 있는 예쁜 건물들을 보고, 그림 같은 레스토랑 테라스에 앉아 음료를 즐기며 라이브 거리 음악을 감상하면서 여행의 피로를 풀 수 있다. 저녁에는 아름다운 조각상과 건물에 불이 밝혀져 장관을 이룬다.

광장은 13세기 중반에 처음 세워졌으나, 제2차 세계대전 당시 대부분이 파괴되었다. 오늘날 광장을 둘러싸고 있는 건물들은 바로크와 르네상스 시대의 건물들을 정교하게 재건해 놓은 것이다.

시청 옆에 위치한 16세기 처형장이 있다. 과거에 공개적으로 처벌과 채찍질이 거행되었던 곳이 지금은 만남의 장소로 사용되고 있다. 시청 뒤편에 자리 잡고 있는 '도시의 저울'인 시티 스케일 건물에는 과거에 시장으로 출시되는 상품의 무게를 재는 데 사용된 장비가 보관되어 있다.

중앙 광장은 바르타 강 서쪽에 위치하고 있다.

Stary Rynek 43번지
포즈난에서 가장 오래된 약국이 자리 잡고 있다. 약국은 1564년부터 현재의 위치에서 영업을 시작했다.

Stary Rynek 48번지
16세기에 시장 관저로 사용한 건물은 포즈난에서 가장 오래된 고딕양식 지하저장고가 있다.

Stary Rynek 50번지
정교한 고딕 양식 파사드를 볼 수 있다. 작센 주의 아우구스투스 2세가 술에 취해 이 건물의 창을 통해 떨어졌는데, 지붕 덕분에 목숨을 구할 수 있었다고 한다.

Stary Rynek 52번지
아름다운 르네상스 양식 건물은 '늑대인간'이라고 알려진 무역상이 소유했었다고 한다.

여름 거리축제(6월)
중앙 광장을 방문하기에 가장 좋은 시기로 여러 바(Bar)에서 광장에 맥주 가든을 차려 놓는다. 광장 주변의 레스토랑에 들러 폴란드 요리인 만두, 피에로(Pierogi)나 수프, 보르시치(Borscht)를 먹을 수 있다.

EASTERN EUROPE

국립박물관
National Museum

구시장 광장Stary Rynek에서 왼쪽으로 국립 미술관이 서 있다. 중세 교회 목각품, 폴란드 및 다른 유럽국 회화 등을 비롯한 전형적인 미술 작품(입구마다 그림에 대한 설명을 영어로 들을 수 있음)들을 소장하고 있다.
우리에게 다소 낮선 폴란드 회화를 볼 수 있는 좋은 기회이기도 하다. 내부의 각 방에는 네덜란드, 스페인 회화도 같이 전시되어 있다.

홈페이지_ www.mnp.art.pl
주소_ Marcinkowskiego 9
관람시간_ 11~18시
전화_ +48-61-856-8000

구 시청사
Ratusz / Town Hall

유서 깊은 건물에 자리 잡고 있는 박물관을 관람하고, 정오가 되면 펼쳐지는 재미있는 거리 공연도 볼 수 있는 곳이다. 포즈난 시청은 13세기 초기에 건립된 아름다운 르네상스 양식 건물이다. 10세기부터 현재까지 이르는 포즈난의 역사를 보존하고 있는 포즈난 역사박물관이 시청사 안에 있다. 매일 정오가 되면 서로 뿔을 들이받는 기계식 염소의 모습도 볼 수 있다.

14세기에 처음 지어진 시청 건물은 1500년대에 이탈리아 건축가 '지오반니 바티스타 디 콰드로'에 의해 재설계되었다. 최초의 건물은 화재와 허리케인과 폭탄 등 많은 재해로 인해 거의 남아 있지 않다.

시청은 알프스 북쪽에서 가장 아름다운 건물로 여겨졌던 르네상스 시대의 모습으로 재건되었다. 높다란 첨탑 위에 앉아 있는 왕관을 쓴 독수리는 폴란드의 문장을 상징한다.

시계의 전설

정오가 되면 시계 위에서 1954년에 제작된 철로 만든 두 마리의 염소가 모습을 드러낸다. 서로 뿔을 들이받는데, 이는 1551년부터 거행되어 온 구경거리이다. 염소들을 둘러싼 갖가지 전설이 다양하다.

새롭게 제작된 시계를 기념하기 위한 만찬 요리를 위해 2마리의 염소가 준비되었는데, 잡기 직전에 탈출했다는 이야기가 가장 유명하다. 염소들은 손님들 앞에서 서로 뿔을 들이받았고, 결과적으로 시계 제작자에게 염소들의 이미지를 제작하라는 명령이 내려졌다고 한다.

홈페이지_ www.mnp.art.pl
주소_ Stary Rynek 1
전화_ +48-61-856-8193

EASTERN EUROPE

역사 박물관
Historical Museum of Poznań

시청 내부에 있는 역사박물관은 포즈난 Poznań의 역사를 잘 보여주는 대표적인 박물관이다. 역사를 싫어하는 관광객이라도 건물 내부의 장식을 감상하는 것으로도 입장료는 아깝지 않을 것이다. 고딕 양식의 지하저장고는 최초의 건물 상태 그대로 지금까지 사용하고 있다. 한때 감옥으로 사용되기도 한 장소이다.

시청의 초기 고딕 구역에 자리 잡은 포즈난 역사박물관에는 포즈난의 문장으로 장식된 16세기 탁상시계부터 나치 점령 당시, 나치 문양으로 장식된 건물을 촬영한 20세기 사진까지 다양하다. 중앙 홀에서 고개를 들면 2개의 거대한 기둥 위에 얹어진 천장 장식을 볼 수 있다. 홀은 성서와 신화, 천문학에 의해 영감을 받아 사자와 그리핀, 독수리 등으로 장식된 르네상스 양식의 예술 작품으로 되어 있다.

홈페이지_ www.mnp.art.pl
주소_ Stary Rynek 1
관람시간_ 10~17시(월요일 휴관)
요금_ 9zł (토요일 입장료 무료)
전화_ +48-61-856-8000

포즈난 대성당
Cathedral of Poznań

10세기까지 거슬러 올라가는 오랜 역사를 자랑하는 성당은 폴란드에서 가장 중요하게 여겨지는 종교 유적지이다. 포즈난 성당의 정확한 이름은 '성 요한과 성 바오로의 아치 성당 예배당'이다. 이곳은 폴란드에서 가장 오래된 성당이자 폴란드의 과거 통치자들이 잠들어 있는 곳이다. 성당에 보존되어 있는 진귀한 예술 작품과 유물들을 둘러보고, 지하실에서 과거에 이 부지에 세워졌던 초기 로마네스크 양식 건물의 잔해를 감상할 수 있다.

성당은 968년도에 최초로 지어진 다음 파괴되었고, 이후 오랜 세월 동안 여러 차례의 재건작업이 거듭되었다. 1945년 포즈난 주 해방 전투 당시 많은 부분 파괴되었고, 이후 대규모 화재로 인해 초기 고딕 양식요소들이 발굴되었다. 덕분에 오늘날 볼 수 있는 고딕 양식건물이 탄생하게 되었다. 전면 파사드의 고딕 양식 정문을 통과할 때는 성 요한과 성 바오로의 생애를 그리고 있는 청동 문을 찾을 수 있다.

내부
12개의 예배당으로 둘러싸여 있다. 성찬 예배당에서 고르카 일가와 베네딕트 이즈비엔스키 주교의 르네상스 시대 비석이 있다. 황금 예배당에는 폴란드 초기 왕인 미에슈코 1세와 볼스로 크로브리의 석관이 모셔져 있다. 독일 조각가 크리스티안 라우흐에 의해 19세기에 제작된 2개의 왕 조각상도 볼 수 있다.

여러 개의 패널로 이루어진 전개식 제단화는 14명의 여성 천사들로 둘러싸인 성모 마리아를 그리고 있다. 성당 곳곳에서 기둥과 예배당 벽 위에 얹혀 있는 고딕 양식 및 초기 르네상스 양식의 청동 무덤 판석은 헤르만 피셔와 페테르 피셔가 공동으로 제작했다.

지하실
로마네스크 전 시대와 로마네스크 양식 성당의 잔해를 볼 수 있다. 10세기에 제작된 세례 반은 폴란드 1대 왕에게 세례를 줄 때 사용되었다고 전해진다.

홈페이지_ www.katedra.archpoznan.pl
주소_ Ostrow Tumski 17
이동방법_ 오스트로브 툼스키 섬까지 트램으로 이동
주의사항_ 미사 진행시 방문객 출입 제한
전화_ +48-61-852-9642

문화궁전
Palace of Culture

프로이센의 빌헬름 2세의 거처로 사용된 궁전은 독일 로마네스크 양식으로 건설했다가 현재 포즈난 문화센터의 소유로 기획전을 개최하는 문화의 중심역할을 하고 있다.

홈페이지_ www.ckzmek.pl
주소_ ul. Swiety Marcin 80/82
관람시간_ 10~17시
전화_ +48-61-646-5200

바로크 교구 교회
Fara Church / Parish Church

구시가 광장에서 두 블록을 남쪽으로 내려가면 분홍색의 커다란 교회가 나온다. 수수한 외관에 쉽게 지나쳐갈 수 있는 교회로 겉모양에서는 교회로 인식되지 않을 수 있다. 그러나 내부로 들어선 순간 반전 이미지를 심어주는 교회이다. 동유럽의 교회에서 이탈리아의 화려한 내부를 가졌다. 나무인 듯 착각하게 만드는 대리석 기둥이 당신의 마음을 빼앗을 것이다. 현지인들이 미사를 참여하고 있기 때문에 조용히 보고 나오는 것이 좋다.

홈페이지_ www.fara.archpoznan.pl
주소_ Klasztorna 11, 61-779 Poznan
전화_ +48-61-852-6950

바로크 교구 교회

구별하자! 프란시스코 교회

17세기에 완공된 프란시스코 교회는 바로크 양식으로 벽화와 벽토 작품들이 화려하게 장식된 내부가 인상적이다. 광장 서쪽으로 한 블록이 떨어져 있어 찾기가 쉽다.
▶주소 : Franciszkanska 2
▶전화 : 061-852-3637

장식 미술 박물관

프란시스코 교회 반대편 언덕에 있는 장식 미술 박물관은 이전 성이 있던 자리로, 13세기부터 현재까지의 작품들이 전시되어 있다.

민속 박물관

민속 목각 공예품이나 이 지역 전통 의상 등 흥미로운 물건들을 수집해 놓았다.

아담 미츠키에비치 대학
Adam Mickiewicz University

포즈난을 대학도시로 인식하도록 만든, 가장 아름다운 건물을 가진 아담 미츠키에비치 대학 Adam Mickiewicz University에는 19세기풍의 건물이 주위를 둘러싸고 있다. 대학교 옆의 넓고 녹음이 우거진 공원은 1956년 공산당 정권 아래 처음으로 일어난 민중 폭동인 포즈난 폭동 기념비가 있다. 노동자들의 험난한 싸움을 상징하는 콘크리트로 만든 커다란 2개의 기념비가 서있다.

홈페이지_ www.amu.edu.pl
주소_ ul. Henryka Wieniawskiego 1
전화_ +48-61-829-4000

1956년 6월기념비
June 1956 Events Monument

대학교 건물을 보고 나와 분수대가 있는 큰 정원을 둘러보면 나온다. 1956년 폴란드의 소련에 대항해 싸운 폴란드인들을 기리기 위해 만든 조형물이다. 대한민국의 독립운동을 한 열사들을 기리기 위해 만든 조형물과 같은 개념으로 바라보면 이해가 쉽다.

주소_ Mickiewicz Square
전화_ +48-61-646-3344

보타닉 가든
Botanical Gardens

도시의 외곽에 위치한 보타닉 가든Botanical Gardens은 정비가 잘 되어 있어 시민들의 휴식처역할을 하고 있다. 날씨가 좋다면 벤치에 앉아 책을 보거나 가족단위로 즐기고 있는 사람들을 쉽게 볼 수 있다. 상당히 깨끗하고 조용히 책을 볼 수 있는 정원이다.

주소_ ul. Jana Henryka Dabrowskiego 165
전화_ +48-61-829-2013

스타리 브로와르 쇼핑아트센터
Stary Browar Shopping Art Center

아름다운 예술 작품이 상점들을 장식하고 있는 혁신적인 스타리 브로와르 쇼핑아트센터Stary Browar Shopping Art Center는 19세기 양조장을 개조하여 만든 독창적인 쇼핑센터이다. 하루 방문객이 4만여 명에 이르는 쇼핑센터에 200개가 넘는 상점, 30개에 가까운 레스토랑, 카페, 극장과 콘서트홀, 전시관, 영화관, 호텔과 공원으로 이루어져 있다. 쇼핑을 좋아하지 않아도 충분히 즐길 거리를 찾아볼 수 있다.

1844년에 지어진 건물에는 1980년까지 맥주가 생산되었던 허그로 양조장이 자리 잡고 있었다. 오늘날 볼 수 있는 건물의 형태는 과거 양조장의 모습이 포함되어 있다. 수상 경력에 빛나는 건물은 벽돌, 유리, 산업용 강철 등의 자재를 사용하여 전통적이면서도 현대적인 독특한 분위기를 자아낸다. 총 10만㎡에 달하는 부지는 상점과 예술 공간으로 거의 동등하게 나뉘어져 있다. 거대한 쇼핑센터를 둘러보며 양조장이었던 과거를 기억하는 기념물을 볼 수 있다. 곳곳에 오래된 현판을 비롯한 흥미로운 인테리어 요소를 볼 수 있다.

구 양조장 쇼핑 지구Stary Browar Sklepy라 불리는 상업지역은 2채의 건물에 걸쳐 있다. VAN GRAAF 디자이너 상점과 Alma 고메 델리카트슨을 비롯한 고급 브랜드와 서점을 포함해 다양한 상점들이 있다. 예술 마당Dziedziniec Sztuki이라고 불리는 문화 구역을 둘러보면 연중 실험 영화 상영에서 현대 예술 전시에 이르는 각종 문화행사가 개최된다. 공원에는 정기적으로 열리는 태극권이나 요가 등의 무료수업에 참여할 수 있다. 폴란드 전통 요리에서 중국음식까지 다양한 요리를 맛볼 수 있는 거대한 식당에서 식사나 가벼운 간식을 즐길 수 있다.

위치_ 구 시장 광장 남쪽으로 750m
주소_ ul. Aleje Solidarnosci 47
시간_ 10~22시
전화_ +48-61-667-3670

EASTERN EUROPE

말타 호수
Malta Lake

포즈난 주민들이 사랑하는 호수에서 시민들이 휴식과 놀이를 즐기는 모습을 볼 수 있다. 인공 호수인 말타 호수에서는 가족 여행객에게 적합한 각종 명소와 활동을 즐길 수 있다. 여름에는 호숫가에서 미니 골프와 일광욕을 즐기고, 자전거를 탈 수 있고, 겨울에는 실내 스케이트장에서 스케이트를 타고, 썰매를 즐길 수 있다. 인근에는 폴란드 최대의 동물원과 아쿠아 파크, 수영장이 자리하고 있다.
1950년대에 조성된 말타 호수는 시비나 강에 댐을 건설하여 만들어졌다. 둘레가 5.6km에 달하는 호수는 조깅과 자전거를 즐기는 사람들이 즐겨 찾는 장소이다. 호수 주변을 거닐며 피크닉하기 좋은 장소이다.
호수 남쪽에는 인공 스키 슬로프가 조성되어 있다. 연중 언제든지 장비를 대여하여 스키를 즐길 수 있다. 바로 옆에는 레이싱 레인과 18홀 미니 골프 코스도 있다. 말타 호수 동쪽에 있는 폴란드 최대 규모의 포즈난 신 동물원에는 2천 마리가 넘는 동물들이 살고 있다. 소나무를 비롯한 각종 나무로 이루어진 숲은 260여 종의 동물들이 살 수 있는 자연 서식지 역할을 한다. 동물원을 걸어서 둘러봐도 좋고, 연중 운행되는 미니 레일을 타고 구경하는 것도 좋다.

1800년대 후반에 프로이센군에 의해 제작된 포트 3 요새도 볼 수 있다. 호수 북쪽에는 스파 컴플렉스, 워터파크, 수영장으로 이루어진 테르미말탄스키에가 있다. 지하 온천수에 몸을 담그고 피로를 풀고, 파도 풀에서 수영을 즐기거나 알록달록한 워터 슬라이드를 타고 즐긴다. 호수에는 보트 경주, 카약 경주, 조정 대회가 자주 열린다. 말타 국제 연극 축제가 열리는 6월에는 야외 공연을 즐길 수 있다.

위치_ 트램, 버스로 2km 이동
주소_ ul. Abpa. Antoniego Baraniaka 8
전화_ +48-61-658-1022

EATING

무가
Muga Restauracja

포즈난의 깔끔한 카페가 맛집을 찾는 여행자의 마음을 훔치고 있다. 정갈하게 나오는 음식이 식욕을 자극하고, 식사를 하고 나서 먹는 디저트는 특히 여성들을 통해 유명세를 타고 있다.
폴란드에서 와인과 함께 즐기는 레스토랑이 다른 유럽국가에 비해 적은 데 무가 레스토랑Muga Restauracja은 내부 인테리어부터 사로잡는다.

홈페이지_ www.restauracjamuga.pl
주소_ ul. Boleslawa Krysiewicza 5
시간_ 17~22시 요금_ 주 메뉴 25~60zl
전화_ +48-61-855-1035

나 윙클루
Na Winklu

폴란드 전통음식인 피에로기를 다양한 형태로 만들어내는 레스토랑이다. 폴란드 서민 음식인 피에로기의 격을 한층 올리고 와인과 함께 고급스러운 분위기로 외국인 여행자에게 먼저 입소문이 난 곳이다. 튀기고 찌고 다양한 야채와 담아낸 피에로기에서 이렇게 다양한 음식이 나올 수 있다는 사실에 감탄한다.

주소_ Srodka 1
시간_ 12~21시
요금_ 주 메뉴 25~60zl
전화_ +48-796-145-004

EASTERN EUROPE

팻 밥 버거
Fat Bob Burger

포즈난에는 버거Burger를 파는 전문점이 많지 않다. 물론 우리가 아는 맥도날드나 버거킹도 있지만 익히 아는 대형 패스트푸드이기 때문에 버거Burger의 고급화를 대표하는 버거 전문점은 많지 않다.
미국식의 칼로리가 높은 버거와 감자튀김을 보면 혼자서는 다 먹을 수 없다는 생각을 할 수도 있다. 세련된 내부 인테리어인데 저렴한 가격으로 관광객에게 인기를 끌고 있다.

주소_ ul. Kramarska 21/2 Wielkopolskie
시간_ 13~22시
요금_ 주 메뉴 15~40zł
전화_ +48-794-939-333

피가로
Figaro

현지인이 추천하는 맛집으로 치킨, 조개, 오징어, 치즈 허브를 넣은 스프를 추천했다. 폴란드 의 치킨 수프도주문하였으나 맛은 좋지 않았다. 양고기나 버섯 등을 넣어 만든 스테이크와 생선요리가 인기 메뉴이다. 12~14시까지 점심 할인을 이용하면 저렴하게 먹을 수 있다.

주소_ ul. Ogrodowa 17
시간_ 13~23시
요금_ 주 메뉴 25~60zł
전화_ +48-61-852-0816

라추조바
Ratuszova Restaurant

유럽 관광객에게 특히 인기가 높은 고급 레스토랑이다. 폴란드 요리를 건강식으로 만들어내는 현지인이 추천하는 맛집이다. 폴란드 요리의 국제화를 이루어 짜지 않고 생선요리는 인기메뉴이다. 양고기나 버섯 등을 넣어 스테이크에 맥주를 함께 마시면 부드러운 스테이크를 즐길 수 있다.

주소_ Old Market Square 55
시간_ 13~23시
요금_ 주 메뉴 25~80zl
전화_ +48-61-851-0513

올리비오
Olivio

정통 이탈리아 음식인 피자와 함께 맥주를 상쾌하게 마실 수 있다. 특히 여름에 구시가지를 여행하다가 골목길에서 쉬면서 먹을 수 있는 좋은 장소이다. 다만 가격은 조금 비싼 편이다.
파스타와 피자가 주 메뉴이며 디저트까지 같이 친구나 연인과 함께 즐기기에 좋다. 때로는 보드카와 주스, 시럽을 만든 맛보다는 눈으로 마시는 칵테일을 마실 수 있다.

주소_ ul. Swietoslawska 11
시간_ 12~22시
요금_ 주 메뉴 25~80zl
전화_ +48-61-670-3447

CZECH
체코

Cesky Krumlov | 체스키크룸노프

Karlovy Vary | 카를로비 바리

Pilsen | 플젠

Bruno | 브루노

Olomouc | 올로모우츠

EASTERN EUROPE

체코 여행 계획 짜기

체코 여행에 대한 정보가 부족한 상황에서 어떻게 여행계획을 세울까? 라는 걱정은 누구나 가지고 있다. 하지만 체코 여행도 역시 유럽의 나라를 여행하는 것과 동일하게 도시를 중심으로 여행을 한다고 생각하면 여행계획을 세우는 데에 큰 문제는 없을 것이다.

1. 먼저 지도를 보면서 입국하는 도시와 출국하는 도시를 항공권과 같이 연계하여 결정해야 한다. 동유럽여행을 하고 있다면 독일의 프랑크푸르트에서 체코의 프라하로 여행을 시작하고, 오스트리아의 비엔나에서 입국한다면 체코의 남부인 체스키크룸로프부터 여행을 시작한다. 체코 항공을 이용한 패키지 상품은 많지 않다. 대한항공이 체코의 프라하를 직항으로 왕복하고 있다.

2. 체코는 좌, 우로 늘어난 계란 모양의 국가이기 때문에 수도인 프라하부터 여행을 시작한다면 오른쪽의 모라비아 지방을 어떻게 연결하여 여행코스를 만드는 지가 관건이다.
동유럽 여행을 위해 독일이나 오스트리아를 경유하여 입국한다면 버스나 기차로 어디서부터 여행을 시작할지 결정해야 한다. 동유럽의 각 나라에서 프라하로 이동하는 기차와 버스가 매일 운행하고 있다. 시작하는 도시에 따라 여행하는 도시의 루트가 다르게 된다.

3. 입국 도시가 결정되었다면 여행기간을 결정해야 한다. 프라하는 2~4일 정도 여행하는 것이 일반적이라서 체코의 다른 도시를 얼마나 여행하지에 따라 여행기간이 길어질 수 있다.

4. 대한민국의 인천에서 출발하는 일정은 체코의 프라하에서 2~4일 정도를 배정하고 IN / OUT을 하면 여행하는 코스는 쉽게 만들어진다. 프라하 → 카를로비 바리 → 쿠트나호라 → 플젠 → 보헤미안 스위스 → 체스키크룸로프 → 텔치 → 올로모우츠 → 브르노 → 레드니체 → 프라하 추천여행코스를 활용하자.

5. 7~14일 정도의 기간이 체코를 여행하는데 가장 기본적인 여행기간이다. 그래야 중요 도시들을 보며 여행할 수 있다. 물론 2주 이상의 기간이라면 체코의 대부분의 도시까지 볼 수 있지만 개인적인 여행기간이 있기 때문에 각자의 여행시간을 고려해 결정하면 된다.

보헤미아

| 6일 | 프라하 → 쿠트나호라 → 플젠 → 보헤미안 스위스 → 체스키크룸로프 → 프라하

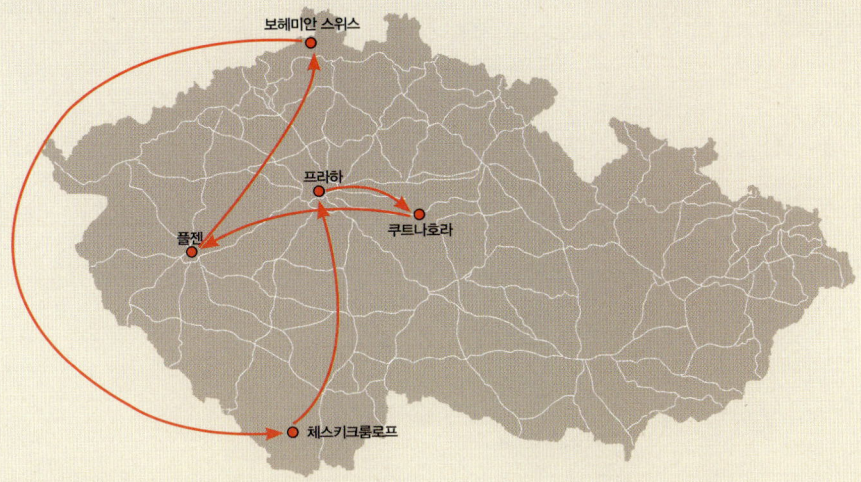

| 7일 | 프라하 → 카를로비 바리 → 쿠트나호라 → 플젠 → 보헤미안 스위스 → 체스키크룸로프 → 프라하

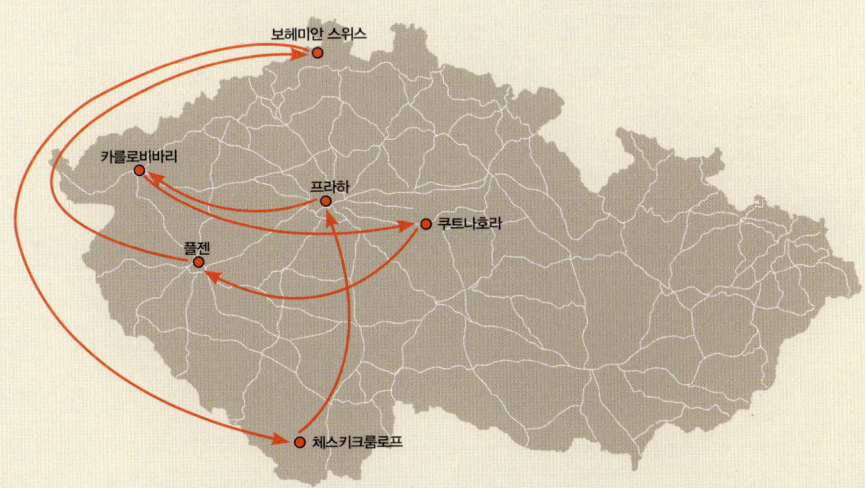

10일 | 프라하 → 카를로비 바리 → 쿠트나호라 → 플젠 → 보헤미안 스위스 → 체스카부데요비체 → 체스키크룸로프 → 프라하

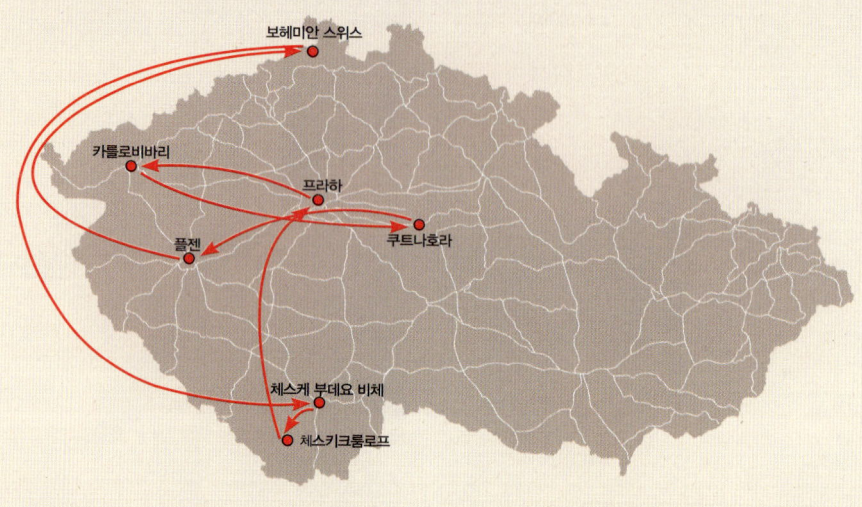

보헤미아→모라비아
8일 | 프라하 → 쿠트나호라 → 플젠 → 체스키크룸로프 → 올로모우츠 → 브르노 → 프라하

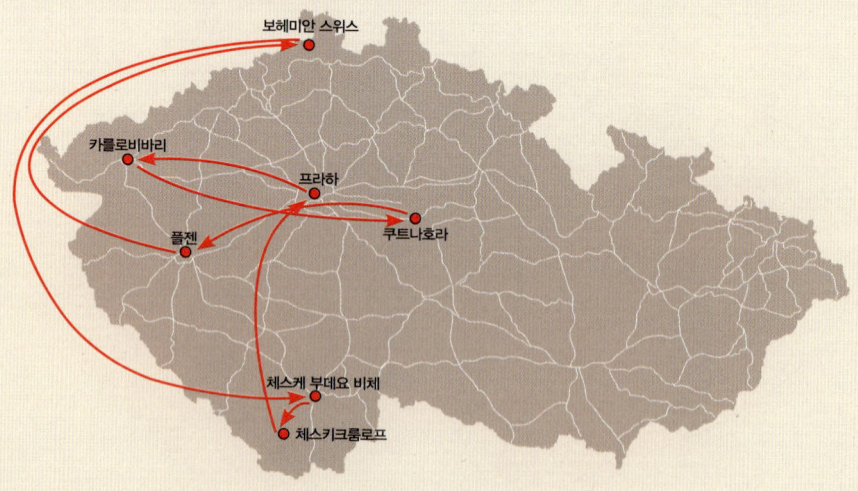

10일 | 프라하 → 쿠트나호라 → 플젠 → 체스카부데요비체 → 체스키크룸로프 → 올로모우츠 → 브르노 → 레드니체 → 프라하

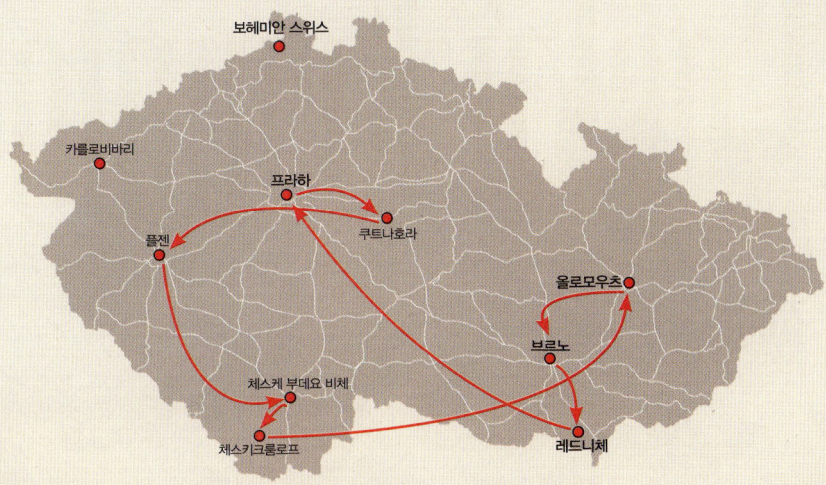

2주 | 프라하 → 카를로비 바리 → 쿠트나호라 → 플젠 → 보헤미안 스위스 → 체스카부데요비체 → 체스키크룸로프 → 텔치 → 올로모우츠 → 브르노 → 레드니체 → 프라하

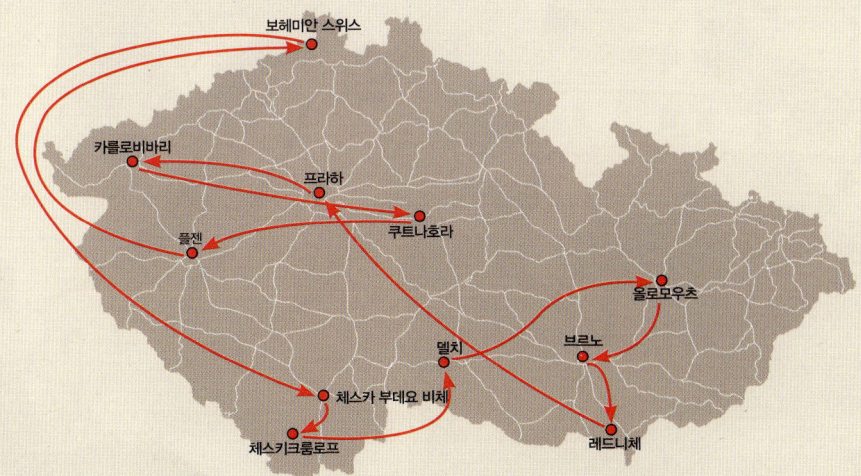

Český Krumlov

체스키크룸로프

Český Krumlov
체스키크룸로프

체코에서도 중세의 모습이 가장 잘 남아 있는 도시로, 가장 아름다운 색을 모아 천국과 가장 흡사하게 꾸며놓은 듯하다. 13세기에 세워진 성에는 영주가 살던 궁전과 4개의 정원이 있으며, 건물들은 고딕, 르네상스, 바로크 스타일 등이 다양하게 섞여 멋진 모습을 모여 준다.

여름에는 온화하고 겨울에는 눈 덮인 절경을 자아내는 체스키크룸로프Český Krumlov는 체코의 수도, 프라하를 축소해 놓은 듯하다. 블타바 강변에 자리 잡은 유서 깊은 도시에서 중세 시대 기념물과 분위기 있는 바가 늘어선 매혹적인 거리를 산책하면서 걸어서 여행이 가능한 작은 도시이다.

체코의 오솔길, 체스키크룸로프(Český Krumlov)
체코어로 '체코의 오솔길'이라는 뜻의 체스키크룸로프는 정겨운 시골길이 이어진 도시 전체가 유네스코 세계문화유산에 등재된 도시이다.

축제
6월 다섯 꽃잎 장미 축제(Five-Petalled Rose Celebration) | 중세 시대의 현장을 재현해 보인다.
7월 국제 음악 축제 | 실내악과 오페라, 교향악 콘서트 관람
9월 바로크 미술 축제

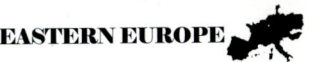

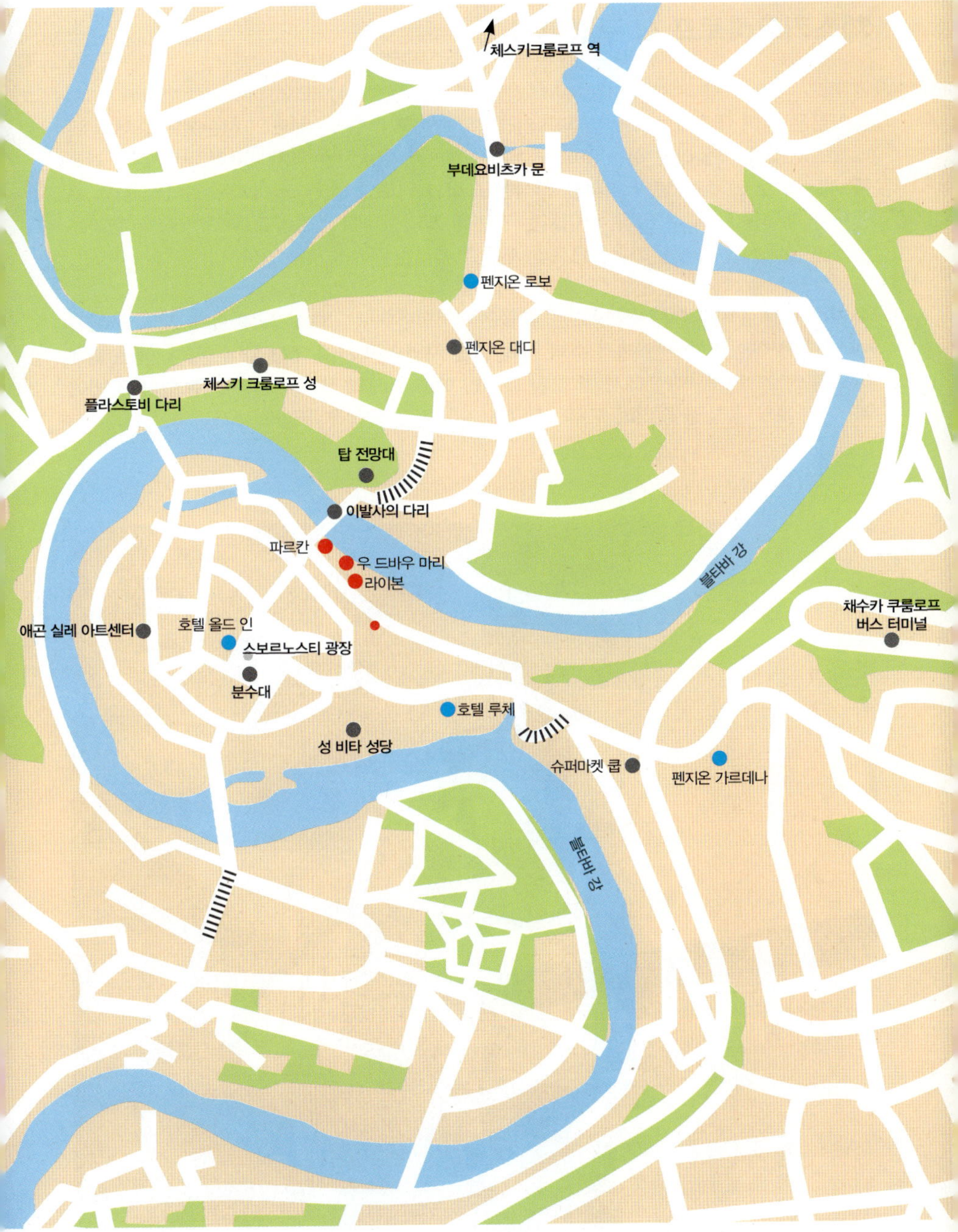
체스키크룸로프 역
부데요비츠카 문
펜지온 로보
펜지온 대디
체스키 크룸로프 성
플라스토비 다리
탑 전망대
이발사의 다리
파르칸
우 드바우 마리
라이본
블타바 강
채수카 쿠룸로프
버스 터미널
애곤 실레 아트센터
호텔 올드 인
스보르노스티 광장
분수대
호텔 루체
성 비타 성당
슈퍼마켓 쿱
펜지온 가르데나
블타바 강

체스키크룸로프 성 구경하기

경이로운 성이 내려다보고 있는 체스키크룸로프Český Krumlov는 체코의 찬란했던 중세와 르네상스 시대를 떠올리게 하는 곳이다. 유네스코에서 보호하는 역사지구의 미로 같은 거리를 거닐어 보고, 수백 년의 역사를 간직한 교회와 인도교, 정원, 굽이치는 블타바 강의 로맨틱한 매력을 느낄 수 있다. 굽이치는 강변에 자리한 체스키크룸로프Český Krumlov 한가운데에는 유네스코 세계 문화유산으로 등재된 고혹적인 구시가지가 있다.

흑요석 박물관Moldavite Museum, 고문 박물관Museum of Torture, 체스키크룸로프 지역 박물관Regional Museum in Český Krumlov에서 수백 년에 걸친 지역의 역사에 대해 알 수 있다. 에곤 쉴레 미술관Egon Schiele Art Centrum에서 빈 출신 화가인 에곤 쉴레의 작품도 감상할 수 있다. 강변에서 카약, 보트, 튜빙을 즐기며 도시의 아기자기한 건물 옥상을 구경해 보자.

EASTERN EUROPE

구시가지 북쪽 끝자락에 있는 인도교를 건너면 13세기에 건축된 체스키크룸로프 성Český Krumlov Castle이 나온다. 눈부시게 화려한 내실과 자연 그대로의 아름다움을 간직한 바로크식 정원과 1,700년대부터 곰들이 살고 있는 해자를 볼 수 있다. 매력적인 라트란 스트리트Latrán Street를 따라 산책을 즐기거나, 인형 박물관Marionette Museum에 들러 인형 전시관을 관람해도 좋다. 에겐베르크 양조장Eggenberg Brewery에서 진행되는 투어도 인기가 높다.

구시가지의 강 맞은편에는 화창한 날 휴식을 취하고 싶은 시립 공원Městský Park이 있다. 근처에는 포토아틀리에 세이델 박물관Museum of Fotoatelier Seidel과 성 비투스 교회가 있어서 어디를 가나 체스키크룸로프Český Krumlov는 아름다운 볼거리로 둘러싸여 있는 곳이다.

체스키크룸로프 IN

체코의 보헤미아 남부 지역에 자리한 체스키크룸로프Český Krumlov로 가려면 프라하에서 기차로 4시간이 소요된다. 프라하 안델 역에서 출발하여 2시간 정도가 지나면 푸릇푸릇한 들판이 끝없이 이어지고 높은 빌딩이 어느덧 사라지고 전원풍의 동화 같은 마을이 나타나면 체스키크룸로프에 도착한다.

스튜던트 에이전시
(Student Agency/2시간 30분 소요)

하루에 다녀올 수 있는 체스키크룸로프Český Krumlov는 프라하에서 버스나 기차를 타고 이동한다. 기차보다 버스가 1시간 정도 빠르다.

스쿨버스처럼 생긴 노란색 버스 '스튜던트 에이전시Student Agency'를 타면 한 번에 도착한다. 홈페이지에서 예약해 출력한 후, 버스 승차를 할 때 '전자 티켓'을 보여주어야 한다. 메트로 B호선 안델Andel역에서 내려 버스터미널Na Knizeci로 나오면, 체스키크룸로프Český Krumlov행 버스를 탈 수 있다.

▶ 홈페이지 : bustickets.studentagency.eu

기차
프라하 중앙역에서 출발한 기차는 체스케부데요비체Ceske Budejovice에서 한 번 갈아타야 한다. 여름 성수기 기간에는 하루에 1번 직행열차가 운행되고 있다.

국가	도시	편도 이동거리	소요시간	1인 탑승	4인승 전세
체코	프라하	185km	2시간	870kč	3990kč
오스트리아	린츠	80km	1시간	420kč	1750kč
	잘츠부르크	210km	2시간 30분	870kč	3990kč
	할슈타트	240km	2시간 30분	870kč	3990kč
	빈	230km	2시간 30분	890kč	3990kč
독일	뮌헨	350km	3시간	1590kč	6990kč

EASTERN EUROPE

스보르노스티 광장
Náměstí Svornosti

구시가지 중심에 스보르노스티 광장 Náměstí Svornosti이 있다. 자갈 광장은 웅장한 부르주아식 저택에 둘러싸여 있고, 미로 같이 좁은 거리를 따라 걸어가면 성 비투스 성당과 자코벡 하우스 Jakoubek House 등의 체스키크룸로프 Cesky Krumlov의 명소를 볼 수 있다.

구시가지 곳곳에서 거리 공연가의 재미있는 공연이 펼쳐지고, 인도를 가득 메운 카페와 아늑한 바 Bar에는 체코 맥주를 즐기는 관광객들을 만날 수 있다.

체스키크룸로프 성
Český Krumlov Castle

체스키크룸로프 Cesky Krumlov의 역사 지구에 우뚝 솟아 있는 마을을 굽어보는 르네상스풍의 성에서 아름다운 정원과 궁전, 응접실, 극장을 둘러볼 수 있다. 유서 깊은 유네스코 문화유산으로 프라하 성 다음으로 크고 웅장한 성이다.

성이 보헤미아 귀족층의 미술, 경제, 정치적 중심지 역할을 했던 곳이다. 1,200년대에 지어진 성과 마을은 중세의 고풍스런 모습을 잘 간직하고 있다.

자연 그대로의 아름다움을 간직한 성의 정원은 1600년대에 조성되었다. 완벽하

관람 순서
체스키크룸로프 성 입구 → 오르막길 → 성 입구 / 마을과 성 사이의 다리와 해자(곰 관람) → 성 본체 → 분수대 뒤로 성탑 입구 → 나무 계단을 따라 올라감 → 성탑 아래의 블타바 강과 마을 풍경 전망 → 내부 입구 → 중정 → 망토 다리 위 조각상 → 망토 다리 위 전망 관람

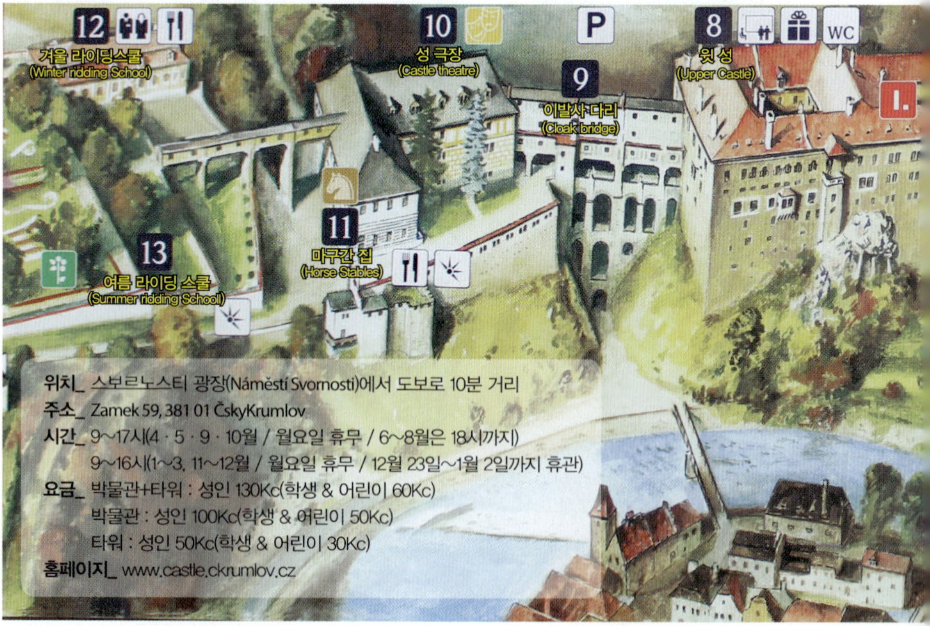

위치_ 스보르노스티 광장(Náměstí Svornosti)에서 도보로 10분 거리
주소_ Zamek 59, 381 01 ČskyKrumlov
시간_ 9〜17시(4·5·9·10월 / 월요일 휴무 / 6〜8월은 18시까지)
　　 9〜16시(1〜3, 11〜12월 / 월요일 휴무 / 12월 23일〜1월 2일까지 휴관)
요금_ 박물관+타워 : 성인 130Kc(학생 & 어린이 60Kc)
　　 박물관 : 성인 100Kc(학생 & 어린이 50Kc)
　　 타워 : 성인 50Kc(학생 & 어린이 30Kc)
홈페이지_ www.castle.ckrumlov.cz

게 정돈된 정원, 산책로와 화려한 분수대 사이에 설치된 산울타리도 살펴보자. 체코 출신 화가, '프란티섹 야쿱 프로키'가 그린 벽화로 꾸며 놓은 공연장이 있다.

간략한 체스키크룸로프 성(Česky Krumlov Castle) 역사

체코 남서쪽 오스트리아 국경 근처에 있었던 13세기 크룸로프 영주의 명에 따라 돌산 위에 성을 건축했다. 그 이후 주변으로 사람들이 모여들면서 마을이 형성됐다. 고딕 양식을 중심으로 르네상스, 바로크 양식이 혼합된 성은 로젠베르그와 슈바르젠베르그 가문에 의해 16세기에 완공됐다. 로젠버그, 합스부르크, 슈바르젠베르크의 귀족 가문이 머물렀던 곳이다.

외부

성의 전체 면적은 7ha에 달하며 다섯 개의 뜰 주변으로 40채의 건물이 들어서 있다. 성 안에는 마을 크기와 맞먹는 넓은 정원이 4개나 있다. 뜰 사이를 거닐며 고딕, 르네상스, 바로크 건축 양식이 어우러진 모습을 감상할 수 있다. 성 외벽은 르네상스 시대에 유행한 스그라피토(Sgraffito) 기법으로 벽면을 채색해 멀리서 보면 견고하게 벽돌을 쌓아놓은 것 같다.

내부

체스키크룸로프 성에서는 영향력과 덕망을 두루 갖춘 체코의 한 귀족 가문이 누렸던 호화로운 생활양식을 확인해 볼 수 있다. 화려하게 장식된 내실을 둘러보고 초상화 갤러리를 볼 수 있다.

박물관

깔끔하게 정리된 박물관에서 성을 둘러싼 삶과 사건에 대해 알 수 있다. 지하실에는 고대 조각상과 현대 미술품 전시관이 있다.

타워

162개의 계단을 올라가면 캐슬 타워(Castle Tower) 꼭대기에 다다르게 된다. 체스키크룸로프 시가지가 한눈에 들어오는 멋진 전망을 볼 수 있다. 성에서 꼭 둘러봐야 할 곳은 마을을 360도로 내려다볼 수 있는 높이 54.5m의 '타워이다. 162개의 계단을 빙글빙글 돌아 오르면 왜 체스키크룸로프를 '유럽에서 가장 아름다운 마을'이라고 극찬하는지 알게 될 것이다. 땅 위에선 보이지 않던 마을 지형이 한눈에 보인다. 블타바 강이 마을을 휘감아 돌아 마치 강 위에 떠 있는 섬처럼 느껴진다.

가이드투어

아름답고 장엄한 건물 내부를 살펴보고 싶다면 가이드 투어에 참가해야 한다. 처음으로 르네상스와 바로크풍의 내부와 무도회장, 세인트 조지 예배당(St. George's Castle Chapel)을 구경한다. 다음으로 슈바르젠베르크 가문의 역사를 집중적으로 살펴보고 정교한 초상화 갤러리를 관람한다. 마지막으로 캐슬 시어터(Castle Theater)의 무대 뒤에서 어떤 일이 벌어지는지 설명을 들으면서 돌아보게 되는 데 극장투어는 별개로 상품이 구성되어 있다.

곰 해자
Medvêdi príkop

18세기부터 곰 사육장으로 이용되어 온 해자는 깔끔하게 정돈된 정원을 산책하면서 찾을 수 있다. 성벽을 지키는 곰들로 아래에서 어슬렁거리며 여기저기 돌아다니고 있는 것을 볼 수 있다.

EASTERN EUROPE

라트란 거리
Latrán

체스키크룸로프와 스보르노스티 광장 Náměstí Svornosti 사이에 있는 중세의 거리로 영주를 모시는 하인들이 살던 곳이다. 아기자기한 상점들이 모여 있어 천천히 이동하면서 즐길 수 있는 거리이다.
버스터미널로 이동하면 성벽에 있는 9개의 문에서 유일하게 남아있는 부데요비츠카 문 Budějovická Braná 을 볼 수 있다.

이발사의 거리
Lazebnicky Most V

다리 위에 십자가에 못 박힌 예수상과 다리의 수호성인인 네포무크의 조각상이 서 있는 다리는 라트란 거리에서 구시가를 가기 위해 놓여졌다. 라트란 1번지에 이발소가 있어서 붙여진 이름이다. 귀족과 이발사의 딸 사이에 비극적인 러브스토리가 있다.

EASTERN EUROPE

에곤 실레 아트 센트룸
Egon Schiele Art Centrum

1911년에 여름휴가로 여자 친구인 발리 노이질^{Wally Neuzil}과 지내면서 다양한 작품을 그린 곳이다. 오스트리아 출신의 천재 화가인 에곤 실레^{Egon Schiele}는 어머니의 고향인 체스키크룸로프^{Cesky Krumlov}에서 자유롭게 지냈지만 당시의 주민들은 좋아하지 않았다. 뼈대만 앙상하게 남긴 채 인체의 실루엣을 적나라하고 노골적으로 묘사한 에로티시즘의 거장으로 우뚝 선 에곤 실레지만 어느 누구도 작품세계를 이해하지는 못했다.

당시에는 자극적인 에로티시즘으로 체스키크룸로프^{Cesky Krumlov} 주민들은 실레의 작품 세계를 이해하지도 받아들이지도 못했지만 지금은 그를 추모하는 미술관이 마을 중심에 들어서 체스키크룸로프^{Cesky Krumlov}를 대표하는 예술가로 우뚝 섰다. 연습작과 드로잉 위주의 작품을 비롯해 그의 흑백사진과 자화상 등이 전시되어 있다. 그의 작품이 인쇄된 포스터를 저렴하게(150Kc) 구입할 수 있다.

에곤 실레(Egon Schiele)

1890년에 오스트리아의 빈에서 태어난 에곤 실레는 클림트와 함께 오스트리아 표현주의를 대표하는 인물이다. 소녀들을 누드 모델로 세운다는 이유로 법정에 서기도 하고, 동성애와 노골적인 성행위를 그리는 성도착자라는 별명을 얻기도 했다. 제1차 세계대전에 징집당해 참전했지만 지속적으로 작품을 그리려고 노력했다. 여자 친구와의 헤어짐으로 슬퍼하고 작품을 만들지 못해 괴로워하다가 스페인 독감에 걸려 29살이라는 젊은 나이로 생을 마감했다.

홈페이지_ www.schieleartcentrum.cz
주소_ Siroka 71, Cesky Krumlov, Czech Republic
시간_ 10〜18시(월요일 휴관)
요금_ 160Kc
전화_ +420-380-704-011

성 비투스 성당
Kostel sv. Vita / Church of St. Vitus

굽이치는 블타바 강 위 곶 지대에 돌로 된 언덕 위에 우뚝 솟은 성당으로 뾰족한 첨탑이 인상적이다. 도시의 중앙 광장을 내려다보고 있는 14세기 성당에서 다양한 건축 양식을 살펴보고 프레스코화와 조각상을 감상할 수 있다.

성 비투스 성당Church of St. Vitus에 가면 약 700년의 역사를 간직한 미술품, 다양한 건축 양식을 감상하고 흥미로운 종교화와 유명 귀족의 묘지도 구경할 수 있다.

주소_ Horni 156
시간_ 9시 30분~18시
주의사항_ 성당 안 사진 촬영 금지
전화_ +420-380-711-336

간략한 역사

수호성인 성 비트(St. Vitus)의 이름을 따 지은 '성 비투스 성당'은 프라하의 성 비투스 성당과 이름이 같다. 성 비투스 성당은 페테르 1세 본 로젠버그의 명에 따라 1300년대 초기에 건립되었다. 1407년 독일의 건축가 린하르트에 의해 건립되었다가 왕족 일원과 귀족들이 이후 건물 외관을 17세기 바로크 양식으로 개축됐다.

외관

심플한 외관에 비해 내부는 정교하고 화려하다. 건물 외관의 고딕 양식과 바로크 양식에는 성당 외벽의 전체 높이와 맞먹는 거대한 창문을 볼 수 있다. 19세기에 증축된 신 고딕 양식의 8면체 탑도 볼 수 있다.

내부

고딕 양식의 아치형 천장이 웅장한 느낌을 준다. 정면엔 성 비투스 성인과 성모마리아를 그린 제단화가 걸려 있고, 좌측엔 예수의 생애를 담은 성화들이 장식되어 있다. 17세기에 제작된 바로크 양식의 중앙 제단에는 동정녀 마리아의 대관식을 묘사한 그림이 전시되어 있다. 체코의 수호성인 성 바츨라프의 조각상 바로 옆에는 성 프란시스코 자비에르 같은 대표적인 성인들의 조각상도 진열되어 있다.

세인트 존 예배당(Chapel of St. John of Nepomuk)

예배당은 1725년 슈바르젠베르크 귀족 가문이 건축한 곳이다. 예배당 입구에는 로젠버그의 윌리엄과 아내 바덴의 안나 마리아가 잠든 묘지가 있다. 성경 속 장면을 묘사해 예배당 주변의 벽면을 장식하고 있는 15세기 프레스코화도 놓치지 말자. 부활 예배당(Resurrection Chapel)에서 체코 출신 화가 프란티섹 야쿱 프로키의 작품도 유명하다.

EASTERN EUROPE

EATING

파르칸
parkan

이발사의 다리 바로 앞에 위치해 전망이 좋은 레스토랑. 고기 요리가 맛있는 곳으로 한국인들은 칠리 치킨과 코르동블루 슈니첼을 주로 시키며, 칠리 치킨은 밥을 함께 주문해 먹어도 좋다.
스테이크나 꼬치구이도 추천 메뉴. 많은 사람들이 찾기 때문에 웨이팅도 피하며 테라스 자리에 앉고 싶다면 예약 후 방문하는 것을 추천한다. 이발사의 다리에 많은 사람들이 몰려 다소 시끄러운 곳이므로 조용하고 한적하게 식사하고 싶다면 추천하지 않는다.

홈페이지_ www.penzionparkan.com
주소_ Parkán 102, 381 01 Český Krumlov
위치_ 이발사의 다리 바로 앞
시간_ 11:00~23:00
요금_ 메인요리 200kc~
전화_ 420-607-206-559

EASTERN EUROPE

에겐베르그 레스토랑
Eggenberg Restaurant

이발사의 다리를 건넌 후 동쪽 방향에 있는 체스키 수도원 인근에 있는 음식점. 양조장과 함께 운영을 하는 바Bar이자 레스토랑으로, 대부분의 메뉴가 맛있지만 고기요리와 생선요리가 특히 맛있는 것으로 호평이다. 내부가 널찍하고 테이블도 많지만 관광객과 현지인에게 인기가 많은 곳이기 때문에 시간을 잘 선택하여 방문하자.

홈페이지_ www.eggenberg.cz
주소_ Pivovarská 27, 381 01 Český Krumlov
위치_ 크룸로프타워 호텔 인근
시간_ 11:00~23:00
요금_ 메인요리 175kc~
전화_ 420-777-616-260

레스토랑 콘비체
Restaurant Konvice

계절별로 생산되는 지역 농산물을 사용하는 체코 전통 음식점으로, 스비치코바가 맛있는 집이다. 아침 일찍부터 밤까지 운영하며, 식사뿐만 아니라 커피와 홈 메이드 케이크도 판매하는 곳이기 때문에 언제 방문해도 좋은 곳이다.
8시부터 10시까지는 아침 식사도 가능하며, 단품 주문뿐만 아니라 코스 요리도 주문할 수 있다.

카페 콜렉티브
KOLEKTIV

체스키 크룸로프 성으로 올라가는 길목에 있는 통 유리창 카페. 고전적인 중세도시 체스키크룸로프에서 가장 현대적인 분위기를 뽐내는 곳으로 잠깐 들러 쉬기 좋은 곳이다. 아침부터 저녁 늦게까지 운영하기 때문에 간단한 브런치를 즐기거나, 커피와 디저트를 즐기며 관광의 피로를 푸는 것도 좋을 것이다.

홈페이지_ www.ckrumlov.info/docs/en/ksz143.xml
주소_ Horní 145, 381 01 Český Krumlov
위치_ 관광안내소에서 동쪽으로 도보 약 2분
시간_ 08:00~22:00
요금_ 스타터 125kc~ / 메인메뉴 200kc~
전화_ 420-380-711-611

홈페이지_ www.facebook.com
주소_ Latrán 14, Latrán, 381 01 Český Krumlov
위치_ 이발사의 다리에서 도보 약 2분
시간_ 일~목 08:00~20:00 / 금,토 08:00~21:00
요금_ 커피류 40kc~ / 케이크류 59kc~
전화_ 420-776-626-644

# EASTERN EUROPE

리즈코바 레스토랑 피보니카
Řízková restaurace Pivoňka

다양한 방법으로 조리한 슈니첼을 내놓는 레스토랑으로 역시 슈니첼이 맛있다. 관광지 및 시내와 다소 떨어져 있지만 관광객이 북적거리고 불친절한 음식점을 피할 겸, 소도시 산책 겸 방문할 가치가 있다. 메뉴가 체코어기 때문에 직원에게 메뉴 추천을 받는 게 가장 좋으며, 추천메뉴는 한국인 입맛에 잘 맞으며 가장 인기가 있는 메뉴인 파마산 슈니첼이다.

홈페이지_ www.rizekprespultalire.cz
주소_ U Zelené Ratolesti 232, 381 01 Český Krumlov
위치_ 에곤 쉴레 아트 센터에서 남쪽 방향으로 도보 약 10분
시간_ 화~토 11:00~22:00 / 일요일 11:00~15:00
　　　월요일 휴무
요금_ 파마산 슈니첼
　　　(Vepřový řízek s krustou v parmezánu) 139Kč
전화_ 420-723-113-100

Karlovy Vary
카를로비 바리

수도인 프라하에서 서쪽 방향으로 약 110㎞ 떨어져 있는 카를로비 바리^{Karlovy Vary}에는 약 52,000명이 거주하고 있다. 카를로비 바리^{Karlovy Vary}에서 가장 유명한 장소는 역사를 되새길 수 있는 마토니 미네랄 워터이다. 또한 많은 역사적 건축물이 훌륭하게 보존되어 있다. 디아나 전망대, 밀 콜로나데 같은 관광지에서 과거를 여행하는 듯한 느낌을 받는다. 세인트 마리 막달레인 교회에 들러 종교적으로 유명한 성지의 평온한 분위기를 사진으로 담는 관광객도 많다.

도시 이름의 유래
프라하로부터 서쪽에 위치한 온천 도시이다. 카를 4세가 사냥을 나갔다가 우연히 온천물이 솟아나는 것을 발견했기 때문에 그의 이름을 붙여 '카를 4세의 온천'이란 뜻으로 '카를로비 바리(Karlovy Vary)'라고 지었다고 한다.

온천 찾기
테플라 강과 오흐제 강이 침식으로 형성된 깊은 계곡에 있는 온천 도시로 온천의 용출량과 긴 역사를 자랑하는 온천 휴양지로 치료와 온천을 목적으로 찾는 사람들의 발길이 1년 내내 끊이지 않는 장소이다. 온천은 12개의 원천에 40개 이상의 성분을 포함하고 있다.

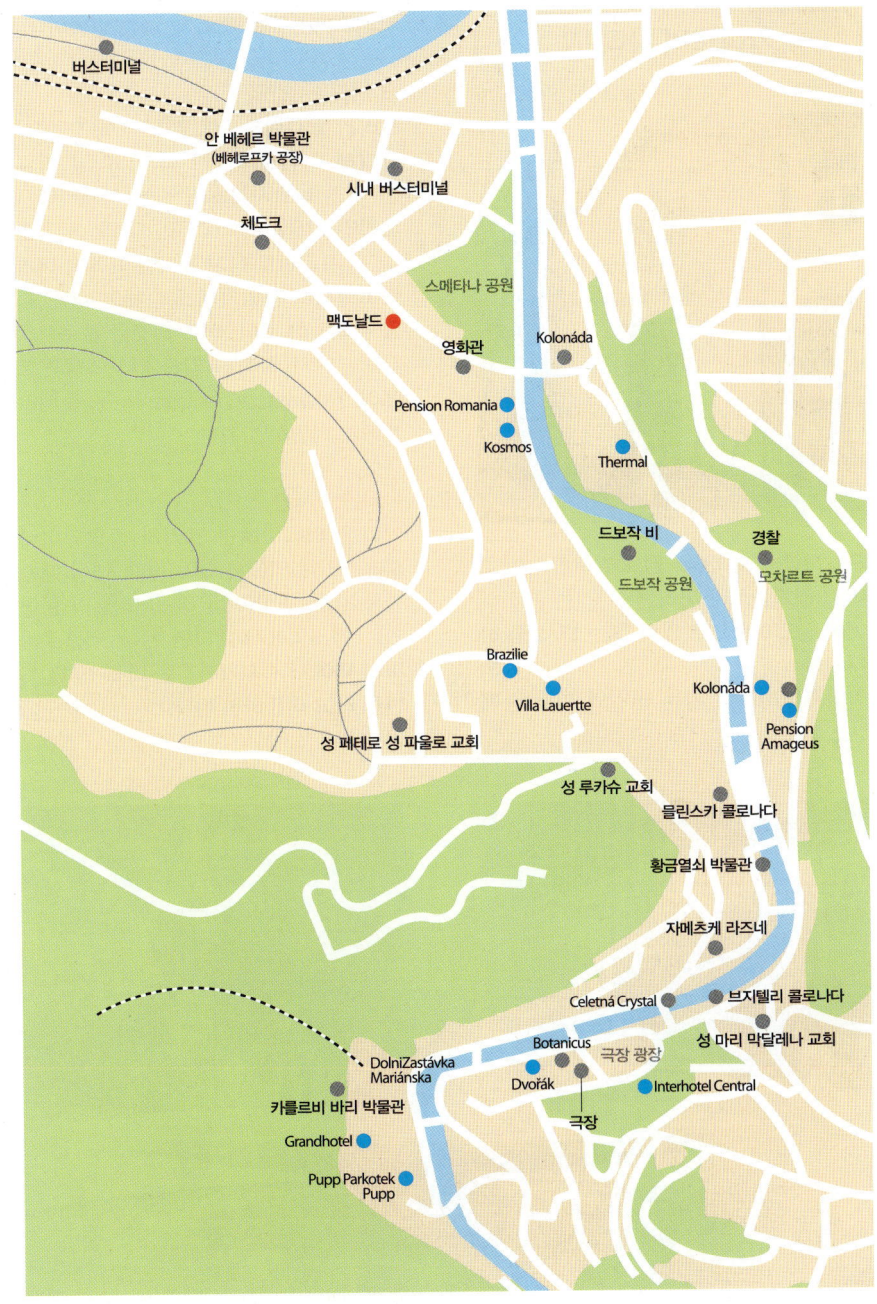

카를로비 바리 IN

프라하에서 약 130㎞ 정도 떨어진 카를로비 바리카를로비 바리 Karlovy Vary는 프라하에서 당일여행으로 많이 찾는 도시 중 하나이다.
카를로비바리로 가는 버스와 기차 중에 버스로 이동하는 것이 더 빠른 방법이다.

버스(약 2시간 소요)

프라하 플로렌츠 터미널 Florenc Autobus에서 출발해 카를로비바리 버스터미널 바로 전 역인 바르샤브스카 Varsavska 거리에서 내리면 카를로비 바리 구시가와 더 가깝다. 단 프라하로 다시 돌아갈 때에는 버스터미널까지 걸어가서 탑승해야 하는 점을 주의해야 한다. 버스 티켓은 플로렌츠 터미널에서 직접 구입하거나 스튜던트 에이전시(www.studentagency.eu)홈페이지에서 확인하면 된다.

기차(약 3시간 소요)

기차를 이용하려면 프라하 중앙역이나 홀레쇼비체 역에서 타야 한다. 내릴 때는 카를로비바리 역이나 버스터미널과 붙어있는 돌리역에서 내리면 된다. 카를로비 바리 역에서 구시가까지는 버스 11, 12, 13번을 타고 이동하면 된다.

EASTERN EUROPE

마시는 온천

체코 서쪽에 있는 카를로비바리는 체코에서 가장 넓고 오래된 아주 유명한 온천 도시이다. 카를 4세가 이곳을 발견하여 '카를의 온천'이라는 뜻으로 카를로비 바리(Karlovy Vary)라고 이름을 짓고 개발하기 시작했다. 이곳에는 도시 곳곳에 온천수를 받아먹을 수 있는 수도꼭지가 달려 있다. 탄산과 알칼리 성분이 풍부해 온천수는 위장과 간장 등의 질병에 효과가 있어서 휴양하려는 관광객들이 많이 찾는다.

이곳 온천의 물은 위장병에 효과가 있어서 사람들은 주둥이가 달린 작은 물컵을 들고 다니면서 직접 물을 마시기도 한다. 괴테, 베토벤 등의 작가나 음악가뿐만 아니라 유럽의 귀족들이 수시로 찾아와 온천을 즐기고 또 온천물을 마시며 병을 고치기도 했다.

효능

카를로비 바리(Karlovy Vary)의 온천수에는 나트륨, 마그네슘, 황산 등 50여 가지 성분이 함유되어 당뇨, 비만, 스트레스, 소화계 장애 등에 치유 효과가 뛰어나다고 한다. 테플라 강을 따라 곳곳에 12개의 온천이 있으며 온천수를 마시면서 산책할 수 있도록 만든 회랑인 콜로나다(Kolonáda)가 군데군데 모여 있다. 온천마다 함유 성분은 비슷하나 온천수의 온도와 이산화탄소의 함량이 조금씩 다르며 효과 또한 조금씩 다르다고 한다.

순서

이곳에 오면 누구가 이렇게 하는 것이 의식처럼 굳어져 있다.
1. 일단 온천수를 마실 수 있는 도자기 컵을 구입한다. 2. 곳곳에 있는 녹슨 듯한 냄새가 나는 온천수를 마셔본다. 3. 달달한 와플로 마무리한다.

꼭 구입할 품목

도자기 컵

라젠스키 포하레크 뜨거운 온천수를 마시기 쉽게 주전자 모양의 도자기 컵이다. 다양한 도자기 컵을 판매하니 취향에 맞게 골라보자.

슈퍼 와플

뻥튀기만 한 크기의 둥근 웨하스에 바닐라, 초코, 딸기 크림 등을 넣어 밀전병처럼 얇게 만든 와플로 쌉싸름한 온천수를 마신 후 먹으면 좋다. 큰 와플이 부담스럽다면 작은 크기의 미니 와플이라도 꼭 맛보는 것이 후회하지 않는다.

베헤로브카(Jan Becher)

베헤로브카(Jan Becher)는 체코인이 식사 전에 가볍게 마시는 200여 종류의 약초가 들어간 약술로 소화를 촉진시키는 데 효과가 좋으며 감기에도 효능이 탁월하다고 한다. 카를로비 바리(Karlovy Vary)뿐만 아니라 체코를 대표하는 기념품으로 체코 어디에서나 구입이 가능하다.

브지델니 콜로나다
Vřidelní Kolonáda

통유리로 된 건물에 사람들이 온천수를 보기 위해 모여드는 곳으로 마시지는 못하고 볼 수만 있는 온천이다. 온천수를 마실 수 있도록 건물 안에 5개의 수도꼭지가 준비되어 있다.
콜로나다Kolonáda와 다르게 마시는 온천수 꼭지는 실내에 있는 것이 특징이다.

1969~1975년에 지어진 콜로나다Kolonáda로 1분에 2,000L나 뿜어져 나오는 온천수의 압력으로 천장까지 솟아오르는 12m 높이의 물기둥을 볼 수 있다. 카를로비 바리Karlovy Vary에서 가장 뜨거운 72℃의 온천수를 비롯하여 57℃, 41℃ 등 각각 다른 온도로 뿜어져 나오는 5개의 온천수가 있으며 건물 안에는 기념품 판매소, 관광안내소 등이 있다.

주소_ Vřidelní
시간_ 6~18시

EASTERN EUROPE

사도바 콜로나다
Sadová Kolonáda

1880~1881년에 오스트리아 제국의 건축가 펠르너Fellner와 헬머Helmer가 지었다. 1960년에 무너진 브라넨스키 파빌리온의 산책로였으나 대대적인 복원을 통해 지금은 푸른 돔의 콜로나다만 남아 있다. 돔 안에 들어서면 뱀 모양의 꼭지가 있는데 뱀 입에서 30℃의 온천수가 흘러나온다. 엷은 블루의 원형 돔이 인상적이고 공원을 따라 프롬나드가 나있는 아름다운 콜로나다가 이어져 많은 관광객이 걷고 쉬는 곳이다. 버스가 내리는 정거장에서 테플라Tefla 강을 따라 이동해 15분 정도 걸으면 찾을 수 있다.

주소_ Zahradni

믈린스카 콜로나다
Mlýnská Kolonáda

카를로비 바리 Karlovy Vary 시내 중심에 있는 가장 유명하고 아름다운 콜로나다 Kolonáda이다. 1871~1881년에 지어진 네오 르네상스 양식의 건물로 124개의 코린트 양식의 기둥이 지붕을 받들고 있으며 지붕 위에는 1년 12달을 상징하는 조각상이 서 있다. 프라하의 국민극장의 설계자인 요제프 지테크 Josef Zitek가 건설하였다. 믈린스카 콜로나다 Mlýnská Kolonáda에는 각기 다른 온도의 온천수 5개가 있다.

주소_ I. P. Pavlova

다른 온도의 온천수 5개
Mlýnská Pramen : 53.8℃ 3.7L/분
Rusalčin Pramen : 58.6℃ 4.3L/분
Pramaen knížete Václava 1 : 62.8℃ 2.6L/분
Pramaen knížete Václava 2 : 59℃ 3.7L/분
Libušin Pramen : 9.6℃ 2.6L/분

EASTERN EUROPE

트르주니 콜로나다
Tržní Kolonáda

브지델니 콜로나다Vřidelní Kolonáda 인근에 하얀 레이스 장식을 한 삼각형의 지붕이 아름답다. 1883년 스위스 건축가가 목조 건물로 지었으나 이후 전반적인 복원을 통해 지금의 모습을 갖추었다.
카를 4세가 치료를 위해 들른 온천으로 64°C의 '카를 온천수'가 나온다. 독일인 화가 죄르클러가 그린 왕이 온천을 발견하는 모습이 나오는 부조가 걸려 있다. 카를 4세가 다친 다리를 치료한 곳으로 알려져 있다.

주소_ Tržiště

성 마리 막달레나 교회
Chrám sv. Máři Magdalény /
Church of St. Mary Magdlalene

브지델니 콜로나다의 건너편에 있는 카를로비 바리를 대표하는 교회이다. 2개의 아름다운 탑과 하얀 벽이 멀리서도 눈길을 사로잡는다.
1732~1736년까지 건축가 딘첸호퍼가 건축한 것으로 내부에는 2개의 고딕양식의 마리아 상과 바로크 양식으로 장식된 제단이 유명하다.

주소_ nám Xvobody
전화_ +420-355-321-161

EATING

벨코포포비츠카 피브니체 오리온
Velkopopovická Pivnice Orion

현지인들도 자주 찾는 체코 전통 음식점으로 체코 맥주와 함께하는 고기 요리가 맛있는 곳이다. 체코 전통음식으로는 꼴레뇨·굴라쉬가 맛있으며, 특히 오리고기를 맛있게 조리하기로 유명하다.

식당으로 올라가는 길이 언덕이라 조금 힘들지만, 약간의 괴로움 뒤에 친절한 직원들이 갖다주는 맛있는 현지 음식을 먹는다면 더 꿀맛처럼 느껴질 것이다.

홈페이지_ www.velkopopovicka-orion.webrestaurant.eu
주소_ Petřín 1113/10, 360 01 Karlovy Vary
위치_ 나 비흘리드체 공원 인근
시간_ 월~금 11:00~22:00 / 토 일 12:00~22:00
요금_ 메인요리 199kc~
전화_ 420-353-232-007

레스토랑 프로메나다
Restaurace promenada

호텔에서 운영하는 레스토랑으로 2018년 카를로비바리 최고의 레스토랑과 체코 최고의 레스토랑으로 동시에 선정되었다. 다수의 헐리웃 영화배우들이 다녀간 음식점이다.

체코 남부에서 생산한 다양한 와인과 함께하는 생선과 고기 요리가 맛있는 것으로 소문난 곳. 항상 웃는 얼굴로 친절한 직원들과 질 높고 맛있는 음식은 언제나 여행객과 현지인들의 발걸음을 이끌고 있다.

레스토랑 스크리펙
Restaurace Sklípek

지하로 내려가야 해서 불편하고, 내부가 다소 협소하기 때문에 식사시간에는 대기를 할 수 있지만 현지인들에게 인기가 높다. 대부분의 메뉴가 맛있는데 저렴하기까지 해 호평일색이다.

체코 전통 음식인 굴라쉬나 꼴레뇨가 맛있으며, 그 밖의 고기요리 또한 후회하지 않을 것이다. 예약을 하는 레스토랑으로 알려져 있으므로 사전에 예약을 하지 않으면 기다릴 수 있다. 예약을 하지 않았다면 식사시간 전에 가서 입장해 있는 것이 기다리지 않는 방법이다.

홈페이지_ www.hotel-promenada.cz
주소_ Tržiště 381/31, 360 01 Karlovy Vary
위치_ 온천지역 관광안내소에서 남쪽으로 도보 약 3분
시간_ 12:00~23:00
요금_ 메인요리 449kc~
전화_ 420-353-225-648

홈페이지_ www.restaurantsklipek.cz
주소_ Moskevská 901/2, 360 01 Karlovy Vary
위치_ 다운타운 관광 안내소에서 도보 약 4분
시간_ 11:00~22:00
요금_ 스타터 55kc~ / 메인요리 135kc~
전화_ 420-602-882-887

Plzen
플젠

Plzen
플젠

약 160,000명의 인구가 사는 플젠Plzen은 북동쪽 방향에 있는 수도인 프라하까지 거리가 85km 정도이다. 약 700년 동안 맥주가 양조되어 왔으며 필스너 맥주Pilsner Beer의 본고장으로 유명하다. 그래서 플젠Plzen을 방문하는 목적은 대부분 필스너 우르켈 양조장Pilsner Urquell Brewery에 가기 위해서이다. 맥주 양조 방법은 필스너 우르켈 양조장Pilsner Urquell Brewery에 들러 양조 기술자가 직접 각각의 맥주를 특별하게 만드는 비결인 다양한 양조 공정을 친절하게 설명해 준다.

더 많은 양조지식을 넓히고 싶다면 시내에 있는 양조 박물관에 방문해보자. 플젠의 역사를 한눈에 알 수 있는 웨스트 보헤미안 박물관도 좋다. 종교에 대해 알고 싶은 관광객들은 대회당과 성 바르톨로뮤 교회St. Bartholomew Church 같은 종교적 명소에도 방문한다.

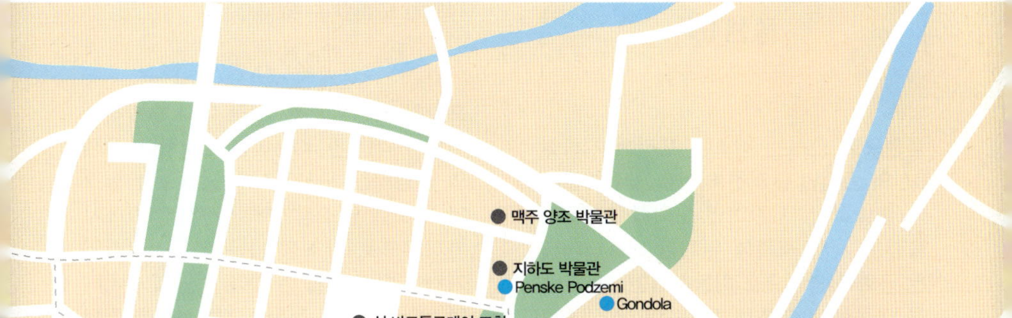

맥주 양조 박물관
지하도 박물관
Penske Podzemi
Gondola
성 바르톨로메이 교회
대시나고그
Cedok
공화국광장
민족 박물관
성 안 교회
Continental
Pension K
성 프란시스코 수도원과
성모피승천 교회
서 보헤미아 박물관
Slovan
슈퍼마켓
지하도 출입구
지하도 출입구
문화회관
지하도 출입구
지하도 출입구

플젠 IN

버스
플젠으로 향하는 버스는 프라하 지하철 B선의 종점인 즐리친 터미널에서 30분마다 출발하여 1시간이면 도착할 수 있다. 플젠 도시의 서쪽에 위치한 버스터미널은 공화국 광장으로 이동하려면 2번 트램을 이용한다. 필스너 우르켈 양조장Pilsner Urquell Brewery까지는 걸어서 이동해도 10분 정도면 도착할 수 있다.

기차
프라하 중앙역에서 1시간 마다 출발하는 기차는 약1시간 40분이면 도착한다. 플젠의 중앙역은 구시가지의 광장보다 필스너 우르켈 양조장Pilsner Urquell Brewery에서 가까우므로 양조장 방문이 목적이라면 기차가 더 편리할 수 있다. 중앙역에서 나와 100m 정도를 직진해 지하보도를 건너 2번 트램을 타고 이동하면 된다.

한눈에 플젠 파악하기

플젠 기차역사에서 나오면 금박의 외관에서 느껴지는 당당함이 있다. 역을 나가면 걸어가다가 오른쪽으로 돌아가면 지하도가 나온다. 지하로 내려가서 도로를 건너면 트램 정류장이 나온다. 2번 트램을 타면 구시가지까지 쉽게 도착할 수 있다.

광장의 중앙에 있는 고딕 양식의 성 바르톨로뮤 교회St. Bartholomew Church은 보헤미아에서 가장 높은 102m의 탑이 있는 성당이다. 플젠에서 가장 볼만한 곳은 맥주 박물관으로 중세 시대의 맥아 제조소였던 곳에서 맥주 제조에 관련된 물건들을 전시해 놓았다.

모퉁이를 돌아 나오면 중세 지하 회랑의 입구가 나온다. 마을 아래 9km를 이어져 있는 회랑은 포위가 되었을 때 대피소로 사용하기 위해 지어진 곳이다. 필스너 우르켈 양조장Pilsner Urquell Brewery은 걸어서 약 10분 정도면 도착할 수 있다. 플젠의 중앙 기차역에서는 바로 북쪽에 있어서 쉽게 도착할 수 있다.

공화국광장
Náměstí Republiky

수수한 색으로 광장을 둘러싼 건물들이 아름답게 조화를 이루고 있는 광장이다.

공화국 광장에서 유명한 건물이 르네상스 양식의 시청사Radnice이다. 네오르네상스 양식의 대시나고그는 유럽에서 최대 규모이다. 1606년, 황제인 루돌프 2세를 위해 지어졌다. 동쪽방향에 민족박물관도 르네상스 양식이다.

성 바르톨로뮤 교회
St. Bartholomew Church

1320~1470년 동안 고딕양식으로 지은 교회로 공화국 광장 중앙에 우뚝 서 있다. 건물도 크지만 첨탑의 높이는 103m로 체코에서 가장 높아서, 주변의 건물은 낮고 작아서 상대적으로 더 커 보인다. 좁은 계단을 301개의 계단을 올라가면 탑 꼭대기에 올라 시내를 조망할 수 있다.

홈페이지_ www.katedralaplzen.org
주소_ Náměsti Republiky
시간_ 10~16시(4~9월, 10~다음해 2월 14시까지)
　　　탑 10~18시
요금_ 50Kc

맥주 박물관 & 지하세계박물관
Plzenske historicke podzemi

중세의 플젠에서는 지하 2~3층으로 파내서 저장고로 사용했다. 14~20세기까지 확장이 되면서 미로처럼 얽혀 버린 지하세계는 교회와 주요 건물을 이어주며 길이가 20km에 이른다고 전해진다. 가장 오래된 부분은 플젠의 남쪽 15km의 교회에 있는 976년에 지어진 것이다.
주변을 흐르는 라부자 강의 물을 수도 탑으로 끌어 올리는 시스템과 지하도 안에 있어 플젠의 시민들은 물 걱정없이 지냈다고 한다.

지금은 약 600m의 지하도를 정비해서 가이드 투어로 직접 돌아볼 수 있도록 관광지화 했다. 입구에서 헬멧을 받아쓰고 좁고 어두운 지하도로 내려가면 더운 여름에도 서늘한 공기를 느낄 수 있다. 가이드 투어(약 50분 소요)를 하면 맥주 박물관과 연결된 지하 저장고는 서로 연결되어 둘러볼 수 있고 맥주 시음도 할 수 있다.

홈페이지_ www.plzenskepodzemi.cz
주소_ Veleslavinova 6
시간_ 10~18시(2~3월 17시까지)
전화_ +420-377-235-574

EASTERN EUROPE

필스너 우르켈 양조장
Pilsner Urquell Brewery

1842년에 황금색을 띄는 홉과 몰트의 감칠맛 나는 필스너 우르켈Pilsner Urquell은 플젠에서 처음으로 제조되었다. 맥주 대국인 체코에서 가장 유명한 브랜드로 구시가지에서 조금 떨어진 곳에 있다.

양조장에서 직접 맥주가 제조되는 과정을 견학하므로 사람들을 매혹시키는 맥주의 비밀을 들을 수 있다. 최신 시설을 도입했지만 전통 제조 기법을 유지하고 있다. 공기가 서늘한 석조 셀러에서 보관된 오크통에서 직접 따라 마시는 맥주의 맛은 기가 막히다.

주소_ U Prazdroje 7
가이드투어_ 가이드투어 13시, 14시45분, 16시30분
시간_ 8~18시(10~다음해 3월까지 17시)
요금_ 250Kc(130Kc)
전화_ +420-377-062-888

양조장 투어

제조공정의 순서대로 이루어지는데 가이드투어로만 둘러볼 수 있다. (약 100분 정도 소요)

1. 가이드투어를 신청하는 관광 안내소의 내부는 옛 양조장을 그대로 재현 놓았다. 여기에서 시간에 맞춰 가이드 투어를 신청하면 된다.

2. 옛 양조장부터 최신 현대 맥주 공장까지 살펴보면서 가이드는 설명을 해준다. 1시간에 약 12만 병의 맥주가 만들어진다고 한다.

3. 맥주의 원료인 홉과 몰트, 물로 필스너 우르켈만의 맛을 좌우하는 재료의 비밀을 파노라마 극장에서 영화로 상연한다. 양질의 몰트를 공급받아 탄산을 가진 플젠만의 물맛이 조화롭게 이루어진 맛이라고 알려준다.

4. 19세기에는 마차, 그 이후에는 기차에 실어 수출하고 있으며 맥주를 실어나르는 기차가 매일 운행된다는 설명을 듣게 된다.

5. 지하 저장고로 내려가서 살균하기 이전의 상태에 있는 맥주를 오크통에서 직접 따라 마시는데 더욱 진한 향이 나는 맛이다.

6. 마지막으로 기념품점으로 이동한다. 다양한 옷과 맥주 잔 등을 구입할 수 있다.

맥주의 고향, 플젠

체코 사람들이 가장 자랑스럽게 생각하는 필스너 맥주(Pilsner Beer)의 고향이 바로 플젠이다. 체코 사람들에게 맥주는 단순한 술이 아니라 '마시는 빵'이라 할 수 있을 정도로 중요한 의미를 가지고 있다. 전 세계에서 맥주 소비량이 가장 많은 나라가 바로 체코인만큼 그들의 맥주 사랑은 유별나서 맥주를 민족의 음료로 생각할 정도이다. 이곳에서는 1295년부터 맥주를 만들어 왔으며, 19세기에는 현대식 맥주 공장이 들어서 대량으로 맥주를 생산하고 있다.

맥주

프라하를 떠나 서쪽의 플젠으로 떠나면 창밖에는 보헤미아 분지의 울창한 숲과 언덕이 펼쳐져 있다. 언덕 사이에 있는 강과 호수에서 물비늘이 반작거리는 장면은 아름답다. 체코는 우리나라와 기후가 비슷하다. 여름에만 조금 더 건조하다는 차이점만 있다. 풍요로운 땅과 온화한 기후 덕분에 체코의 너른 평야에서는 밀, 보리, 감자 등이 잘 자란다.

특히 맥주의 원료가 되는 홉이 유명하다. 체코는 품질 좋은 홉이 잘 자라는데다가 물이 깨끗해서 최고의 맥주 맛을 자랑한다. 투명한 황금빛에 알싸하고도 부드러운 맛을 내는 플젠의 맥주는 다른 나라에서도 인기가 좋다. 맥주 공장은 크기도 엄청나지만 무척 깨끗하다. 관광객들과 함께 맥주가 만들어지는 과정을 구경하고 저장고에 끝없이 쌓여 있는 참나무통이 인상적이다. 참나무통에서 직접 맥주를 받아 마시면 자꾸만 손이 간다. 체코인들의 맥주 사랑과 자부심은 정말 대단하다.

맥주 제조 순서
1. 보리를 갈아 물에 잘 섞는다.
2. 홉을 넣고 끓인다.
3. 식힌 뒤 효모를 넣는다.
4. 일주일 정도 지하 창고에서 숙성한다.
5. 맥주를 병에 담아 판매한다.

필스너 우르켈(Pilsner Urquell)
'우르켈(Urquell)'은 우리말로 '원조'라는 뜻으로 우리나라에서도 즐겨 마시는 황금색 맥주가 탄생한 곳이 플젠이다.

버스와이저
미국 맥주인 버드와이저는 사실 체코 맥주에서 이름을 따 온 것이다.

EATING

랑고 레스토랑
Rango Restaurant

랑고Rango 호텔 내에 위치한 이탈리아·지중해 요리 전문점이다. 내부는 고급스럽고 현대적인 1층, 고전적인 중세 유럽 분위기가 넘치는 지하 레스토랑으로 나누어져 있다. 분위기는 고급스러워도 체코의 일반적인 물가보다 크게 차이가 나지 않는 곳으로, 친절하고 유쾌한 직원들의 서비스와 지중해풍 음식을 즐기기 좋은 식당으로 추천메뉴는 리조또나 피자이다.

홈페이지_ www.rango.cz
주소_ Pražská 89/10, 301 00 Plzeň 3-Vnitřní Měst
위치_ 필스너 우르켈 양조장에서 도보로 약 10분
시간_ 월~금 11:00~23:00 / 토,일 12:00~2:00
요금_ 스타터 119kc~ / 메인 155kc~
전화_ 420-377-329-969

EASTERN EUROPE

델리쉬
Delish

치열한 순위 싸움을 하는 플젠의 3대 햄버거 맛집 중 1위를 차지한 햄버거 전문점. 자그마치 25가지 종류의 햄버거를 판매하고 있으며, 관광객에게도 인기 있는 곳이다. 두껍고 질 좋은데다 촉촉한 패티가 들어있는 햄버거는 플젠에 다시 오고 싶을 정도의 인생 햄버거가 될 수도 있다.

나 파르카누
Na parkanu

현지인들도 자주 찾는 체코 전통 음식점으로 대부분의 음식이 맛있는 것으로 호평인 곳이다. 그 중에서도 한국인 입맛에 잘 맞는 육회 타르타르나 마늘스프, 굴라쉬 중 하나는 꼭 시켜 먹어볼 것. 나 파르카누에서는 공정 가장 마지막에 시행되는 필터링을 하지 않아 끝 맛에 강한 홉향이 감도는 필스너 우르켈 맛도 느껴볼 수 있으므로, 맥주 마니아라면 반드시 들려볼 것을 추천한다.

홈페이지_ www.naparkanu.com
주소_ Veleslavínova 59/4, 301 00 Plzeň
위치_ 랑고 레스토랑에서 도보로 약 3분
시간_ 월~수 11:00~23:00 / 목 11:00~24:00
금,토 11:00~25:00 / 일 11:00~22:00
요금_ 스타터 99kc~ / 메인 179kc~
전화_ 420-724-618-237

홈페이지_ www.delish.cz
주소_ Riegrova 20, 301 00 Plzeň 3
위치_ 랑고 레스토랑에서 도보로 약 5분
시간_ 월~목 11:00~22:00 / 금 11:00~23:00
토 12:00~23:00 / 일 12:00~21:00
요금_ 버거류 139kc~
전화_ 420-773-039-513

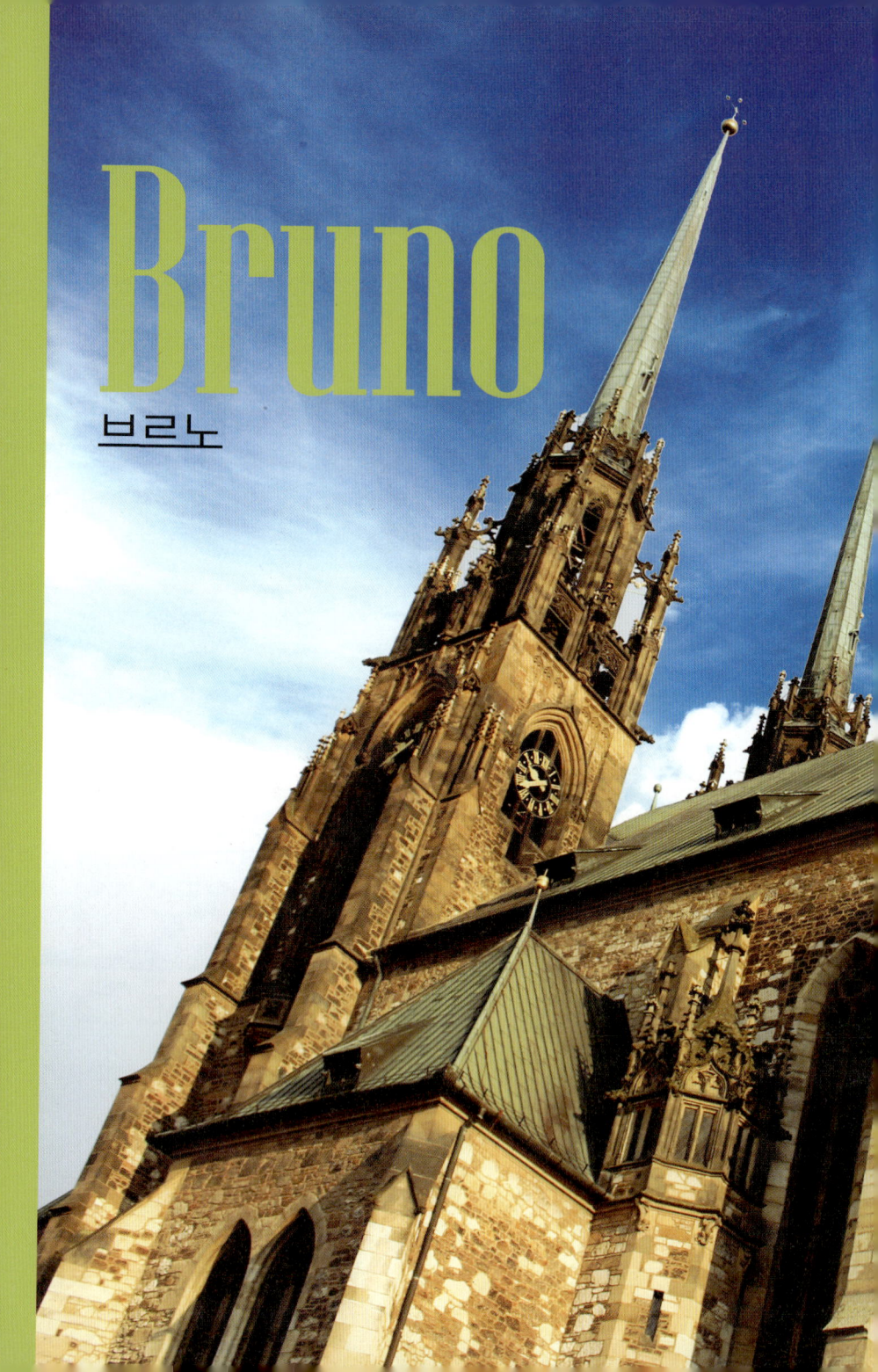

Bruno
브르노

Bruno
브 르 노

체코 제2도시인 브르노Bruno는 화이트 와인의 성지로 유명하다. 브르노Bruno는 규모면에서는 체코에서 인구는 40만 명의 2번째로 큰 도시이고 버스, 기차 등 교통의 허브이다. 아름다운 자연경관으로 둘러싸여 있고, 프라하보다 조용하고 아늑한 분위기를 물씬 풍긴다. 브르노는 겨울을 제외하고 대체로  날씨가 좋은 편이라 판란 하늘을 자주 볼 수 있다. 9월에 많은 관광객들이 가을의 와인 투어를 가장 많이 즐긴다.

체코는 보헤미안 지방의 맥주가 익히 알려져 있지만, 모라비아 지역에서 맥주만큼 와인이 유명하다. 브르노 지역이 체코 와인 생산량의 96%를 담당한다. 중세의 고즈넉한 풍경에 와인 맛까지 음미하려면 발티체 성에 있는 국립와인협회 와인 살롱을 찾으면 된다. 이곳에서 열리는 시음 프로그램에 참가해 와인을 맛보고 구입할 수 있다. 화이트 와인은 아주 달콤하다.

간단한 브르노 역사

11세기에 성채로 건설된 브르노Bruno는 오늘날 체코에서 2번째로 큰 도시이자 모라비아 지역의 주도로 발전했다. 브르노Bruno의 구시가지에 자리 잡은 자유의 광장Náměstí Svobody에는 14세기의 성 베드로와 성 바오로 대성당, 올드 타운홀Old Town Hall 같은 건축학적 걸작들이 모여 있다. 카푸친 수도원Capuchin Monastery의 음산한 지하실에서 미라를 구경하고, 세인트 제임스 교회Church of St. James의 납골당에서 전염병과 전쟁으로 목숨을 잃은 사람들의 유골도 살펴볼 수 있다.

모라비아 왕국의 수도로 번영을 누렸던 브르노에는 슈필베르크 성과 교회 등의 많은 문화유산이 있다. 문화와 학문의 중심지로 미술관, 박물관, 도서관, 대학이 자리하고 있어 젊고 활기찬 분위기를 느껴진다. 모라비안 박물관Moravian Museum에서 현지 역사를 알 수 있고 브르노 모라비안 갤러리Moravian Gallery in Brno와 브르노 미술관Brno House of Arts에서 전시관도 둘러볼 수 있다.

밤의 도시

밤이 되면 구시가지의 바와 레스토랑에서 즐거운 시간을 만끽해 보자. 커다란 광장이 내려다보이는 야외 테라스를 갖추고 있는 바가 많다. 현지에서 만든 스타로 브르노 맥주와 남부 모라비아의 포도원에서 생산된 와인도 맛보고, 시민들과 대화를 나누면서 활기찬 하루를 마무리할 수 있다. 마헨 극장Mahen Theatre과 레두타 극장Reduta Theatre에서 발레와 오페라, 교향악단 공연을 관람하면서 여유를 즐기는 것도 좋은 방법이다.

잘 알려지지 않은 대학도시

브르노Brno는 인구와 규모 면에서는 체코에서 두 번째로 큰 도시지만, 관광지 인기도로 보자면 유네스코 문화유산에 등재된 체스키크롬로프, 모라비아의 올로모우츠에 훨씬 못 미친다. 버스, 트램을 타고 주요 관광지를 편안하게 둘러볼 수 있는 브르노는 인파로 북적대는 프라하에서는 느낄 수 없는 체코의 매력을 만끽할 수 있다.

브르노 IN

브르노Bruno는 남부 모라비아의 광활한 전원 지역으로 향하는 관문이다. 프라하에서 브르노까지는 기차를 타고 오면 쉽다. 프라하는 2시간 남짓, 오스트리아 비엔나는 1시간 30분, 헝가리 부다페스트는 3시간이면 버스로 도착할 수 있다.

기차

브르노Bruno는 프라하에서 18편, 올로모우츠에서 6편, 슬로바키아의 브라티슬라바에서 5편의 기차가 운행하는 교통의 중심지로 성장해왔다.

프라하 본역에서 매일 13편의 기차가 3시간 거리에 있는 브르노로 운행을 하고 있다. 홀레쇼비체 역에서 5편의 기차가 운행을 하는 교통의 중심지이다. 모라비아의 중심도시인 올로모우츠까지 매일 6편의 기차가 1시간 30분이면 도착한다.

버스

프라하와 올로모우츠에서 매시간 30분마다 출발하는 버스들이 브르노로 향하고 있다. 프라하에서 약 2시간 30분이 소요되며 올로모우츠에서 1시간 10분이면 도착하여 체코를 여행하는 관광객은 버스를 이용하는 비율이 높다.

버스로 프라하에서 출발해 브르노를 거쳐 헝가리의 부다페스트까지 이동하는 버스도 여행자들이 많이 선택하고 있다.

한눈에 브르노 파악하기

미술관과 중세 시대의 랜드마크인 활기 넘치는 바를 두루 갖춘 브르노^{Bruno}를 방문해 모라비아의 여유로운 매력을 느껴보자. 건축학적으로 인상 깊은 기념물과 분위기 있는 바, 갤러리, 아름다운 공원과 박물관이 있는 브르노로 여행을 떠나면 넉넉한 인심을 느낄 수 있다.

브르노 시 전체는 큰 도시이지만 관광을 위한 구시가지는 작은 규모의 도시라고 알고 있어야 한다. 브르노 기차역에서 자유 광장으로 걸어서 약 10~15분 정도면 도착할 수 있어, 걸어서 여행을 즐길 수 있다. 버스터미널은 더 남쪽으로 위치해 있어 구시가지까지 10분 정도가 더 소요된다. 9번 트램이 역을 지나 구시가지까지 이동하므로 편하게 이용이 가능하다.

기차역에서 자유 광장까지 이어진 마사리코바^{Masarykova} 거리는 가장 활발한 번화가로 레스토랑과 카페, 각종 상점들이 늘어서 있다. 북쪽으로 계속 이동하면 자유 광장$^{nám.\,Svobody}$에 도착한다. 자유 광장을 중심으로 북쪽으로 성 야곱 교회, 남쪽으로 성 파울로 교회, 서쪽으로 슈필베르크 성이 있다.

광장 근처에 있는 고딕건축이나 은행 건물들은 현대적인 건물도 있지만 르네상스 양식으로 지어진 건물을 그대로 이용하고 있다. 도미키칸 광장이나 녹색 광장도 2블록 거리에 있어 여행하기에 좋은 도시이다.

EASTERN EUROPE

도심 외곽에 자리 잡은 마사리크 대학교 멘델 박물관Mendel Museum of Masaryk University과 로마 문화 박물관Museum of Romani Culture, 브르노 기술박물관Technical Museum of Brno도 찾아가 보자. 트램을 타거나 걸어서 슈필베르크 성Spilberk Castle과 기능주의 양식의 두겐다트 별장Villa Tugendhat이 있는 언덕 위로 올라가 도시를 바라봐도 좋다.

화창한 날에 브르노의 공원과 정원에 들러 보자. 루잔키 공원의 넓은 잔디밭에서 여유를 만끽하며 식물원Botanicka Zahrada에서 자연경관을 감상하고 향기에 취해도 좋다. 브르노 동물원Zoo Brno에 들러 이국적인 야생동물도 만나고 보트를 타고 지하 강을 따라 마코차 심연Macocha Abyss의 경이로운 동굴이 모여 있는 곳으로 이동해도 좋다.

자유 광장
Náměstí Svobody / Freedom Square

구시가지의 중심에 있는 큰 광장으로 브르노 시민들이 걸어 다니면서 활동할 수 있는 곳이다.
자유 광장nám. Svobody에서 이어진 마사리코바Masarykova 거리는 가장 활발한 번화가로 레스토랑과 카페, 각종 상점들이 늘어서 있다. 자유 광장nám. Svobody 근처에는 성 야콥 교회부터 현대적인 건물까지 다양한 시대의 건축들이 둘러싸 있다.

전화_ +420 549 251 246

EASTERN EUROPE

구 시청사
Stará Radnice / Old Town Hall

브르노의 랜드 마크인 언덕 위쪽의 세인트 피터 앤드 폴 성당 앞에서 사진도 찍고, 구 시청 건물 안에 들어가 이곳의 상징인 매달려 있는 악어도 구경해 본다. 고딕양식의 돌로 된 세공은 1511년 안톤 필그람^{Anton Pilgram}이 제작했다. 그는 충분한 보수를 받지 못해 중심의 작은 탑을 뒤틀어놓았다고 전해진다.

건물로 들어가는 통로에는 브르노의 상징인 악어가 날카로운 눈으로 쳐다보고 있어 어두울 때에는 깜짝 놀라기도 한다. 내부에는 파노라마에서 입체사진을 보고, 세공의 오르골, 축음기 등이 전시되어 있으며 스테인드글라스도 아름다워 많은 관광객이 찾고 있다. 시청사의 탑에 올라가 브르노 시내를 조망할 수도 있다.

주소_ Radnická 8
시간_ 9~17시
전화_ +420-542-321-255

오메가 팰리스 백화점
Omega Palace Department Store

브르노 구시가의 중심부인 자유 광장 Naměsti Svobody에 들어서면, 네오르네상스와 바로크 양식의 빛바랜 건축물들 사이로 유독 모던한 빌딩 하나가 눈에 띈다. 바로 오메가 팰리스 백화점Omega Palace Department Store이다.

건축 스튜디오 쿠바 & 필라 아르키텍티 Kuba & Pilar Architekti가 설계를 맡아 특유의 미니멀한 건축 미학을 선보였다. 직사각형으로 덩어리진 유백색 유리들이 기하학적 패턴처럼 연결되어 낮에는 빛을 품고, 밤에는 요요히 빛난다.

또 하나의 감상 포인트는 몇 해 전 건물 앞에 설치한 천문시계다. 조각가 올드리흐 루이브르Oldřich Rujbr와 그래픽 디자이너 페트르 카메니크Petr Kamenik가 디자인한 검은 기둥이 마치 현대미술 작품을 보는 듯한 착각을 불러일으킨다. 밤이 되면 푸른빛 조명이 건물 전체에 들어와 더 이색적인 풍광을 즐길 수 있다.

시간_ 10~19시

현대적인 도시, 브르노

구시가 외곽까지 나가지 않아도 고딕과 바로크 사이, 우아함과 고풍스러움 사이로 군데군데 아주 모던한 건축물이 눈에 띄었다. 시티 투어를 맡은 마르티나에게 이에 관해 물었다. "1918년 체코와 슬로바키아가 합병한 이후 브르노는 연방에서 두 번째로 큰 도시가 되었다.
새로 생긴 기관이나 단체는 많은데 들어설 공간이 없으니까 자연스레 건축 붐이 일었죠." 일거리가 많아지니 당연히 건축가들이 모여들었고, 온갖 테크닉으로 무장한 젊은 건축가들이 하나의 세대를 이루며 일대의 문화적 트렌드를 선도하게 된 거다.
브르노 구시가에 기능주의 양식이 들어서기 시작한 건 그때부터다. 사실 브르노를 오늘날 모라비아에서 가장 현대적인 도시로 진화시킨 데는 건축의 공이 적잖다. 현지인들이 가장 자랑스러워하는 빌라 투겐타트(Villa Tugendhat)부터 구시가 한복판을 점령한 백화점 건물까지, 브르노를 '다른 맛'으로 기억하게 하는 주요 모던 건축을 둘러봤다.

EASTERN EUROPE

녹색 광장
Zelny trh

자유 광장 근처에 작은 광장이 하나 더 있다. 겨울 시즌과 일요일을 제외하고는 늘 장이 서는 광장이다. 근처에서 생산된 신선한 제철 과일과 채소를 늘 쌓아두고 판다. 마트에서 파는 것보다 더 신선한 것들을 살 수 있다. 시장이 문을 닫는 겨울 시즌에는 크리스마스 마켓이 열린다.
각종 공예품과 크리스마스 관련 제품, 먹을거리를 판매해 눈과 입을 자극한다. 양배추 시장 Zelný trh에서 다채로운 음식 가판대를 둘러보며 현지 주민들과 어울릴 수 있다. 바빌로니아, 그리스, 페르시아 제국을 상징하는 바르나소스 분수대 Parnassus Fountain를 찾아가도 좋다. 가이드 투어에 참여하면 과거 은신처, 창고이자 고문실로 사용되었던 지하 터널도 구경할 수 있다.

주소_ Náměstí Svobody 1550

슈필베르크 성
Spilberk Castle

시내와 연결된 언덕을 통해 슈필베르크 성Spilberk Castle에 올라 시내를 조망할 수 있다. 도심 속 숲속 같은 분위기를 주는 슈필베르크 성Spilberk Castle으로 올라가는 길은 나무로 둘러싸인 언덕이라 산책하기 좋다. 성 위쪽까지 올라가면 시내를 한눈에 볼 수 있는 최고의 장소이다.

언덕에 있는 13세기 요새의 포와 음산한 지하 감옥 안에 들어가 보고 미술 전시관을 관람할 수 있다. 브르노 구시가지가 한눈에 들어오는 멋진 전망도 보러 관광객이 많이 찾는다. 슈필베르크 성Spilberk Castle의 지하 감옥과 성벽, 박물관을 살펴보며 수백 년간 이어져 온 왕궁 역사에 대해 알 수 있다. 아름다운 성은 모라비안 총독의 관저이자 요새였고 합스부르크 시절에는 교도소로도 이용되었다. 슈필베르크 성Spilberk Castle은 1200년대 중반 오트카르 프르제미슬 2세의 명으로 건축되었다.

주소_ Spilberk 210/1
위치_ 슈필베르크 성에서 15분만 더 걸어가면 자유의 광장(Náměstí Svobody) 도착
시간_ 9~17시(월요일 휴관)
전화_ +420-542-123-611

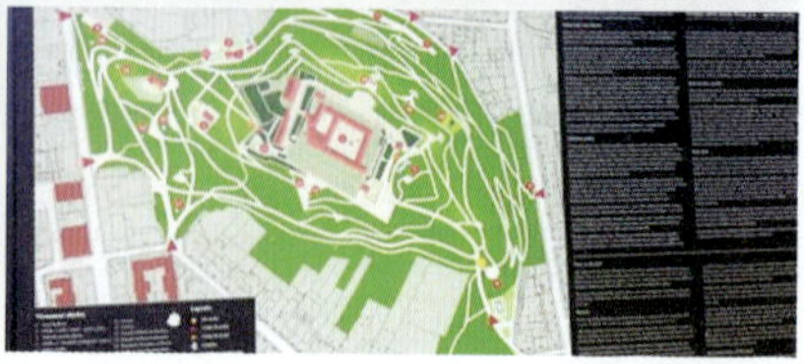

전망 탑

입장료를 내고 안에 들어가면 더 높이 올라 볼 수 있는 전망대도 있다. 꼭대기에 올라가 브르노 도심과 주변 전원 지역이 한눈에 들어오는 멋진 전망을 감상할 수 있다. 나무가 줄지어 정원으로 둘러싸인 언덕 꼭대기에서 브르노 구 시가지가 보인다. 해 지는 시간에 맞춰 오르면 일몰 풍경도 한 번에 볼 수 있으니 일석이조다.

지하 감옥

적의 공격을 막기 위해 무기를 보관해 두었던 포곽은 18세기에 합스부르크 왕가 구성원들이 성의 중세 구조물에 지하 감옥을 증축하였다. 지하 감옥 안을 들여다보며 합스부르크 왕가에서 죄수들을 열악한 환경에 감금했던 것을 상상할 수 있다. 가장 유명했던 죄수로는 오스트리아의 장군 바론 프란츠 반 본 데르 트렌크, 이탈리아의 시인 실비오 펠리코, 체코의 악명 높은 무법자 바츨라프 바빈스키 등이 있다.

브르노 시립 박물관(Brno City Museum)

브르노의 문화적 유산을 소개하는 상설 전시관이 있다. 성에서 요새로(From Castle to Fortress)이동해 전시관에 가서 700년에 이르는 슈필베르크 성의 역사상 주요한 건축학적 변천사를 알 수 있다. 국립 교도소(Prison of the Nations) 전시관에 들러 성이 악명 높은 감옥으로 이용되던 당시의 상황을 이해하면서 브르노의 주요 역사적 사건을 시간대별로 살펴보고 바로크 조각상과 당시 가구, 르네상스 시대의 그림들을 관람하게 된다.

두겐다트 별장
Villa Tugendhat

기능주의의 진수를 보여 주는 유네스코 세계 문화유산인 두겐다트 별장은 체코의 부유한 가문이 머물렀던 곳이다. 두겐다트 별장Villa Tugendhat은 1920년대 브르노를 강타한 기능주의 건축 양식을 가진 건물이 모여 있다. 현대적으로 설계한 방과 당시 가구를 살펴보고, 창밖을 바라보면 자연 그대로의 아름다움을 간직한 정원을 볼 수 있다.

간략한 역사

두겐다트 별장Villa Tugendhat은 부유한 기업의 두 상속자인 그레테 두겐타트Grete Tugendhat와 프리츠 두겐타트Pritz Tugendhat가 살던 곳이다. 두 사람은 1927년 독일 건축가인 루드비히 미스 반데어로에Mies

van der Rohe를 고용해 저택을 지었다. 이 저택은 뛰어난 디자인을 인정받아 세계적인 유명세를 얻게 되었다. 제2차 세계대전 때는 독일군에게 점령당해 폭격으로 피해도 보았다. 전쟁 이후 소아과 병원으로 운영되었다가 다시 별장으로 사용되고 있다.

주소_ Cernopolni 45
위치_ 구시가지에서 차로 10분, 걸어서 25분 거리
　　　　트램 3, 5, 11번 타고 이동
시간_ 10~18시(월요일 휴관)
전화_ +420-515-511-015

EATING

카펙
Kafec

브르노에서 진짜 맛있는 커피를 마시고 싶다면 꼭 들러야 할 카페. 현지인들이 추천하는 커피 맛집으로 2010년에 문을 열었으며, 플젠과 즐린에도 지점이 있다. 카페의 대표이자 모든 것을 관리 감독하는 토마스 코네티는 8살부터 커피를 만든 커피광이라고 알려져 있다. 친절하고 유쾌한 직원들이 내려주는 진한 커피 맛은 당신의 기대 이상일 것이다.

홈페이지_ www.kafec.cz
주소_ Orlí 491/16, 602 00 Brno-město
위치_ 양배추 시장에서 도보 약 2분
시간_ 월~금 09:00~20:00 / 토.일 09:00~20:00
요금_ 커피류 45Kc~
전화_ 420-537-021-965

고 브르노
Gỗ Brno - Pravá vietnamská kuchyně

브르노에서 맛있고 양 많기로 소문난 베트남 음식 전문점이다. 한국에서 먹는 베트남 음식과 크게 다르지 않아 좋다. 쌀국수나 분짜, 스프링 롤 등 대체로 모든 메뉴가 맛있다. 식사 만족도가 높아 재 방문률이 높다. 내부는 테이블이 많고 꽤 넓지만 브르노 내 인기 식당이기 때문에 식사 시간에는 사람이 붐빈다.

버거 인
BURGER INN

나이와 성별을 불문하고 현지인들에게 인기 있는 수제 버거 전문점이다. 육즙이 촉촉하게 살아있는 두툼한 패티와 어우러지는 맛있는 소스와 야채, 노릇한 번까지 보면 먹고 싶은 마음이 생겨난다.
큰 접시가 꽉 차도록 내어주는 햄버거와 감자튀김을 먹고 나면 맛있고 배부른 식사에 저절로 만족하게 된다. 버거 인의 시그니처이자 한국인 입맛에 딱 맞는 체다 베이컨을 주로 주문한다.

홈페이지_ www.facebook.com/GoBrno
주소_ Běhounská 115/4, 602 00 Brno-střed-Brno-město
위치_ 자유광장에서 북쪽으로 도보 약 2분
시간_ 월~토 11:00~22:00 / 일 12:00~22:00
요금_ 스프링롤 65Kc~ / 쌀국수 139Kc~
전화_ 420-720-021-575

홈페이지_ www.burgerinn.business.site
주소_ Běhounská 9, 602 00 Brno-střed
위치_ 고 브르노에서 북쪽으로 도보 약 2분
시간_ 일~목 11:00~22:00 / 금,토 11:00~23:00
요금_ 버거류 169Kc~
전화_ 420-775-253-799

EASTERN EUROPE

크테리 네그지스토예
který neexistuje

브르노에 방문했다면 한번쯤 들러봐야 할 바. 가게 이름도 '존재하지 않는 바'라는 뜻이며, 브르노의 힙 플레이스로 유명해 오픈 전부터 대기 줄로 넘친다.
브르노의 대학생 2명이 최고의 술집을 찾으려 미국 동부로 여행을 다녀온 후 만든 곳으로, 체코에서 한 번도 느껴보지 못한 힙한 분위기에 저절로 들뜨게 될 것이다.

홈페이지_ www.barkteryneexistuje.cz
주소_ Běhounská 9, 602 00 Brno-střed
위치_ 고 브르노에서 북쪽으로 도보 약 2분
시간_ 일~목 11:00~22:00 / 금,토 11:00~23:00
요금_ 버거류 169Kc~
전화_ 420-775-253-799

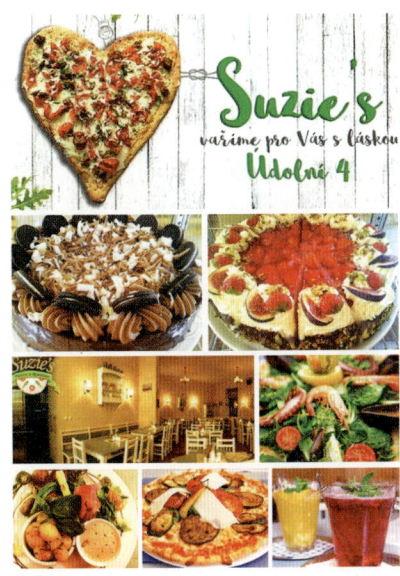

수지스 피제리아 앤 레스토랑
Suzie's pizzeria & restaurant

현지인들이 자주 찾는 이탈리안 레스토랑으로, 이탈리아에서 수입한 재료를 사용하여 음식을 만들어낸다.
피자, 파스타, 리조또, 스테이크 등 다양한 메뉴를 판매하며, 신선하고 질 좋은 재료를 사용하여 개성이 있게 플레이팅하는 음식들은 눈도 입도 즐겁다. 모든 이들이 극찬하며 직원들도 자랑스러워하는 홈메이드 레모네이드를 추천한다.

홈페이지_ www.suzies.cz
주소_ 4 306 Údolní Veveří, 602 00 Brno-střed
위치_ 트램 Komenského náměstí에서 도보 약 3분
시간_ 월~토 11:00~23:00 / 일 11:00~22:00
요금_ 피자류 155Kc~
전화_ 420-702-160-160

Olomouc

올로모우츠

Olomouc
올로모우츠

프라하가 보헤미아 지방을 대표한다면 올로모우츠^{Olomouc}는 모라비아 지방을 대표하는 도시이다. 체코의 도시 규모로는 6번째이지만 프라하에 이어 체코에서 2번째로 많은 문화재를 보유하고 있다. 한적한 중세 도시를 느긋하게 걸어보면 중세의 향기를 느낄 수 있는 '작은 프라하'라고 불리지만 올로모우츠 시민들은 올로모우츠^{Olomouc}로 불리기를 원한다.
모라비아의 대표 도시이자 천년이 넘는 역사를 간직하고 있는 올로모우츠^{Olomouc}는 어느 곳을 가든 전통을 보전하고 있다. 프라하에 비해 저평가된 도시이니 체코여행에서 놓치지 말아야 한다.

올로모우츠 IN

체코의 국토는 넓지 않아서 프라하에서 대부분 당일치기로 다녀올 수 있다. 그러나 체코를 여행하려는 관광객은 올로모우츠를 거쳐 브루노Brno로 이동하는 경우가 많다. 프라하에서 중앙역이나 홀레쇼비체Holesovice역에서 타면 3시간 정도 지나면 올로모우츠Olomouc에 도착한다.

브르노에서 직행과 프레로브Prerov에서 갈아타는 환승편이 있으므로 시간을 확인하고 표를 구입해야 한다. 올로모우츠Olomouc는 인접한 슬로바키아, 오스트리아, 폴란드를 오가는 열차편이 운행되고 있다.

주간 이동가능 도시

올로모우츠 hl.n	브르노 Brno hl.n	열차 : 1시 30분~2시
올로모우츠 hl.n	프라하 Praha hl.n 또는 Holesoviec역	열차 : 2시 10분~2시 50분
올로모우츠 hl.n	프라하 Praha Florenc 터미널	버스 : 3시 30분
올로모우츠 hl.n	오스트리아 빈 Wien Sudbahnhot	열차 : 3시 10분~4시

야간 이동가능 도시

올로모우츠 hl.n	폴란드 바르샤바 Warszawa Centraina	열차 : 6시 10분
올로모우츠 hl.n	폴란드 크라쿠프 Krakow Glowmy	열차 : 6시 20분~8시 30분

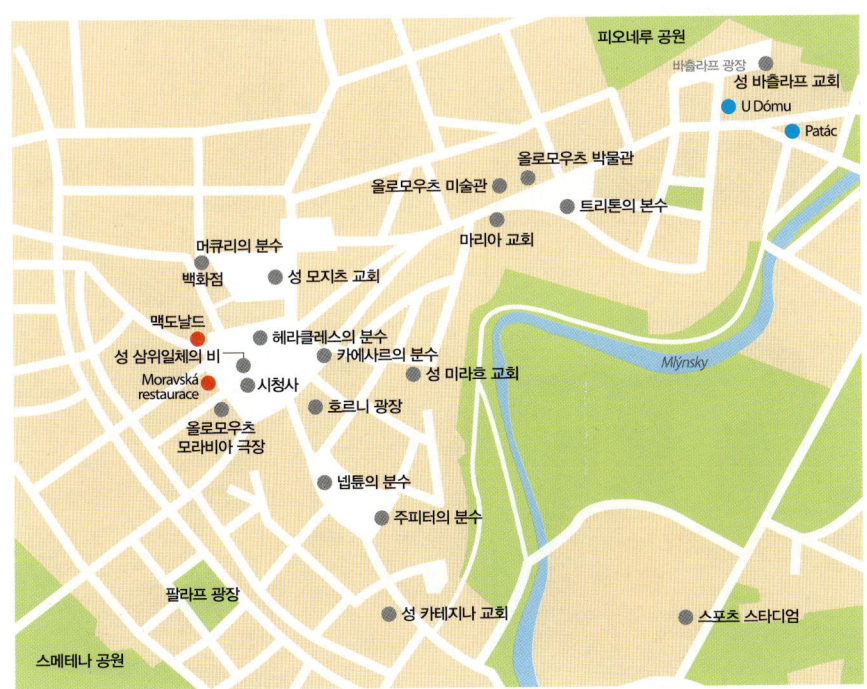

올로모우츠 중앙역에서 시내 IN

올로모우츠 중앙역에서 구시가의 호르니 광장까지 약 2km가 떨어져 있다. 대중교통수단인 트램을 이용하는 것이 가장 쉽고 편리하다. 트램 정류장이나 차량의 안에는 출발, 도착 시간, 도착 정류장이 표시되고 전광판이 앞에 있다.

티켓은 각 정류장 자동발매기나 신문가판대 등에서 구입할 수 있으며 탑승하면 개찰기에 티켓을 넣고 펀칭하면 된다. 하차 시에 직접 오픈 버튼을 눌러야 하차가 가능하다.

트램 1, 2, 4, 5, 6, 7번을 타고 코루나 쇼핑센터 역 하차 후 5분 정도를 걸어야 한다. 만약 일행이 4명 정도라면 택시를 타고 이동해도 교통비의 차이는 없다. 거리가 멀지 않아서 택시의 편리함이 있다.

핵심 도보 여행

버스나 기차를 타고 올로모우츠에 도착하여 걸어서 이동하기는 힘들다. 기차역이나 버스터미널이 구시가지에서 떨어져 있으므로 트램이나 버스를 타고 이동해야 한다. 버스로 도착했다면 버스터미널에서 지하도를 지나 왼쪽으로 돌아서 트램을 타고 이동하면 된다. 버스는 13, 14, 15, 19, 23, 700, 701번 버스를 타고 시그마 호텔 정류장에서 내리면 된다.

구시가지의 여행은 호르니 광장Horni nam에서 시작한다. 주변에는 카페나 레스토랑이 많아 잠시 쉴 수 있는 곳이다. 광장 중심에 있는 건물은 시청사로 매시 정각이 되면 건물 벽에 설치된 시계 장치를 보기 위해 많은 관광객이 몰려드는 곳이다. 프라하의 천문시계 앞과 비슷한 현상이 벌어진다.

호르니 광장에서 걸어서 공화국 광장까지 걸어가면 대부분의 관광지는 다 볼 수 있다. 공화국 광장으로 들어선 이후 돔스카 거리 Domska가 있는 거리로 들어서면 가로수가 무성한 바츨라프 교회와 프제미술 궁전이 있는 북쪽에는 프제미슬 성이 보인다.

올로모우츠에서 가장 유명한 관광지는 고딕양식의 성 바츨라프 대성당 St. Wenceslas Cathedral과 대주교의 자리가 있는 올로모우츠 성이다. 로마네스크양식 대주교의 궁전 Bishop's Palace의 천년된 잔해도 볼 수 있다. 최근에 새로 공사한 대주교 박물관 Archdiocesan Museum complex에서는 교회의 보물들과 올로모우츠 주교들의 소장품도 볼 수 있다.

EASTERN EUROPE

호르니 광장
Horni Namesti

올로모우츠Olomouc의 대표적 관광명소로 호르니 광장Horni Namesti에는 광장을 둘러싸고 다양한 중세의 건물들이 그대로 남아있다. 광장 중앙에는 시청사와 성 삼위일체 기념비가 있으며 천문시계, 헤라클레스, 아리온 카이사르 분수 등이 있다. 광장 한편에는 구시가의 모습을 담은 작은 모형이 있다.

광장의 서쪽 중앙에 있는 거대한 성 삼위일체 비는 1716~1754년까지 바로크양식으로 건설한 것으로 높이가 35m에 이른다. 중부 유럽에서 독특한 양식으로 지어져 2000년에 유네스코 세계 문화유산으로 등재되었다.

광장에는 2개의 분수가 있어 화려함을 돋보이게 해준다. 시청사 동쪽에 있는 것이 전설의 올로모우츠 창시자인 카에사르 분수Caesarova Kašna이고 나머지 하나는 1688년에 만들어진 헤라클레스의 분수 Herkulova Kašna이다.

위치_ 중앙역에서 트람1, 2, 4, 5, 6, 7번을 타고 코루나 쇼핑센터 앞에서 하차

성 삼위일체 기념비
Holy Trinity Column /
Sloup Nejsvêtější Trojice

올로모우츠Olomouc에서 가장 유명한 유적은 2000년에 유네스코가 지정한 세계문화유산에도 등록된 성 삼위일체 기념비 Sloup Nejsvêtější Trojice이다. 중부유럽에서 가장 큰 바로크 조각상인 성 삼위일체 기념비Sloup Nejsvêtější Trojice는 동유럽에서 가장 큰 바로크양식의 조각상이다. 어떤 것도 견줄 수 없는 크기, 부와 아름다움을 상징하는 기념물을 만들기 위해 노력했고 그 결과물에 관광객은 화려한 바로크 건축에 매료된다.

1716~1754년 동안 높이 올라간 기념비는 35m로 14세기에 유럽에 창궐한 흑사병을 이겨낸 기념과 감사함을 종교적으로 표현해 낸 것이다. 18명의 성인이 하늘을 바라보고 있는 형상으로 석주의 꼭대기는 금도금을 한 가브리엘과 성모승천이 조각되어 있다. 아래에는 성 요셉과 세례 요한 등의 조각과 12 사도 조각 등이 새겨져 있다.

> **성 삼위일체 기념비에 대한 사랑**
>
> 18세기 초 모라비아 지방을 강타한 엄청난 페스트가 있었다. 올로모우츠에는 이미 전염병을 퇴치한 기념으로 세우는 기둥인 프라하 열주(Plague Column)를 가지고 있었지만 충분하지 않다고 생각한 시민들에게 새로 만들어진 성 삼위일체 석주는 바로 올로모우츠 사람들의 자존심이 되었다. 성 삼위일체 석주에 대한 올로모우츠 사람들의 사랑이 엄청나 도시 전체가 프로이센 군대에 의해 포위되었을 때 시민들은 군대에게 이 석주에만은 절대 총을 쏘지 말아달라고 간청했다고 할 정도이다.

EASTERN EUROPE

시청사 & 천문시계
Radnice & Orloj

1378년 처음 짓기 시작해 1444년 완공한 르네상스 양식의 시청사는 호르니 광장 중앙에 있다. 시청사는 사면에 시계가 설치 된 첨탑이 있고 고딕양식으로 튀어 나온 차펠이 있다.
고딕양식과 르네상스 양식으로 만들어진 건물로 15세기에 완성되었다. 현재의 모습은 1955년에 보수되면서 천문 시계도 공산주의 모습으로 바뀌었다.
1607년에 완 공된 시청사 탑 전망대에 오르면 구시가 풍경을 한눈에 내려다볼 수 있으며, 탑 벽면에는 프라하의 천문시계와는 또 다른 천문 시계가 있다.
아기자기한 모양의 이 천문시계는 1519년에 처음 제작되었지만 제2차 세계대전 때 파괴된 후 여러 차례의 복원작업을 거쳤는데, 사회주의 시절 복원된 지금의 모습은 사회주의 이념을 상징하고 있다.
매시 정각에는 종이 울리며 프롤레타리아 계급을 표방하는 목각인형들이 나와 음악에 맞춰 춤을 춘다.

올로모우츠의 새로운 즐거움, 분수 찾기

그리스 신화에 나오는 6개의 분수와 카이사르 분수

1650년대에 스웨덴 군대가 체코 땅을 떠났을 때, 그들은 올로모우츠^{Olomouc}를 폐허로 만들어 놓았다. 700개가 넘는 건물 중에서 약 1/4의 건물만이 거주할 수 있는 상태였고, 1640년도에 이곳에 살았던 3만 명의 사람들 중에 1,765명만이 살아남았다.

이 후 폐허가 된 도시는 점차 재건되었고, 재탄생의 상징물이자 올로모우츠에서 가장 아름다운 곳 중 하나는 바로 고대에 모티프를 두고 역사적 묘사를 담은 6개의 바로크 분수이다. 이 분수는 고전 신화에서 나온 헤라클레스, 주피터, 마스, 머큐리 등의 조각상으로 장식되어 있다.

카이사르 분수(Caesarova Kasna)

1725년에 만든 바로크 양식의 분수로 올로모우츠 분수 중 가장 뛰어난 작품이다. 고대 로마의 뛰어난 정치가인 가이우스 율리우스 카이사르가 말을 타고 있고 그의 발밑으로 두 남자가 누워있는 형상이다. 한 명은 모라바^{Morava} 강와 다뉴브^{Danube} 강을 의인화했다고 한다.

헤라클래스 분수(Herkulova Kasna)

그리스 신화 속 가장 힘이 센 영웅 헤라클래스를 형상화해 1687부터 2년 동안 만든 바로크 약식의 분수로 신화 속의 이야기처럼 헤라클래스는 사자 가죽을 걸치고 오른손에는 몽둥이를 들고 있으며, 왼손에는 독수리가 발아래에는 그가 물리친 괴물 물뱀 히드라가 놓여 있다.

아리온 분수(Arionova Kasna)

그리스 신화 아리온의 이야기를 형상화해 1995년부터 7년 동안 만든 분수로 시청사 남서쪽에 위치해 있다.
그리스의 시인이자 음악가인 아리온이 마지막 노래를 부르고 바다에 투신했을 때, 그의 노래에 감명을 받은 돌고래가 그를 구출한다는 내용의 그리스 신화를 주제로 하고 있다.

마리아 기념비(Mariansky Sloup)

마리아 기념비는 14세기 유럽에 창궐했던 흑사병을 이겨낸 것에 대한 감사한 마음으로 1716년부터 8년 동안 만들어졌다.

넵튠 분수(Neptunova Kasna)

로마신화에 나오는 바다의 신 넵튠의 이야기를 형상화해 1683년에 만든 바로크 양식의 분수로 '물'을 다스리는 신 넵튠이 삼지창을 들고 바닷말 네 마리에 둘러싸여 당당하게 서 있는 모습을 형상화했다.

주피터 분수(Jupiterova Kasna)

그리스어로는 제우스, 로마어로는 주피터로 불리는 신들의 신 제우스를 형상화했다. 그리스 신화에 나오는 최고의 신 제우스를 형상화해 1707년에 만든 바로크 양식의 분수이다.

트리톤 분수(Kasna Tritonu)

그리스 신화에 나오는 반인 반어의 해신 트리톤을 형상화한 작품으로 원래 로마 바르베리니 광장에 있는 트리톤 분수에서 영감을 얻어 만들었다고 한다. 1709년 바로크 양식으로 만들어진 이 분수는 거대한 물고기와 거인 2명이 트리톤과 물을 뿜는 돌고래를 받치고 있는 형상을 하고 있다.

머큐리 분수(Merkurova Kasna)

1727년, 그리스 신화에 나오는 머큐리를 형상화한 분수이다. 그리스어로는 헤르메스, 로마 신화에서는 머큐리로 불리는 전령의 신 머큐리를 형상화한 작품으로 날개 달린 투구를 쓰고 2마리의 뱀이 꼬여있는 지팡이를 들고 있는 모습을 표현했다.

EATING

레스토랑 우 모리츠
Restaurant U Mořice

현지인들이 좋아하고, 외국인 현지 가이드도 추천하는 고기요리가 맛있는 레스토랑이다. 친절한 직원과 신선한 맥주를 제공하는 것으로도 인기가 있다.
생선요리나 파스타도 맛있지만 굴라쉬나 스테이크, 립 중 하나는 꼭 시켜볼 것. 현지인이나 서양 관광객에게 인기 많은 곳이기 때문에 주말 저녁에 방문할 예정이라면 예약하는 것이 좋다.

홈페이지_ www.umorice.cz
주소_ Opletalova 364/1, 779 00 Olomouc
위치_ 시계탑에서 북쪽으로 도보 약 3분
시간_ 월~토 11:00~22:00 / 일 11:00~23:00
요금_ 스타터 75Kc~ / 메인요리 145Kc~
전화_ 420-581-222-888

모라브스카 레스토랑
Moravska restaurace

넓게 펼쳐진 호르니 광장을 바라보며 식사할 수 있는 음식점으로 맛있는 음식과 친절한 직원들이 안정적인 서비스를 제공한다. 현지인들도 즐겨 찾는 맛집으로 어느 음식평가를 해도 올로모우츠 음식점 순위에서 항상 선정되고 있다. 고기 요리가 맛있기 때문에 음식과 어울리는 와인을 추천받아 함께 마신다면 올로모우츠의 진정한 미식을 즐길 수 있을 것이다.

홈페이지_ www.moravskarestaurace.cz
주소_ Horní nám. 23, 779 00 Olomouc
위치_ 아리온 분수 인근
시간_ 11:30~23:00
요금_ 스타터 160Kc~ / 메인요리 285Kc~
전화_ 420-585-222-868

EASTERN EUROPE

미니피보바르 어 스테이크하우스 리예그로브카
Minipivovar a Steakhouse Riegrovka

매장 내에 양조장을 함께 운영하고 있는 스테이크 전문점으로 알려져 있다. 직접 드라이 에이징 시키는 스테이크가 일품이다. 고기 요리가 맛있는 곳으로 체코 전통 요리인 꼴레뇨나 타르타르, 햄버거도 맛있는 것으로 호평일색이다.
샘플 맥주를 주문하면 도수가 표시된 6종의 미니 맥주가 나온다. 본인의 입맛에 찰싹 붙는 맥주를 시켜 고기 요리와 함께 즐겨보자.

프렌치 프라이
FÆNCY FRIES

체코 내 여러 개 지점을 갖고 있는 신선한 감자튀김 전문점으로 언제나 인기 있는 현지인들의 인기 간식으로 사랑받고 있다. 한국 돈 2천원이면 두툼하고 뜨끈한 감자튀김을 한 손 가득 먹을 수 있다. 테이크아웃 컵에 소스도 따로 담겨져 있어 간편하게 먹을 수 있는 것은 덤이다. 올로모우츠를 산책하며 소소하게 먹기 좋은 간식이 될 것이다.

홈페이지_ www.faencyfries.cz
주소_ Ztracená 317/15, 779 00 Olomouc
위치_ 트램 Komenského náměstí에서 도보 약 3분
시간_ 월~금 10:30~20:00 / 토 13:00~19:00
일요일 휴무
요금_ 38Kc~ **전화_** 420-733-123-456

홈페이지_ www.riegrovka.eu
주소_ Riegrova 381/22, 779 00 Olomouc
위치_ 호르니 광장에서 도보 약 4분
시간_ 월 11:00~22:00 / 화,수 11:00~23:00
목 11:00~24:00 / 금 11:00~25:00
토 11:30~25:00 / 일 11:30~22:00
요금_ 55Kc~ / 메인요리 199K
전화_ 420-733-123-456

카페 라 피
Café la fee

현지인들이 좋아하는 브런치이자 디저트 카페로 유명하다. 대부분의 메뉴가 맛있는 것으로 호평인 곳으로 직원도 친절하기로 소문났다. 고전적이면서도 세련된 내부에서 더 깊이 들어가면 나뭇잎 사이로 햇살이 비치는 정원 테이블도 있다. 아침부터 늦은 저녁까지 운영하므로 시간대에 따라 브런치, 카페, 디저트를 즐겨보자. 홈 메이드 케이크와 에이드, 밀크셰이크를 주로 주문한다.

홈페이지_ www.facebook.com/cafelafeeolomouc
주소_ Ostružnická 13, 779 00 Olomouc
위치_ 호르니 광장에서 도보 약 3분
시간_ 월~목 08:00~21:00 / 금 08:00~22:00
토 09:00~21:00 / 일 09:00~20:00
요금_ 음료류 55Kc~ **전화_** 420-774-896-396

HUNGARY
헝가리

Budapest | 부다페스트

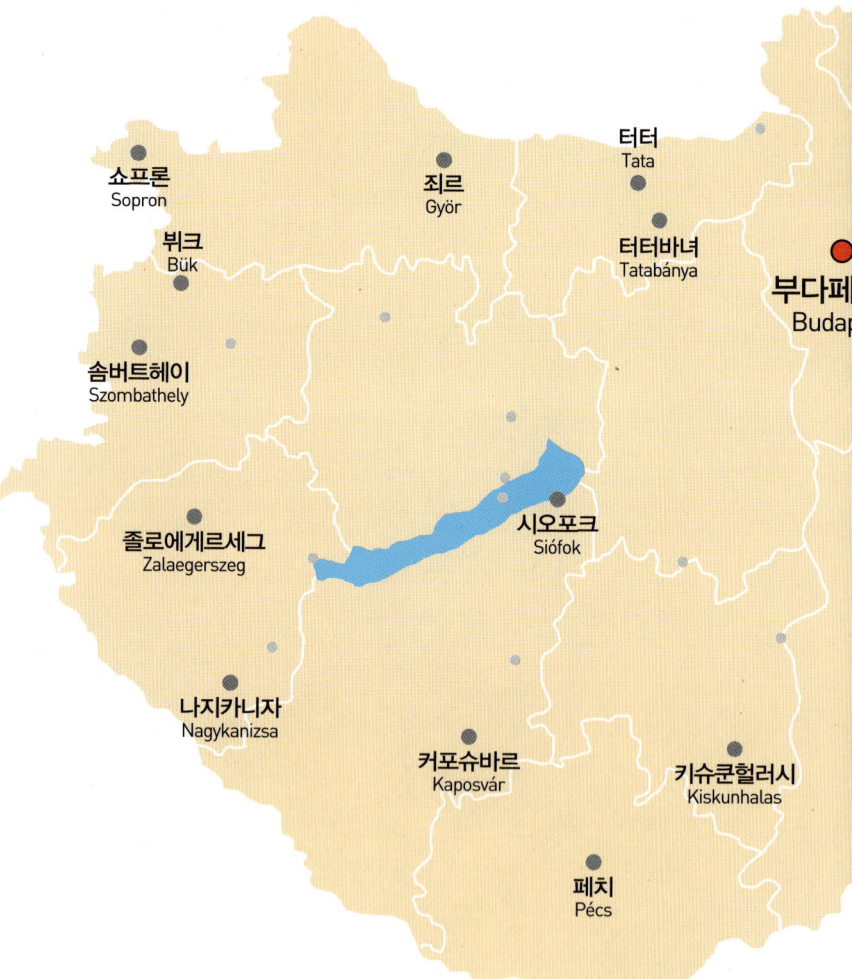

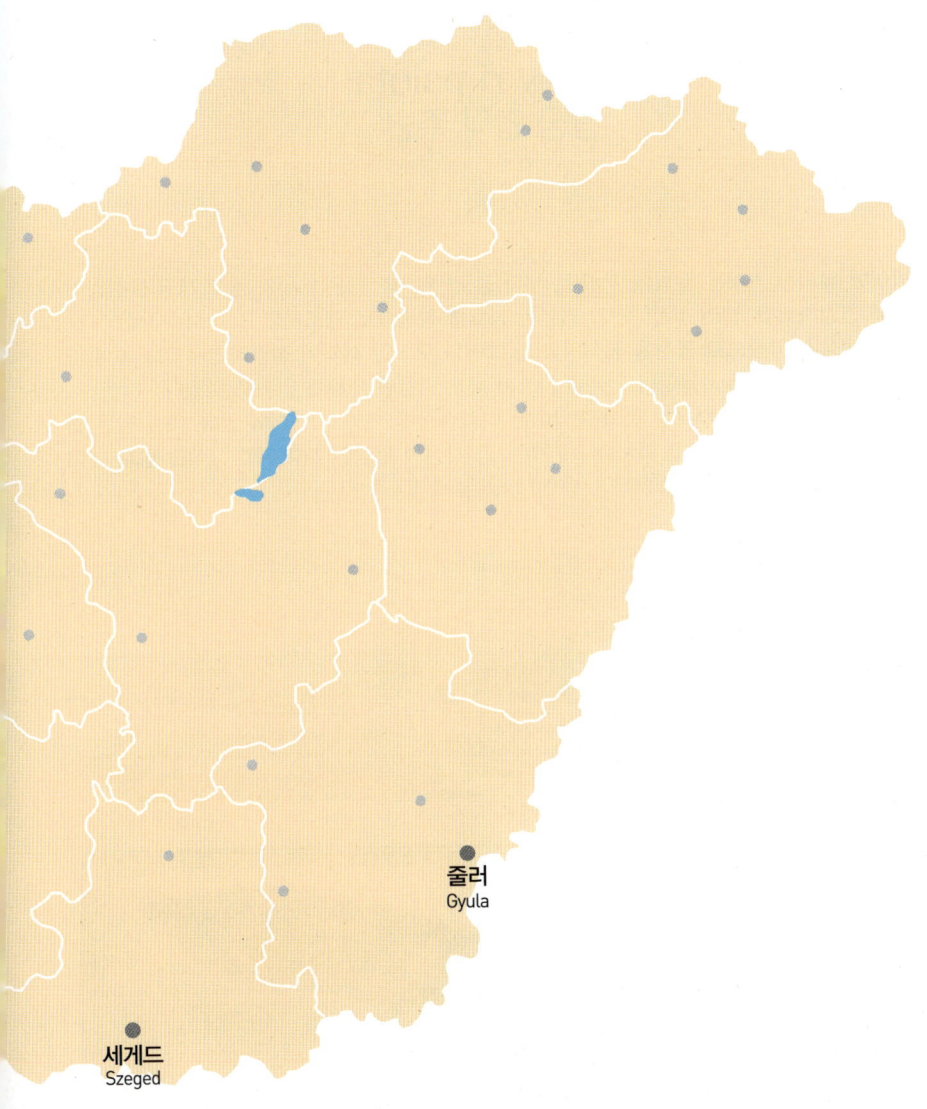

Budav ri palota
왕궁 언덕 주변

방어에 유리한 가파른 절벽에 서 있는 부다 왕궁Budavári palota은 13세기 몽고 제국의 침입이 후에 건설하였다. 벨러 4세IV Béla가 건설한 성채를 왕국으로 개조하였고, 마차슈 1세Mátyás 1가 르네상스 양식으로 궁전을 장식하였다. 그러나 오스만 제국이 점령하면서 이곳을 화약을 보관하는 창고로 사용하다가 폭발 사고가 나서 엄청난 피해를 입기도 하였다.
'왕궁의 언덕'이라고 부르는 곳의 중앙에는 마차슈 성당Mátyás templom이 있다. 이 성당은 벨러 4세IV Béla가 건설했지만 마차슈 1세Mátyás 1가 자신의 문장인 까마귀로 장식한 탑을 높이 세웠기 때문에 마차슈 성당Mátyás templom이라고 부르게 되었다.

EASTERN EUROPE

부다 성 언덕 궤도열차
Budavári Trail

탁 트인 전망을 갖춘 리프트를 타고 다뉴브 강에서 아름다운 부다 성까지 이동할 수 있다. 부다 성 언덕으로 올라가는 궤도열차는 다뉴브 강에서 부다 성까지의 짧은 거리를 이동하면서 아름다운 풍경을 보기에 가장 좋은 방법이다. 다뉴브 강 서쪽 연안에 위치한 부다 성 언덕 궤도열차는 지상에서 51m 높이로 올라가면서 강과 도시의 탁 트인 전망을 볼 수 있는 것이 압권이다. 정상에서 매혹적인 언덕과 부다 성 주변의 관광지를 둘러보는 관광객으로 항상 북적인다. 처음에 부다 성 지구에서 일하는 통근자들을 위해 고안되면서 1870년에 완공되었다. 제2차 세계대전에서 파괴되었다가 1986년에 관광용으로 운행이 재개되었다.

궤도열차는 24명의 승객이 탈 수 있는 객차가 두 대 있다. 정상까지 약1분30초면 도착하는 짧은 시간이지만 아름다운 부다페스트의 전망을 볼 수 있다. 도시의 전망을 가장 잘 즐기려면 객차의 3개 객실 중 아래쪽에서 보아야 한다. 난이도가 있는 가파른 길을 걸어서 언덕 꼭대기까지 올라갔다가 내려올 때 케이블카를 이용할 수도 있다. 한여름에는 너무 더워 걸어서 올라가기에는 힘들기에 항상 케이블카를 타려는 관광객으로 북적인다.

궤도열차 역은 세체니 다리 Szechenyi Lanchid 의 서쪽 끝에 있다. 강 건너편에 있는 보로스마티 스퀘어까지 지하철을 이용하거나 부다 성에서 조금만 걸어가면 있는 크리스티나 스퀘어까지 전차를 타고 가면 된다.

포토 포인트

궤도열차 위를 가로지르는 보행자용 다리 중 아래다리를 건너서 위쪽 다리에 올라가 있으면서 객차가 발 아래로 지나갈 때 부다페스트의 아름다운 풍경과 함께 사진을 찍기에 좋다.

부다 성의 장엄한 건축 양식을 감상하고 황금빛으로 물드는 밤에 부다 성을 구경하는 것이 가장 아름답다. 부다 성 옆에는 네오 고딕양식과 네오 로마네스크양식의 탑이 있고 테라스에서 부다페스트를 조망할 수 있는 어부의 요새가 있다. 기념품을 구입하거나 주변 카페에서 커피를 즐기며 부다페스트 전망을 보는 시간은 평생의 기억에 남을 것이다.

'어부의 요새'라는 이름의 이유

어부의 요새, 성채는 고깔 모양의 7개의 탑으로 이루어졌다. 이것은 처음 나라를 세웠던 마자르족의 일곱 부족을 상징한다. 이 성채의 이름에 관해서, 예부터 어시장이 있어서 이런 이름이 붙었다는 설과 어부들이 성벽에서 적군을 막았기 때문에 이렇게 부른다는 설이 있다. 여기에 올라가면 아름답게 펼쳐진 다뉴브 강과 페스트 시가지를 한눈에 바라볼 수 있다.

지하 예배당&미술관

요새 건축 중에 발견된 중세 시대의 지하 예배당인 성 미카엘 교회 안으로 들어가고 중세 헝가리 왕국에서 가장 크고 중요한 건축물 중 하나인, 14세기 고딕양식의 마티아스 교회를 찾아 헝가리의 종교적이고 역사적인 예술적 측면을 보여주는 기독교 미술관이 있다. 미술관에는 중세 돌 조각과 신성한 유물을 소장하고 있다.

포토 포인트

어부의 요새(Halászbástya)는 특별한 전망대이다. 작은 탑이 있는 하얀 요새는 부다 성 언덕 꼭대기에 있으며 다뉴브 강과 부다페스트의 동부를 내려다 볼 수 있다. 일몰 때 도시의 불빛을 마음에 담아보는 좋은 기회를 가질 수 있다. 계단을 내려와서 이 초현실적인 장소 주변의 산책로를 따라가 보면 산속 풍경과 완벽하게 어우러지도록 지어진 테라스의 양 옆으로 나무들이 타고 오르는 모습을 볼 수 있다.

어부의 요새 발코니에서 바라본 부다페스트와 다뉴브 강의 멋진 전망

성 이슈트반 기마상
Szent István-szobor
Statue of St. Stephon

어부의 요새 남쪽에 위치한 성 이슈트반 기마상은 건국 시조인 성 이슈트반 1세를 부다의 상징인 어부의 요새에 세운 것이다. 흥미로운 것은 '이중 십자가'를 손에 들고 있는 것이다. 기독교를 도입했고 헝가리 대주교를 결정하는 권한을 부여 받아 2개의 십자가를 들고 있다고 한다.

마차슈 성당
Mátyás templom / Matthias Church

수백 년 동안 헝가리 왕들의 대관식이 거행되던 마차슈 성당Mátyás templom은 뛰어난 매력을 발산하며 많은 이들이 기도를 드리는 장소로 부다페스트 스카이라인에서 단연 눈에 들어온다.

다채로운 색상의 마차슈 성당Mátyás templom은 다뉴브 강 서쪽의 부다Buda에 있는 부다 성 언덕에 자리하고 있다. 지금의 로마 가톨릭 성당은 1,200년대 후반에 지어졌지만 1,500년대 터키의 점령을 받으면서 이슬람 모스크로 바뀌었다.

1,800년대 후반 건축가 프리제스 슐레크가 바로크 스타일로 복원했다. 이때 일부 고딕 요소는 유지하고 다채로운 색상의 다이아몬드 지붕 타일과 석상을 추가했다. 성당 내부는 금박 프레스코와 스테인드 글라스 창문으로 꾸며져 있다.

이슬람의 분위기가 물씬 풍기는데, 오스만 제국이 점령하고 있을 때 이슬람 사원으로 사용하였기 때문이다. 원색 타일의

성 이슈트반 1세 Szent István I **(975~1038)**

헝가리를 국가로 통합시키는 토대를 마련한 건국 시조이다. 헝가리에 기독교를 받아들여 서구문화권으로 편입시키는 중요한 역할을 하였다. 부족국가형태였던 헝가리는 붕괴되고 왕국으로서 헝가리 국가가 탄생하면서 유럽의 한 국가로 자리잡게 된다. 부다페스트 최대 규모의 성당인 성 이슈트반 대성당은 그를 기리기 위해 1851~1906년에 세운 성당이다.

지붕과 내부 장식이 인상적인 이 건물을 지금은 역사박물관과 국립 미술관으로 사용하고 있다. 근처의 기독교 미술관에는 중세시대 석상, 신성한 유물, 헝가리 대관식에 쓰였던 보석과 왕관의 복제품 등을 볼 수 있다.

성당입장을 위해서는 몇 가지 행동 규칙을 준수해야 한다. 어깨를 노출하면 안 되고 남성은 모자를 쓸 수 없다. 휴대전화, 흡연, 애완 동물은 허용되지 않으며 성당 안에서 먹거나 마시는 것도 금지되어 있다. 성당 안으로 들어가면 인상적인 오르간 음악을 들을 수 있다. 일요일 라틴 미사에 참여하여 성가대가 오르간 연주에 맞춰 뛰어난 실력으로 노래하는 모습도 감상할 수 있다. 성당 오케스트라는 연중 내내 공연을 한다.

홈페이지_ www.matyas-templom.hu
위치_ 마차슈 성당에는 캐슬 버스를 타고 Várbusz를 타고 종점인 Disz tér에서 하차
시간_ 09~17시/연중무휴
 (토요일 13시까지, 일요일 13~17시)
입장료_ 1,300Ft (미사를 위해 성당에 입장은 무료)
 영어 오디오 가이드 대여가능

프리제스 슐레크의 다른 건축물

프리제스 슐레크가 설계한 프로젝트의 다른 건축물은 마차슈 성당(Mátyás templom)을 둘러싸고 있는 어부의 요새(Halászbástya)이다. 반짝이는 흰색 테라스에는 896년 부다페스트 지역에 정착한 7개 종족을 대표하는 7개 탑이 있다.

길과 계단을 따라 테라스로 가면 다뉴브 강, 페스트와 치타델라의 아름다운 풍경을 감상할 수 있다. 헝가리의 첫 번째 왕이자 독실한 천주교도였던 스테판 1세의 1906년 청동상도 있다.

삼위일체 광장
Szentháromaság tér
Holy Trinity Square

구 시청사

마차슈 성당 앞에 있는 광장으로 18세기에 만든 성 삼위일체상이 있는 광장이다. 중세 유럽을 공포로 몰아넣은 페스트의 종언을 기념하기 위해 만들어진 것이다. 광장의 하얀 건물은 구 시청사이다.

부다 왕궁
Budavári palota / Royal Palace

부다페스트 풍경에서 눈에 띄는 웅장한 부다 왕궁Budavári palota에는 흥미로운 여러 갤러리와 박물관이 있다. 부다 왕궁Budavári palota은 부다페스트의 세계문화유산으로서 문화와 역사적으로 중요한 장소이다. 최초의 성은 몽고족의 침입으로부터 방어하기 위해 1,200년대에 언덕에 세워졌다.

이후 수백 년에 걸쳐 요새 내에 거주용으로 여러 개의 성이 추가로 지어졌다. 이후 제2차 세계대전과 헝가리 반란 사건으로 파괴되었다. 20세기 후반에 재건 작업이 이루어져 지금의 300m 높이 성이 생겨났다. 왕궁의 부속 건물에는 헝가리 국립 미술관과 부다페스트 역사박물관이 있다.

페스트에서 강을 건너 부다 쪽의 클라크 아담 스퀘어로 넘어가 왕궁Budavári palota에 직접 올라가 보는 것도 좋다. 세체니 다리Szechenyi Lanchid를 걸어서 건넌 다음 성 언덕 시작점에서 케이블카를 타고 세인트 조지 광장으로 올라가면 왕궁으로 들어갈 수 있다. 운동 삼아 처음부터 걸어서 올라가는 관광객도 있다.

시간_ 09~19시(겨울 16시까지)
요금_ 무료(내부 관람은 건물별 별도 입장료 있음)

EASTERN EUROPE

어부의 요새
Halászbástya / Fisherman's Bastion

프리제스 슐레크에 의해 19세기 말에 지어진 어부의 요새는 제2차 세계대전 당시 심각하게 손상된 후 원래 건축가인 프리제스 슐레크의 아들이 재건축을 지휘했다. 부다 성 언덕 꼭대기에 있는 네오 고딕양식의 발코니에서 부다페스트와 다뉴브 강의 멋진 전망을 감상하는 가장 좋은 장소이다.

요새는 네오 고딕양식과 네오 로마네스크양식이 혼합된 넓은 테라스로 구성되어 있다. 테라스를 거닐면서 9세기의 마자르족을 상징하는 7개의 탑을 볼 수 있다. 헝가리 왕, 성 이슈트반 1세의 기념비와 국왕의 삶이 여러 단계로 묘사된 부조 위에 놓여 있는 왕이 타고 있다.

발코니와 건물의 다른 많은 부분은 항상 개방되어 있지만 어부의 요새^{Halászbástya} 나머지 부분은 해가 있는 동안에만 개장된다. 비 오는 날에는 아케이드 아래에서 비를 피할 수 있다.

어부의 요새^{Halászbástya}는 부다페스트 중심부의 다뉴브 강 서쪽에서 북쪽으로 1㎞ 정도를 걸어가면 나온다.

부다페스트의 아름다운 다리 Best 3

부다페스트에는 다뉴브 강을 흐르는 많은 다리가 있지만 우리가 알아야 할 다리는 3개로 부다페스트여행에서 반드시 알아야 여행이 편해진다. 가장 오래된 다리는 사슬다리라고도 하는 세체니 다리Szechenyi Lanchid이며, 헝가리 인들이 사랑한 여왕인 엘리자베스의 이름을 딴 엘리자베스 다리, 겔레르트 언덕을 올라가기 위해 건너는 자유의 다리가 있다. 자유의 다리 위에서 관광객들이 해지는 풍경을 보며 여행의 피로를 푼다.

겔레르트 언덕으로 올라가 치타델라 요새에서 왼쪽으로 바라보면 엘리자베스 다리와 세체니 다리가 보이며 오른쪽으로 자유의 다리가 보인다.

세체니 다리(Szechenyi Lanchid / Chain Bridge)

다뉴브 강의 흥미로운 전망을 감상할 수 있는 다리의 흥미로운 역사가 있다. 세체니 다리 Szechenyi Lanchid는 다뉴브 강을 가로질러 부다페스트의 양쪽을 연결하는 가장 오래된 다리이다. 다리의 건설은 1840년부터 9년이 걸렸으며, 세체니 다리 Szechenyi Lanchid의 주요 제안자 중 한 명인 이스트반 세체니 Szechenyi István의 이름에서 따온 것이다. 영국의 토목 기사인 윌리엄 티어니 클라크 T. W. Clarks는 런던 템즈강 Thems River에 있는 말로 브리지 Malo Bridge의 더 큰 버전으로 이 다리를 설계했다. 1849년에 개통된 세체니 다리 Szechenyi Lanchid는 공학 기술의 승리로 여겨지며 도시의 성장에 큰 역할을 했다.

제2차 세계대전이 끝날 때 퇴각하는 독일군이 다리를 폭파하여 사용을 못하다가 1949년에 재건되었다. 부다페스트의 상징이 된 철제 현수교에 고전주의 디자인을 입혀 부다페스트의 상징 같은 다리이다.

세체니 다리Szechenyi Lanchid는 도시 중심부에서 부다Buda와 페스트Pest를 연결하고 있으며 다뉴브 강 엘리자베스 다리Erzébet hid의 북쪽에 있다. 부다 힐의 터널을 지나면 다리가 보이는데, 관광객들은 기둥 꼭대기에서 다리 전체로 이어지는 체인을 살펴보고 입구를 지키고 있는 사자 조각상을 마주하고 두 개의 커다란 아치형 탑을 결합하는 다리의 모습을 사진에 담는다. 많은 연인들은 애정의 표현으로 이 다리의 옆에 자물쇠를 매달기도 한다. 다리 양쪽에 새겨진 문구에는 19세기 건축 감독관인 애덤 클라크의 이름이 포함되어 있다.

밤하늘을 배경으로 탑이 조명을 받아 환하게 빛나는 밤에 세체니 다리는 가장 아름답다. 다리 중앙에 서면 부다 언덕과 인근의 관광지가 있는 부다페스트의 야경을 감상할 수 있다. 다뉴브 강 동쪽에 있는 보로스마티 스퀘어 지하철역까지 내리면 된다. 다리 근처의 정류장 중 한 곳까지 버스나 보트를 이용할 수도 있다.

자유의 다리(Szabads g hid / Freedom Bridge)

페스트Pest와 부다Buda가 도시의 중심부에서 만나는 지점에 있는 부다페스트의 철제 다리이다. 자유의 다리Szabadság hid는 부다페스트 중심부에서 가장 짧은 다리이지만 도시에서 가장 중요한 다리 중 하나이다. 19세기 말 밀레니엄 세계 전시회의 일환으로 지어졌던 자유의 다리Szabadság hid의 측면을 장식하고 있는 아르누보 디자인은 신화적 조각상과 헝가리의 문장으로 매혹적이다.

다리의 기둥을 장식하고 있는, 헝가리 민간신앙 속 일종의 매인 투룰Turul의 커다란 청동상을 올려다볼 수 있다. 다리의 길이는 333m이고 폭은 20m이며, 밤에는 전체가 조명이 밝혀져 전등으로 빛나는 부다페스트 스카이라인에서 가장 선명한 모습을 드러낸다. 1894년에 건설된 자유의 다리Szabadság híd는 19세기 말에 유행이었던 체인다리 스타일로 지어졌으며 프란츠 요제프 황제가 개통식에서 마지막 은 리벳을 철교에 박는 망치로 끼워 처음에는 '프란츠 요제프다리'라고 불렀다. 제2차 세계대전 동안 부다페스트가 큰 피해를 입은 후 첫 번째로 재건되면서 자유의 다리Szabadság híd로 이름을 바꾸었다.

다리 중앙에 서서 다뉴브 강 건너편의 도시를 사진에 담아내는 야경사진이 압권이다. 풍경 속에는 성채와 소련 붉은 군대의 제2차 세계대전 승리를 기념하는 자유의 동상이 있는 겔레르트 언덕Gellért Hill도 볼 수 있다. 자유의 다리Szabadság híd를 건너가는 데는 10~20분 정도밖에 걸리지 않는다.

다리의 양쪽 끝에 있는 전차 탑승권 판매소로 사용되었던 작은 건물을 살펴보고 다리 건설에 대한 자세한 내용이 담긴 안내판이 있다. 북쪽 건물에는 부다페스트 다리에 대한 박물관이 있다.(월, 목요일만 관람가능, 무료)

자유의 다리는 도시 중심부에서 부다Buda와 페스트Pest 지역을 연결하고 다뉴브 강 엘리자베스 다리Erzébet híd의 남쪽에 있다. 다리의 북동쪽에 있는 지하철 Fövám tér역에서 내리거나 전차나 버스를 타고 다리까지 갈 수도 있다. 자유의 다리의 남쪽 끝 부분에 있는 Szent Gellért tér항구까지 유람선을 타고 갈 수 있다

엘리자베스 다리(Erz bet hid / Elizabeth Bridge)

세체니 다리Szechenyi Lanchid 바로 남쪽에 있는 엘리자베스 다리는 전쟁과 암살의 흥미로운 역사를 지닌 290m 길이의 흰색 구조물로 제작되었다. 흰색 케이블과 기둥이 특징인 인상적인 엘리자베스 다리Erzébet hid의 세련되고 현대적인 디자인을 지니고 있다. 인기 있었던 합스부르크 왕가의 여왕의 이름을 딴 엘리자베스 다리Erzébet hid는 부다페스트 지역에 있는 다뉴브 강의 가장 좁은 부분을 가로지르고 있다. 다리는 20세기 초에 지어졌지만 제2차 세계대전동안 파괴된 후 1964년에 유사한 디자인으로 재건축되었다. 시티파크에 있는 교통박물관에서 원래 다리의 일부를 볼 수 있다.

넓은 다리의 측면에 있는 보행자 전용 도로를 따라 산책하며 강과 강을 중심으로 조성된 도시의 전망을 볼 수 있다. 밤하늘을 배경으로 복잡한 조명 시스템이 다리를 비추는 밤에 다리의 모습이 가장 아름답다.

부다Buda 지역인 서쪽에는 1898년에 암살당한 독일 출신의 합스부르크 제국의 여왕인 엘리자베스Erzébet의 커다란 동상이 있다. 동상을 둘러싸고 있는 도브렌테이Döbrentei 광장의 매력적인 정원에서 휴식을 취할 수도 있다. 동쪽으로 중앙에 석조 교회의 유적이 있는 3월 15일

EASTERN EUROPE

광장이 있다. 유리 건물 안에 있는 교회의 지하실에서 묘지의 흔적을 볼 수 있다. 중세 상업의 중심지인 광장에 바로크 양식의 건물들이 있다. 18세기에 만들어진 바로크-로코코 양식의 화이트 프라이어스 교회도 인근에 있다.

다뉴브 강 양쪽에 있는 여러 정류장 중 한 쪽으로 이동하는 버스를 타고 이동하는 것이 가장 좋은 방법이다.

Gellert Hill 주변
겔레르트 언덕

부다페스트의 전경을 볼 수 있는 장소는 어부의 요새와 겔레르트 언덕이다. 이 중에 하나를 고르라면 선택하기가 힘들지만 겔레르트 언덕이 더 나은 것 같다. 어부의 요새는 국회의사당과 세체니 다리가 중심인 풍경이고 겔레르트 언덕은 부다페스트 전체적인 야경을 볼 수 있는 차이점이 있다. 부다페스트의 작은 언덕이지만 정상에서 보는 부다페스트의 풍경은 압권이다. 부다페스트 시내의 끝까지 볼 수 있는 언덕은 힘들게 오르면서 땀이 날 때쯤 불어오는 바람은 너무 시원하다.

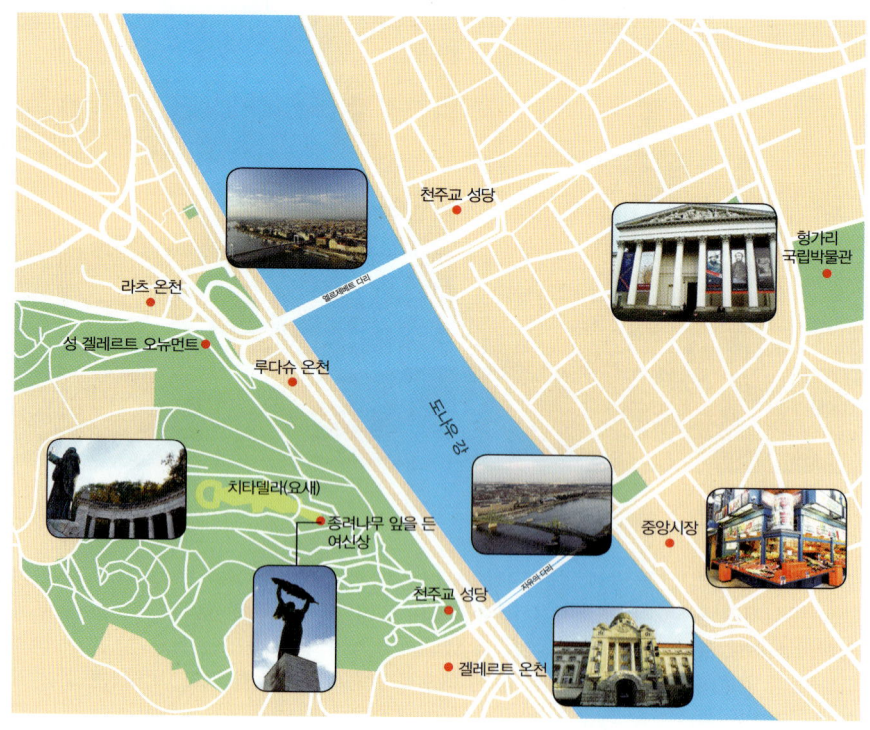

EASTERN EUROPE

겔레르트 언덕
Géllert Hill

235m 높이에 이르는 겔레르트 언덕Géllert Hill은 부다페스트에서 가장 높은 곳 중의 하나이다. 언덕을 따라 난 길과 언덕 위에도 여러 상점이 있어 다양한 기념품을 구입할 수 있다. 합스부르크 왕가 시절부터 소련 시절까지 성채의 역사에 대한 정보도 확인할 수 있다.
러시아 지하 벙커를 박물관으로 개조한 곳에서 제2차 세계대전의 기념품을 볼 수 있고 전쟁포로 수용소를 보여주는 곳도 있다. 언덕 밑에 있는 젤레르트 온천Gellert fürdö은 다뉴브 강 서쪽 연안, 도심과 자유의 다리Freedom Bridge 바로 남쪽에 위치해 있다. 주변에는 겔레르트 언덕Géllert Hill 동굴, 자유의 동상, 치타델라Citadel 등이 있다.

주소_ Buda District 1

치타델라
Citadella / Citadel

150여 년 간 부다페스트를 내려다보고 있는 언덕 꼭대기에서 최고의 풍경을 볼 수 있다. 부다페스트 구경의 시작이나 마무리는 부다페스트 중심에서 서쪽에 위치한 치타델라Citadella에서 하는 것이 좋다. 이 높은 성벽에는 언덕이 많은 서쪽의 부다Buda와 평지가 많은 동쪽의 페스트Pest 사이를 굽이굽이 흐르는 다뉴브 강이 바라다 보인다. 다뉴브 강 위의 8개 다리를 보면서 부다페스트에서 어디에 있는지 위치를 가늠해 볼 수 있다. 해가 지고 도시의 불빛이 하나둘씩 켜질 때면 낭만적인 풍경을 자아낸다.

요새는 겔레르트 언덕 Géllert Hill의 고원에 자리하고 있다. 기독교를 전파한 선교사의 이름에서 따왔다. 이 구조물은 합스부르크 왕가가 다스리던 1854년 방어시설로 지었다. 약100년 후인 1956년 헝가리 혁명 때에는 러시아가 지배하기도 했다.

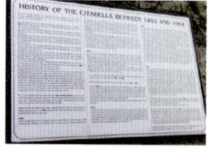

성채 바깥으로 나와 천천히 걸으면 거대한 성채가 시민들에게 얼마나 든든한 보호 장치 역할을 했었는지 느낄 수 있다. 여름에는 잔디에 앉아 피크닉을 즐기는 연인이나 가족들을 볼 수 있다. 지금은 평화로운 장소이지만 수년 전에 대포가 쏟아졌던 곳이다.

언덕 위의 전망은 무료지만, 치타델라 박물관 Citadel Museum에 입장하고 성채

꼭대기로 올라가기 위해서는 입장료가 있다. 원래의 요새 중 상당 부분은 현재 고급 레스토랑(예약 필수)이 있는 호텔로 변했다. 언덕에 올라가면 자유의 여신상이 보이고 그 뒤로 돌아가면 활쏘기 체험장, 카페, 요새가 보인다.

홈페이지_ www.citadella.hu
주소_ Citadella setany 1
전화_ +36-70-639-3757

EASTERN EUROPE

성 겔레르트 동상
Szt. Géllert emlékmü . St. Géllert Monument

겔레르트 언덕 중간을 보면 성인 겔레르트의 상이 페스트 지역을 향해 십자가를 들고 있다. 성 겔레르트는 이탈리아의 기독교 전도사로 초대국왕이었던 이슈트반 1세가 초청해 오게 되었다. 하지만 1046년 이교도 폭동으로 목숨을 잃었다. 동상을 1904년 얀코비치 줄라가 세워 지금에 이르고 있다.

자유의 동상
Szabadsag Szobor

밤에 특히 더 아름다운 자유의 동상은 헝가리의 독립과 자유를 위해 목숨을 바친 사람들을 기리는 동상이다.

자유의 동상은 다뉴브 강 서쪽의 부다페스트 중심에 있는 겔레르트 언덕 Géllert Hill에 자리하고 있다. 자유의 동상 양 옆에 두 개의 동상이 더 있다. 처음 합스부르크 왕가가 지배했다가 나중에 소련이 점령했던 거대한 요새, 치타델라 Citadella에 가면 볼 수 있다.

영웅광장(Hősök tere)

페스트 쪽에 위치한 영웅 광장Hősök tere은 다뉴브 강에서 출발하는 안드라시 거리의 끝에 자리하고 있다. 과거 영웅들을 위한 기념비가 세워져 있는 거대한 광장은 헝가리가 국가로서 천년을 맞이하며 만들어진 헝가리 인들의 자부심이 표현되어 있다. 영웅 광장Hősök tere은 부다페스트에서 가장 많은 사람들이 방문하는 곳 중의 하나로서, 1896년 헝가리 탄생 천년을 축하하는 행사의 중심지였다. 헝가리 천년을 축하하기 위해 1894년 알버트 쉬케단츠Albert Schickedanz가 설계했지만, 1929년까지 완공되지 못했다. 3년 후 이 광장은 '영웅광장 Hősök tere'이라는 이름이 붙게 된다.

광장에 우뚝 솟아 있는 밀레니엄 기념탑은 높이가 36m에 이르는 흰색 기둥이다. 꼭대기에는 천사 가브리엘이 있고, 그 보다 낮은 기둥 밑의 콜로네이드에는 전쟁과 평화, 노동과 복지 및 지식과 영광을 상징하는 동상이 있다. 895년 카르파티아 정복 당시 헝가리의 지도자였던 '아라파드'를 기리는 동상을 비롯하여 기념탑 받침대 주변에는 말을 타고 있는 일곱 명의 헝가리 부족장의 동상이 있다.

소련이 부다페스트를 점령했을 때 영웅광장은 자주 군대 행사나 특별한 공산주의 축하 행사를 개최하는 데 사용되었다. 1956년 소련에 대항하는 헝가리 인들의 봉기를 주도했던 '임레 나지'는 1989년 이 광장에 다시 묻히게 되었다. 무명용사들의 무덤도 있다.

EASTERN EUROPE

밀레니엄 기념탑 꼭대기에 천사 가브리엘 / 기념탑 받침대 일곱 명의 헝가리 부족장의 동상

영웅광장Hősök tere에는 버스, 트램이 운행하고 있다. 영웅광장에서 다뉴브 강까지 약 3.2km 거리로, 걸어서 30분 정도면 도착할 수 있다.

영웅 광장Hősök tere 가장 자리엔 열주(列柱)로 이뤄진 구조물이 반원형으로 만들어져 왼쪽에 7명, 오른쪽에 7명까지 총14명의 청동 입상이 서 있다. 열주가 시작되는 왼쪽 열주의 위에는 노동과 재산, 전쟁의 상징물이, 오른쪽 열주가 끝나는 윗부분엔 평화, 명예와 영광을 나타내는 인물상이 있다. 이 열주 기념물은 바로 뒤편에 있는 시민공원인 바로시리게트에 있는데 영웅 광장은 그 입구처럼 보이게 설계 되었다.

영웅 광장 둘러보기

영웅광장은 사람들로 붐비기 전에 아침에 오는 것이 좋다. 광장을 걸어서 돌아보는 데 약 1시간정도 소요되며, 근처에 있는 시민 공원과 갤러리, 박물관도 같이 둘러보는 데까지 약 3시간정도 소요된다. 광장의 한 쪽에는 미술관이 있고 다른 쪽에는 아트홀이 있다. 영웅 광장은 버이더후녀드 성, 동물원, 온천 등의 여러 관광 명소가 있는 시티 파크로 들어가는 입구이기도 하다.

왼쪽기둥

성 이슈트반 Szt. István
통일왕국을 수립한 초대 국왕

성 라슬로 Szt. László
기독교 포교에 힘쓴 9대 국왕

킬만 Kálmán Könyves
문인을 등용한 10대 국왕

엔드레 2세 II Endre
황금대칙서 법전을 편찬한 18대 국왕

벨라 4세 IV Béla
1241년 몽골군 침입 후
재건에 힘쓴 국왕

카로이 로베르트 Károly Robert
비헝가리인 첫 번째 25대 국왕

라요슈 대왕 Nagy Lajos
영토 확대에 집중한 26대 국왕

> 오른쪽 기둥

후나디 야노슈 Hunyadi Lajos
1456년 터키에 승리한 32대 (섭정) 국왕

마차슈 Mátyás
헝가리 르네상스 문화의 아버지라고
불리는 32대 국왕

보츠카이 이슈트반 Bocskai István
16세기 독립전쟁의 영웅

베틀렌 가보르 Bethlen Gábor
17세기 독립 전쟁의 영웅
(트란실바니아 귀족)

퇴쾨리 임레 Thököly Imre
초기 헝가리 독립 전쟁의 영웅
(북 헝가리 귀족)

라코치 페렌츠 2세 II Rákóczi Ferenc
18세기 자유전쟁의 영웅
(트란실바니아 귀족)

코슈트 라요슈 Kossuth Lajos
19세기 독립 운동 지휘관

영웅 광장 Hősök tere 가장 자리엔 열주(列柱)로 이뤄진 구조물이 반원형으로 만들어져 왼쪽에 7명, 오른쪽에 7명까지 총14명의 청동 입상이 서 있다. 열주가 시작되는 왼쪽 열주의 위에는 노동과 재산, 전쟁의 상징물이, 오른쪽 열주가 끝나는 윗부분엔 평화, 명예와 영광을 나타내는 인물상이 있다. 이 열주 기념물은 바로 뒤편에 있는 시민공원인 바로시리게트에 있는데 영웅 광장은 그 입구처럼 보이게 설계 되었다.

14명의 영웅 중 첫 번째 자리엔 국부로 추앙받는 성 이스트반(Szent István /970~1038)이 있으며 그 옆엔 성 라슬로(Szent László 혹은 SaintLadislas, 1040~1095)왕이 자리 잡고 있다. 그는 국토를 크로아티아까지 확장했고 크로아티아를 가톨릭국가로 만든 일등공신이다.
마르깃섬의 주인공 마르깃 공주의 아버지인 벨라 4세 IV Béla는 다섯 번째에 자리를 잡았고 헝가리 르네상스의 주인공 마티아스왕의 청동상도 있다.오른쪽 원주로 들어서면 왕과 함께 헝가리 독립을 추구한 투사들도 등장한다. 14번째에 자리한 코슈트 라요슈 Kossuth Lajos는 오스트리아에 대한 반란을 주도했으나 러시아군에 의해 좌절된 민족주의 지도자이다.

아스트릭(Astrik) 주교에 의해 왕관을 수여받는 장면

4번째 부조 / 십자군에 참여하는 광경

10번째 부조 / 에게르 전투 장면

각 동상의 하단에는 헝가리 역사에서 중요한 명장면을 담은 청동 부조물이 한 점씩 걸려 있어 헝가리 역사를 한 눈에 볼 수 있다. 이스트반왕의 동상 아래 걸린 부조에서는 그가 1000년에 교황 실베스터 2세$^{Sylvester\ II}$(999~1003)가 보낸 아스트릭^{Astrik} 주교에 의해 왕관을 수여받는 장면을 그림으로써 마침내 헝가리가 유럽의 한 부분이 되었음을 보여준다.

또한 헝가리가 십자군에 참여하는 광경은 네 번째 부조에, 헝가리가 오스만트루크의 공격에 대승을 거둔 1552년 에게르^{Eger}전투 장면은 열 번째 부조에 담겨있다.
열세 번째 부조에서는 헝가리의 왕관이 비엔나로부터 돌아와 주권이 선언되는 장면, 그리고 마침내 열네 번째 부조에서 1867년 오스트리아와 동등한 자격으로 제국의 한 축이 된 오스트리아-헝가리 제국의 프란츠 요셉 황제 대관식의 장면으로 대단원의 막을 내린다.
영웅 광장$^{Hősök\ tere}$ 가운데에는 36m 높이의 밀레니엄 기념탑$^{Millenniumi\ Emlékm}$이 서있고 꼭대기엔 날개 달린 천사 가브리엘의 상이 서 있다. 가브리엘 상은 사람의 두 배 크기로 조각가 죄르지 절러$^{György\ Zala}$의 작품이다. 가브리엘상이 안치된 것은 하느님이 보우해주기를 간절히 바라는 마쟈르 인들의 마음을 담았기 때문이다.

EASTERN EUROPE

죄르지 절러^{György Zala}는 이 작품으로 1900년에 열린 파리 세계엑스포에서 그랑프리를 수상했다. 가브리엘 천사는 오른손에 헝가리의 왕관을, 왼손엔 그리스도의 사도를 의미하는 십자가를 지니고 있는데, 이는 성 이스트반 국왕이 헝가리를 개종시켜 성모 마리아에게 바쳤다는 의미이다. 원

주의 맨 아래 부분에는 헝가리 민족을 트란실바니아로 인도했던 일곱 부족의 부족장들이 동상으로 서 있다. 그 앞엔 꺼지지 않는 불이 타고 있는 무명용사 기념제단이 있다. 바닥에 깔린 동판에는 '마쟈르 인들의 자유와 독립을 위해 그들 자신을 희생한 영웅들을 기억하며'라는 글귀가 새겨져 있다.

영웅 광장^{Hősök tere}은 1896년 공사가 시작되어 1901년 헌정되었지만 실제 공사는 1929년에야 끝났다. 명칭도 본래는 '밀레니엄 기념광장'이었으나 1932년 '영웅 광장^{Hősök tere}'으로 변경되었다. 이곳도 제2차 세계대전 중 피해를 입었으나 복구되었다. 영웅 광장의 왼쪽에는 예술사 박물관, 오른쪽에는 미술사 박물관이 영웅 광장을 마주보며 지키고 있는 모습이다.

Hősök Tere & Városliget
영웅광장 & 시민공원

서양 미술관
Szépmüvészeti Museum
Museum of fine Arts

유명한 유럽 예술가들의 작품과 골동품을 미술관에서 감상할 수 있다. 특히 스페인 작품들이 많다. 오스트리아 – 헝가리 제국의 황제, 프란츠 요제프 1세는 1906년 헝가리 건국 1,000여 년을 축하하기 위해 부다페스트에 서양 미술관을 건립했다. 목적은 세계 최고 예술가들의 작품을 전시하는 문화의 중심지로 만들기 위한 것이었다. 그리스 신전을 모방한 입구의 눈에 띄는 코린토스 기둥과 내부의 아치형 구조물은 다양하면서도 인상적이다.

지하
안에는 거의 4,000점에 이르는 이집트 미술품을 비롯하여 굉장히 오래된 예술 작품을 만날 수 있다. 이들 중 일부는 헝가리 고고학자들이 발굴해 낸 것이다. 그리스, 에트루리아, 로마 및 그리스-이집트 기원의 작품 5,000점 또한 상설 전시되어 있다.

EASTERN EUROPE

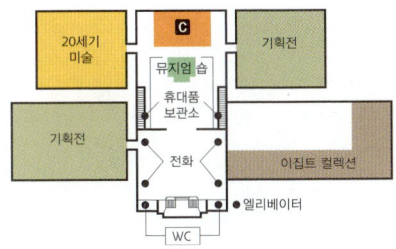

2층

3,000점의 그림이 차례로 전시되는 거장들의 작품은 놓치지 말아야 한다. 이곳에 전시된 이탈리아 작가는 조토, 라파엘로, 티치아노, 베로네세 등이 있다. 피터 브뤼겔의 작품 세례자 요한의 설교는 유명하다. 네덜란드의 황금시대와 플랑드르 미술은 반 다이크, 요르단스, 프란스 할스로 대표된다.

스페인 회화 컬렉션은 스페인 국외에서 최대 규모를 자랑하는 중요한 곳이다, 엘 그레코와 디에고 벨라스케스, 고야의 작품이 전시되어 있다. 이 밖에 독일, 오스트리아, 프랑스, 영국 작가들의 작품도 있고 인상주의 및 후기 인상주의 작품들도 감상할 수 있다.

1층

상설 조각 전시에는 거의 600점의 작품이 전시되어 있다. 여기에는 레오나르도의 작은 승마 조각품과 베로키오의 비탄에 젖은 예수 Man of Sorrows가 있다.

이 박물관에는 거의 10,000점의 그림과 100,000점의 프린트가 보존되어 있으며 교대로 선정되어 전시되고 있다.

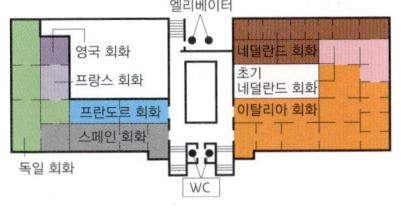

홈페이지_ www.mfab.hu
위치_ 버스나 트램, 지하철 이용, 영웅 광장에서 하차
주소_ XIV Dozsa Gyorgy üt 41
시간_ 10~18시(월요일 휴무)
요금_ 1,800Ft(학생 50%할인 / 기획전 3,200Ft)
　　　　거장 갤러리와 상설 전시에는 영어 오디오 가이드 대여가능)

벨라스케스 테이블의 농부들　　피터 브뤼겔의 작품 세례자 요한의 설교

시민공원
Városliget / City Park

규모가 122헥타르에 이르는 대형공원으로 부다페스트에서 가장 인기 높은 곳 중 하나인 시민공원에는 예술, 역사, 스포츠 뿐만 아니라 먹고 쉴 수 있는 모든 것이 갖추어져 있다. 시민공원은 조용하고 평화로운 녹지에서 주변의 문화와 레스토랑 및 엔터테인먼트를 즐길 수 있어 시민들과 관광객이 많이 찾는 곳이다. 이 미개발 지역은 1800년대 초반 세계 최초로 일반 대중을 위한 공원으로 조성된 곳이다.

공원은 박람회장으로 조성되었다가 철거할 계획으로 설계가 되어 공원 내에는 미술관과 온천까지 같이 있다. 공원의 입구는 1900년경 지어진 건축물이 있는 영웅광장에 이어진다. 홀 오브 아트에는 현지 및 전 세계 아티스트들의 현대 작품을 감상할 수 있다. 오래된 작품을 좋아한다면 미술관에 가서 유럽의 옛 거장의 작품들을 만날 수 있다.

공원 안으로 더 들어가면 100년 전에 지어진 부다페스트의 유명한 온천수 목욕탕인 세체니 온천이 있다. 현대적인 스파 트리트먼트로는 월풀, 사우나, 수영장, 마사지 등이 있다. 온천에서 몇 분만 걸어가면 1,000여 종의 동물 5,000마리가 살고 있는 부다페스트의 동물원이 나온다. 매시간마다 먹이주기, 3D 영화 및 시연, 미니 강좌 등이 열려 가족 여행객들이 많이 찾는다.

EASTERN EUROPE

바이다후냐드 성Vajdahunyadvár에는 유럽에서 가장 큰 농업 박물관이 있다. 임시로 지은 이 건물에 지금은 헝가리 여러 시대의 농업을 보여주는 전시물이 들어서있다. 겨울에는 부다페스트의 커다란 야외 아이스링크가 만들어진다. 페토피 콘서트 홀은 이 공원에서 청소년들에게 인기가 많은 곳으로, 6,000명을 수용할 수 있는 무대에서 전 세계의 팝스타들이 공연을 펼치기도 했다.

바이다휴냐드 성
Vajdahunyadvár

유럽 최대의 농업 박물관이 들어서 있는 이 건물은 외관이 너무 아름다워 성으로 불리고 있다. 보통의 성이 갖춘 물 웅덩이인 해자 대신 이곳에는 아이스링크가 있다.

왕족들이 살던 다른 성과는 달리 바이다후냐드 성Vajdahunyadvár은 농부들에게 더 알맞은 곳이다. 이곳에는 농업 박물관이 있기 때문이다. 부다페스트의 다른 커다란 건물들이 보통 그렇듯, 이 건물 또한 1896년 헝가리의 천년 축하 전시를 위해 지어졌다. 호수 건너편에서 바라보면 왜 이 건물에 성이라는 별명이 붙었는지 이해할 수 있다.

성 안도 아름다워서 대리석 계단, 조각된 기둥, 크리스탈 샹들리에, 스테인드 글라스 창문 등으로 꾸며져 있다.

바이다후냐드 성Vajdahunyadvár은 시민공원의 세체니 섬에 위치하고 있다. 여름에는 노 젓는 배를 빌려 커다란 호수를 즐기고, 겨울에는 호수의 일부분이 거대한 아이스링크로 변신한다. 스케이트를 빌려 아름다운 성 앞에서 우아하게 스케이트를 탈 수 있다. (1,500Ft / 학생 50%할인)
바이다후냐드 성Vajdahunyadvár은 영웅 광장에서 내려 5~10분 정도 걸으면 나온다.

농업박물관(Magyer mezögazdasági Müzeum / Museum of Hungarian Agriculture)

안에는 유럽에서 가장 큰 농업 박물관이 있어 여러 흥미로운 전시물을 구경할 수 있다. 헝가리 농업의 초기부터 1945년까지의 역사가 고스란히 전시되어 있다. 신석기 시대부터 현대까지의 농업 활동과 도구에 관한 정보를 볼 수 있고 어린이들을 위한 체험활동도 마련되어 있다. 이 밖에도 헝가리의 가축, 사냥, 낚시, 임업 등의 발전상이 전시되어 있어 이러한 작업에 쓰이던 각종 도구와 일하는 사람들을 묘사한 예술 작품도 볼 수 있다.

다른 전시에서는 포도를 재배하고 와인을 만드는 것에 대해 배울 수 있다. 1800년대 후반까지 와인은 헝가리에서 거의 1/3에 달하는 인구에게 중요한 경제 역할을 하는 것이었다. 이 전시에는 1939년 최초로 생겨난 토지 보호부터 다양한 포도 품종을 보존하기 위해 수행되었던 작업까지 헝가리의 생태학적 노력을 살펴볼 수 있다. 킹덤 오브 플랜츠(Kingdom of Plants) 전시에서는 식물의 역사적 중요성과 오늘날 어떻게 사용되고 있는지에 대해 배울 수 있다.

농업 전시 외에도 이 박물관에서는 우표부터 증기 기관차와 걸으면서 농작물을 수확하는 기기 등의 축적 모형 차량까지 40가지의 다른 전시품이 전시되어 있다.

▶시간 : 10∼17시(월요일 휴무) ▶전화 : 363 5099 ▶요금 : 무료(사진촬영은 유료)

CROATIA
크로아니아

Plitvice | 플리트비체

Zadar | 자다르

Split | 스플리트

Hvar | 흐바르

Bosnia and Herzegovina | 보스니아

Montenegro | 몬테네그로

크로아티아는 아드리아 해의 북동 해안에 위치하며, 북으로는 슬로베니아 와 헝가리, 동으로는 유고슬라비아, 남쪽과 동쪽으로는 보스니아-헤르체고비나와 국경을 이루고 있다. 공화국의 크기는 벨기에의 두 배이며, 슬라보니아(Slavonia)의 판노니안(Pannonian)평원으로부터 구릉이 많은 중부 크로아티아를 지나 이스트리아(Istrian)반도와 울퉁불퉁한 아드리아 해까지 부메랑모양으로 빙 돌아 나오는 모양을 하고 있다. 두브로브니크 마을이 있는 크로아티아의 아드리아 해 남쪽 끝은 손가락마디 하나정도의 차이로 보스니아- 헤르체고비나와 분리되어있다.

크로아티아 해변은 언제나 가장 인기 있는 관광지역이다. 해안선의 길이는 1778km이며 섬까지 포함하면 5790km에 이른다. 대부분의 해변은 모래보다는 넓은 돌이 많다. 앞바다의 섬들은 그리스의 섬들처럼 아름답다. 1185개의 섬들 가운데 66개의 섬에 사람이 산다.

크로아티아에는 7개의 아주 훌륭한 국립공원이 있다. 풀라 근처의 브리유니(Brijuni)는 잘 보존된 지중해 털가시 나무 오크 숲이 있는 가장 잘 가꾸어진 공원이다. 산악지대의 리스니야크(Risnjak) 국립공원은 스라소니의 보금자리인 반면, 파클레니차(Paklenica) 국립공원의 우거진 숲에는 곤충, 파충류, 멸종위기에 처한 그리폰 독수리를 포함한 조류 등이 서식한다. 플리트비치(Plitvice) 국립공원에서는 곰, 늑대, 사슴 등을 볼 수 있다

크로아티아 추천 일정

배낭여행객들은 오스트리아 빈이나 헝가리 부다페스트에서 크로아티아로 들어가게 된다. 하지만 유럽의 어느 도시에서도 저가항공을 타고 자그레브나 두브로브니크로 입국하여 크로아티아여행을 해도 되기 때문에, 유레일패스를 사용하는 것이 아니라면 시간상으로도 저가항공을 이용하여 쉽게 여행을 시작할 수 있다.

7박 8일

자그레브왕복코스
자그레브(2일) – 플리트비체국립공원(1일) – 스플리트(1일) – 두브로브니크(2일) – 자그레브(1일)

저가항공으로두브로브니크에서 시작하는 코스
두브로브니크(2일) – 두브로브니크 근교(로크룸 섬/믈레트섬/1일) – 스플리트(1일) – 흐바르 섬(1일) – 플리트비체국립공원(1일) – 자그레브(1일)

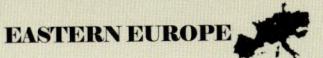

슬로베니아와 서부 이스트리아반도 이용코스
자그레브(2일) – 루블랴나(1일) – 블레드(1일) – 폴라(1일)
– 플리트비체국립공원(1일) – 스플리트(1일) – 두브로브니크(2일)
– 자그레브(1일)

서부 해안 집중코스
자그레브(1일) – 플리트비체국립공원(1일)
–자다르(1일) – 흐바르(2일) – 트로기르(1일)
–스플리트(1일) – 두브로브니크(2일) – 자그레브(1일)

2주 일정
자그레브(2일) – 루블랴나(1일) – 블레드(1일) – 폴라(1일)
– 플리트비체국립공원(1일) – 자다르(1일) – 트로기르(1일)
– 스플리트(1일) – 흐바르(2일) – 두브로브니크(2일) – 자그레브(1일)

Plitvice
플리체비체

플리트비체 IN

플리트비체로 가는 방법
자그레브, 자다르, 두브로브니크 등의 도시에서 플리트비체행 버스를 이용하면 된다. 플리트비체에 발착하는 버스 시간표는 미리 홈페이지에서 확인하고, 당일치기로 방문했다면 돌아가는 버스를 예약하거나 시간표를 알아두는 것이 좋다. 시간표는 있지만 변경이 자주되어 항상 출발전에 확인하는 것이 좋다.

자그레브 →플리트비체 버스 시간표

자그레브 ➡ 플리트비체 국립공원	
출 발	도 착
05 : 45	08 : 15
06 : 30	08 : 55
08 : 15	10 : 20
10 : 30	13 : 00
14 : 15	16 : 45
17 : 45	20 : 00

플리트비체 ➡ 자그레브			
출 발	도 착	출 발	도 착
06 : 50	09 : 30	16 : 45	19 : 00
08 : 30	10 : 50	17 : 15	19 : 05
10 : 15	12 : 30	17 : 15	19 : 50
11 : 00	13 : 30	17 : 50	20 : 20
12 : 50	15 : 10	18 : 05	20 : 50
16 : 15	18 : 20		

플리트비체 입구전경
플리트비체 호수공원은 입구 ULAZ 1과 ULAZ 2로 두 곳이 있다. 미리 운전사에게 어디에 내릴지 물어보면 된다. 플리트비체 버스정류장은 숲 속 한가운데 있는 도로에 있다. 내려서 육교가 보이는 쪽으로 걸어가면 ULAZ 1과 ULAZ 2 입구를 찾을

수 있다. ULAZ 1과 ULAZ 2는 도보로 10분 정도 떨어져 있으며, ULAZ 1에는 국립공원 관광안내소와 매표소가, ULAZ 2에는 중앙 관광안내소와 매표소, 호텔, 레스토랑 등이 있다.

플리트비체에서 주요도시 이동 시간

플리트비체 ➡ 자그레브	2시간 30분
플리트비체 ➡ 자다르	3시간 30분
플리트비체 ➡ 스플리트	6시간 30분

플리트비체 공원 입장료

	11~3월	
플리트비체	1일권	2일권
	90Kn	140Kn
	4~10월	
	1일권	2일권
	110Kn	180Kn

플리트비체 베스트 코스

플리트비체 국립공원의 관광은 자그레브와 자다르에서 당일로 여행을 많이 하지만 스플리트나 자다르로 내려가는 여행객들은 자그레브에서 플리트비체 국립공원을 보고 자다르나 스플리트로 내려가기도 한다. 하지만 플리트비체 국립공원은 1박2일로 여행하면 좋다. 아침에 일찍 일어나 플리트비체 국립공원의 비경을 본다면 풍경을 본 자신을 평생 기억할 것이다.

폴리트비체 국립공원은 봄부터 가을까지 가장 돌아보기가 좋다. 겨울인 11월부터 3월까지가 비수기인데 안개가 뒤덮이고 호수가 얼어 붙기도 해 플리트비체의 아름다운 절경을 일부만 감상할 수 있어 관광객들은 거의 없다.

플리트비체 국립공원은 최소 2시간 정도부터 2일까지 관람할 수 있다. 도보순환버스, 유람선을 이용할 수 있는 다양한 코스가 있으니 개인적인 여건을 고려하여 관람하면 된다. 코스별로 유람선 선착장(P)과 버스정류장(ST)이 표시된 지도는 관광안내소에서 20Kn의 가격으로 판매하고 있다. 하지만, 지도를 구입하지 않아도 유람선 선착장(P)과 버스 정류장(ST)표지판만 잘 따라가면 쉽게 돌아볼 수 있다.

사전 숙지사항

1. 입구는 ULAZ 1, ULAZ 2개가 있는데, 관광안내소, 호텔, 레스토랑은 ULAZ 2에 위치한다.
2. 공원 입장료에는 유람선과 순환버스 요금이 포함되어 있으니 자유롭게 유람선은 타도 된다.
3. 공원 안에서 하루 종일 있으려면 반드시 사전에 먹거리를 구입하여 들어가자. 워낙에 큰 국립공원이라 먹거리를 살 곳도 별로 없고 P3지점에 푸드코트가 있으나 가격이 비싸서 의외로 비용을 많이 사용하게 된다.
4. 한여름에도 기온이 24℃를 넘지 않아서 반드시 사전에 긴팔 외투나 바람막이 점퍼를 준비해야 한다.
5. 비가 오는 날에는 매우 미끄럽기 때문에 구두를 신지 말고 런닝화나 등산화를 신고 가야 다치지 않는다.

2시간 코스 (하층부)

플리트비체 국립공원의 핵심 부분인 하층부를 구경하면 3시간정도면 가능하다. 입구(ULAZ 1)에서 하차하여 매표소에서 티켓을 구입하여 입장한다. 입장하면 왼쪽 ST1 표지판을 따라 가면 절벽 전망대가 있다.

절벽 전망대에서 우리가 많이 보는 사진의 한 장면을 찍고 하층부의 호수 방향으로 계단을 따라 내려가면 계단식 호수와 폭포수를 감상할 수 있다. 관람을 마치면 원위치로 돌아와도 되고, P3선착장으로 가서 전기보트를 타고 P1에서 내려 입구 2(ULAZ 2)로 나가도 된다.

1시간 코스 (하층부 ∗ 상층부)

입구 2(ULAZ 2)로 내려가서 상 → 중 → 하 코스 순서대로 둘러보면 하루가 소요된다. 입구 2(ULAZ 2)로 가서 ST2에서 셔틀버스를 타고 ST4에서 내리면 상층부의 호수부터 중층부까지 볼 수 있다. 셔틀버스를 타지않고 걸어서만 다 보아도 되지만, 여름에는 더워서 힘들기 때문에 대부분 셔틀버스를 타고 관람한다.

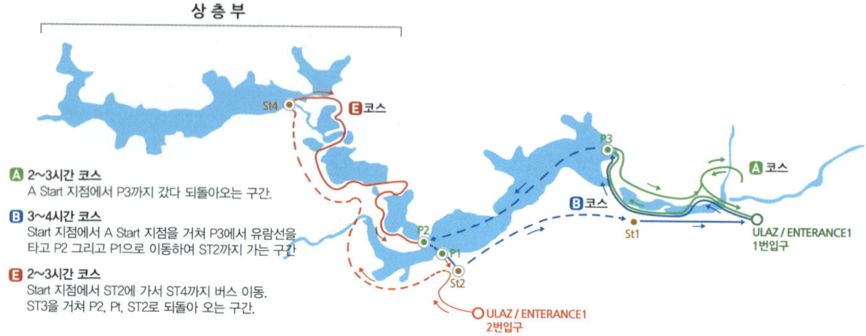

상층부
St4
E 코스
A 2~3시간 코스
A Start 지점에서 P3까지 갔다 되돌아오는 구간.
B 3~4시간 코스
Start 지점에서 A Start 지점을 거쳐 P3에서 유람선을 타고 P2 그리고 P1으로 이동하여 ST2까지 가는 구간
E 2~3시간 코스
Start 지점에서 ST2에 가서 ST4까지 버스 이동.
ST3을 거쳐 P2, Pt, ST2로 되돌아 오는 구간.
P3
A 코스
B 코스
St1
ULAZ / ENTERANCE1
1번입구
P2
P1
St2
ULAZ / ENTERANCE1
2번입구

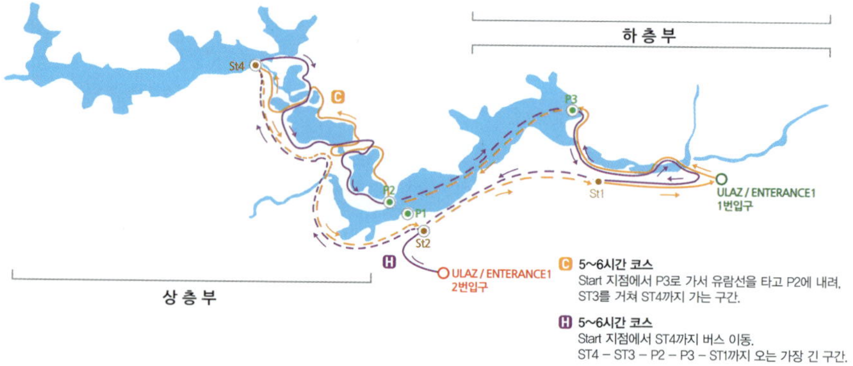

하층부
St4
C
P3
St1
ULAZ / ENTERANCE1
1번입구
P2
P1
St2
H
ULAZ / ENTERANCE1
2번입구
상층부
C 5~6시간 코스
Start 지점에서 P3로 가서 유람선을 타고 P2에 내려, ST3를 거쳐 ST4까지 가는 구간.
H 5~6시간 코스
Start 지점에서 ST4까지 버스 이동.
ST4 – ST3 – P2 – P3 – ST1까지 오는 가장 긴 구간.

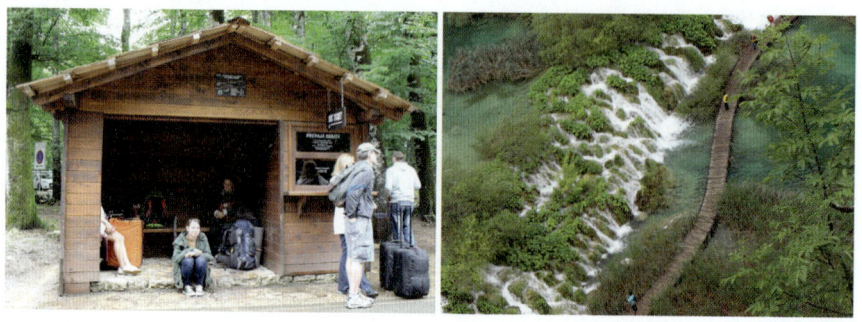

플리체비체 호수국립공원 핵심 도보 여행

크로아티아여행에서 플리트비체 국립공원은 반드시 가봐야 하는 곳이다. 자그레브에서 자다르로 가는 버스가 중간에 플리트비체 국립공원에 들르기 때문에 중간에 내려서 플리트비체국립공원에 내리는 버스로 갈아타야 한다. 자그레브에서 플리트비체 국립공원까지는 보통 2시간 30분정도가 소요된다.

자그레브에서 타고 오는 버스에서 내리면 1번입구에서 내리게 되고, 스플리트에서 타고 오는 버스에서 내리면 2번입구에서 내리게 된다. 대부분 자그레브에서 버스를 타고 플리트비체 국립공원을 여행하기 때문에 입구 1부터 도보여행을 설명하려고 한다.

입구 1은 하층부 Lower Lakes 부터 상층부 Upper Lakes 로 올라가는 코스로 여행하게 된다. 입구1에서 할 수 있는 코스는 A, B, C, K, G2의 총 5개로 되어 있는데, A코스는 2~3시간 정도, B코스는 3~4시간 정도, C코스는 4~6시간 정도, K코스는 6~8시간 정도 소요된다. 보통은 C코스로 반나절정도를 여행하고 스플리트로 이동하는 코스를 선호한다.

당연히 스플리트에서 도착하는 입구2부터 여행한다면 상층부부터 하층부로 올라가는 반대코스로 여행할 것이다. 입구에서는 F, H코스를 여행할 수 있는데 F코스는 2~3시간 정도, H코스는 4~6시간 정도 소요된다. 입구2에서는 보통 H코스를 여행하고 자그레브로 이동한다.

플리트비체 국립공원 코스지도를 보다가 'P'라고 씌여 있는 곳이 3군데가 나오는데, 이곳은 호수를 건너는 배를 탈 수 있는 곳을 의미한다. St는 플리트비체 국립공원을 도는 셔틀버스를 타는 곳이다. 이것만 알면 플리트비체 국립공원을 여행하는데 큰 문제는 없다. 지도도 솔직히 필요 없다. 숲속을 다니기 때문에 내가 어디를 여행하는지는 잘 모르는 경우가 대부분이다.

> **일정**
>
> 입구1(St 1)→ 하층부(Lower Lakes) → P3 → P2 → 점심식사 → 상층부(Upper Lakes) → St4

표지판을 따라 들어가면 바로 큰 폭포가 나온다. 여름에는 많은 물줄기가 폭포에서 쏟아져 나오기 때문에 아름답다. 크로아티아를 에메랄드 빛이라는 이야기를 듣는데, 이는 석회암의 침전물이 햇빛에 반사되어 보이는 플리트비체 국립공원에서 보는 색을 이야기하는 것 같다. 폭포를 지나가면 다리가 나온다. 사진에서 나오는 나무로 된 다리인데, 수많은 송어들을 보면서 감탄을 지으며 관광객들이 지나간다.

하층부의 첫 호수의 이름은 코즈야크 호수Kozjak Lakes이다. 호수에는 물의 깊이가 얕아 에메랄드 물빛 안의 송어들을 신기하게 쳐다보게 된다.

1979년부터 국립공원으로 지정되어 보존되고 있어 물고기 먹이를 팔지도 않고 먹이를 주는 사람들도 없이 자연상태로 보존되어 더 아름답다. 점점 깊은 곳으로 가면 에메랄드 빛이 조금씩 달라지는 것을 볼 수 있다.

EASTERN EUROPE

에메랄드 빛을 보면서 여기가 정말 호수가 아니라 바다가 아닌가?라는 생각이 들기도 했다. 햇빛에 비치는 석회암 침전물이 다른 에메랄드 빛을 내고 있는 것이다.

석회암과 백악Chalk 위로 흐르는 물이 수천년에 걸쳐 석회 침전물을 쌓아 나무들 사이로 자연적인 댐을 만드는 카르스트지형을 만들고 지질학적인 현상을 통해 플리트비체의 아름다운 호수와 폭포들을 만들어 냈다고 한다. 지금도 같은 현상들이 반복되어 만들어지고 있기 때문에 국립공원으로 지정되고 유네스코 세계유산으로 지정되었다고 한다.

호수를 건너면 다시 호수가 나오기 때문에 처음에는 감탄을 자아내다가 점점 감탄없이 빨리 지나간다. 오르막길을 거슬러 올라가면 조그만 폭포들이 나온다. 동굴이 하나 나오는데 동굴까지 나무다리가 연결되어 있다. 걷는 도중 다단계식으로 조그만 폭포들이 계속해 나와서, 물 위에 있는 나무다리에서 가깝게 보게 된다. 플리트비체 국립공원에는 총16개의 크고 작은호수들이 있다고 하는데, 하층부에는 5개의 호수들을 볼 수 있다. 각 호수에는 표지판에 호수의 이름과 호수의 위치를 표시해 주고 있다.

상층부 호수
그라딘스코 호수(Gradinsko Lake) 갈로바츠 호수(Galovac Lake)
오크루글랴크 호수(Okrugljak Lake) 치기노바츠 호수(Ciginovac Lake)
프로슈찬스코 호수(Proscansko Lake)

EASTERN EUROPE

하층부호수
코즈야크 호수(Kozjak Lake) 밀라노바츠 호수(Milanovac Lake),
가바노바츠 호수(Gavanovac Lake) 슈플랴라 동굴(Supljara)
칼루제로바츠 호수(Kaluderovac Lake) 벨리키 슬라프 폭포(Veliki Slap)

하층부 호수를 구경하며 걷다보면 P3선착장에 도착하게 된다. P3선착장 근처에는 휴식을 취할 수 있도록 화장실과 레스토랑, 치킨집 등이 있어 점심식사는 P3선착장에서 먹고 상층부로 이동하면 된다.

배낭여행객들은 오전에 먹을 수 있는 샌드위치 정도를 싸와서 P3선착장에서 먹고 쉬었다가 이동한다면 점심비용을 아낄 수 있다. 레스토랑은 대체로 비싸서 먹거리를 싸오는 것이 좋다.

P3선착장에서 배는 30분 간격으로 오고가기 때문에 배시간을 잘 보고 이동하지 않으면 스플리트로 가는 여행객들은 버스시간 때문에 플리트비체를 다 보지 못할 수 있다. 플리트비체 국립공원의 호수들을 보면 항상 송어들이 떼로 모여 있다. 우리나라라면 다 잡아 먹어버릴 것 같다.

EASTERN EUROPE

P3선착장에서 배를 타면 P2선착장으로 이동하여 호수 하나를 건너면 하층부 Lower Lakes부터 상층부 Upper Lakes로 이동하게 된다. 상층부의 호수들은 넓고 깊으며 폭포들도 크기 때문에 물줄기의 물의 수량도 많고 소리도 크다. 가까이 다가가면 시원하게 떨어지는 물줄기에서 뛰어나오는 수증기들로 인해 뿌옇게 보인다. 크로아티아 사람들에게 플리트비체 국립공원은 가족나들이 장소라고 한다. 그래서 아이들이 많이 보였다.

이제부터 위로 올라가기 때문에 호수들을 밑으로 보고 전체적인 조망을 할 수 있게 된다. 숲의 안으로 들어가면 나무들 사이로 물줄기가 나누어지는 물줄기들을 사진찍기도 좋다. 상층부를 올라가다 보면 플리트비체 국립공원에서 항상보던 사진의 장면이 나온다. 여기서는 누구나 카메라를 꺼내 사진을 찍기 바쁘다.

상층부를 다 보고 나오면 플리트비체 국립공원 앞 버스 정류장으로 나오게 된다. 여기서 버스를 기다리면 스플리트, 자그레브로 이동하는 버스를 탈 수 있다.

475

플리트비체 국립호수공원
Nacionalni Park Plitvicka Jezera

총 면적 29,482h 중 80%이상이 숲으로 이루어져 있는 플리트비체 국립호수공원은 백운암층으로 이루어진 상층부와 석회암층으로 이루어진 하층부의 16개의 호수가 에메랄드 빛 아름답게 계단을 이루고 있다. 1979년 세계문화유산으로 지정되었으며, 공원의 보존을 위해 18㎞ 길이의 산책로와 쓰레기통, 안내표지판은 나무로 만들어져 있으며, 수영, 취사, 낚시와 애완동물의 출입이 금지되고 있다.

호수는 상층부분과 하층부분으로 나뉜다. 상층부는 계곡과 울창한 숲에 둘러싸여 있고, 하층부의 호수와 계곡은 상층부의 호수에 비해 크기가 더 작고 얕다. 특히 하층 부분은 아기자기한 나무들과 호수 위의 길들이 잘 어울려져 탄성을 자아내곤 한다.

우리 눈에 보이는 물의 색깔은 물안에 들어있는 광물, 유기물, 무기물의 종류와 수심에 따라 하늘색, 밝은 초록색, 청록색, 진한 파란색 등을 띤다. 날씨에 따라서도 물의 색깔이 변한다.

EASTERN EUROPE

Rastoke
라스토케

RASTOKE

해변이 없으면 폭포라도 끼고 있는 나라가 크로아티아이다. 대부분의 도시들이 해안을 끼고 있는 해안도시이지만 내륙에도 아름다운 관광지가 있다. 크로아티아의 '물의 마을'인 라스토케Rastoke는 푸르른 하늘과 대비되는 물, 붉은 지붕이 인상적이다.

라스토케Rastoke는 계곡 위에 지어진 수상가옥 마을이라고도 부를 수 있을 것 같다. 물 위에 집이 지어져있어서 흔히 생각아는 수상가옥과 달리 아기자기하여 마치 동화 속 '물의 요정'이 살 것만 같은 마을이다.

About 라스토케(Rastoke)

라스토케^{Rastoke}라는 단어는 '하천의 분기'를 의미한다. 라스토케^{Rastoke}에서 슬로냐^{Slunjčica} 강은 계곡을 가로질러 흐르는 작은 강가지 와 작은 폭포를 코라나 강으로 나누고 있다. 라스토케^{Rastoke}는 석회암이 자연적으로 침식과 침강으로 생긴 자연활동의 산물이다. 탄산칼슘이 흐르는 물은 석회석을 녹인다. 입자들이 차례로 계곡을 따라 침강하고 물속의 이산화탄소의 양은 침전과정에서 중요한 역할을 한다. 오랜 세월을 거쳐 강 계곡을 따라 새로운 암석을 만들어 지금의 모습을 갖추게 되었다.

지정학적 위치

라스토케^{Rastoke}는 슬로냐^{Slunjčica} 강으로 알려진 슬로냐^{Slunj}의 역사적인 장소로 라스토케^{Rastoke}에서 코라나^{Korana} 강으로 흘러간다. 라스토케^{Rastoke}는 플리트비체 호수$^{Plitvice\ Lakes}$와 비슷한 자연 현상이 일어난다. 그래서 라스토케^{Rastoke}는 '플리트비체^{Plitvice}의 작은 호수'로 알려지기도 했다. 코라나^{Korana} 강에 의해 플리트비체^{Plitvice} 호수와 연결되어 있다. 라스토케^{Rastoke}는 생태학적으로 중요한 의미를 지닌 곳이다.

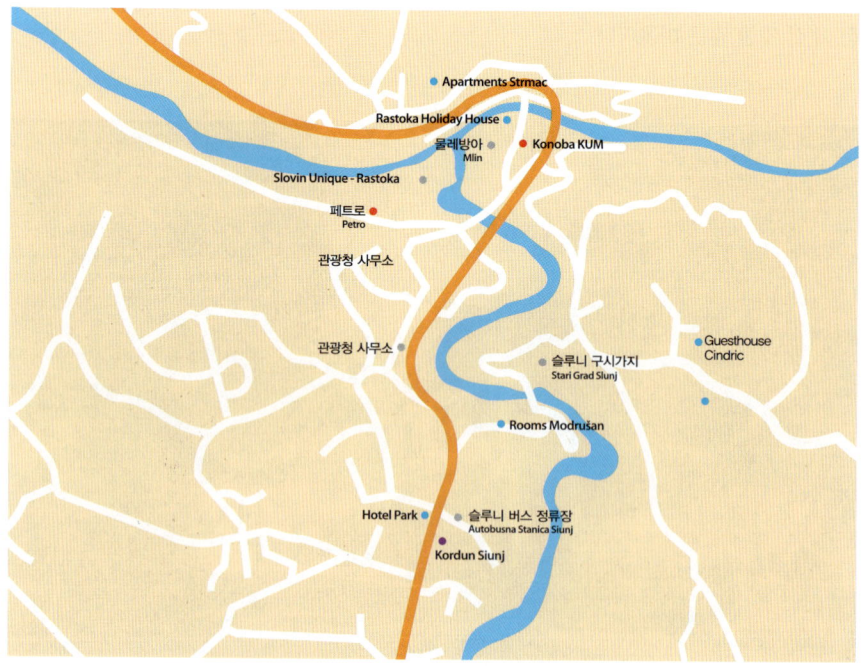

EASTERN EUROPE

라스토케 IN

자그레브 → 라스토케(79kn)

자그레브Zagreb에서 라스토케Rastoke의 슬루니Slunj에 버스를 타고 약 1시간 40분정도면 도착한다. 첫차는 새벽 5시45분, 막차는 5시 25분에 출발하므로 시간을 확인해야 하며 여름과 겨울의 시즌별로 시간은 달라진다.

▶ http://voznired.akz.hr/

자그레브 → 플리트비체(81 ~ 105kn)

매시간 버스로 2시간 정도 지나면 플리트비체 국립공원에 도착한다. 다만 정확한 시간에 운행을 하지 않으므로 운행하는 시간마다 +/- 30분정도는 감안하고 기다리는 것이 좋다. 첫차는 라스토케를 가는 버스와 동일하며 막차가 10시까지 있으므로 쉽게 이동이 가능하다.

▶ http://voznired.akz.hr/

작은 마을이지만 꼼꼼히 돌아다니면 라스토케Rastoke의 진면목을 볼 수 있다. 곳곳에 맑은 물이 흐르기 때문에 작은 돌다리나 나무다리를 건너다보면 둘러보는 잔잔한 매력이 넘치는 마을이다.

tvN, '꽃보다 누나'에서 물레방아가 모여 있는 숲속의 요정마을로 묘사된 라스토케Rastoke는 그에 걸맞게 물레방아도 정말 많다. 게다가 크로아티아의 해안도시에서 붉은 지붕과 바다를 많이 즐겼다면 라스토케Rastoke에서는 붉은 벽돌집이 아닌 아기자기한 나무집들이 가득하여 색다른 매력이 있다.

한눈에 파악하는 라스토케의 역사

중세 시대에 슬루니Slunj 지역은 유럽과 오스만 제국 사이의 불확실한 국경 지역이었다. 요새가 1578년에 파괴되었다가 재건되기를 반복하였다. 이후 슬루니Slunj는 1809~1813년까지 프랑스의 지배하에 있었다. 이 시기에 크로아티아어는 지방 언어가 되면서 언어가 통일되었다.
당시의 프랑스정부 총사령관 아우구스트 마르몬트Auguste Marmont의 집이 여전히 남아있다. 제 1, 2차 세계대전 이후 전기제철기가 발명되고 많은 이민이 이루어지면서 라스트 콕의 경제적 중요성은 급격히 감소하고 소규모 마을로 남아있게 되었다.

엑티비티

관광지로 라스토케Rastoke를 개발하고 있는 슬루니Slunj 마을과 코르둔Kordun의 주변지역은 생태학적 관광에서 중요한 역할을 한다.
자연을 보존하면서 즐길 수 있는 수영, 카누, 래프팅, 낚시, 사냥, 산악자전거 타기, 하이킹, 승마 같은 엑티비티를 할 수 있다.

EATING

내셔널 레스토랑 리츠카 쿠차
National Restaurant Lička Kuća

1972년에 개장해 약 50년 된 식당이지만 깔끔하고 깨끗하다. 리카 지방의 전통 가옥 방식으로 짓고 꾸며낸 곳이며, 자리도 약 300여명이 들어갈 수 있을 정도로 널찍해 대기도 별로 없는 편이다.
현지 숙소에서도 추천하는 식당으로 사람들이 많이 찾는 메뉴는 송어요리와 양고기 요리. 양고기 요리는 양고기 특유의 냄새가 약간 나지만 먹을 만한 정도로 스프나 스테이크, 꼬치도 맛있는 편이다.

주소_ Josipa Jovica 19
위치_ 플리트비체 입구 1에서 도보 약 3분
영업시간_ 11:00~22:00
요금_ 스타터 30kn~ / 메인요리 85kn~
전화_ 053-751-014

플리트비체 레이크 페타르
Plitvice Lakes Petar

가격이 저렴하지는 않지만, 플리트비체 국립공원에 있는 다른 식당에 비해 꽤 맛있는 음식을 먹을 수 있는 곳이다.
작은 규모의 식당은 아니지만 성수기 식사시간엔 대기가 있으므로 시간을 넉넉히 잡아 방문할 것. 직원들도 친절하고 요리 품질도 좋은 편이라 만족도가 높은 식당이다. 대부분의 요리가 괜찮지만 특히 고기요리가 맛있는 곳으로, 스테이크는 반드시 시켜볼 것을 추천한다.

주소_ Rastovača 4
위치_ 플리트비체 입구 1에서 도보 약 20분
영업시간_ 07:00~24:00
요금_ 스타터 80kn~
전화_ 092-285-6966

하우스 카트리나
House Katarina

150쿠나라는 저렴한 가격에 에피타이저, 메인, 디저트에 음료까지 포함된 3코스 현지 가정식을 먹을 수 있는 정원식 레스토랑. 식당으로만 운영하는 곳이 아니라 에어비앤비 숙소에서 함께 운영하는 곳으로, 이 곳 말고는 식당이 별로 없기 때문에 인근 숙소의 숙박객들이 거의 이곳에서 식사한다. 자리도 많지 않기 때문에 조금 일찍 방문하는 것을 추천하며, 다른 요리도 다 좋지만 메인을 송어요리로 시킨다면 전혀 후회하지 않을 것이다.

주소_ Rastovača 14
위치_ 플리트비체 입구1에서 도보 약 10분
영업시간_ 매일 상이하나 대체로 18:00~21:00
요금_ 150kn
전화_ 091-585-7896

폴랴나
Poljana

맛집보다는 적당히 식사할 수 있을만한 식당이다. 음식이 담긴 접시를 쟁반에 담아 가져온 만큼만 계산하는 셀프 서비스 식당과 일반적인 레스토랑으로 나눠져 있다. 두 곳의 맛이 큰 차이가 없지만 한국인들은 송어구이나 볼로네제(미트소스) 스파게티를 주로 시키는 편이며, 닭요리도 먹을 만하다.

위치_ 플리트비체 입구 2 인근 Hotel Bellevue 옆
영업시간_ 07:00~23:00
요금_ 음식류 35kn~
전화_ 053-751-015

Zadar
자 다 르

자다르 Zadar는 크로아티아 서쪽 달마티아지방에 있는 아드리아 해 북부에 위치한 항구도시로 '선물로 지어진 도시'란 뜻의 자다르는 3,000년의 역사를 가지고 있으며 현재는 7만 여 명의 사람들이 살고 있는 도시다. 중세시대 로마교황청의 직속 관리를 받을 정도로 중요한 역할을 했던 곳들이 많았으며 로마시대 광장 유적지가 최대 규모로 남아 있어, 최근 가장 인기 있는 크로아티아의 관광지로 급부상 중이다.

자다르 달마티아 북부에는 약 71,000명이 살고 있다. 인근 도시인 프레코에서 북동쪽 방향으로 6㎞ 정도 떨어져 있으며, 수도인 자그레브에서 남쪽 방향으로 약 190km 정도 떨어져 있다. 남동쪽으로 115㎞ 떨어진 곳에 스플리트가 있다.

ZADAR

한눈에 파악하는 자다르 역사

고대 로마의 식민지가 되기 이전에는 일리리아 인이 세운 도시로 시작되었다. 812년, 아헨 조약으로 비잔틴 제국으로 귀속되었다. 12세기 후반에 헝가리 왕국이 점령했지만, 1202년에 베네치아 공화국 령으로 바뀌게 되었다.

1797년, 나폴레옹에 의해서 베네치아 공화국이 멸망하고 캄포포르미오 조약의 결과로 다른 베네치아 공화국 령의 영토가 프랑스에서 오스트리아로 바뀌게 되었다. 1805년의 프레스부르크 조약에서는 이탈리아 왕국의 일부가 되었다가 나폴레옹이 실각한 뒤에는, 오스트리아로 넘어갔다.

오스트리아–헝가리가 멸망하면서 유고슬라비아 왕국의 일부가 되었지만, 라팔로 조약에 의해 이탈리아 왕국으로 귀속되었다. 제2차 세계 대전이 끝나고 1947년에 이탈리아와 연합국사이의 평화 조약으로 유고슬라비아로 이름이 바뀌었다가, 1991년 크로아티아 독립 전쟁에서는 세르비아군의 공격으로 큰 피해를 입었다.

자다르 핵심 도보 여행

자다르는 시로카 대로^{Siroka Ulica}를 따라 관광명소가 양쪽으로 둘러싸여 있어 두브로브니크의 구시가인 성벽과 가장 많이 닮은 곳이기도 하다. 화창한 날씨를 즐기고 싶다면 퀸 젤레나 마디예프카 공원으로 가면 된다. 평화로운 퀸 젤레나 마디예프카 공원에서 친구와 함께 커피 한 잔 하면서 수다를 떨며 여유를 즐기는 모습을 보게 된다.

또 근처의 블라디미르 나조르 공원에서 간단하게 싸온 도시락을 먹고 책을 읽는 시민들을 볼 수 있다. 일상의 여유가 느껴지는 상징적인 장면이다. 이처럼 자다르에서는 평화로운 마음이 자리하게 된다. 정신없는 도시 생활에서 잠시 벗어나고 싶다면 실바, 프레코 항구로 가자. 쿠클리카^{Kukljica} 항구와 살리^{Sally} 항구 등은 소문난 명소이다.

EASTERN EUROPE

박물관은 주로 구시가지에 몰려 있어 방문하기가 쉽다. 여러 전시물을 관람하는 것도 좋지만 조용하게 사색할 수 있는 분위기를 즐겨보는 것도 좋다. 다양하고 흥미로운 전시물을 볼 수 있는 곳으로 인기가 높은 고대 유리박물관, 자다르 민속박물관도 방문할 좋은 장소이다. 여러 전시물을 둘러보며 여행지의 역사와 문화적 특성을 파악하는 것도 진정한 여행의 묘미이다.

풍부한 볼거리로 가득한 고고학 박물관에 들러서 다양한 전시물을 보면 눈 깜짝할 새에 시간이 지나간다. 시티 갤러리에서 예술의 세계로 떠나고 자다르 국립박물관에서 흥미로운 과거도 살펴보고 유용한 역사 지식도 쌓으면 좋다. 인기가 높은 체인 문에 들러 시간을 거슬러 여행하는 느낌을 받아보자.

과거 모습을 발견할 수 있는 지역 내 여러 기념비와 역사적 건축물부터 랜드 게이트, 포트 게이트에서부터 투어를 시작해 보면 좋을 것이다. 체인 게이트, 로어 게이트에도 지역의 역사와 관련된 볼거리가 가득하다.

성 시몬 교회, 성 크리소고누스 교회, 치유의 성모마리아 교회, 성 엘리아스 교회도 놓치면 안 될 유명한 건축물이다. 기사성에 가면 호화로웠던 옛 지도자의 삶을 확인하고 세인트 마리 교회와 성 아나스타샤 대성당에서는 사색적이고 품격 높은 종교적 분위기를 경험할 수 있다. 성 도나트 교회, 아시시 성 프란시스 수도원도 종교적 색채를 느낄 수 있는 유명한 곳이다.

도시 광장은 때로는 아주 비슷해 보일 수 있지만, 각각의 광장이 품고 있는 이야기와 특징, 건축물로 놀랍고 독특한 개성을 보여준다. 여행하면서 포럼, 다섯 개의 우물 광장, 현지 주민들은 인민 광장도 추천할 것이다.

자다르의 상징적인 바다 오르간은 랜드 마크이다. 자다르의 매력을 제대로 느껴보고 싶다면 바다 오르간에 꼭 들러보자. 세계유일의 바다 오르간 Moske Orgulje이 설치되어있어 파도의 움직임에 따라 자연의 음악을 연주한다. 코발트 색 바다로 향하는 돌계단 구석에 구멍을 뚫어 만든 자연의 악기이다.

파이프와 호루라기의 원리를 응용해 최고의 건축가 니콜라 바시치가 디자인한 세계 최대 파이프 오르간이다.

자다르 지역에서 놓칠 수 없는 명소인 그리팅 투 더 선, 스톤 브리지, 구 크로아티아 보트 콘두라에 방문하며 인상 깊은 추억을 만들어 보는 사람들이 많다.
크로아티아 국립극장의 최고 시설과 놀라운 퍼포먼스를 즐기며 잊을 수 없는 자다르의 저녁을 만끽하고, 즐거운 공연을 보고 난 후 가까이 있는 식당이나 바에 들러 일행과 가볍게 식사를 즐기는 것도 좋은 방법이다.

EASTERN EUROPE

고대 로마와 중세의 유적이 곳곳에 보존된 오랜 역사를 간직하고 있는 자다르는 중세 상업, 문화의 중심지였다. 14세기 말, 크로아티아 최초의 대학이 자다르에 설립되었고 19세기 후반에는 달마티아 지역 문화국 재건운동의 중심지가 되기도 했었다.

요새도시
Grad Utvrda

자다르의 구시가지는 성벽으로 둘러싸인 약 3km 정도의 둘레에 위로 튀어나온 작은 반도모양의 요새도시이다. 시내는 고대 로마시대 때부터 요새화되어, 베네치아 공화국 시대에 도시가 완성되어 베네치아 공화국 무역의 기지역할을 하였다. 고풍스러운 고대 로마의 유적과 르네상스 시대의 화려한 로마네스크 건물이 조화를 이루고 있다. 자다르는 시로카 대로 Siroka Ulica를 따라 관광명소가 양쪽으로 둘러싸여 있어 두브로브니크의 구시가인 성벽과 가장 많이 닮은 곳이기도 하다.

고대 로마시대부터 이어온 요새 도시는 성벽으로 둘러싸여 있으며 성벽은 과거 베네치아 공화국 당시에 오스만투르크족으로부터 자신들을 지키기 위해 지었다고 전해진다. 구시가를 들어가려면 시티 게이트라고 불리는 4개의 성문을 통해서만 입장할 수 있었으며 현재까지도 2개의 육지의 문 Mainland Gate 와 항구의 문 Port gate 이 남아 자다르 구시가지의 관문 역할을 하고 있다.

육지의 문
opnena Vrata / Mainland Gate

1543년에 건축된 육지의 문은, 자다르에서 가장 아름다운 르네상스 시대의 건축물로 불리며 베네시안 공화국을 상징하는 날개 달린 사자상이 조각되어 있다. 승리를 상징하는 3개의 아치로 구성되어 있으며 구시가로 연결되는 메인 입구로 여전히 사용되고 있다.

주소_ Ante Kuzamanica, 23000 Zadar

바다의 문
Morska Vrata / Sea Gate

성당 바로 옆에 지어져 성 크리소고노의 문이라고 불리기도 하는 바다의 문은 베테치아의 사자가 그려져 항구를 향해 나가기 위해 1573년에 만들었다.
고대 로마의 개선문 양식으로 그리스가 오스만 제국의 물리친 1571년 레판투 전쟁의 승리를 축하하는 글귀가 써 있다.

주소_ Poljana Pape Aleksandra 3, 23000 Zadar

바다의 문

성도나트 성당
Crkva Sv. Donata / St. Donat Church

자다르를 대표하는 건물로, 과거 9세기경에 지어졌다. 로마광장의 폐허 위에 세워졌으며 자다르에서 가장 오래된 교회다. 로마광장이 무너진 후 남은 그 유물들로 재료들로 성당을 건축하였다는 독특한 이력이 있다. 내부구조물도 전부 부서진 석재로 이용하여 만들어진, 재활용된 성당이기도 하다. 틀을 벗어난 유쾌한 발상이 있고 규격화 되지 않은, 전통에서 벗어난 친근하고 재미있는 멋이 있는 곳이다.

주소_ Trg Rimskog Foruma, 23000 Zadar
시간_ 9~22시(9~다음해 6월까지 21시)
요금_ 30kn(65세 이상 15kn, 10세 미만 무료)
전화_ 023316166

성 아나스타샤 대성당
Katedrala Sv. Stosîje / Zadar Cathedral

푸르른 아드리아 해와 자다르의 아름다운 붉은 지붕을 한눈에 바라볼 수 있는 대성당에서는 사색적이고 품격 높은 종교적 분위기를 경험할 수 있다. 자다르의 중심에 있는 로마네스크 양식의 아름다운 성 아나스타샤 대성당을 보게 된다.
12~13세기에 건설된 성당은 3개의 회랑과 2개의 장미창으로 구성되어 있다.
지하에는 도나타 주교가 헌정한 성 아나스타샤의 대리석 석관을 비롯한 그의 유품들이 전시되어 있으며, 이름을 따라 성당의 이름이 지어졌다.
달마티아 지방에서 가장 큰 성당으로 웅장한 대리석 기둥과 파이프 오르간을 보면 사랑할 수밖에 없는 도시이다.

주소_ Trg Sveti Stosije 1, Ulica Šimuna Kožičića Benje, Zadar 23000
시간_ 6시 30분~19시(월~금 / 토, 일요일 8~9시)

진짜 유명해진 이유

바로 성당의 외관이다. 정면에서 바라보았을 때 한 눈에 들어오는 2개의 동그란 장미모양 창문과 3개의 회랑은 이곳에서만 볼 수 있는 것이기 때문이다. 특히 장미모양으로 만들어진 창문이 핵심이다. 바로 앞 노천카페에 앉아 빛에 따라 시시각각 분위기가 변하는 모습을 감상해보는 것도 좋다

종탑

성당 옆에 위치한 종탑은 네오 로마네스크 양식으로 성당보다 나중에 지어졌는데, 2차 세계대전에서 파괴되었다가 1989년에 다시 지어졌다. 180개의 계단을 따라 올라가면 푸른빛으로 빛나는 아드리아 해와 붉은 지붕으로 둘러싼 자다르를 한눈에 조망할 수 있다.
▶9~22시(월~토)
▶20kn

수치의 기둥

종탑에서 왼쪽으로 돌아가서 보이는 기둥이 '수치의 기둥'이라고 한다. 로마시대에 죄인을 매달아 놓고 사람들이 지나가면서 보게 만들어 부끄럽게 만들었다고 하여 붙여진 이름이다.

종탑에서 내려다 본 모습

로마시대 포럼
Forum

성 도나트 대성당과 고고학 박물관 사이에 있는 광장이다. 과거 로마시대 포럼으로, 집회장이나 시장으로 사용되었던 로마 특유의 장소다. 자다르의 포럼은 AD1~3세기에 로마의 황제 오거스투스 Augustus가 세웠다.
면적이 90*45m로 아드리아 해 동부해안에서 가장 큰 로마시대 광장이었으나 2차 세계대전 당시 폭격으로 손상되어 현재까지 복구 중이다. 광장 주변에는 로마시대 유적들이 전시되어 있다.

주소_ Zeleni Trg 23000 Zadar
위치_ 성 도나트 성당 정면 1~2분

5개의 우물
Trg 5 Bunara

16세기 오스만 투르크의 공격을 대비해 베네치아 인들이 만든 식수원이다. 일직선상의 5개 우물이 지금까지도 잘 보존되고 있으며 그 당시에도 예술 작품과 같이 시각적인 면도 중요시했음을 알 수 있다. 우물은 19세기까지 이용 되었다고 한다.

우물을 만든 이유
16세기, 적의 침입을 막기 위해 성벽 주변으로 만든 해자를 덮고 우물을 만들었다. 오스만투르크족의 공격에 대비하여 비상식수원을 확보하는 것이 가장 큰 이유였다. 현재까지도 보존이 잘 되어 물을 길어 올리던 도르래도 남아 있으며, 일렬로 쭉 늘어서 있는 5개의 우물이 인상적이다.

주소_ Trg 5 Bunara, 23000 Zadar
위치_ 유리 박물관에서 4~5분

나로드니 광장
Trg Narodni

구시가 중심의 시로카 대로 Siroka Ulica에 중심에 있는 광장이다. 아담한 광장 바닥의 정비가 잘된 하얀 대리석이 언제나 윤이 나며, 두브로브니크 플라차 거리를 연상케 한다.
광장 주위를 시계탑, 시청사, 공개 재판소 등이 둘러싸고 있으며 노천카페가 있어 시민들에게 좋은 휴식처가 되고 있다.

주소_ Narodni Trg, 23000 Zadar

바다오르간
Morske Orgulje

자다르의 상징적인 바다 오르간은 랜드마크이다. 자다르의 매력을 제대로 느껴보고 싶다면 바다 오르간에 꼭 들러보자. 자다르의 명물 바다오르간은 달마티안 석공들과 건축가인 니콜라 바사치의 작품으로 2005년 만들어 졌다.
파이프와 호루라기의 원리를 응용해 최고의 건축가 가 디자인한 세계 최대 파이프 오르간이다.

세계유일의 바다 오르간 Moske Orgulje이 설치되어있어 파도의 움직임에 따라 자연의 음악을 연주한다. 코발트 색 바다로 향하는 돌계단 구석에 구멍을 뚫어 만든 자연의 악기이다.

파도의 크기에 따라 바다를 마주하고 있는 보도에 설치된 75m, 35개의 파이프에서 파도의 밀물과 썰물을 이용한 독특한 바다의 연주를 감상할 수 있는 세계 최초의 바다오르간이다.

태양의 인사
Pozdrav Suncu

자다르 시내의 가장 끝 바닷가에 있는 태양의 인사는 300개의 태양열 집열판으로 설치된 조형물이다. 지름은 약22m로 낮에 태양열을 집적하였다가 밤이 되면 공연을 시작한다.
태양계를 시각화한 디자인이 바다 오르간의 연주와 함께 해가 지고 난 후 불이 켜지면 사람들의 탄성과 함께 공연을 시작한다. 성수기에는 관광객이 몰려들어 너무 소란스러워 집중하기가 힘들 정도로 자다르의 대표적인 관광지가 되었다.

EATING

시티 라구나
City Laguna

바다 옆에 위치한 작고 아담한 식당이지만 내어주는 음식이 양 많기로 소문났다. 에피타이저는 대부분 맛이 괜찮고, 메인은 파스타를 추천. 요리는 농어나 오징어, 새우가 들어간 요리가 좋다.
통유리창 밖으로 보이는 풍경은 낮 밤 할 것 없이 언제나 평화롭고 아름다우며, 아침 일찍부터 밤 늦게까지 운영하므로 언제 방문해도 좋은 곳. 처음 본 손님도 단골 대하듯 친절하고 정성스럽게 대하는 직원의 서비스는 덤이다.

주소_ Ul. Bartola Kašića 1
위치_ 다섯우물광장에서 도보 약 2분
영업시간_ 08:00~23:00
요금_ 스타터 50kn~ / 메인요리 85kn~
전화_ 095-573-6510

EASTERN EUROPE

펫 부라나
Pet burana

유기농 재료를 사용한 달마티아 전통 음식을 표방하는 음식점. 지역에서 생산된 제철 재료와 신선한 재료를 사용하여 음식을 만들어 내 만족도가 높은 식당이다. 추천메뉴는 스테이크나 생선요리이며, 디저트도 맛있는 것으로 유명하니 맘에드는 것으로 하나쯤 시켜봐도 좋을 것. 음식 나오는 속도가 조금 느린게 흠이라면 흠이지만, 셰프가 정성스럽게 요리한 음식과 친절하고 세심한 직원들의 서비스로 조금 참아보자.

홈페이지_ petbunara.com
주소_ Stratico ul. 1
위치_ 다섯우물광장 인근
영업시간_ 12:00~23:00
요금_ 스타터 75kn~ / 메인요리 85kn~
전화_ 023-224-010

4 칸투나
4 Kantuna

전형적인 지중해요리 음식점이지만 피자가 맛있는 것으로 유명한 레스토랑. 오븐에서 구워낸 피자는 담백하고 촉촉한데다 어떤 토핑이 들어간 피자를 시켜도 만족스럽게 먹을 수 있는 곳이다.
피자 외의 추천메뉴는 스테이크나 문어요리. 친절한 직원과 맛있는 음식 때문에 저절로 재방문할 수밖에 없는 곳이며, 한국인들은 트러플 파스타와 레몬 맥주를 필수로 시키므로 주문 시 참고하자.

홈페이지_ restaurant4kantuna.com
주소_ Varoška ul. 1
위치_ 펫 부라나에서 도보 약 4분
영업시간_ 11:00~23:00
요금_ 에피타이저 32kn~ / 피자 58kn~
전화_ 091-313-5382

EASTERN EUROPE

레스토랑 2리바라
Restaurant 2Ribara

자다르의 골목 맛집으로 현지인들이 자주 찾고 추천하는 음식점. 현대적인 인테리어와 깔끔한 분위기에다 직원도 친절하다. 양도 많고 대부분의 메뉴가 맛있어 어떤 것을 시켜도 무리가 없는 맛집이지만, 한국인들에게는 진한 해물맛이 배어있는 오징어 먹물 리조또 맛집으로 알려져있다.

리조또 외에도 스테이크나 생선요리를 시켜도 좋으며, 직원에게 어울리는 와인을 추천받아 음식과 함께하면 꽤 기억에 남을 식사가 될 것이다.

홈페이지 _ 2ribara.com
주소 _ Ul. Blaža Jurjeva 1
위치 _ 4kantuna에서 도보 약 2분
영업시간 _ 월~토 11:00~23:00
　　　　　　일요일 11:00~22:00
요금 _ 타터 70kn / 메인요리 110kn~
전화 _ 023-213-445

더 가든 라운지
The Garden Lounge

겉보기엔 가정집 같은 분위기라 그냥 지나칠 수 있으니 조심하자. 자다르에서 가장 만족할 수 있는 카페를 놓칠수도 있다. 정원식으로 펼쳐진 널찍한 카페는 자다르의 해안을 파노라마로 조망할 수 있으며, 편안한 테이블이나 매트가 깔린 자리도 많아 여유롭게 늘어져 쉴수도 있다. 메뉴는 커피나 주스, 스무디 같은 카페 음료부터 시작해 와인이나 칵테일, 주스, 맥주까지 고르게 판매하고 있다. 허기지거나 당이 필요하다면 건강하고 신선한 채식 요리와 달달한 디저트를 시켜도 좋을 것. 저녁에는 DJ가 만들어내는 템포 강한 음악이 트로피칼한 분위기를 끌어올리므로 취향에 맞는 시간대를 선택해 방문해보자.

홈페이지_ thegarden.hr
주소_ Liburnska obala 6
위치_ 바다오르간에서 도보 약 5분
영업시간_ 월~토 10:30~25:30
　　　　　일요일 10:00~24:00
요금_ 음료류 35kn~
전화_ 023-250-631

하버 쿡하우스 앤 클럽
Harbor CookHouse & Club

바다 바로 옆에 위치해 전망이 좋은 음식점으로 현지인들도 추천하는 곳이다. 대부분의 음식이 보통 이상의 맛을 자랑하며 친절하고 세심한 직원과 고급진 분위기 덕에 항상 만족도가 높은 식당이다. 파스타나 리조또도 맛있지만, 고기요리를 전문으로 하는 맛집이기 때문에 스테이크나 햄버거는 반드시 시켜먹어볼 것.

바다가 잘 보이는 자리에서 식사하고 싶다면 예약 후 방문하거나 일반적인 식사 시간보다 좀 더 이른 시간에 방문하는 것이 좋다.

홈페이지_ harbor.hr
주소_ Obala kneza Branimira 6A
위치_ 다섯우물광장에서 도보 약 10분
영업시간_ 월~토 07:00~26:00
일요일 07:00~24:00
요금_ 스타터 42kn~ / 메인요리 100kn~
전화_ 023-301-520

코노바 라파엘로
Konoba Rafaelo

올드타운에서 꽤 떨어져있는 것이 흠이지만, 자다르에서 잊지 못할 고기요리를 맛보고 싶다면 일단 가보자.
코노바 라파엘로는 현지인들이 좋아하고 추천하는 바비큐요리 맛집으로, 바베큐와 함께 다양한 구운 야채, 산처럼 쌓아올린 감자튀김이 나오는 라파엘로 플래터는 이 곳의 시그니처지만 2명이 먹기도 힘들다. 대부분의 요리가 한명이 먹기 힘든 양이 나오는 편이므로 위를 비워두고 가는 것이 좋을 것이다.

홈페이지_ 24ugo.com
주소_ Obala kneza Trpimira 50
위치_ 하버 쿡하우스 앤 클럽에서 약 3km
영업시간_ 월~토 10:00~24:00
　　　　　일요일 12:00~24:00
요금_ 스테이크류 115kn~ / 라파엘로 플래터 270kn
전화_ 023-335-349

맘마 미아
MAMMA MIA

관광객은 거의 찾아보기가 힘든, 현지인들만 가득찬 진짜 현지 맛집. 평일 주말할 것 없이 현지인들이 즐겨찾는 곳으로 식사시간에는 웨이팅이 있다. 음식 서빙도 다소 느린 편이기 때문에 식사시간을 피해 방문한다면 쾌적하고 즐겁게 식사할 수 있을 것. 고기요리와 생선요리, 피자와 파스타 등 대부분의 요리가 맛있는 곳이지만, 그릴자국이 선명히 박힌 고기요리와 토핑이 듬뿍 들어간 피자는 반드시 시켜보자.

주소_ Put Dikla 54
위치_ 코노바 라파엘로에서 도보 약 10분
영업시간_ 12:00~24:00
요금_ 피자류 50kn~ / 메인요리 65kn~
전화_ 023-334-246

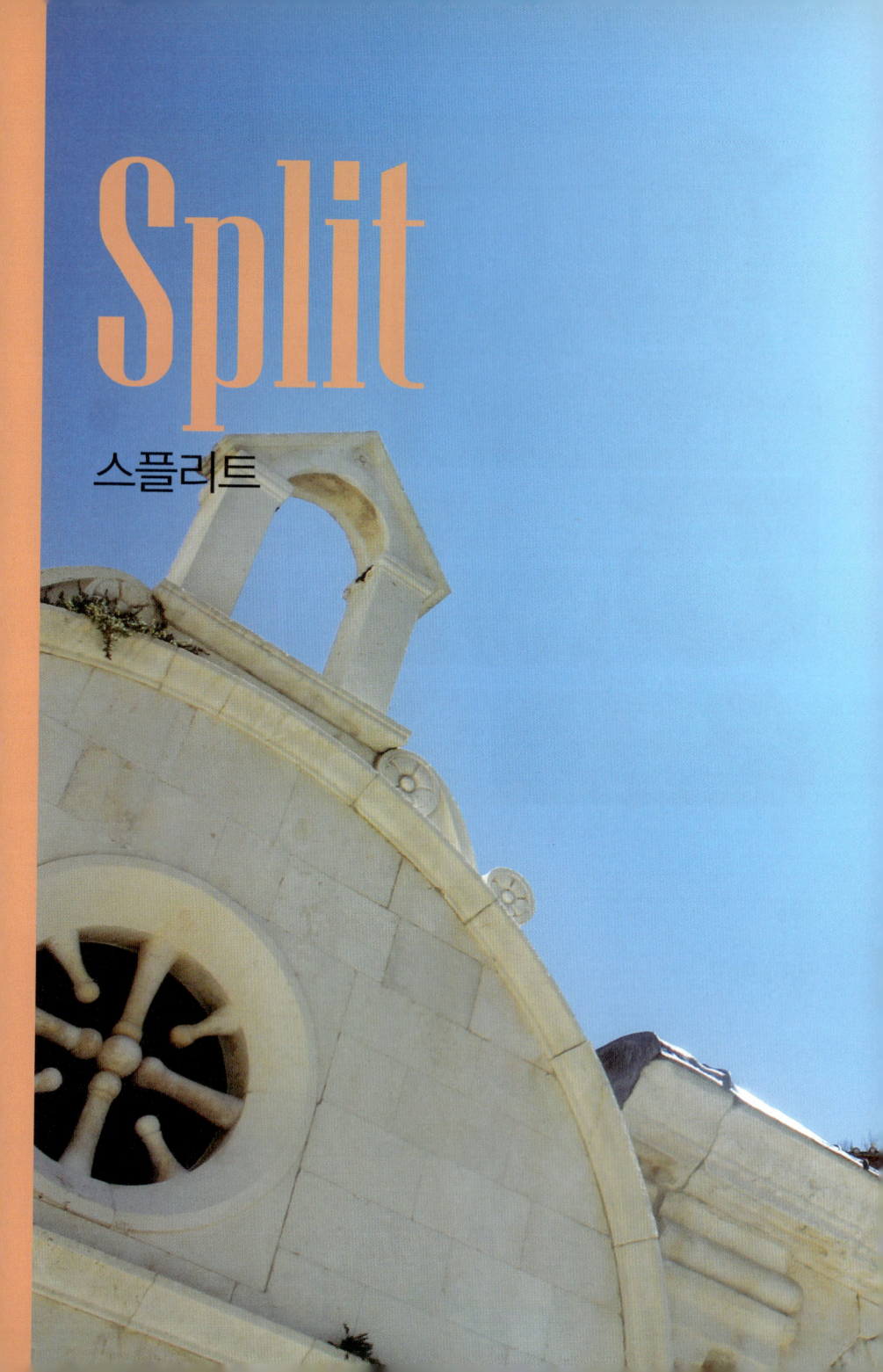

Split

스플리트

Split
스플리트

달마티안 해변의 스플리트Split는 로마 황제 디오클레티아누스의 궁전 주변으로 발달한 도시이다. 크로아티아의 가장 중요한 문화유산지역과 문화 기관이 있는 눈부신 아드리아 해에 위치한 스플리트Split는 가장 아름다운 도시 중 하나이다. 유럽 여행객들이 가장 많이 찾는 도시로도 유명하다.

EASTERN EUROPE

SPLIT

한눈에 스플리트 파악하기

역사와 건축을 좋아한다면 디오클레티아누스의 궁전을 절대 빠뜨릴 수 없다. 유럽에서 가장 잘 보존된 로마식 궁전으로 1979년 세계문화유산으로 지정되었다. 디오클레시아누스의 무덤에서 변형된 문화유산이다. 문과 정원을 구경하며 지하의 통로를 지나 성 돔니우스의 성당과 종탑도 올라가 종탑 위에서 도시와 주변 경관도 감상해 볼 수 있다.

구 시가지를 거닐며 수 세기에 걸쳐 유지되어 온 건축물을 보면서 나로드니 광장에 들러 오래된 시계탑과 길거리 음식을 먹으면서 천천히 스플리트를 볼 수 있다. 오래된 교회들과 벨리 바로스 거리를 지나 도시에서 가장 아름다운 공공 광장인 프로쿠라티베에 도착하게 된다. 도시에서 가장 유명한 해안 도로인 리바를 방문하면 스플리트에 반하지 않을 수 없다.

시립 박물관에서 스플리트의 역사에 대해 알아보고, 고고학 박물관에서 크로아티아의 매력적인 과거 유물을 확인할 수 있다. 여기에는 수많은 동전들과 오래된 무기, 동상들이 전시되어 있다. 예술작품을 좋아한다면 미술관에 방문해 고전과 현대 작품들을, 이반 메스트로비체 갤러리에서 크로아티아 20세기 거장들의 조각품들도 볼 수 있다.

숙박

스플리트에는 호텔 베슈티불 팔라체 및 래디슨 블루 리조트 스플리트 등의 고급스러운 호텔이 있으며 저가 호텔로는 스티판 아파트먼트 및 디자인 호스텔 골리 & 보시 등이 있다. 디오클레티안 궁전에서 걸어갈 수 있는 거리에 숙박을 원하면 대략 0.2㎞ 거리에 있는 리바 럭셔리 스위트 선택하면 된다.

스플리트 IN

스플리트로 가는 방법
기차, 버스를 이용하여 갈 수 있고 요즈음 렌트를 이용하여 플리트비체를 거쳐 스플리트를 가는 경우가 많아졌다. 흐바르에서는, 페리를 이용하여 스플리트를 올 수 있다. 크로아티아 내에서 이용할 경우 버스를 주로 사용한다.

버스
크로아티아 모든 도시의 버스는 스플리트를 운행한다. 스플리트 버스터미널 Autobusna Kolodvor은 작은 시골의 버스역 같은 느낌이다. 버스터미널에서 구시가지는 걸어서 약 10분 정도면 도착하기 때문에 시내버스를 탈 필요는 없다.

스플리트 고속버스
(www.croatiabus.hr www.autotrans.hr)

스플리트 → 자그레브	약 6~8시간 30분
스플리트 → 슬로베니아 루블라냐	약 10시간
스플리트 → 트로기르	약 2~3시간
스플리트 → 자다르	약 2~3시간
스플리트 → 두브로브니크	약 4~5시간

페리
스플리트에서는 아름다운 인근 섬 중에 흐바르를 가기 위해 페리를 많이 이용하며, 이탈리아 앙코나, 바리를 오가는 페리도 있다. 스플리트에서 가까운 흐바르 섬과 코르출라 섬으로 가는 페리는 매일 운항하지만, 날씨에 따라 운항 여부가 결정되어 운행여부는 매표소에서 확인해야 한다. 항구는 버스터미널과 기차역 맞은 편에 있고 티켓은 페리 터미널과 항구에 있는 매표소에서 구입할 수 있다.

▶블루라인 www.blueline-ferries.com

스플리트 → 흐바르 페리 시간표

스플리트 → 흐바르				흐바르 → 스플리트	
평일		주말			
출발	도착	출발	도착	출발	도착
09:15	10:20	10:15	11:20	06:35	07:40
10:30	12:10	10:30	12:10	08:00	09:05
15:00	16:10	15:00	16:05	13:45	15:30
18:00	19:10	18:00	19:05	15:50	17:00

관광안내소

중앙관광안내소
무료지도는 물론 근교 여행정보와 숙박정보 등을 얻을 수 있다.
▶운영 : 월~토 09:00~20:30,
　　　　일 08:00~13:00
▶위치 : 디오클레티아누스 궁전 내
* 관광안내소에 비치된 무료 가이드북 (Visit: Split)에는 시내 지도는 물론 여행, 레스토랑, 쇼핑 정보와 페리, 버스 시각표 등이 실려 있으니 참고하자.
▶스플리트 관광청(www.visitsplit.com)

환전
구시가 곳곳에 환전소와 은행이 있고, 여행사나 우체국에서도 환전이 가능하다. 환율은 은행이 가장 좋은 편이다.

우체국
▶운영 : 월~금 07:00~21:00,
　　　　토 07:30~14:00
▶주소_ Kralja Tomislava 9

EASTERN EUROPE

```
슈퍼마켓
▶ TOMY
  영업시간_ 월~금 10:00~20:00
  위치_ 리바거리 왼쪽 끝, FIFE가는 길
▶ KONSUM
  영업시간_ 월~금 10:00~20:00
  주소_ Poljisanska 3(디오클레티아누스
       궁전 동문에서 10분)
```

스플리트 베스트코스

스플리트에서는 디오클레티아누스 궁전을 보는 것이 스플리트 여행의 핵심이다. 시장을 통해 은의 문으로 들어가면 스플리트 여행을 할 수 있는 베스트코스는 아래의 코스라는 것을 쉽게 알 수 있다.

특별히 코스를 정하지 않아도 반나절이면 다 둘러볼 수 있다. 스플리트에서 교통비는 들지 않는다. 왜냐하면 도보 30분이내의 거리에 볼거리가 다 모여있기 때문이다.

▶ 코스순서

그레고리우스 닌 동상 → 시립박물관 → 페리스틸 광장 → 프로티론(Protiron) → 성 돔니우스 대성당 → 주피터 신전 → 현관 → 지하궁전홀 → 리바거리

점심식사는 디오클레티아누스 궁전주변에 있는 카페나 리바거리에서 먹고 해안 산책로를 거닐거나 벤치에 앉아서 지는 아드리아 해의 석양을 바라보면 하루의 여행이 낭만있게 끝이 난다.

스플리트 핵심 도보 여행

스플리트의 여행은 로마황제인 디오클레티아누스가 황제를 그만두고 남은 여생을 지내기 위해 만든 궁전을 둘러보는 것이 핵심여행코스이다.
디오클레티아누스 황제는 노예출신으로 황제까지 오른 입지전적인 인물로, 로마를 동, 서로 나누고 다시 2등분하여 4두정치를 실시해 로마의 위기를 극복했으며 기독교 박해를 심하게 실시한 것으로 알려져 있다. 디오클레티아누스 궁전은 정사각형 모양으로 자리잡고 있다. 버스터미널이나 기차역에서 디오클레티아누스 궁전까지 걸어서 10분이면 도착할 수 있다.

일정
그레고리우스 닌의 동상 → 북문→ 시립 박물관 → 페리스틸광장(열주광장) → 프로티론 →성 돈니우스 대성당 종탑 → 성 돈니우스 대성당 → 주피터신전 → 현관 → 지하궁전홀 → 리바거리

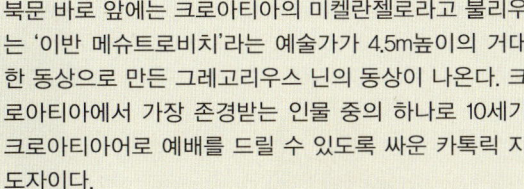

북문 바로 앞에는 크로아티아의 미켈란젤로라고 불리우는 '이반 메슈트로비치'라는 예술가가 4.5m높이의 거대한 동상으로 만든 그레고리우스 닌의 동상이 나온다. 크로아티아에서 가장 존경받는 인물 중의 하나로 10세기 크로아티아어로 예배를 드릴 수 있도록 싸운 카톨릭 지도자이다.

그레고리우스 닌 동상의 엄지발가락을 만지면 소원이 이루어진다는 설이 있어서 그레고리우스 닌의 동상의 발을 잘 보면 엄지발가락이 반짝이는 것을 볼 수 있다. 현재는 복원공사를 해서 전체의 크기만 볼 수 있을 뿐 제대로 된 동상은 보지 못하고 있다. 복원공사중이지만 관광객들을 위해 발 앞부분만은 공개하고 있다. 줄을 서서 발 앞부분을 만지며 사진을 찍는 장면이 매일 연출된다.

북문으로 들어서기 전에 디오클레티아누스 궁전의 각 문에 대해 알고 있을 필요가 있다. 아드리아해를 볼 수 있는 문은 남문으로 "청동의 문"으로 불리운다. 남문을 등으로 대고 북문을 보면 북문은 "황금의 문"이라 부르고, 동문은 "은의 문", 서문은 "철의 문"으로 부른다.

▲ 돔니우스 대성당 종탑　　　　　　　　　　▲ 돔니우스 대성당 종탑 철제계단

북문으로 들어서면 아름다운 골목길의 모습들이 나타나고, 양쪽에는 조그만 가게들이 물건들을 팔고 있다. 조금만 가서 왼쪽으로 보면 스플리트의 시립박물관이 있다. 시립 박물관은 작지만 스플리트에 대한 내용을 알 수 있어 알찬 박물관이다. 북문에서 직진하면 조그만 광장이 나오는데. 왼쪽(동문쪽)으로 돌아가면 바로 페리스틸광장(열주광장)에 들어선다.

디오클레티아누스 궁전에서 열주광장이 가장 크다고 하는데 의외로 작은 크기의 광장이다. 황제가 행사를 주관한 광장으로, 16개의 대리석 기둥이 있는 열주광장의 60m높이의 성 돔니우스 대성당 종탑이 유명하다. 열주광장이 크지는 않아 종탑을 못보고 지나가기도 하니 위로 바라보고 확인해야 한다.

EASTERN EUROPE

이 성 돔니우스 대성당 종탑에 올라가려면 철제 계단을 올라가는데 비가 오는 날에는 미끄러워서 조심해야 할 거 같다. 외부가 보이는 상태의 철제 계단이라 위험하다고 올라가지 않는 관광객들도 있다. 이 종탑에 올라가면 스플리트의 시내와 아름다운 아드리아해를 볼 수 있다.
성 돔니우스 대성당 종탑 옆에 육각형 기둥모양의 건물이 성 돔니우스 대성당이다. 디오클레티아누스 황제에게 기독교 박해를 당해 순교한 성 돔니우스를 위해 세운 성당이다. 디오클레티아 궁전인데 황제의 묘는 없고 성 돔니우스의 묘가 있는 게 이상했다. 이야기를 들어보니 어느날 디오클레티아누스 황제의 묘가 사라지자 후대에 성 돔니우스 묘를 두게 되어 성 돔니우스 대성당으로 불리우고 있다고 한다.

은의 문인 동문으로 나가면 재래시장이 나온다. 노점상들이 한쪽을 점령하고 물건을 파는데 전혀 어색하지 않은 게 이상하다. 디오클레티아누스 황제의 궁전이 지금은 일부를 빼면 실제로 사람들이 사용하는 삶의 장소였다. 궁전이 훼손되고 있다는 생각도 들지만 궁전을 편안하게 구경한다는 생각도 든다. 철의 문인 서문쪽에는 1층에 기념품가게와 다양한 상점들이 있는데 여름에는 세일기간이라 관광객들이 많다. 저녁부터 광장부터 많은 상점들과 레스토랑이 운영되고 있어 밤을 즐기기에 좋다.

궁전이 회손되고 있다는 생각도 들지만 궁전을 편안하게 구경한다는 생각도 든다. 철의 문인 서문쪽에는 1층에 기념품가게와 다양한 상점들이 있는데 여름에는 세일기간이라 관광객들이 많다. 저녁부터 광장부터 많은 상점들과 레스토랑이 운영되고 있어 밤을 즐기기에 좋다.

창고를 주로 사용한 지하를 구경하고 기념품점을 지나 나오면 천장이 뻥뚫려 있는 돔을 보게 된다. 이 돔은 '베스트 비올VESTIBULE'라는 곳으로 신분이 높은 손님을 만나기 위해 대기하던 곳이다. 처음 지어졌을때는 아름다웠겠지만 지금은 세월의 무게 때문에 아름답지는 않다. 날씨가 좋을 때 뚫린 원구멍을 통해 보는 하늘 빛이 오히려 더 아름답다. 돔의 소리울림은 매우 좋아서 노래를 부르는 사람도 볼 수 있고 깜짝 공연이 열리기도 한다.

EASTERN EUROPE

청동의 문인 남문으로 들어가면 지하로 연결이 된다. 베이스먼트 홀(지하궁전)Basement Halls이지만 처음에 궁전이 지어질때는 1층이었는데, 세월이 지나면서 매몰되어 모르고 있다가 1900년대에 발견되어 복구되었다고 한다. 입구가 나오고 30kn(쿠나)를 내면 입장할 수 있다.

대리석으로 되어 있는 라바거리에는 스플리트의 모습을 모형으로 만들어 놓은 곳을 지난다. 스플리트를 도보여행하고 나서 모형지도를 보면 위치를 알 수 있게 된다. 리바거리는 아침부터 햇빛이 뜨거워 낮에는 사람들이 별로 없고 저녁부터 사람들이 모여든다.

서문으로 다시 이동해 나로도니 광장으로 나가면 아이스크림 가게들을 많이 보게 된다. 아이스크림이 싸고 맛있어 하나 사들고 베네치아와 바로크 양식의 건물들이 많은 나로도니 광장으로 가서 점심이나 저녁을 먹으면 좋다. 현대적인 쇼핑가와 노천 카페들이 즐비해 있어 밤에는 더 운치있게 즐길 수 있는 곳이다.

동문으로 나가서 더 해변으로 직진하면 버스터미널로 갈 수 있다. 만약 버스를 타고 버스터미널에 도착했다면 터미널근처에는 숙소에 관한 정보들을 볼 수 있다. 숙소를 구하지 못했다면, 빨리 도착하자마자 숙소를 버스터미널 인근에서 구해서 이동할 수도 있다.

옆으로 지나가면 해변이 나온다. 여름에 해변에는 정말 많은 스플리트 시민들이 해수욕을 즐기고 있는 모습을 볼 수 있어, 같이 수영을 즐기다 숙소로 이동해 샤워를 하고 저녁에 나바로니 광장이나 라바거리로 이동해 저녁을 먹고 밤에 들어오면 스플리트여행이 끝이 날 것이다.

디오클레티아누스 궁전
Dioklecijanova Palaca

스플리트 도시의 진원지였던 로마 유적지는 스플리트의 핵심유적이다. 디오클레티아누스 궁전에는 가장 주목할 만한 로마 유적지들이 모여 있다. 강력했던 황제가 직위에서 내려온 후에 머물렀던 고대 요새는 스플리트의 구 시가지로 발전했다. 현재 구시가지 안에는 약 3,000명의 주민이 거주하고 있다. 좁은 길을 따라 거닐며 옛 궁전과 요새의 흔적을 찾아가는 것이 스플리트 여행의 주 여정이다.

궁전은 로마 황제 디오클레티아누스가 서기 305년에 황위에서 물러난 후에 건축한 곳이다. 건강상의 이유로 퇴위를 감행한 디오클레티아누스는 본인의 의사에 따라 왕위를 포기한 로마 최초의 황제였다. 그는 이곳에서 생의 마지막 10년을 보냈다. 궁전은 4개의 대문 중 하나를 통해서 들어갈 수 있다. 안으로 들어서면 사방

디오클레티아누스 궁전 구경하는 방법

디오클레티아누스 궁전의 서문은 번화가인 나로드니 광장과 연결되어 있고, 북문은 그레고리우스 닌 동상과 연결되어 있다. 남문으로 들어가 오른쪽으로 돌아가면 지하 궁전 홀이 나오는데, 더 직진하여 계단을 올라가면 황제의 아파트 현관으로 들어갈 수 있다. 남문에서 광장을 보면 성 도미니우스 대성당 종탑을 볼 수 있다. 종탑을 올라가면 아드리아해의 에메랄드 블루빛 바다와 시가지내의 붉은 지붕과 하얀 벽돌을 볼 수 있다. 4개의 문은 입장료도 없고 운영시간도 없어 아무 때나 구경할 수 있다.

디오클레티아누스 Diocletianus, Gajus Aurelius Valerius[245~316]

병사에서 시작해 황제까지 오른 대단한 인물로 284년 황제가 되었다. 하지만 당시 로마는 3세기동안 20명 이상의 황제가 바뀔 만큼 불안한 로마였는데 이 위기를 수습하고 통치권을 강화한 황제이다.
디오클레티아누스 황제는 로마m이 커다란 영토를 동, 서로 나누어 2명의 황제와 2명의 부 황제를 뽑아 분할통치하여 4명의 통치권자가 각각의 영토를 담당하도록 하였고 군제, 세제, 화폐제도의 개혁을 단행하였다. 또한 303년에는 기독교 탄압을 시작해 교회의 성전을 파괴하고, 저항하는 사제와 주교들을 순교시켰다. 하지만 305년에 갑자기 황제를 그만두고 남은 여생을 스플리트에서 보냈다.

을 덮고 있는 반짝이는 하얀 대리석에 할 말을 잃게 된다. 디오클레티아누스 황제가 직접 공급한 대리석은 인접한 브라치 Bra 섬에서 나온 것이다.

고대 로마황제 디오클레티아누스가 황제를 그만두고 여생을 보내기 위해 293년 경 부터 약 10년간 지은 궁전은 동서 215m, 남북 181m, 높이 25m의 성벽으로 둘러싸 여 있는 요새의 형태를 갖춘 건물이다. 석회암과 대리석을 사용하여 궁전을 지었기 때문에 당시 로마제국 건축기술을 잘 나타냈다.

궁전으로 통하는 출구는 은 의 문(동), 철의 문(서), 황금의 문(북), 청동의 문(남)으로 나있다. 디오클레티아누스 황제가 죽은 후, 주로 쫓겨난 로마황제 들이 머물기도 했다. 현재는 일반인들의 주거지로 사용되고 있지만 열주광장, 주피터 신전, 황제의 아파트와 지하 궁전, 성 돔니우스 대성당 등은 유적지로 남아 관광객을 끌어 모으고 있다. 골목 곳곳에는 레스토랑과 카 페 등이 많다.

구불구불한 길을 따라 걷다 보면 대부분 중세 시대에 조성된 상가와 주택 외관을 마주하게 된다. 중세 시대에 건축되었지만 이 건물들은 기둥과 같은 로마시대의 건축 요소를 지니고 있다. 디오클레티아

EASTERN EUROPE

누스 황제가 이집트에서 수입해 온 스핑크스 석상도 입구에서 볼 수 있다.
열주 회랑이 있는 야외 중앙광장은 한때 디오클레티아누스의 개인 거처와 연결되어 있었다. 광장 남쪽 끝에 있는 삼각형 형태의 프로티론Protiron 현관은 한때 황제의 방으로 이어져 있었다. 광장 동쪽에는 성 돔니우스 대성당이 서 있다. 원래 묘지였던 이곳에는 디오클레티아누스의 유해가 보관되어 있으며 나중에는 교회로 개조되었다. 종탑 꼭대기로 올라가면 스플리트의 멋진 전망을 볼 수 있다.
열주 회랑에서 서쪽으로 이동하면 주피터 신전이 나온다. 3개의 신전 중 유일하게 남은 주피터 신전은 중세시대에 세례 장소로 바뀌었다. 정교한 대문 장식을 살펴본 후 안으로 들어가 중세의 돌무덤을 볼 수 있다.
디오클레티아누스 궁전은 해안에서 내륙으로 이어져 있으며 걸어서 둘러보는 것이 가장 좋다. 궁전 단지는 무료로 둘러볼 수 있지만 주피터 신전과 성 돔니우스 대성당 등의 특정 건물 안으로 들어가려면 요금을 내야 한다.

주소 Dioklecijanova ul. 1, 21000, Split
시간 24시간 영업
전화 +385 98 251 610

열주광장
Trg Peristil

웅장한 16개의 열주기둥에 둘러싸여 있는 작은 광장이다. 디오클레티아누스 궁전 안에 있는 가장 넓은 광장이지만 크지는 않다. 황제가 회의나 행사를 하기위해 만들었다. 광장에는 성 돔니우스 대성당과 이집트에서 가져온 스핑크스가 있다.

성 돔니우스 대성당
Cathedral of St. Domnius

디오클레티아누스의 영묘였던 자리에 로마네스크 양식으로 지어진 유럽성당에서는 오래된 건축물이다. 디오클레티아누스 황제는 기독교를 박해했는데, 황제에게 죽임을 당한 성 도미니우스를 위해 7세기 중반 지은 성당이라는 것이 아이러니하다.

내부는 로마네스크와 베네치아 고딕양식으로 장식되었으며 코린트 양식의 기둥이 돔은 받치고 있다. 성당 안에는 성 도미니우스의 관이 안치되어 있고 2층 보물관에는 성서와 십자가, 성모상, 돔니우

주소_ Podrum Dioklecijanova
위치_ 열주광장 옆
운영시간_ 월~토요일 06:30~19:30 휴관 - 일요일
입장료_ 성주와 보물관 성인 25Kn, 종탑 성인 12Kn

EASTERN EUROPE

황제의 아파트
Emperor Apartment

광장에서 남문으로 계단을 올라가면 황제의 앞파트 현관이 나온다. 황제를 알현하기 위해 신하들이 대기하던 장소였다고 한다. 입구에 가면 천장이 뚫려있어 하늘을 보면 흥미로운 장면이 나온다.

지하 궁전홀
Sale Sotterranee

궁전의 지하 저장고는 궁전의 외벽과 함께 가장 잘 보존되어 있다. 바다를 마주하고 있는 남문으로 내려가면 나온다. 19세기부터 발굴을 시작해 1995년부터 남문, 둥문중의 일부는 일반인에게 공개하여 관광객들이 볼 수 있게 되었다. 지하궁전은 관광객들을 대상으로 기념품을 파는 상점들이 들어서 있다.

위치_ 디오클레티아누스 궁전 남문 입구
운영시간_ 매일 10:00~18:00
입장료_ 성인 45Kn, 학생 30Kn

주피터 신전
Quadrangular Temple

열주광장에서 대성당 건너편의 좁은 골목길에 들어가면 주피터 신전을 볼 수 있다. 주피터와 야누스를 숭배한 신전이었으나,

지금은 기독교 세례당으로 사용하고 있다. 신전 앞 계단위에 있는 머리없는 스핑크스는 5세기에 이집트에서 가져왔다.

위치_ 열주광장 근처
운영시간_ 월~토요일 08:30~19:00
　　　　　일요일 12:00~18:30
입장료_ 10Kn

그레고리우스 닌 동상
Gregorius Nin Statue

황금의 북문을 나가면 바로 보이는 거대한 동상이 크로아티아의 종교 지도자인 그레고리우스 닌의 동상이다.

동상의 왼쪽 엄지발가락을 만지면 행운이 온다는 믿음때문에 관광객들의 손길로 반짝반짝 빛난다. 10세기 대주교였던 그레고리우스 닌은 크로아티아인이 자국어로 예배를 볼 수 있도록 투쟁한 인물로 20세기초에 청동으로 제작되었다.

나르도니 광장
Trg Narodoni square

베네치아, 바로크, 르네상스 양식의 중세 건물들이 즐비한 스플리트에서 가장 아름다운 광장이다. 서문으로 연결된 광장은 주변에는 상점, 레스토랑, 카페 등이 모여 있어 사람들로 북적인다. 15세기 크로아티아 문학의 대부인 마르코 마루리치 청동상이 광장 모퉁이에 있다.

마르얀 공원
Park Šuma Marjan

베네치아, 바로크, 르네상스 양식의 중세 건물들이 즐비한 스플리트에서 가장 아름다운 광장이다. 서문으로 연결된 광장은 주변에는 상점, 레스토랑, 카페 등이 모여 있어 사람들로 북적인다. 15세기 크로아티아 문학의 대부인 마르코 마루리치 청동상이 광장 모퉁이에 있다.

위치_ 바다를 바라보며 오른쪽으로 돌면 공원이 나온다. 도보 15분 소요

EASTERN EUROPE

처음, 디오클레티아누스 황제 궁전은 어떻게 만들어졌을까?

1. 건립이유
디오클레티아누스(Diocletianus, AD 284~305) 황제는 외부의 압력 때문에 궁전을 성벽으로 요새처럼 둘러쌓았다.

2. 건립의미
디오클레티아누스 궁전은 전직 황제의 휴양지이자 황제를 보호할 수 있는 병영과 창고를 궁전과 결합시키는 방식으로 만들어졌다. 로마인의 생각을 이 궁전에 표현하도록 지어졌다.

의식을 위해 길을 의미 깊은 교차점으로 이끌어 신과인간이 하나로 통합되는 신전과 영묘로 이끌도록 건립되었다. 궁전안의 건물들은 황제의 인간적인 면과 신성함도 나타낸다. 그래서 신전은 해가 떠오르는 쪽을 바라보도록 설계되었고, 왕의 영묘는 해가 지는 쪽을 바라보도록 되어 있다. 신은 시작을 황제는 끝을 의미한다.

황제 궁전의 의전실로 진입하려면, 인간의 신비와 한계를 일깨워 신전과 영묘를 열주들로 채우도록 되어 있다. 그리하여 '영광의 문'은 황제의 신성함을 나타내고, 궁전은 신성한 세계 질서를 상징하여, 로마황제는 세계를 다스리는 절대권력을 가진'우주의 통치자'로 상징화시켰다. 디오클레티아누스 궁전은 이러한 황제의 역할을 밖으로 나타낸다. 여기에서 신과 인간은 로마로 결합되어 황제라는 인격체로 나타나 있다라는 생각을 표현해 놓았다.

3. 형태
로마식 병영 배치에 따라 전체를 네 구획으로 나누고, 북쪽은 실제로 군대가 주둔하는 목적으로 사용했고, 남쪽은 황제의 요구에 따라 궁전으로 지어졌다.

리바
Riba

리바Riba는 공식적인 이름인 '크로아티아 민족 부흥 부두'라는 오블라 흐바츠코그 나로드노그 프레포로다Obala hrvatskog narodnog preporoda이 있음에도 불구하고 리바Riba로 불린다.

스플리트의 매력적인 해안 산책로를 따라 걸으며 주변 항구와 반짝이는 아드리아 해의 환상적인 전망을 볼 수 있는 길이다. 리바는 야자수가 늘어서 있는 넓고 북적거리는 산책로로, 활기 넘치는 바와 카페가 즐비하고 바닷가 벤치도 준비되어 있다. 낮 시간에는 모임 장소로, 밤에는 관광객과 시민들이 함께 바에 앉아 라이브 음악과 음식에 취해 거리 음악가의 공연을 관람하거나 와인 한 잔을 즐기며 항구를 오가는 배들을 구경만 해도 휴양이 되는 곳이다.

리바는 디오클레티안스 궁전의 남쪽을 따라 스플리트 구 시가지에 걸쳐 있다.

250m 길이의 리바를 따라 느긋하게 걸어 로마지구에서 디오클레티아누스 궁전의 구 요새까지 연결되어 있는 브론즈 게이트Bronze Gate도 꼭 찾아가야 하는 장소이다. 산책로를 따라 서쪽으로 이동하면 인근 커피숍과 바에서 담소를 나누고 있는 많은 사람들을 볼 수 있다. 커피를 마시며 담소를 나누는 것은 스플리트에서 흔히 볼 수 있는 생활양식이며, 스플리트의 사교 중심지로 기능하는 리바Riba는 항상 현지 주민들로 활기차다.

EASTERN EUROPE

저녁에는 어둠과 함께 다시 활기를 띠기 시작하는 산책로의 모습을 볼 수 있다. 레스토랑에 들러 신선한 해산물 요리를 맛보거나 활기 넘치는 바에서 현지 주민들과 어울려 시원한 음료를 즐기며 하루를 마무리하는 관광객이 대부분이다.

잠시 휴식을 취하고 싶다면 해변의 벤치나 야자수 그늘이 드리워진 일광욕 의자에 앉아 쉬는 장면을 볼 수 있다. 의자에 앉아 바다를 바라보면 근처의 항구에 정박 중인 배들의 모습이 눈에 들어온다. 분주한 항구에는 유람선에서 작은 어선에 이르는 다양한 배들이 항구에 들어오는 모습을 볼 수 있다.

리바 도로 리모델링

해안 산책로는 디오클레티아누스 궁전이 처음 건축된 약 1,700년 전부터 시작되어 2005년에 보수 공사를 거쳐 새롭고 세련된 모습을 갖추게 되었다. 산책로 리모델링에 대해서 현지 주민들의 의견이 분분했다. 일부는 현대적인 모습에 감탄사를 말했지만 다른 이들은 사라져 버린 옛 모습을 아쉬워했다.

바츠비체 해변
Bačvice

편의 시설이 잘 갖춰진 활기 넘치는 바츠비체Bačvice 해변은 현지 주민과 관광객 모두가 사랑하는 스플리트에서 가장 인기 있는 해변이다. 친구나 가족과 크로아티아의 전통 공놀이인 '피시진Picigin'을 즐기거나 잔잔한 아드리아 해의 파도 속에서 물장난을 치거나 해변의 바에 들러 시원한 맥주를 마시는 장면을 어디서든 볼 수 있다.

자갈과 모래를 함께 뒤섞여 있는 이 해변은 현지 주민들이 가장 즐겨 찾는 해변으로 활기가 넘치는 분위기를 자랑한다. 깨끗한 주변 환경과 편의시설로 블루 플래그 어워드Blue Flag Award를 수상하기도 했다고 한다. 해변이 넓고 수심이 낮아 특히 어린이들이 놀기에 좋다. 선 베드, 파라솔과 타월을 챙겨 맘에 드는 곳에 자리를 잡고 즐기면 된다. 뜨거운 여름에는 해변에 많은 인파가 몰릴 수 있으니 좋은 자리를 잡으려면 아침 일찍 도착하는 것이 좋다. 얕은 바다에서 현란한 다이빙과 잠수 실력을 뽐내고 피시진Picigin을 즐기는 현지 주민들을 볼 수 있다.

해안 산책로를 따라 걸으며 물기를 말리고 산책로를 따라가면 다른 해변을 만나게 된다. 바츠비체Bačvice 해변 동쪽에서 시작되어 더 작고 한적한 여러 해변을 지나가고 여러 카페와 레스토랑이 자리하고 있다. 수영, 일광욕을 즐긴 후에는 해변 양쪽 끝에 위치한 탈의실과 샤워실에서 씻고 옷을 갈아입을 수 있다.

바츠비체Bačvice 해변 뒤에 있는 건물단지에 들러 저녁 식사나 음주를 즐기는 관광객이 많다. 해변 바로 뒤편에 위치한 3층 규모의 단지에는 저녁이면 활기를 띠기 시작하는 레스토랑과 바가 모여 있다. 흥이 넘치는 분위기 속에서 주민과 관광객과 어울려 밤 시간을 보낸다.

페리 항구에서 동쪽으로 5분 정도 걷거나 디오클레티아누스 궁전에서 동쪽으로 15분 정도 걸으면 나온다.

피시진(Picigin)

이 인기 있는 크로아티아의 전통 놀이는 20세기 초에 바츠비체 해변에서 처음 즐기기 시작한 것으로 알려져 있다. 보면 알겠지만 피시진(Picigin)은 익스트림 스포츠에 속하며 재미는 있지만 익숙하게 즐기기는 상당히 어렵다.

위치_ Šetalište Petra Preradovića 21000

카수니 해변
Kašjuni

마르얀Marjan 반도의 소나무 숲을 뒤로 하고 있는 아름다운 자갈 모래 해변에서 한적한 분위기가 장점인 해변이다. 카수니 해변에는 자갈과 모래가 깔려 있으며 울창한 산비탈과 경계를 이루고 있다. 카수니Kašjuni 해변은 수영과 일광욕을 즐기기에 좋은 매력적인 해변이다. 스플리트에서 가장 인기 있는 바츠비체Bačvice 해변에서는 보기 힘든 한적함과 전원적 분위기를 느낄 수 있어서 여유롭게 휴식을 즐기기에 좋다. 고요한 해변 위에 누워 일광욕을 즐기며 한가로운 오후 시간을 보내는 사람들을 볼 수 있다.

휴식이나 독서를 즐기며 여유로운 시간을 즐기고 한여름에는 더 많은 인파가 해변에 몰리지만 대개는 매우 한산하고 조용하므로 상대적으로 평화로운 분위기 속에서 아름다운 주변 경관을 바라볼 수 있다. 바다에 들어가 수영을 즐기거나 잔잔한 파도를 맞으며 물장난도 치고 놀다가 바다를 바라보면 놀랄 만큼 깨끗하고 투명한 바다에 놀라기도 한다.

힘들다 싶으면 해변의 카페에 들러 커피나 주스를 마시며 아름다운 자연 경관을 보면서 쉴 수 있다. 물놀이를 마친 후에는 해변의 샤워장에서 몸에 묻은 모래와 소금기를 씻어낼 수 있다. 마르얀Marjan 반도의 많은 등산로에서 산책이나 조깅을 즐기거나 마르얀Marjan 언덕 정상으로 올라가 해변, 반도, 스플리트와 주변 섬들이 한 눈에 들어오는 멋진 전망을 볼 수 있다.

카수니 해변은 마르얀Marjan 반도 남쪽의 스플리트 도심에서 3km 정도 떨어져 있다. 해변으로 가려면 스플리트에서 서쪽으로 걸어가거나 리바에서 버스를 타야 한다.

준비물
바닥에 깔 타월을 챙겨가야 한다. 햇볕이 강하고 그늘진 곳이 거의 없으므로 선크림도 미리 준비해야 한다.

위치_ Šetalište Ivana Meštrovića 47 21000

EATING

아드리아 해가 보이는 스플리트는 해산물 요리가 대표적인 먹거리다. 하지만 휴양도시답게 성수기때는 가격이 비싸다. 아파트에서 지낸다면 궁전 옆 시장에서 음식 재료를 사다가 음식을 직접 해먹어도 비용은 많이 줄어든다.

노 스트리스카페 & 비스트로
No Stress Cafe & Bistro

연어요리와 스테이크가 맛좋은 레스토랑으로 저녁에 분위기 있는 디오클레티아누스 궁전 안에서 분위기 있는 저녁을 먹을 수 있는 곳이다. 전통적인 음식보다는 현대적인 크로아티아 메뉴를 판매하고 있다.

위치_ 나도로니 광장
요금_ 메인 요리 120kn~

포르토피노
PORTOFINO Steak - Pasta - Seafood

현지인들에게 잘 알려진 스플리트의 숨겨진 골목 맛집으로 알려져 있다. 골목 식당 치고 자리가 많

은 곳으로 외부 테라스 자리는 산뜻한 지중해 분위기를 뽐내며, 내부 인테리어는 고급스럽고 차분한 호텔 식당 느낌이다. 샐러드와 고기요리가 맛있는 곳으로 스테이크는 주문 필수 메뉴이며, 치즈나 해산물이 들어간 샐러드도 좋은 선택이 된다. 런치와 디너의 가격 차이가 크지 않지만 조금 더 저렴한 가격에 먹고 싶다면 점심 시간에 방문해보자.

홈페이지_ portofino.hr
주소_ Poljana Grgura Ninskog 7
위치_ 성 도미니우스 대성당에서 도보 약 3분
영업시간_ 12:00~16:00, 16:30~23:00
 (1~2월 휴무 가능성)
요금_ 디너 스타터 75kn~ / 메인요리 90kn~
전화_ 091-389-7784

진판델 푸드 앤 와인바
Zinfandel Food & Wine bar

현지인이 추천하고 자주 방문하는 음식점이다. 인기 있는 메뉴는 고기요리나 홈메이드 파스타로 맘에 드는 것을 시키면 후회 없을 것이며, 와인뿐만 아니라 디저트 맛이 좋기로도 유명하다.
아침 일찍부터 새벽까지 운영하기 때문에 식사 시간에는 끼니를 해결하고, 관광 중 휴식을 취하거나 허기를 채울 때 들러도 좋다. 디너 타임에는 소규모 공연이 자주 진행되므로 스플리트에서의 색다른 식사를 해보고 싶을 때 추천한다.

홈페이지_ zinfandelfoodandwinebar.com
주소_ Marulićeva ul. 2
위치_ 성 도미니우스 대성당에서 도보 약 3분
영업시간_ 일~목 08:00~25:00
　　　　금, 토 08:00~26:00
요금_ 브런치 60kn~ / 스타터 85kn~
　　　메인요리 140kn~
전화_ 021-355-135

빌라 스피자
Villa Spiza

스플리트의 좁은 골목에 위치한 작은 식당이지만 언제나 사람이 붐비는 음식점. 고기와 해산물 요리가 맛있는 곳으로 유명하며 새우요리가 단연 인기가 있다. 한국인들은 새우볶음이나 새우파스타, 그리고 스테이크를 시키는 편이므로 주문 시 참고하자. 예약을 따로 할 수 없는데다 테이블도 적은 편이라 식사 시간에는 웨이팅이 길다. 기다리는 것이 싫다면 오픈 전에 도착해 대기하거나, 조금 이른 저녁 시간에 방문한다면 여유롭게 식사할 수 있을 것이다.

홈페이지_ facebook.com/Villa-Spiza-547253971961785/
주소_ Ul. Petra Kružića 3
위치_ 진판델 푸드 앤 와인바에서 도보 약 3분
영업시간_ 월~토 12:00~24:00 / 일요일 휴무
요금_ 요리류 45kn~
전화_ 091-152-1249

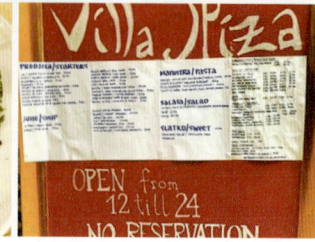

EASTERN EUROPE

보케리아 키친 앤 와인 바
Bokeria kitchen & wine bar

굳이 찾지 않아도 구 시가지를 거닐다보면 자연스레 눈에 띄는 곳. 스페인 바르셀로나의 보케리아 전통 시장에서 모티브를 얻어 만든 음식점으로 활기차면서도 고급스러운 느낌이 풍긴다.
스플리트를 방문한 관광객들의 필수 코스 같이 여겨지는 곳이지만 현지인들도 좋아하는 음식을 선보이고 있다. 가격대가 다소 있지만 대부분의 요리가 맛있어 호평인 곳으로, 한국인들은 트리플 파스타나 블랙파스타, 문어샐러드, 농어구이를 주로 시킨다.
아침부터 늦은 밤까지 운영하기 때문에 언제 방문해도 좋지만 디너는 반드시 예약 후 방문하는 것이 좋다.

홈페이지_ facebook.com/bokeriasplit/
주소_ Domaldova ul. 8, 21000, Split, 크로아티아
위치_ 빌라 스피자에서 도보 약 2분
영업시간_ 08:00~25:00
요금_ 스타터 48kn~ / 메인요리 120kn~
전화_ 021-355-577

젤라테리아 스팔라토
Gelateria SPALATO

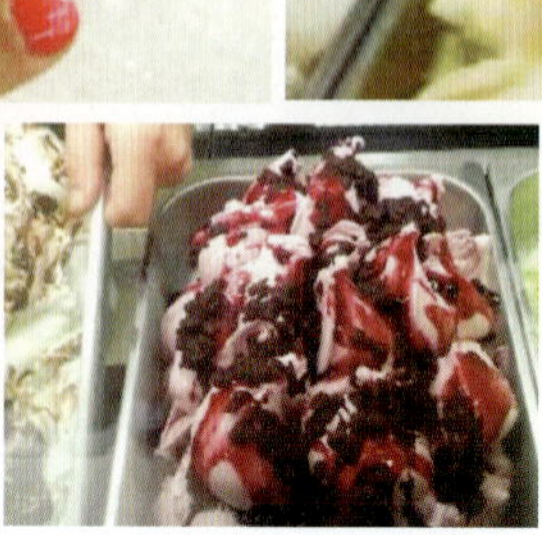

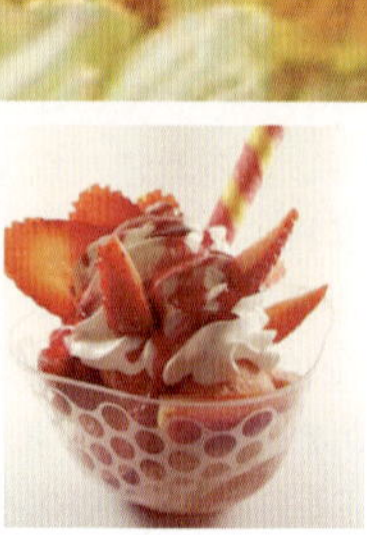

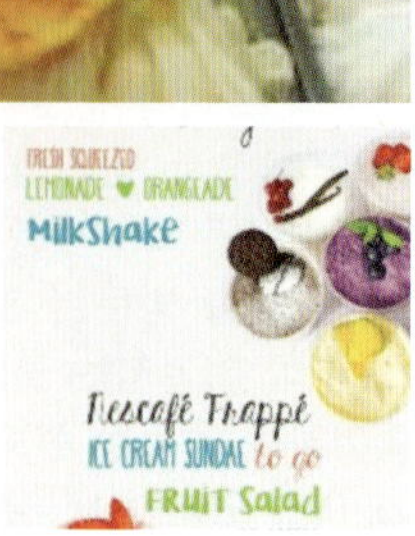

스플리트에서 가장 쫀득거리는 젤라또를 맛보고 싶을 때 방문해야할 스플리트의 대표 젤라또 맛집이다. 신선한 유기농 재료로 집에서 직접 만드는 홈메이드 아이스크림Home Made Ice Cream은 모든 메뉴가 맛있는데다 직원도 친절하기 때문에 재방문율도 높다. 언제나 관광객과 현지인들의 줄로 인산인해를 이루는 곳이기 때문에 늦은 시간까지 운영한다. 그렇다고 해서 안심하고 늦게 방문한다면 대부분의 메뉴가 소진돼있을 수도 있다.

홈페이지_ facebook.com/spalatoice
주소_ Obala Hrvatskog narodnog preporoda 25
위치_ 성 도미니우스 대성당에서 도보 약 3분
영업시간_ 08:00~24:00
요금_ 한 스쿱 10kn~
전화_ 098-937-9550

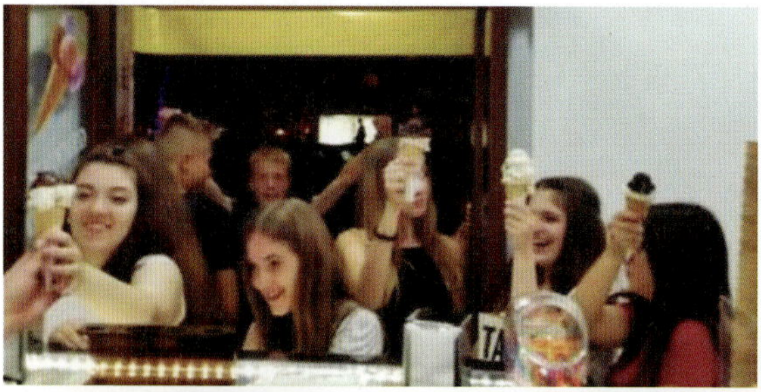

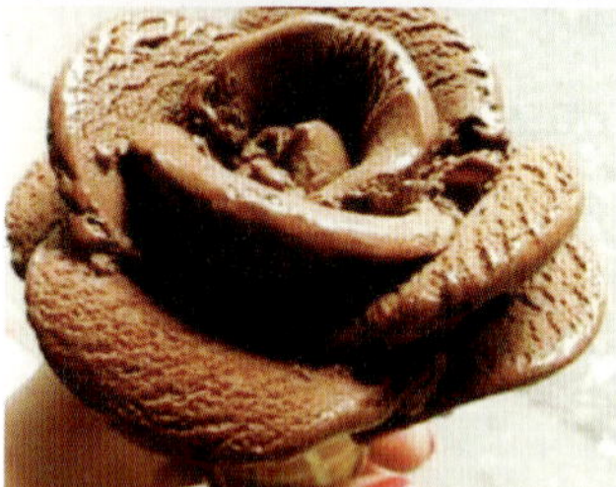

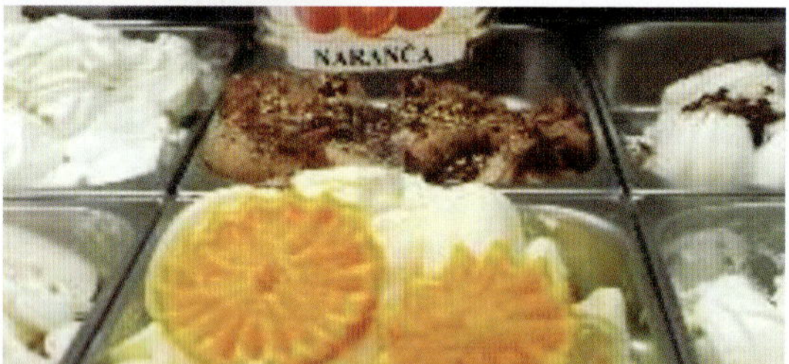

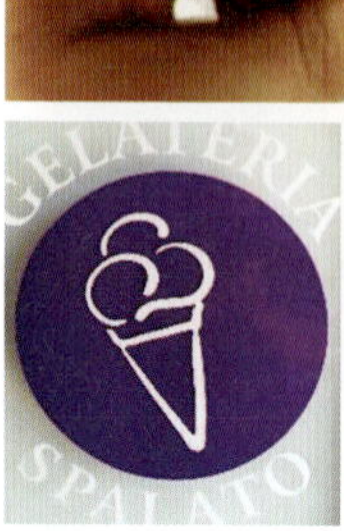

EASTERN EUROPE

브라세리에 온 7
Brasserie on 7

시원하게 펼쳐진 아드리아 해를 감상하며 식사할 수 있는 곳이다. 셰프들이 정성스럽게 만들어내는 요리는 대부분 맛있는 것으로 호평이지만, 다소 느리게 음식이 나오기 때문에 여유로운 마음으로 기다리는 것이 좋다.
고기요리가 맛있는 음식점이므로 런치나 디너에 방문한다면 스테이크를 추천하며, 아침에 방문한다면 무조건 프렌치토스트를 주문해 보자. 하절기에는 매일 아침부터 새벽까지 운영하기 때문에 안심하고 아무 때나 방문해도 좋지만, 동절기에는 저녁 이전에 닫기 때문에 방문 시 주의하자.

홈페이지_ brasserieon7.com
주소_ Obala Hrvatskog narodnog preporoda 7
위치_ 주피터 신전에서 도보 약 3분
영업시간_ 하절기 – 매일 07:30~25:00
　　　　　동절기 월~수 08:00~17:00,
　　　　　금~일 08:00~18:00
요금_ 아침메뉴 65kn~ / 런치, 디너 90kn~
전화_ 021-278-233

칸툰 파울리나
Kantun Paulina

스플리트의 구시가지 안쪽 골목에 숨겨진 진짜 햄버거 맛집. 언제나 현지인들로 북적여 식사시간에는 대기 줄까지 길게 늘어져있다.
20쿠나(Kn)라는 저렴한 가격에 든든하게 식사할 수 있는 햄버거는 겉은 딱딱하지만 속은 쫄깃한 빵과 두툼한 패티, 듬뿍 들어간 치즈와 양파가 특징이다. 이 햄버거 가게 특유의 매콤하고 달달한 소스와 어우러져 자꾸자꾸 생각난다. 스플리트 구시가지 골목을 여행하다가 허기가 질 때 방문하면 든든한 느낌을 받는다.

주소_ Matošića ul. 1
위치_ 바다오르간에서 도보 약 5분
영업시간_ 월-토 08:30~23:30
　　　　　일요일 10:00~23:30
요금_ 햄버거 22kn~
전화_ 021-395-973

페리보이
Perivoj

구시가지 관광지에서 꽤 떨어져 있지만, 아름답게 꾸며진 정원식 식당에서 조용한 식사를 즐기고 싶다면 추천한다. 아르누보 양식으로 고급스럽게 지어진 이곳은 크로아티아의 유명 건축가였던 카밀로 톤치치의 정원식 별장으로 프라하의 유명 건축가였던 카렐 베네시가 설계했다. 지금까지도 원형의 모습으로 잘 유지된 덕분에 크로아티아 문화부의 보호를 받고 있다.

가격대가 다소 있지만 대부분의 메뉴가 맛있고 친절한 직원들 덕분에 언제나 칭찬받는 레스토랑으로, 메뉴는 스테이크나 새우파스타를 추천한다.

홈페이지_ restoran-perivoj.com
주소_ Slavićeva Ul. 44
위치_ 황금의 문에서 도보 약 8분
영업시간_ 07:00~25:00
요금_ 스타터 75kn~ / 메인요리 115kn~
전화_ 021-787-585

코노바 마테유스카
Konoba matejuska

당일 아침에 잡은 신선한 생선으로 요리하는 곳으로, 스플리트의 믿고 먹을 수 있는 생선 요리로 유명하다. 생선요리를 선택하면 오늘의 생선을 추천해주거나, 요리에 쓰일 생선의 상태와 크기 등을 직접 보여준다.
테이블 숫자가 적어서 관광객뿐만 아니라 현지인들에게도 인기가 높은 레스토랑이므로 기다림은 물론, 예약률도 높은 곳이다. 늦게 방문한다면 재료가 소진되므로 선택의 폭이 좁아지는 것을 감안한 후 예약하는 것이 좋다.

홈페이지_ konobamatejuska.hr
주소_ Ul. Tomića stine 3
위치_ 브라세리에 온 7에서 도보 약 4분
영업시간_ 12:00~23:00
요금_ 스타터 80kn~ / 생선요리 150kn~
전화_ 021-814-099

EASTERN EUROPE

에프 마린 카페 바 앤 스낵 바
F marine Caffe Bar & Snack Bar

구시가지에서 다소 멀리 있는 게 흠이지만 그만큼 조용한 것이 메리트. 또 바다 바로 옆에 위치한 만큼 드넓은 바다 풍경을 감상할 수 있다. 카페 겸 레스토랑으로 운영하기 때문에 식사부터 디저트까지 한 번에 해결할 수 있고, 식사를 하지 않고 싶다면 커피나 칵테일, 맥주를 마시며 휴식을 취할 수 있다.

식사 메뉴는 스테이크나 해산물 요리가 좋고, 음료는 커피가 맛이 꽤 좋다. 이른 아침부터 늦은 밤까지 운영하기 때문에 낮에는 아드리아 해의 푸르고 시원한 전경을, 밤에는 아름다운 스플리트 야경을 감상할 수 있으니 원하는 분위기를 골라 방문해보자.

홈페이지_ konobamatejuska.hr
주소_ Ul. Tomića stine 3
위치_ 브라세리에 온 7에서 도보 약 4분
영업시간_ 12:00~23:00
요금_ 스타터 80kn~ / 생선요리 150kn~
전화_ 021-814-099

집중 탐구 스플리트 가이드 투어

"특별한 아름다움과 색다른 매력의 도시는 아드리아 해의 모래 해변에 있습니다. 달마티아식 절벽이 놀기 좋은 정원들, 포도밭들과 만나는 곳. 여행자들은 항구에 내리자마자 그의 눈앞에 펼쳐진 기념비적인 건축물을 보고 깜짝 놀라실거에요. 거대한 성벽들이 도시의 윤곽을 둘러싸고 있습니다.

2층 건물 높이의 콜로네이드(돌기둥)은 코린트식 기둥머리와 조화로운 아치형 구조물들로 이루어져 있습니다. 콜로네이드들 사이에는 상점들, 창문과 발코니들이 있어요. 이것은 궁전과 도시가 뒤얽혀 하나로 합쳐진 것입니다.
이 집합체의 가운데에는 화강암 기둥들이 둥근 지붕을 받치고 있는 형태의 거대한 건축물이 있는데요. 이는 황제의 묘입니다. 이 모든 것들은 고대 로마의 것보다 거대하고 오리엔탈적이며, 다양한 장식품들과 함께 고급스럽기까지 합

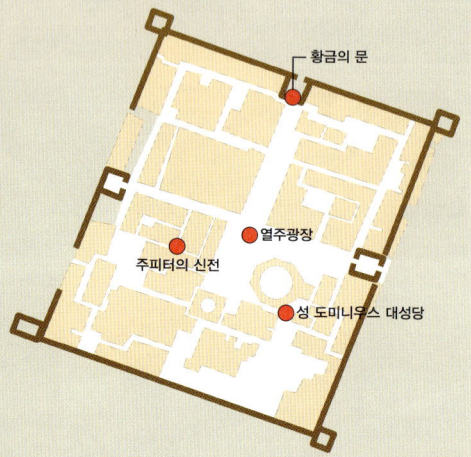

니다." 이것이 작가, 역사가이자 프랑스 한림원의 일원인 다니엘롭스Daniel Rops가 스플리트를 묘사한 것입니다.

고대 그리스인들은 이미 4세기에 바다, 태양, 돌, 들판의 조화로운 아름다움에 이끌려 트라구리온 Tragurion(trogir)과 Epetion(stobrec)을 지었습니다. 살로나는 Jadro강 어귀에 자리를 잡고 있었고요. 이 지역들이 로마인들에 의해 정복당한 뒤, 살로나는 빠르게 성장하기 시작하여 달마티아의 수도가 되었습니다. 성 바울이 그의 제자 Titus를 보냈을지도 모르는 곳은 Illyric과 Salona입니다. 그러므로 이미 1세기쯤 기독교가 그 지역들로 들어왔을 수도 있겠죠. 3세기 중반, 주교이자 순교자인 St. Venincius가 복음서를 전도했습니다. 3세기 말에는 주교 돔니우스가 Anioch에서 살로나로 와서, 그 시기에 로마 제국에서는 이미 기독교 신자들이 많았습니다. 디오클레티안은 그들이 매우 양심적인 시민들이라는 것을 알고 그의 궁중 내에 두었습니다.

궁전은 그의 통치 기간 중 20년 동안 지어졌습니다. 누가 지었는지는 모르지만 아마도 그들 중 상당수는 기독교였겠죠. 돌들에서 기독교의 상징(fish:물고기, alpha and omega:처음과 끝)을 찾을 수 있지만 만드는 사람 중 기독교인들이 장벽을 쳐서 안쪽으로 향하도록 만들었습니다. 궁전은 원래 직사각형 모양으로 설계되었지만 약간의 편차들이 생겨서 동쪽으로 214.97m, 북쪽 174.74m, 남쪽 181.65m가 되었습니다. 이는 황제의 별장, 헬레니즘 시대의 시내, 로마군 주둔지와 여름 별장 시설들을 포함하고 있습니다.

벽들은 2m가 넘는 두께이고, 남쪽으로 24m 높이이며 16개의 방어 시설들이 지지하고 있습니다. 오늘날에는 3개의 벽들과 방어 시설들만 볼 수 있습니다(4번째 것은 집과 합쳐졌기 때문에). 궁전은 두 개의 큰 도로로 인해 나뉘어 졌고 4개의 출입구로 끝나게 설계되었습니다

스플리트의 성 돔니우스 대성당에 대한 간략한 설명

지금 와 있는 이곳은 황제의 묘입니다. 앞에 있는 디오클레시안 궁전의 거의 중심부에 서 있는 거죠. 로마황제의 디오클레시안 궁전은 7세기에 가톨릭 대성당으로 바뀌었습니다.

가장 위대한 로마의 황제들 중 한명인 디오클레티아누스(243~316)는 284년부터 316년까지 황제로 재위하고 있었습니다. 그는 고대 살로나, 지금은 스플리트에서 북동쪽으로 5km 정도 거리에 있는 소도시인 살론에서 태어났습니다.
3세기, 디오클레티아누스는 이 거대한 궁전을 짓는 데 10년이 걸렸습니다. 8각형 평면인 황제의 무덤은 거대한 돌덩어리들로 24미터의 높이이며, 28개의 화강암, 대리석 기둥으로 둘러싸여 있습니다. 무덤을 둘러싼 벽들은 2.75미터의 굵기입니다. 황제는 그 많은 돌들을 그리스와 이집트의 약탈한 신전들에서 가져왔습니다.

대성당의 인테리어

원래의 무덤에는 지금의 제단, 설교단들이 없었고 위에 창문이 달린 하나의 입구만 있었어요. 바닥도 현재의 것보다 17cm가 낮았고 모자이크로 덮여있었습니다. 벽돌로 지어진 21m의 돔은 원래의 형태로 보존되어 16세기까지는 모자이크로 덮여 있었습니다. 호화스러운 기둥머리를 포함한 두 줄의 코린트양식 기둥들이 무덤을 장식하고 있어요. 이것 역시 이집트에서 가져온 기둥입니다. 낮은 기둥들은 화강암과 반암으로 된 것들이고요.

위쪽 기둥머리 아래에는 어린 소년들이 사냥하는 장면을 묘사하고 있는 양각한 프리즈가 있습니다. 높은 창문의 양쪽(한편으로는 프리즈를 차단하는)면은 두 개의 둥근 양각들이에요. 전해진 바에 의하면 왼쪽의 것은 디오클레티아누스를 보여주고 오른쪽의 것은 그의 아내 프리스카를 보여준다고 합니다.

디오클레티아누스 황제는 이 거대한 무덤 속 어딘가에 석관에 묻어졌는데, 어디인지 정확히 모릅니다. 거대한 기둥들은 기독교를 박해하다 죽은 황제의 영원한 근위대로 여겨집니다. 하지만 역사는 결국 최후의 승리를 거두게 됩니다. 디오클레티아누스 황제가 잔인하게 죽였던 순교자들의 유해들은 황제의 거대한 무덤 속에서 쉬고 있고 1300년이 넘도록 존경받고 있으니까요.

313년 밀라노 칙령의 선포 이후, 기독교인들은 종교의 자유를 얻었고, 살로나에 있는 순교자들의 무덤위에 거대하고 인상적인 성당을 지었습니다. 300년 뒤인 614년 쯤, 살로나는 아바르인들에 의해 완전히 파괴되고 소실되었습니다. 생존자들은 가장 가까운 섬들로 대피했고, 수십 년 뒤 돌아와 버려진 황제의 궁전 안에 정착하기 시작했습니다. 7세기, 그것이 바로 스플리트의 시작이었습니다. 이교도 조각상들과 아직 발견되지 않은 디오클레시안의 석관은 쫓겨났고 황제의 무덤은 기독교 대성당이 되었습니다. 디오클레시안에 의해 죽었던 신성한 순교자들의 유해들은 살로나로부터 다시 돌아왔습니다 살로나의 첫 번째 주교인 성 돔니우스와 아나스타시우스의 노동자들은 교회로 지정된 황제의 묘에 묻어졌습니다.

스플리트의 첫 번째 대주교는 이반 라베탸인John of Ravenna, Ivan Ravenjanin입니다. 그는 스플리트에 교회를 설립하였습니다. 그 이후 줄곧 대성당은 크로아티아 역사의 중요한 사건, 사람들의 살아있는 기억을 내부에 소중히 간직하고 있습니다.

이것은 영예로운 크로아티아의 왕 토미슬라브의 명성을 기념합니다. 오늘날까지도 강렬한 닌Nin의 주교Grgur, 글라골루의 성직자와 스플리트 의회의 연설가의 메아리가 대성당의 오래된 천장들로부터 울려 퍼지는 듯합니다. 대성당은 장대한 피터 크레시미르Peter Kresimir와 훌륭한 왕 보니미르Zvonimir를 생각나게 합니다. 또한 대성당은 건설자, 조각가, 화공들의 예술적이고 숙련된 손길들이 숨겨져 있습니다. 기도를 위해 부드럽게 깎지 낀 증조부모들의 많은 손들도 기억하고 있어요.

수세기동안, 기독교에 의해 영감을 받은 새롭고 가치 있는 예술 작업들을 통해 성당의 진실된 아름다움을 풍부하게 만든 모든 이들을 기억하고 있습니다. 이것은 크로아티아의 역사적이고 신성한 땅이며 이 땅 위의 수세기 동안의 힘들이 독특한 역사적, 문화적, 그리고

EASTERN EUROPE

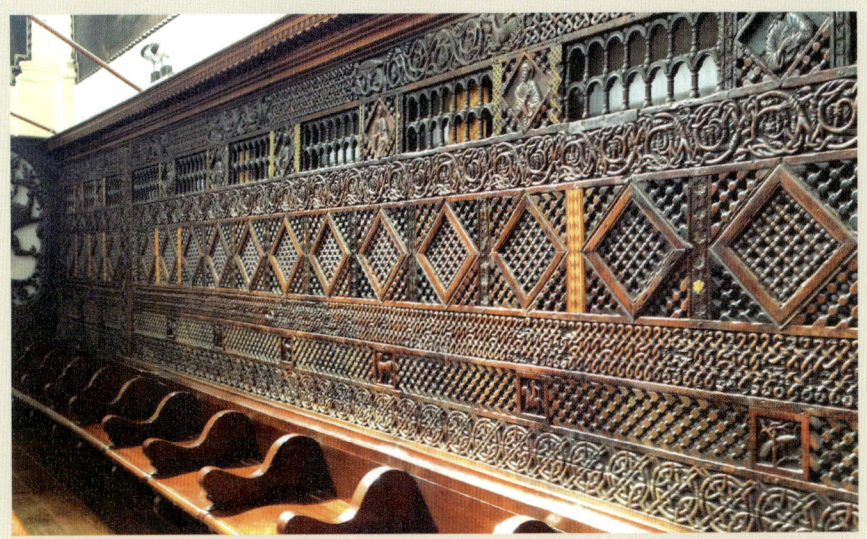

예술적인 기념비들을 창조하고 남겼습니다.

입구에는 단단한 호두로 조각된 목재의 문들이 있는데 이는 세계적으로 알려진 로마네스크 미술의 걸작입니다. 그것들은 1214년, 스플리트의 크로아티아인, 안드리아 부비나Andrija Buvina에 의해 만들어졌다. 그곳엔 펴놓은 책처럼 보이는 화려하게 프레임된 28개의 판들이 있는데 이는 예수의 삶을 보여줍니다.
왼쪽 문의 위에서부터 수태 고지, 그리스도의 탄생, 세 왕들의 여행, 이집트로의 비행, 신전에서의 발표 등을 보여주며 오른쪽 문의 아래부터 최후의 만찬, 그리스도의 수난, 죽음, 그리스도의 부활, 그리스도의 승천이 묘사되어 있습니다. 문들은 원래 색깔이 있었으며 금으로 도금되었습니다.

왼쪽 앞으로 더 가면 로마네스크 양식의 설교단이 있는데 역시 13세기의 것으로 이는 현지 장인의 귀중한 작품입니다. 전해지는 바에 의하면 코라피사 프랑코판Kolafisa Frankopan이 만들었다고 합니다. 기둥들은 다채로운 색깔의 대리석으로 만들어졌으며, 6개의 서로 다른 화려한 기둥머리가 있습니다. 상상 속의 짐승들과 뱀, 나뭇잎들의 디자인은 레이스처럼 뒤얽혀 있습니다.
기둥 머리들은 도금되어 있었다고 합니다. 6각형의 설교단 위쪽 부분은 두 가지 혹은 세 가지 다채로운 색의 기둥들에 의해 6개의 판으로 나뉘는데, 이는 블라인드 아치를 형성하며 전도사들의 상징들로 장식되어 있습니다. 복음 전도사, 성 요한을 상징하는, 큰 날개달린 독수리는 성서대 역할을 합니다.

살짝 오른쪽으로 가면 반원형의 벽감 안에 스플리트의 수호성인인 성 돔니우스의 오래된 제단이 있습니다. 1427년, 밀라노의 Bonino라는 장인이 후기 고딕 양식으로 만들었다고 합니다. 위쪽은 잠자고 있는 성 돔니우스의 조각상이며 아래쪽 중간에는 성모마리아의 안식이 있는데 이는 원래 그곳에 있던 성 돔니우스의 유물들의 문 역할을 합니다. 그 왼쪽과 오른쪽에는 성인들의 인물상들(성 돔니우스, 목에 맷돌이 있는 성 아나스타시우스, 사자와 있는 성 마르크, 열쇠를 지닌 성 베드로)이 있습니다. 1770년, 스플리트의 주민들은 12세기 스플리트의 대주교였던 성 아르니르의 유해가 묻혔던 곳에 성 돔니우스의 새로운 제단을 짓게 되었을 때, 살로나에서 가져온 성 돔니우스의 유해와 기독교 석관들이 벽으로 둘러싸이게 되었습니다. 석관이 원래의 기능 대신 제단의 기능으로 사용된 것은 드문 일이었는데요. 전체 제단은 정교한 고딕 양식의 아름다운 카노피로 아치형의 천장을 이루었어요. 1429년에는 스플리트의 화가 두암 부스코빅(Dujam Vuskovic)이 카노피를 프레스코화법으로 장식하였습니다.

본 제단의 왼쪽에는 본체 위에 누워있는 인물상이 있는 형태의 성 아나스타시우스의 제단이 있어요. 그의 목에는 맷돌이 걸려 있는데 그의 죽음을 상징하는 것입니다. 디오클레티아누스가 그를 익사시켰다고 전해집니다. 그의 시신은 익사된 후에 바다에서 옮겨져 묻히게 되었습니다. 그 뒤에 바실리카가 마루시낙(Marusinac)에 지어졌으며 성 아나스타시우스에게 바쳐졌습니다.
경이로운 Sibenik 대성당을 만들었던 크로아티아의 유명한 디자이너 주라이 달마티낙(Juraj Dalmatinac)이 1448년에 제단을 만들었습니다. 가장 훌륭한 작품은 중앙에 '채찍질 당하는 그리스도'를 보여주는 동시에 성 아나스타시우스의 유해를 덮고 있는 문의 역할을 하는 부분입니다.

왼쪽에는 바로크 장인 모르라이테르(G.M Morlaiter)가 1770년에 만든 성 돔니우스의 새 제단이 있습니다. 그곳에는 순교자들의 미덕을 대표하는 두 가지 장엄한 모습의 여자 조각상이 있는데, 왼쪽의 것은 신념을 상징하고 오른쪽의 것은 견고함을 상징합니다. 석관에는 성 돔니우스의 유해가 들어있으며 두 개의 조각상이 이를 지지하고 있습니다. 제단의 앞 장식의 양각은 선명하게 성 돔니우스의 고통을 묘사하고 있습니다.

대성당 내에는 몇몇 중요한 묘석들이 있습니다. 성 돔니우스의 제단 왼쪽, 신도석들의 아래쪽이 스플리트의 귀족 가문 Capogrosso의 묘입니다. 남쪽으로, 작은 문들 옆에는 크로아티아의 위대한 인문주의자 Marko Marulic의 삼촌인 Janko Alberti의 묘가 있고요. 좀 더 가면 스플리트 상류층 Zarko Drazojevic의 묘가 있습니다. 원래의 묘석은 대성당에서 옮겨져 성 요한의 세례당 근처의 벽 가까이에 놓이게 되었습니다.
대성당 내에서 가장 오래된 십자가상은 14세기의 것으로 그리스 문자 Y의 형태를 띄고 있습니다. 문들 옆에 있는 큰 십자가상은 15세기에 만들어졌으며, 북쪽 제단 우에 위치한 작은 십자가상은 Ventian Settecento 스타일의 굉장히 성공적인 작품입니다(Settecento는 이탈리아 문학, 예술의 시대인 18세기를 의미).
성공적이지는 못했지만 오랜 시간동안 스플리트 대성당은 굉장히 작았기 때문에 스플리트의 대주교 Markantun de Domnis는 해결책을 마련했습니다. 그는 동쪽 벽을 열어서 대성당의 동쪽을 확장하고 주교와 성직자들을 위한 성가대를 추가했습니다. 이전에 그는 돌 제단의 칸막이벽을 제거해왔었기 때문이죠. 그것들은 아마도 과거 유피테르 신전의 세례당 우물을 만드는 데 쓰였을 것입니다. 오늘날의 본 제단은 17세기의 것이고요. 전해지는 바에 따르면 교회 제단의 닫집을 받치고 있는 떠다니는 모습의 두 바로크 천사들은 바로크 달마티아식 화가 Mateo Ponzoni가 장식했다고 합니다. 그는 제단 위의 천장도 장식했습니다.

본 제단의 뒤쪽

성가대 내부에는 13세기 현지 기능공들이 만든 다채로운 조각품들과 함께 성가대석이 있습니다. 성가대석 뒤쪽은 스플리트의 성 스테판 베네딕트수도원을 위해 만들어진 것으로 알려졌습니다. 그것들은 교차된 리본 패턴, 격자, 나뭇잎과 동물 장식들로 다채롭게 꾸며져 있습니다. 긴 쪽의 띠는 사도들의 여섯 가지 형상이고, 짧은 쪽의 띠는 전도사들을 상징하는 것으로 이 가치있는 예술품들은 달마티아 복구 기관에 의해 복구되었습니다.

주교석은 대주교Sforza Ponzoni(1616~1641) 시대의 것입니다. 벽에 있는 큰 캔버스들은 성 돔니우스의 삶을 묘사하는 것으로 1685년 바로크 화가 Pietro Ferrari가 그렸고 캔버스들은 1964~1965년에 복구되었습니다. 그것들은 (왼쪽부터) 성 돔니우스로부터 달마티아로의 전송, 살로나 스퀘어에서의 성 돔니우스의 설교, 살로나에서 세례하는 성 돔니우스, 성 돔니우스의 순교, 심판 Maurila 앞의 성 돔니우스와 성 돔니우스의 죽음을 묘사하고 있습니다. 본 제단 쪽으로 더 가까이 가면 바로크 화가 Mateo Ponzoni의 여섯 가지 작은 그림들이 있습니다. 왼쪽부터 시에나의 성 캐서린, 성 Lorvo Justiniani, 교황 우르바누스 8세, 교황 바오로 8세, 성 프랜시스와 성 돔니우스입니다.
금고(성구 보관실 위)는 대성당의 가장 가치 있는 것들을 포함하고 있습니다.(스플리트 복음, 7~8세기 질 좋은 양피지에 적힌 고문서. 또한 11세기 Supetar Register과 12세기의 아름다운 세밀화들과 함께 고문서들, 13세기 Archdeacon Thomas의 Historia Salona, 15세기의 몇몇 큰 응답 송가들, 13세기 스플리트 회화 작업장에서 만든 두 개의 로마네스크 양식 성 모마리아상, 9~10세기의 십자가 수집품들, 15~16세기 로마네스크와 고딕 양식의 성유물함과 성배들, 14~15세기 성직자 의복들 등이 있습니다. 많은 작품들이 크로아티아와 해외에 지속적으로 전시되고 있습니다.
금고는 6월 중반부터 9월 중반까지 오전 9~12시 오후 4~7시 사이에 그룹이나 전문가들과의 예약에 한해 오픈됩니다.

Hvar
흐바르

Hvar
흐 바 르

날씨와 풍경이 좋아 사랑받는 인기 휴양지인 흐바르Hvar는 작은 해변마을이다. 여름 성수기가 되면 흐바르Hvar 시내는 관광객으로 넘쳐난다. 작은 섬에 하루, 약 3만 명 정도의 관광객이 찾으면 숙박을 구하는 것은 쉬운 것이 아니다.
라벤더 생산지로 유명하여 "라벤더 섬"이라고 부르기도 한다. 향긋한 라벤더향이 골목을 지날 때마다 코끝을 간지럽게 한다. 일조량도 풍부해 와인 생산지로도 유명하여 매년 6~8월에는 클래식, 각종 공연, 연극 등 다양한 축제도 열린다.

흐바르 섬으로 가는 방법

스플리트에서 당일로 여행할 수 있는 여행지인 흐바르Hvar 섬은 항구에서 페리를 타고 1~2시간이면 도착한다. 흐바르로 가는 페리에는 스타리그라드Stari Grad로 가는 페리와 관광 명소가 모여 있는 흐바르 타운Hvar town으로 가는 페리가 있다. 흐바르 타운Hvar town에서 바로 내리는 페리는 운항편수가 적으며, 스타리그라드Stari Grad 항구에서 내리면 대기하고 있는 시내버스나 택시를 타고 흐바르 타운Hvar town까지 가야 한다.

스플리트-흐바르 간을 운항하는 페리는 야드롤리니야 페리(www.Jadrolinja.com)과 블루라인(http://ww1.blueline-ferries.com/)를 이용할 수 있다. 날씨가 좋지 않을 경우 페리가 운항할 수 없는 경우가 있어 페리 터미널이나 매표소에서 확인해야 한다.

흐바르 → 스플리트 페리 시간표

스플리트 → 흐바르				흐바르 → 스플리트	
평일		주말		출발	도착
출발	도착	출발	도착		
09:15	10:20	10:15	11:20	06:35	07:40
10:30	12:10	10:30	12:10	08:00	09:05
15:00	16:10	15:00	16:05	13:45	15:30
18:00	19:10	18:00	19:05	15:50	17:00

흐바르 섬 둘러보기

흐바르 섬의 중심인 스테판 광장Trg Sv. Stjepana에서 여행이 시작된다. 흐바르 섬은 여행루트를 계획하지 않더라도 쉽게 둘러볼 수 있다. 베네치아 공국의 지배를 받은 작은 섬이므로 베네치아 지배시기에 지어진 건물들이 흐바르 타운 곳곳에 남아 있다.

EASTERN EUROPE

흐바르 섬 최대 번화가인 흐바르 타운에 대부분의 볼거리가 몰려 있다. 스테판 광장, 베네치아 요새 등과 아름다운 골목에는 예쁜 상점들이 늘어서 있다. 흐바르 섬 관광은 한나절이면 충분하지만, 휴양을 목적으로 온 관광객이 많아서 해수욕과 해양 스포츠를 즐기고 아드리아 해를 바라보며 한가롭게 쉬는 여행자가 대부분이다.

추천 일정
스테판 광장 → 스테판 요새 → 아스날 → 프란체스코 수도원 & 박물관 → 아름다운 해안

흐바르의 역사

섬의 오래된 역사를 보여주는 흔적도 찾을 수 있다. 신석기 시대부터 그리스, 로마, 베네치아 사람들이 거주했던 모습을 찾을 수 있다. 르네상스 시기에 흐바르Hvar는 조선과 농작물 경작으로 번성하여 크로아티아 문학의 중요한 중심지가 되기도 했다. 1500년대 흐바르에서 작업했던 작가들 중에 크로아티아에서 유명한 시인 중 한 명이 페타르 헤크토로비치Petar Hektorović이다. 스타리 그라드Stari Grad에서 헤크토로비치가 여름에 머물렀던 트브라이 성Tvrdalj Castle도 아름답다.

한눈에 흐바르 파악하기

시간을 내서 멋진 흐바르 타운을 여행한다면 13세기 처음 개발되기 시작해 잘 보존된 여러 유적을 만날 수 있다. 어렴풋이 보이는 성 스테판 성당St. Stephen's Cathedral과 무기고Arsenal의 그림자 아래에 있는 성 슈테판 광장St. Stephen's Square의 테라스에서 음료를 즐기는 경험도 좋다. 웅장한 요새인 포르티차 요새Fortica Španjola에서 과거를 여행하거나 15세기의 프란체스코회 수도원Franciscan Monastery과 박물관에서 유명한 예술품을 관람할 수 있다.

흐바르와 스타리 그라드 사이 남쪽 연안의 숨겨진 작은 만인 아름다운 두보비차Dubovica 해변이 근처에 있다. 흐바르 타운은 밤 문화로도 유명하므로 어둠이 내리면 항구 근처의 바에 들러 즐겨보자.

EASTERN EUROPE

흐바르를 즐기는 방법
환상적인 날씨, 대리석으로 덮인 멋진 마을, 아름다운 라벤더 들판이 있는 흐바르Hvar 섬은 유럽의 관광객들이 좋아하는 곳이다. 아름다운 흐바르Hvar 섬은 세련된 도시와 숨겨진 작은 만, 무성하고 비옥한 숲이 어우러져 있다. 흐바르 타운Hvar Town에 머물면서 섬의 자갈 해변, 매력적인 항구 마을, 라벤더 들판, 소나무로 덮인 언덕을 둘러보자.

흐바르 섬의 1일 여행지
좀 더 일상적인 휴일을 즐기고 싶다면 젤사Jelsa의 유서 깊은 항구 마을이나 브로보스카Vrboska의 조용하고 작은 항구 마을에 머물러 보는 것도 좋다. 정기적으로 운행하는 택시 보트를 타고 갈 수 있는 파클린스키 섬Pakleni Islands도 잊지 말자. 12개 이상의 섬이 연결되어 있는 해변에는 사람이 적고 안쪽으로는 무성하게 우거진 숲을 만날 수 있다.

예롤림Jerolim 섬이나 마린코바츠Marinkovac 섬에 가면 아름다운 누드 비치가 있으며 차량 통행이 금지된 세인트 클레멘트Sveti Klement 섬은 푸른 정원이 유명하다.

성 스테판 성당과 광장
Katedrala Sv. Stjepana
Trg Sv. Stjepana

총 면적 4,500㎡로 달마티아 지방에서 가장 큰 광장인 스테판 광장은 낮에는 한적하지만, 밤에는 사람들로 가득 찬다. 광장 북쪽에는 클로버 문양이 있는 성 스테판 대성당 Katedrala Sv. Stjepana이 있으며, 그 옆에는 17세기에 건설된 종루가 있다.

성채와 함께 베네치아 통치 시기에 만들어진 광장은 산 마르코 광장과 비슷한 느낌이다. 광장에서 가장 웅장한 건물은 성 스테판 성당 Cathedral of Saint Stephan이다. 16세기에 세워진 르네상스 양식의 성 스테판 성당은 베네딕트 수도원이 있던 자리에 재건축을 통해 세워졌다. 흐바르 섬의 수호성인이자, 순교자인 성 스테파노 1세 교황에게 헌정되었다.

홈페이지_ Trg Stjepana, 21450

스파뇰 요새
Spanjola Fortress

16세기 베네치아 인이 오스만튀르크의 침입을 막기 위해 흐바르 타운 언덕 위에 쌓은 요새이다. 스테판 광장에서 요새로 오르는 오솔길에는 선인장과 알로에가 늘어서 있어 이색적인 풍경을 선사하며, 요새에서 내려다보는 흐바르Hvar의 전경이 무척 아름답다.

성벽에는 4개의 문이 있는데, 남서쪽에 난 문이 정문으로 포르타 마에스트라Porta Maestra 라고 부른다. 요새 안에는 근처에서 항해하다가 침몰한 배에서 나온 유물들을 전시한 박물관과 지하 감옥이 있다. 스테판 광장에서 오른쪽 계단을 따라 20분 정도 걸어서 이동하면 도착한다.

주소_ Spanjola 21450
시간_ 9~21시
요금_ 60Kn

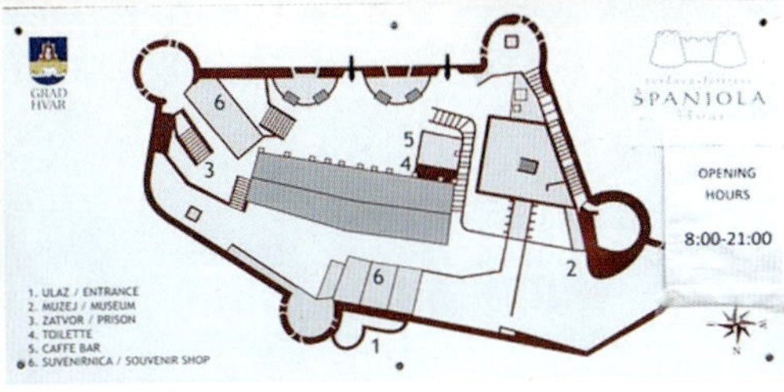

아스날
Arsenal

스테판 광장 동쪽으로 보이는 삼각 지붕 모양의 고딕 건물로 1611년 터키인들이 버리고 간 것을 재건축한 무기고이다. 현재 1층은 관광안내소와 쇼핑센터로, 2층은 소극장으로 사용되며 여름에는 연극, 콘서트 등을 공연하는 건물로 바뀌었다.

로지아
Loggia

베네치아 인들이 흐바르에 만들어놓은 르네상스 건축물로 로지아와 옆에 시계탑이 있다. 1289년에 만들어졌다고 하지만 실제로 기능을 한 것은 15세기가 되어서다. 오스만투르크의 공격으로 훼손되었지만 19세기까지는 카페로 사용되다가 1970년대에 복원공사를 한 후, 지금에 이르고 있다. 건물의 외관을 보여주는 기둥은 17세기, 트리푼 보카니츠^{Tripun Bokanic}가 만들었다고 전해진다.

EASTERN EUROPE

프란체스코 수도원과 박물관
Franjevacki Samostan

흐바르 섬 항구 남동쪽 끝에 위치한 15세기 르네상스 양식의 수도원으로 그 옆에 높은 종탑은 16세기에 세워진 것이다. 수도원에는 멋진 베네치아 그림이 전시되어 있고, 인근에 있는 박물관에서는 1524년에 인쇄된 프톨레미의 아틀라스 와 대형작품인 이탈리아의 마테오 이그놀리 Matteo Ignoli의 '최후의 만찬The Last Supper'등 예술작품들이 전시되어 있다. 수도원 옆의 해변에는 작은 해변이 있는데 잔잔한 파도와 맑은 물로 일광욕을 즐기는 사람들을 볼 수 있다.

포코니 돌
Pokonji Dol

흐바르에서 조금 떨어진 곳에 있는 자갈로 된 해변으로 여유롭게 해변을 즐기기 위한 관광객들이 주로 찾는다. 물놀이를 위한 장비를 대여하는 곳도 있어서 가족들이 함께 즐기는 장면을 볼 수 있다.

Bosnia and Herzegovina

보스니아 헤르체코비나

Bosnia and Herzegovina
보스니아 헤르체코비나

보스니아 헤르체코비나는 발칸 반도의 서쪽에 위치해 있다. 크로아티아, 세르비아, 몬테네그로와 국경을 맞대고 있다. 보스니아는 모슬렘, 세르비아, 크로아티아 인으로 구성되어 있다. 모두 남슬라브족에 뿌리를 두고 있기 때문에 생김새는 큰 차이가 없지만 종교는 서로 다르다.

1998년 독립하면서 만들어진 국기는 파랑과 별은 유럽을, 태양의 색인 노란색은 하늘을 뜻한다. 삼각형은 보스니아 헤르체고비나를 구성하는 보스니아 모슬렘, 세르비아 인, 크로아티아 인을 상징한다.

- ▶ **국명** | 보스니아 헤르체고비나 공화국
- ▶ **인구** | 약 459만 명
- ▶ **면적** | 약 5만㎢(한반도의 1/4)
- ▶ **수도** | 사라예보
- ▶ **종교** | 이슬람교, 세르비아 정교, 가톨릭
- ▶ **화폐** | 마르카
- ▶ **언어** | 세르보, 크로아트어

한눈에 보는 보스니아 역사

~ 600년 경 | 남슬라브족
보스니아 헤르체고비나 지역에는 신석기 시대부터 사람이 살고 있었다. 이들은 기원 전후부터 로마 제국의 지배를 받기 시작했다. 로마 제국이 동로마와 서로마로 나누어지고 이후 서로마가 멸망할 무렵, 유럽의 동북쪽에서 슬라브족이 내려와 자리를 잡고 발칸 반도에 나라를 세웠다.

600년 경~1180년 | 가톨릭교와 정교
발칸 반도는 험준한 산악 지형이어서 하나의 강력한 나라를 만들기에 적합하지 않다. 지역 단위로 나뉘어 살아가면서 세르비아 인, 크로아티아 인 등 지역에 따른 민족의 구분이 생겨나게 되었다. 각 민족을 중심으로 여러 왕국을 이루면서 발칸 반도 서쪽에는 가톨릭이, 동쪽에는 정교가 전해졌다. 보스니아 헤르체고비나는 중간 지점에 있었기 때문에 가톨릭과 정교가 섞여 살았다.

1463년~1800년 후반 | 오스만 제국의 지배
1400년대 중반부터 옷만 제국의 침입이 시작되면서 발칸반도는 약 400년동안 오스만 제국의 지배를 받았고, 이 무렵에 이슬람교가 전해졌다. 오스만 제국은 사라예보와 모스타르 같은 도시를 건설하고 발칸반도 서부 진출의 기점으로 삼았다. 하지만 오스만 제국은 가톨릭과 정교도 법으로 보호해 주었다. 그 결과 발칸반도는 오늘날 3개의 종교가 섞인 모자이크처럼 얽혀있게 되었다.

1800년 후반~1914년 민족주의 운동
1900년대에 들어오면서 오스만 제국이 쇠퇴하기 시작했다. 발칸 반도를 다스릴 힘이 작아지면서 오스트리아, 헝가리 제국이 발칸반도에 힘을 뻗었다. 400년 동안 오스만 제국의 지배를 받았던 보스니아 발칸반도는 다른 민족의 지배를 받고 싶지 않았다. 그 결과 오스트리아에 맞서 싸워야 한다는 민족 운동이 일어나기 시작했다.

1914년~1918년 | 제1차 세계대전
1914년 6월 28일, 세르비아계 민족주의자인 가브릴로 프린체프(1894~1918)가 사라예보를 방문한 오스트리아 황태자를 암살하였다. 이를 계기로 오스트리아와 세르비아 사이에 전쟁이 벌어지면서 제1차 세계대전이 시작되었다.

1918년~1939년 | 유고슬라비아 왕국의 탄생
제1차 세계대전이 끝난 뒤 남슬라브족이 하나의 나라를 세워야 한다는 운동이 더욱 거세게 일어났다. 그리하여 1929년에 유고슬라비아 왕국이 탄생했다. 세르비아와 크로아티아가 중심이 되었다. 그런데 세르비아 인들은 중앙 정부가 강한 국가를 원한 반면 크로아티

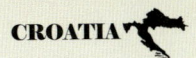

> **가브릴로 프린체프(1894~1918)**
> 가브릴로 프린체프는 보스니아의 가난한 가정에서 태어났다. 그는 오스만 제국의 지배에 맞선 독립 전쟁에 참여하고 싶었지만 몸이 약해 신체검사에서 떨어지고 말았다. 그러던 중 오스만 제국이 물러갈 것이 확실해지자, 오스트리아가 그 자리를 차지하려고 달려들었다.
> 오스트리아 황태자 부부가 사라예보를 방문한다는 소식을 들은 프린체프는 비록 몸은 약하지만 이 기회에 독립운동에 기여하기로 결심했다. 그래서 914년 6월 28일, 라틴 다리에서 황태자 부부를 권총으로 쏘아 죽였다. 그는 체포되었지만 20살이 채 되지 않아 사형은 면하고 20년형을 선고받았다. 하지만 감옥에서 지내던 중 1918년 결핵에 걸려 목숨을 잃고 말았다.

아는 각 민족이 더 많은 자치권을 갖는 나라를 원해서 서로 싸웠다. 보스니아 헤르체고비나 안에서는 이 두 파가 대등하게 있어서 세르비아와 크로아티아 어느 쪽으로부터도 대접받지 못했다.

1939년~1945년 | 제2차 세계대전의 비극

독일의 히틀러가 제2차 세계대전을 일으키고 유고슬라비아 땅으로 침입하였다. 크로아티아는 독일 편에 서서 세르비아 인과 다른 민족들을 공격했다. 유고슬라비아에서 독립해 따로 나라를 만들고 싶었기 때문이다. 이때 보스니아 헤르체고비나도 크로아티아 영토가 되었다. 한편 민족 운동 지도자 티토는 게릴라들을 이끌고 독이로가 싸우면서 유고슬라비아의 민족들이 단결해야 한다고 주장했다.

> **유고슬라비아 연방을 이끈 티토(1892~1980)**
> 티토는 크로아티아에서 태어났다. 제2차 세계대전 당시 독일군의 침략을 받았을 때, 게릴라들을 이끌고 산속에 숨어다니며 독일군과 싸웠다. 유고슬라비아의 여러 민족과 여러 종교를 믿는 사람들이 하나로 뭉쳐 독일에 맞서 싸우도록 이끌었다. 1945년 전쟁이 끝난 뒤, 유고슬라비아 사회주의 연방 공화국의 대통령이 된 티토는 소련의 꼭두각시가 아니라 유고슬라비아 사회주의 연방 공화국만의 사회주의를 주장하면서 나라의 독립을 지켜 나갔다. 하지만 1980년 그가 죽은 뒤로, 각 연방들이 독립을 주장함녀서 유고슬라비아는 붕괴되고 말았다.

1945년~1992년 | 연방 공화국의 일원이 되다.

제2차 세계대전에서 독일에 맞섰던 티토는 이후 유고슬라비아 사회주의 연방 공화국을 세웠다. 보스니아 헤르체고비나는 비로소 연방 안의 당당한 공화국으로 인정받았다. 티토가 다스리던 시기에 보스니아 헤르체고비나 인들이 중앙 정부의 고위급 정치인으로 많이 진출하기도 했다. 하지만 1980년 티토가 죽자 보스니아 헤르체고비나에서는 독립하려는 움직임이 나타나기 시작했다.

1992년~1995년 | 보스니아 내전

1991년 사회주의 진영의 버팀목 역할을 하던 소련이 무너졌다. 그러자 다른 사회주의 나라들도 하나 둘씩 무너지기 시작했다. 유고슬라비아에서는 크로아티아와 슬로베니아가 가장 먼저 분리 독립을 선언했다. 하지만 세르비아는 유고슬라비아 연방이 무너져서는 안 된다며 반대했고 결국 전쟁이 터졌다. 이어 보스니아 헤르체고비나도 독립을 주장하면서 1992년 보스니아 내전이 일어났다. 1995년까지 이어진 내전에서 무려 10만 명 이상이 목숨을 잃고 말았다.

1995년~현재 | 평화를 되찾은 발칸

보스니아 내전이 날로 치열해지자 미국을 비롯한 강대국들이 개입해 전쟁을 끝내도록 했다. 그래서 1995년 이후 보스니아 헤르체고비나는 독립을 하되 세르비아 인들이 많이 사는 스프프스카 지역은 자치 공화국으로 인정해 주고 있는 상태이다. 현재 발칸 반도는 관광업으로 새로운 시대를 열어가고 있다.

유고슬라비아는 어떤 나라?

유고슬라비아는 '남슬라브족의 땅'이라는 뜻으로 제 2차 세계대전이 끝난 뒤인 1945년, 발칸 반도에 있던 여러 왕국이 하나의 나라를 이루면서 탄생했다. 1991년 무렵까지 유고슬라비아는 보스니아 헤르체고비나를 포함한 여섯 개의 공화국으로 구성된 나라였다. 공식 명칭은 유로슬라비아 사회주의 연방 공화국이었다.

유고슬라비아에는 여러 민족이 살고 있었는데 세르비아 인, 크로아티아

인, 슬로베니아 인, 보스니아 모슬렘 등으로 대부분은 같은 민족끼리 모여 살았지만 여러 민족이 어우러져 살아가는 마을도 많았다. 특히 보스니아 헤르체고비나에는 보스니아 모슬렘, 세르비아 인, 크로아티아 인이 어우러져 살고 있었다.

보스니아 내전

1991년, 유고슬라비아로 묶여 있던 슬로베니아와 크로아티아가 독립하겠다고 선언하였다. 다음해인 1992년, 보스니아 헤르체고비나도 독립을 선언하였다. 세르비아계들은 보스니아 헤르체고비나가 독립하는 것을 반대하면서 전쟁이 터지고 말았다. 세르비아는 먼 옛날부터 발칸반도에서 넓은 땅을 차지했던 나라였고, 당시 유고슬라비아를 이끌던 나라는 세르비아가 주축이었다.

세르비아 인들 중 일부는 옛날처럼 세르비아 인을 중심으로 큰 나라를 만들고자 kg는 욕심이 있었다. 그런데 크로아티아와 보스니아 헤르체고비나 같은 나라들이 유고슬라비아에서 떨어져 나라가려고 하니 반대를 심하게 했다. 게다가 보스니아 헤르체고비나가 독립하면 그 곳에 살던 세르비아계 인들이 쫓겨날 거라고 생각하여 먼저 공격하게 된다.
보스니아에서 내전이 발발한 후에 UN은 전쟁을 중단하고 보스니아 헤르체고비나를 각 민족 계파별로 3개로 나누자고 중장하였다. 하지만 이 의견이 발표되면서 이전까지 연합해 싸웠던 보스니아 모슬렘과 크로아티아계는 좀 더 좋은 지역, 조금 더 많은 영토를 차지하기 위해 서로 싸우게 되었다. 크로아티아계는 모스타르를 차지하는 것이 유리하다고 판단하여 한때 함께 싸웠던 보스니아 모슬렘 인들을 공격하였다.

전쟁은 4년이나 이어지다가 마침내 끝이 났다. 세르비아가 보스니아 헤르체고비나의 독립을 받아들였기 때문이다. 하지만 그동안 생긴 증오와 갈등은 쉽게 사라지지 않았다. 시간이 흘러 떠났던 이웃들이 돌아오면서 적이 되어 싸웠던 크로아티아계 인들과도 화해를 하게 된다. 1992년 3월에 시작된 보스니아 내전은 3년 8개월 동안 이어졌고 내전이 끝난 뒤에 보스니아 헤르체고비나는 유고슬라비아로부터 독립을 이루었다. 보스니아에 살고 있던 세르비아계 인들은 따로 스르프스카 공화국을 세웠다. 지금 보스니아 헤르체고비나는 두 개의 체제로 구성된 나라이다.

모스타르 다리

모스타르는 높고 험한 산으로 둘러싸인 도시 한가운데를 짙푸른 네레트바 강이 가로지르는 아름다운 곳이다. 자그마한 도시이지만 세계 곳곳에서 찾아온 관광객들로 붐빈다. 오래된 하얀 돌집들과 조약돌이 자잘하게 박힌 골목길, 모스크와 십자가가 어우러진 풍경이 아주 예쁘다. 천 개가 넘는 돌을 반듯하게 다듬어서 멋진 아치를 이루도록 쌓은 매우 오래된 다리로 동쪽 마을에는 이슬람 사원인 모스크가, 서쪽에는 가톨릭의 성당이 높이 솟아 있다. 동쪽 마을에 사는 사람들을 이슬람 신자라는 뜻에서 보스니아 모슬렘이라고 부르고 관광객들은 유럽 안에 있는 작은 이슬람 도시를 신기하게 바라본다.

뷰포인트(View Point)
모스크의 뾰족탑에 올라가면 마을이 훤히 내려다보인다. 서쪽에 사는 가톨릭을 믿는 사람들은 크로아티아와 같은 민족이며 '크로아티아계'라고 부르고 세르비아 정교를 믿는다. 모스타르 다리 밑에 있는 돌비석에는 다리가 파괴된 해인 1993년을 잊지 말자는 문구인 "Don't forget '93"가 새겨져 있다.

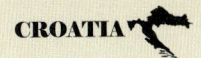

보스니아에 대한 질문들

터키식 음식이 많은 이유?
보스니아 헤르체코비나 인들이 즐겨 먹는 음식은 체바피라는 요리이다. 쇠고기와 양고기를 섞어 작은 소시지를 만든 다음 피타라는 빵 속에 양파와 함께 넣어 만든 음식이다. 터키의 케밥과 비슷하다. 그래서 보스니안 케밥이라고 한다. 보스니아 헤르체코비나 음식이 터키와 비슷한 것은 500년 동안 지금의 터키인 오스만 제국의 지배를 받았기 때문이다. 터키 요리와 마찬가지로 후추 등 향신료도 많이 쓰인다.

왜 유고슬라비아로 묶였던 것일까?
유고슬라비아는 '남슬라브족의 땅'이라는 뜻이다. 유고슬라비아 인들의 조상이 남슬라브족 이기 때문이다. 이들은 발칸 반도로 이주해 온 뒤 여러 왕국을 세웠는데, 제1차 세계대전이 끝난 뒤 세르비아, 크로아티아, 슬로베니아가 합쳐지면서 유고슬라비아라는 이름이 처음 쓰였다.
제2차 세계대전 이후로는 티토라는 걸출한 지도자가 나와 남슬라브족을 형제애로 단단히 묶으면서 유고슬라비아 사회주의 연방 공화국을 세웠다. 하지만 1980년 티토가 죽고, 뒤이어 1991년 소련이 붕괴되면서 유고슬라비아 인들을 묶어주던 끈이 느슨해졌다. 결국 유고슬라비아는 역사 속으로 사라지게 되었다.

오스트리아 황태자 암살 사건이 제1차 세계대전으로 번진 이유는?
1900년대 초까지 오늘날 보스니아 헤르체고비나는 오스만 제국의 지배를 받았다. 오스만 제국이 쇠퇴하자 유럽 여러 나라들이 이 지역을 차지하려고 군침을 흘렸는데, 오스트리아가 맨 먼저 점령하게 되었다. 하지만 이웃한 나라였던 세르비아는 오래전부터 슬라브족의 통일 국가를 세우고 싶어 했기 때문에 이 지역을 차지한 오스트리아에 분노한 세르비아계 청년이 사라예보에 온 오스트리아 황태자를 암살했다.
세르비아와 오스트리아 사이에 전쟁이 벌어지자 러시아는 같은 슬라브족인 세르비아 편을 들었다. 독일이 러시아가 강해지는 것을 막으려고 오스트리아 편을 들자, 러시아는 독일과 앙숙이던 프랑스를 끌어들였다. 이런 식으로 유럽 여러 나라들은 물론 미국과 일본까지 두 편으로 갈라져서 제1차 세계대전이 일어난 것이다.

MONTENEGRO
몬테네그로

Kotop | 코토르

Montenegro
몬 테 네 그 로

몬테네그로의 수도는 포드고리차Pordgorocha이고 서쪽 방향으로 40km 정도 떨어진 곳에 가장 유명한 관광도시인 코토르가 있다. 코토르의 인기 관광지인 아우어 레이디 오브 락스, 성 트리폰 성당은 주민의 생활에 영향을 준 종교적 특색이 남아 있다.

아드리아 해의 대표적인 나라인 크로아티아의 두브로브니크와 더불어 아드리아 해에서 가장 관광객이 많이 찾는 도시가 몬테네그로의 코토르이다. 몬테네그로는 작은 나라로 이탈리아의 지배를 받은 만큼 대부분의 요리는 해산물, 스파게티 등의 음식이 대부분이다.

여권분실

요즈음, 많은 관광객이 몰리는 만큼 도난과 여권분실이 많다. 대사관이 몬테네그로에는 없기 때문에 세르비아 베오그라드에 있는 대사관에서 여권을 다시 받을 수 있다.

- ▶**국명** | 몬테네그로
- ▶**인구** | 약 62만 7,987명
- ▶**면적** | 138만 1천㏊
- ▶**수도** | 포드고리차
- ▶**종교** | 정교, 이슬람, 가톨릭
- ▶**화폐** | 유로(Euro)
- ▶**언어** | 세르비아어

About 몬테네그로

정식 명칭은 몬테네그로 공화국Republic of Montenegro으로 발칸반도 남서부에 자리 잡고 있다. 북쪽으로는 보스니아-헤르체고비나, 동쪽으로는 세르비아, 서쪽으로는 보스니아-헤르체고비나와 아드리아 해에 면하고 남쪽으로는 알바니아와 국경을 접한다.

Kotor
코토르

Kotor
코　토　르

울퉁불퉁한 코토르Kotor 만은 몬테네그로 남서쪽 아드리아 해에 위치해 있다. 여러 개의 만 앞에 크고 작은 섬들이 만을 보호하고 있어 전략적인 요충지 역할을 하였다. 오렌Mt. Orjen산에서 내려오는 보켈리Boceli 강에서 흘러나왔다. 동방 정교회, 로만 가톨릭, 수도원, 회백색의 중세풍 건물, 광장, 골목길 등 중세풍의 마을이 잘 보존되어 두브로브니크 다음으로 인기가 높은 해안 도시이다.

21개 자치구opstina로 이루어진 몬테네그로에서 가장 유명한 코토르Kotor는 유네스코UNESCO 세계문화유산으로도 지정된, 몬테네그로의 아드리아 해 근처에 위치한 회백색 요새가 있는 마을이다. 코토르에 세워져있는 이 낡은 중세시대의 요새는 유네스코UNESCO 유산 중에서도 상당히 잘 보존되고, 보호되고 있다.

코토르 IN

두브로브니크에서 월, 수, 토요일에 오전 10, 11, 15, 20시에 운행하는 버스가 있다. 코토르 버스 터미널에 보드바와 헤르체크 노비, 포드고리차로 가는 버스가 운행하고 있다.

몬테네그로 입국

크로아티아에서 몬테네그로를 가기 위해서는 국경을 통과해야 한다.

솅겐조약에 가입하지 않은 몬테네그로는 국경을 통과하려면 입국심사를 거쳐야 하기 때문에 시간이 1시간 정도가 소요된다. 그런데 평일 12시를 넘어가면서 차량이 몰리기 때문에 입국심사의 시간은 더욱 늘어나게 된다. 그러므로 아침 일찍 국경을 통과하는 것이 몬테네그로 입국시간을 줄일 수 있는 방법이다.

몬테네그로의 역사

몬테네그로는 발칸반도의 남서부에 위치한 국가로 1946년 구 유고슬라비아연방을 구성하는 공화국이었다. 1992년 유고슬라비아가 해체하면서 세르비아와 신 유고연방을 결성하였다. 하지만 다시 2006년 6월 5일 신 유고연방으로부터 독립하였다.

1992년부터 신 유고연방에 속한 세르비아가 보스니아 등 주변국 내전에 개입하고 코소보 사태와 인종청소 등의 문제를 일으키며 국제사회로부터 고립되고 경제제재를 받자, 같은 연방국인 몬테네그로도 경제적 어려움이 심해졌다. 이것이 신 유고연방을 해체하고 독립하게 된 계기가 되었다. 아직까지 신유고연방의 잔류를 원하는 지지자들과의 갈등이 해소되지 않은 상태이다.

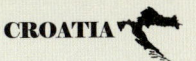

몬테네그로 여행 순서

두브로브니크에서 1시간 정도 차를 따라 내려가면 몬테네그로 국경이 나온다. 크로아티아의 물가가 올라가면서 관심이 더욱 올라간 나라가 몬테네그로로 크로아티아와 같은 해안을 따라 내려가면서 부드바^{Budva}, 바르^{Bar}, 울치니^{Ulcinj}까지 볼 수 있다. 두브로브니크 못지않은 해안을 가진 멋진 절경을 감상할 수 있고 페라스트^{Perast}에 있는 2개의 섬이 돋보인다. 1987년 유네스코 세계 문화유산으로 등록되었다.

도보여행코스
남문 → 시계탑 광장 → 브라스나 광장 → 성 트리폰 성당 → 카림파나 우물 → 스베티 루카스 / 스베티 니콜라스 → 성 메리 성당 → 북문 → 믈예카 광장 → 살라탄 광장 → 재래시장

코토르 성벽
Kotor Walls

내륙 쪽의 1,749m의 로브첸Mt. Lovcen 산으로 둘러싸여 있고 앞으로는 코토르 만이 펼쳐진다. 성벽이 코토르를 감싸고 산 정상까지 이어져 있다.

중세시대, 세르비아의 네말리치 왕가에 의해 성벽이 최초로 만들어졌다. 이때 만들어진 성벽 밖의 해자는 지금까지 완벽하게 남아 있다. 작은 도시였던 코토르는 베네치아 공화국의 오랜 통치를 받았다. 지금도 남아있는 성벽 안의 모습은 베네치아 시대를 반영한 건축물을 주로 볼 수 있다.

성벽 오르기
코토르가 바다에서 육지 내로 깊게 들어간 만에 생겨난 도시라는 사실을 눈으로 볼 수 있는 곳이 코토르 성벽을 따라 올라가는 방법이다.

코토르 관광은 서문과 북문을 통해서 시작되지만 로부첸 산의 성벽을 오르려면 북문을 통해 올라가게 된다. 고대 성벽 때 쌓아올린 성벽은 피오르드의 아름다운 해안 풍경을 유일한 장소이다. 많은 사진작가부터 관광객들은 성벽에 올라 사진을 찍는다. 코토르 성벽을 따라 이루어진 산 정상에서 바라보는 코토르는 정말 장관이다.

CROATIA

피오르드 지형

유럽에서 최남단에 있는 피오르드 지형이라고 불리기도 하는데, 사실은 깊게 패인 협곡에 강물이 들어오면서 생긴 지형이라고 한다. 코토르 주변에는 암석 산들이 장엄하게 둘러싸고 있는데, 그 위에 회백색의 성 요한 성 요새가 길게 자리잡고 있다. 그리고 정면으로는 코토르 마을을 보호하는 튼튼한 회백색 벽과 아드리아 해의 맑은 바다가 펼쳐져 있다.

코토르 성벽의 아름다운 풍경

CROATIA

남문
South Gate

코토르Kotor를 여행하기 위해 대부분의 관광객이 입장하는 문이 남문이다. 남문으로 들어가기 전에 왼쪽으로 보면 코토르Kotor의 지도를 비롯한 정보를 얻을 수 있는 관광 안내소가 있다.

9세기에 만들어진 성곽의 남문은 가장 오래된 문이고, 북문 외에 다른 문은 16세기 르네상스 시대에 만들어졌다. 전쟁과 지진으로 무너져 증축과 보강이 계속 되었다. 1979년 지진 이후에 복권해 지금까지 남아있다. 원래 길이 4.5m, 높이 20m로 만들어졌으나 현재는 7~10m로 줄어들었다.

무기 광장
Square of Arms

광장의 중앙에 위치한 시계탑에서 동쪽의 좁은 골목길에 들어서면 왼쪽으로 펼쳐진 코토르에서 가장 큰 광장이 눈에 띈다. 베네치아나 이슬람 세력의 침략을 많이 받은 코토르는 항상 전쟁의 준비를 해야 했다. 그래서 남문부터 서문까지 이어진 광장에서 무기를 수리하고 전쟁을 준비하는 광장이 필요했다.
18~19세기경 베네치아의 무기를 만들고 수리하던 대장간들이 모여 있던 곳이라서 일명 '무기광장 Army Square'이라는 이름으로 불렀고 지금도 그 이름을 사용하고 있다.

광장 안에는 1801년 나폴레옹의 점령시절 지어졌고, 시청으로 사용했었던 나폴레옹 극장과 한때 무기고였으나 후에 해군 부대를 수용하기도 했고 19세기 말 무렵에는 코토르 주둔 부대를 위한 제과점으로도 쓰인 무기고의 모습도 볼 수 있다. 노천카페들과 상점들이 모여 있는 곳이라 옛 무기 광장의 모습을 볼 수 없지만 코토르 여행의 시작을 하는 중앙 광장의 역할을 하고 있다.

> ### 구 시청사(City Hall)
> 광장 서쪽 끝에 베네치아의 점령시절에 시청사로 쓰인 구 시청사 건물이 있다. 나폴레옹 때는 극장으로 사용되었고, 현재는 레스토랑과 호텔로 이용되고 있다.

시계탑
Clock Tower

1602년에 르네상스 양식의 4층 구조로 된 시계탑이 만들어졌다. 남문을 들어서자마자 보이는 시계탑은 코토르에서 가장 경제활동이 많이 이루어진 무기 광장에 만들어져 코토르 시민들에게 시간을 알려주는 중요한 역할을 해왔다.

시계탑 앞의 광장에서는 죄인들의 공개 재판도 이루어져서 시계탑 아래의 삼각뿔을 가진 기둥에서 죄인들을 묶을 때 사용했다고 한다. 시계탑을 지나 직진하면 피마 광장Piam Square이 보이고, 16~28세기까지 통치한 피마Pima 가문이 거주했던 피마 궁전이 나온다.

피마 궁전
Palace of Pima

17세기에 건설된 코토르 대표 가문의 궁인 피마 궁전Palace of Pima은 개인이 사들인 뒤 보수가 안 되어 방치되다가 현재 박물관과 미술관으로 현재 이용되고 있다. 코토르를 다스린 무사 가문의 저택으로 구시가지에서 아름다운 건물 중에 하나이다.

카림파나우물
Kalimpana

성당 정면의 좁은 골목길에는 크고 작은 광장과 멋진 레스토랑, 카페, 해양역사 박물관, 기념품 가게가 늘어서 있어 여행자는 발길을 멈추고 상인과 가격을 흥정하는 장면을 볼 수 있다.

고즈넉한 하늘을 보며 광장을 지나가면 카림파나(Kalimpana)라고 불리는 우물이 나온다. 코토르를 대표하는 건축물로 7월 코토르 여름 축제마다 잡지이름으로 출간될 정도로 코토르의 상징인 우물이다.

카림파나(Kalimpana) 우물

성 트리폰 성당
St. Tryphon's Cathedral

트리폰 성인의 유해가 모셔져 있는 트리폰 성당은 성화가 백인이 아닌 곱슬머리를 가진 까만 피부의 중동 인으로 묘사되어 있고 모든 이들의 죄를 대속하고자 십자가에 못 박힌 예수가 성스런 모습이 아닌 인간처럼 고통스러워하는 모습으로 그려져 있다.

1166년 교회의 부속 건물이 추가되어 현재의 모습으로 지어졌다. 지진으로 무너진 성당을 재건하여 로마네스크와 고딕 양식이 혼합되어 있는 성당의 왼편 건물에는 주교 궁으로 이용되었던 건물이다. 오른편에는 국기가 꽂혀 있는 건물이 현재의 코토르 시청사이다.

스베티 루카스 성당 & 스베티 니콜라스
St. Luke's Church & Sveti Nicholas Church

1195년에 지어진 성당으로 후에 비잔틴 양식과 로마네스크 양식이 추가되었고, 14세기에 벽면에 그려진 프레스코화가 오래된 시간을 알려준다. 루카스 교회의 왼쪽에는 스베티 니콜라스 Sveti Nicholas Church 교회가 있다.

19세기에 정교회 양식으로 지어졌지만 화재로 무너지고 1902~1909년까지 약 8년 동안 재건축되어 지금에 이르렀다.

현지인들이 오가며 기도하는 모습을 볼 수 있는 정교회 성당이다. 정교회인 성당의 내부에는 17세기 황제의 그림과 예수 그리스도, 황제, 황후가 함께 그려진 프레스코화가 있다.

성 메리 성당
St. Mary's Church

1221년 로마네스크 양식으로 지어진 성당은 열주와 회랑이 특징인 바실리카 양식의 가톨릭 성당이다. 100년 전에 코토르를 구한 오자나Blezd Ozana라는 여인의 생애를 조각해 놓은 청동 조각이 인기 있다.

CROATIA

북문
River Gate

성당 왼쪽으로 돌아나가면 북문이 나오는데, 문 밖으로 나가면 돌다리가 나온다. 다리에서 보는 로브첸 산Mt. Lovcen과 계곡, 요새, 코토르 성곽의 모습이 보인다. 돌다리는 1539년 오스만 제국의 공격으로 무너지고 다음해에 다시 만들어진 이후 지금에 이르고 있다.

페라스트(Perast)

두브로브니크에서 남쪽으로 30분 정도를 달리면 2개의 섬이 나온다. 코토르 만에 나오는 조그만 섬으로 약 400명 정도가 살고 있는 조용한 마을이 여름마다 관광객으로 들썩인다. 15~18세기까지 베네치아의 지배시기에 9개의 탑을 만들어 적의 침입을 감시하고 조난자를 구하는 역할을 했다. 16개의 바로크 스타일의 궁과 17개의 가톨릭 성당, 2개의 정교회 성당이 만들어지면서 17~18세기에 번영을 누렸다. 당시에는 1,700명 정도가 거주할 정도로 큰 도시였지만 1797년 베네치아가 물러나고 프랑스와 오스트리아의 지배를 받는 등 역사의 굴곡을 함께했다.

성 조지 섬 & 성모 섬

자연 섬인 성 조지 섬에는 12세기에 만들어진 작은 베네딕트 수도원이 있고 수도원의 정원에는 페라스트 인들의 묘지가 있다. 가톨릭 성당인 이 수도원은 현재는 사용하지 않는다. 인공 섬인 성모 섬은 1630년에 성모마리에게 봉헌된 성당으로 처음에는 세르비아 정교회 성딩인 것을 1632년 베네치아 통치기에 가톨릭 성당으로 바꾸었다.

1452년 베네치아의 선원 두 명이 바다로 나가면서 성모의 발현을 목격하고 성모의 발현을 목격한 자리에 표식을 해주고 배를 타고 오갈 때마다 돌을 떨어뜨려 지금의 섬이 만들어졌다고 한다. 200년 동안 돌을 쌓아 만든 섬이다. 돌을 떨어뜨리는 전통은 500년이 넘는 지금까지도 이어지고 있고 매년 7월, 페라스트 축제 때에 배를 타고 나가 돌을 던지는 행사가 열린다.

성 조지 섬(왼쪽) & 성모 섬(오른쪽)

섬으로 가는 보트를 타고 나가면 뒤에는 성 엘리야 산과 바다가 어우러져 아름답고 평화로운 장면을 연출하고 성 조지 섬을 돌아 인공 섬인 반석 위 성모 섬에 도착한다. 섬 위에는 건물 두채가 있고 섬 끝에 등대가 세워져 있다. 성당 앞 조그만 건물은 화장실과 기념품 상점이 있다. 성당 내부에는 금, 은 판화 2,500여 점이 성당 벽면을 장식하고 있다. 인간에게 일어날 수 있는 여러 재앙을 피하기를 바라는 코토르 만 지역 주민들이 금과 은을 구입해 제작하였는데, 어부들이 직접 상선이나 군함의 출항 시에 안전을 기원하며 만든 판화가 주를 이룬다.

성당 내부의 벽과 천장에는 68점의 유화도 있다. 17세기 바로크 화가인 트리포 코콜야(Tripo Kokolja)의 작품으로 천장에 그려진 성모마리아의 생애가 유명하다. 정면에는 성 모 자상의 성화가 정면을 장식하고 있다.

GEORGIA
조지아

Tbilisi | 트빌리시

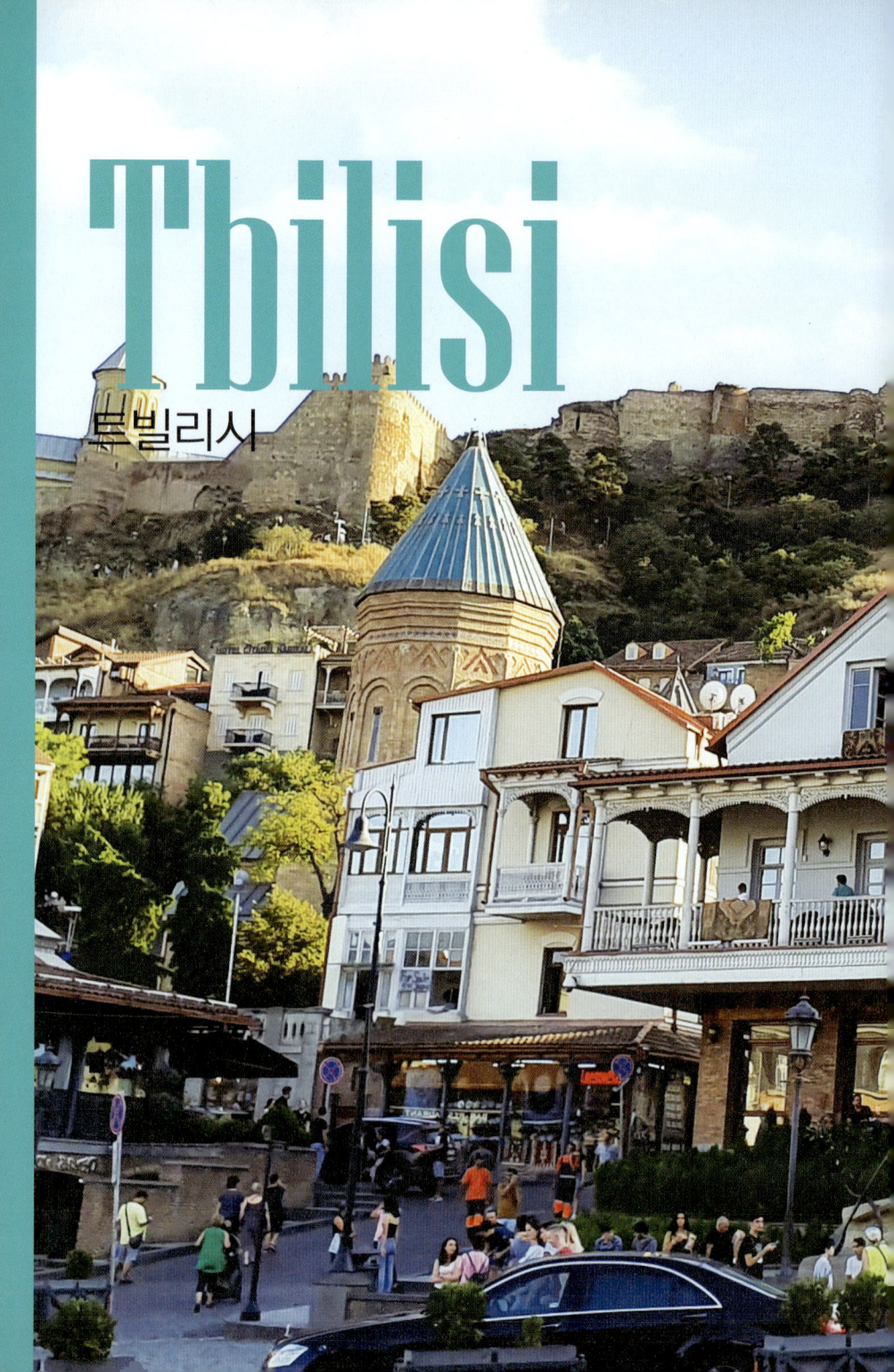

한눈에 트빌리시 파악하기

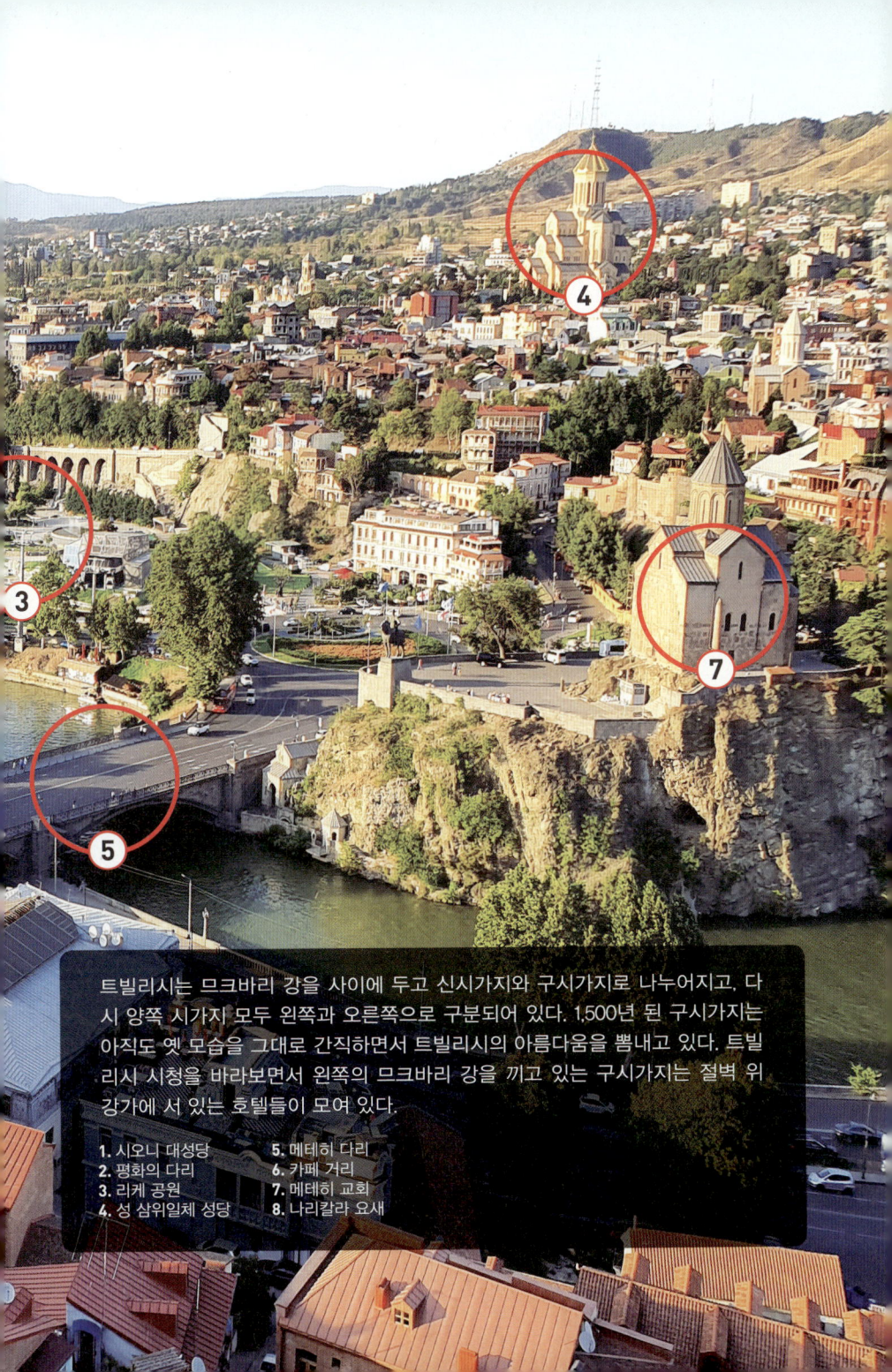

트빌리시는 므크바리 강을 사이에 두고 신시가지와 구시가지로 나누어지고, 다시 양쪽 시가지 모두 왼쪽과 오른쪽으로 구분되어 있다. 1,500년 된 구시가지는 아직도 옛 모습을 그대로 간직하면서 트빌리시의 아름다움을 뽐내고 있다. 트빌리시 시청을 바라보면서 왼쪽의 므크바리 강을 끼고 있는 구시가지는 절벽 위 강가에 서 있는 호텔들이 모여 있다.

1. 시오니 대성당
2. 평화의 다리
3. 리케 공원
4. 성 삼위일체 성당
5. 메테히 다리
6. 카페 거리
7. 메테히 교회
8. 나리칼라 요새

트빌리시 핵심도보여행

5세기에 세워진 조지아의 수도 트빌리시의 구시가지는 양 옆으로 쿠라Kura강이 흐르고 고풍스런 옛 건물이 많아 올드 트빌리시Old Tbilisi로 불리며. 고대 도시로서의 가치가 높고 기독교 건축양식의 사조를 알 수 있는 유적들이 많아 트빌리시 역사지구Tbilisi Historic District로 지정되었다.

트빌리시여행은 구시가지에서 시작한다. 가장 오래된 교회부터 가장 중요한 교회까지 주요 시설들이 구도심에 몰려 있어 걸어 다니며 두루 볼 수 있다. 메테히 다리를 건너 쿠라Kura강 언덕에 있는 메테히Metekhi Church 교회를 만날 수 있다. 무려 37번이나 다시 지어진 이 교회는 조지아정교 수난의 상징이다. 옛 소련 시절에는 감옥과 극장으로 사용되기도 했다. 교회 옆에는 트빌리시를 세운 바

GEORGIA

흐탕 고르가살리 왕의 동상이 있는데 이곳이 올드 타운 전체를 조망하기에 가장 좋은 곳이다. 쿠라Kura강 도심을 가로질러 굽이쳐 흐르고, 강 옆 깎아지른 절벽 위 메테히Metekhi 교회는 트빌리시를 찾는 모든 이들을 바라보고 있다.

메테히 다리를 다시 건너 케이블카를 타고 나리칼라 요새에 오르면 도시 전체를 볼 수 있다. 4세기경 페르시아가 처음 짓기 시작한 이 요새는 8새기에 아랍족장의 왕국이 들어서며 현재의 모양으로 완성되었다. 적의 침입을 알 수 있도록 쿠라Kura강까지 쉽게 조망할 수 있는 곳에 만든 요새이다.

요새에서 내려오면 폭포로 가는 협곡이 있다. 폭포는 크지 않지만 협곡 위에 자리 잡은 건축물들이 볼거리다. 협곡 입구에는 벽돌무덤 단지처럼 생긴 유황온천 지대가 있다. 가족 욕실도 있어서 피로를 풀기 좋은 곳이다. 구도심에서 조금 떨어져 있지만 트빌리시 벼룩시장도 꼭 들려야 하는 곳이다. 진귀한 골동품이나 옛 소련 물품이 많아서 물건을 고르는 재미가 유별나다. 볼거리가 많은 구시가지의 노천카페와 레스토랑들이 줄지어 있다. 유럽의 관광도시하고 다를 것이 별로 없다. 가을이 되면 거리 곳곳에 포도나무들이 덩굴터널을 만든다.

나리칼라 요새를 올라가기 시작하는 지점에는 "I love Tbilisi"라는 표시가 보이고 주위에는 카페들이 즐비하다. 이곳은 광장도 아니지만 광장 같은 느낌의 공간이 있고 나리칼라 요새, 메테히 교회 등을 볼 수 있어 마치 트빌리시의 중간 지점 같다. 메테히 다리를 시작하는 지점의 골목으로 카페들이 골목길을 따라 이어진 지점이 카페 거리이다. 위치를 잘 모르겠다면 네모난 시계를 보고 시작지점을 확인할 수 있다. 혹자는 '여행자거리'라고 부르지만 여행자거리는 아니고 카페골목이라고 부르는 것이 더 맞을 것 같다. 카페 골목이 끝나는 지점에 타마다 작은 동상이 나오므로 시작과 끝은 정확하게 알 수 있다.

카페 골목이 끝나는 지점에는 시오니 교회와 평화의 다리가 나오고 평화의 다리를 건너면 리케 공원이다. 시오니 교회는 성녀 니노(St. Nino)의 포도나무 십자가가 보관되어 있는 곳으로 트빌리시의 올드 타운 안에 있는 랜드마크로 유명한 교회이다.

쿠라(Kura) 강, 동·서의 상징

어머니상(Mother of Georgia / Kartlis Deda)

솔로라키 언덕Sololaki Hill 꼭대기에 있는 조지아의 어머니상이라고 불리는 트빌리시의 상징이다. 왼손에는 와인을 오른손에는 칼을 든 모습으로 시내를 내려다보고 있다. 적에게는 용감하게 동포에게는 포도주를 대접한다는 의미를 갖고 있는 그루지야 어머니상은 조지아를 가장 잘 표현한 말이다. 이민족에게 끊임없이 침략을 받으면서 몇 천년동안 지켜나간 조지아는 어머니처럼 부드럽지만 강할 때는 강할 줄 아는 민족의 나라이다. 동상은 케이블카를 타고 올라가면 전체를 조망할 수 없고 산책로가 뒤로 나 있지만 옆모습만이 보인다.

손님에게는 와인을 적에게는 칼을 이라고 표현하기도 한다. 처음부터 힘들게 칼로 싸울 생각을 하지 않고 다음 뒤에 칼을 들었을 것만 같다고 하기도 하고, 적이 오면 힘들게 우리들 손해는 없게 해야 되는데 상대방 맨 정신에 전쟁을 하면 힘들기 때문이 아닐까라고 들으니 슬퍼지기도 한다. 그만큼 삶이 힘들었던 '조지아'이다.

주소_ ySololaki Hill

주소_ Elia Hill 위치_ Avlabari역 전화_ +995-599-98-88-15

츠민다 사메바 성당(Tsminda Sameba Cathedral)

구소련으로부터 독립한 후 조지아인만을 위해 세운 조지아 정교회 사원으로 조지아 정교회의 1,500주년을 기념하기 위해 만들어진 성당이다. 성당은 상당히 크기 때문에 트빌리시의 어디서든 볼 수 있다. 시내 중심에 있지 않고 카즈베기 산을 배경으로 언덕에 위치해 있다. 올드 타운에서 상당히 먼 거리이기 때문에 차를 타고 이동한다. 걸어가려면 중간에 있는 언덕길은 비포장이기 때문에 먼지투성이가 될 수 있다. 성당 앞의 언덕에서 보는 풍경도 아름답다.

트빌리시의 이국적인 분위기

강가에 있는 구시가지에 한 발짝 발을 들여놓으면 아득한 옛날 조지아를 정복한 페르시아의 향기가 감돈다. 목조 가옥의 위층에는 발코니가 설치되어 있는데, 난간에 새겨진 투명한 조각이 이국적인 분위기를 자아낸다.

구시가지는 옛 거리를 보존하기 위해 포장하지 않았다. 도로 공사를 하더라도 파헤친 돌을 다시 묻어서 원래대로 복구해 놓는 방식으로 보존하고 있다. 민족 분쟁이 끊이지 않는 코카서스 3국이지만 조지아의 수도, 트빌리시에는 많은 민족이 살고 있어 국제적이고 자유로운 분위기가 느껴진다.

이란의 이맘모스크와 비슷한 분위기의 모스크

이란의 이맘모스크와 비슷한 분위기의 모스크

트빌리시의 특이한 모습의 시계 탑

??????????????????????????

페르시아가 점령할 당시 사용한 유황온천

트빌리시 지하철 노선도

- Gldani–Varketili Line
- Saburtalo Line
- Under construction
- Planned

Akhmetelis teatri
Sarajishvili
Grmamishvili
Grmagele
Didube
University
Vazha Pshavela
Victor Gotsiridze
Elektrodepo
Nadzaladevi
Sameditnikuri
Tsereli Gamzini
Politeldnikuri
Vagzlis Moeclani
Mardzhanishvili
Rustaveli
Saarbruken Moedani
Tavisuplebls Moedani
Kvemo Elia
Zemo Elia
Avlabari
Vazisubani
300 Aragveili
Varketili
Isani Samgori

트빌리시의 가장 중요한 볼거리 BEST 6

메테히 교회(Metekhi Church)

트빌리시에서 온천 다음으로 오랜 역사를 지닌 것이 교회일 것이다. 천 년이 넘은 성당이 여러 개이지만 특히 절벽에 절묘하게 자리를 잡은 메테히 교회^{Metekhi Church}이 눈에 들어온다. 5세기에 교회로 지어졌으나 13세기에 완공된 중세 성당이다. 17~18세기 이슬람에 의해 요새로 사용됐고, 구소련 시절엔 감옥으로 쓰여 스탈린이 투옥되기도 했다. 1980년대 말 조지아 총대주교가 교회 복구 운동을 벌인 끝에 비로소 조지아 정교회 역할을 되찾았다. 오래도록 같은 자리를 지키며 아픈 역사의 단면을 보여준다.

사제의 축복과 허락을 받고 교회 안으로 들어간다. 중세성당에서 흔히 볼 수 있는 화려한 장식이 없는 소박한 성당이다. 이들의 의식을 지켜보는 것만으로 경건함이 느껴진다. 트빌리시를 한눈에 담고 싶다면 가장 좋은 장소일 것이다. 탁 트인 전망을 바라보며 메테히 교회^{Metekhi Church}에 얽힌 이야기를 생각해보자.

위치_ Avlabari역

조지아 정교회

조지아는 로마 가톨릭이 아닌 정교회를 신봉한다. 성화 아이콘에 경배를 드리고 성모를 긋는 방식도 약간 다르고 미사를 드릴 때 앉지 않는 것이 기본적으로 다르다. 조지아 기독교 역사는 세계에서도 오래되었다. 아르메니아와 로마에 이어 기독교를 국교로 채택한 초기 기독교 국가이다. 오늘날에도 조지아에서 기독교가 자연스런 삶의 일부이다.

바흐탕 고르가살리 왕의 기마상
(Monument of King Vakhtang Gorgasali)

메테히 성당 앞에는 트빌리시로 수도를 천도한 바흐탕 고르가살리 왕King Vakhtang Gorgasali의 기마상이 위풍당당하게 서 있다. 전설에 따르면, 고르가살리 왕King Vakhtang Gorgasali이 매와 함께 꿩 사냥에 나섰는데 꿩을 쫓던 매와 쫓기던 꿩이 숲속 뜨거운 연못에 떨어져 죽었다. 그 모습을 본 왕이 숲의 나무를 모두 베어버리고 도시를 세우라고 명했다. 그 숲이 지금의 트빌리시고, 뜨거운 연못은 메테히 교회 건너편의 유황 온천이다. 트빌리시는 조지아어로 '뜨거운 곳'이라는 뜻을 품고 있다.

위치_ Avlabari역　전화_ +995-599-98-88-15

나리칼라 요새(Narikala Fortress)

깎아지른 바위산에 요새를 구축한 철옹성이지만 요새의 주인은 여러 차례 바뀌었다. 4세기경 페르시아가 처음 짓기 시작한 이 요새는 8세기에 아랍족장의 왕국이 들어서며 현재의 모양으로 완성되었다. 적의 침입을 알 수 있도록 쿠라^{Kura}강까지 쉽게 조망할 수 있는 곳에 만든 요새이다. 케이블카를 타고 올라가면 트빌리시 시내가 다 보이는 곳으로 관광객과 현지인이 뒤섞여 붐빈다. 산책로를 따라 뒤로 이동하면 식물원이 있다.

온천 옆 오르막길을 따라 오르면 '어머니의 요새'라 불리는 나리칼라^{Narikala}에 닿는다. 나리칼라는 도시가 형성될 무렵 방어를 목적으로 지어진 고대 유적인데, 7~8세기에 아랍인들이 그 안에 궁과 사원을 세워 그 규모가 더 커졌다.

감상법

보다 편하게 풍경을 감상하며 요새에 오르려면 므크바리 강변에서 케이블카를 타면 된다. 요새에서 트빌리시의 전경이 파노라마처럼 펼쳐진다. 므크바리 강이 도시의 한가운데를 지나며 절벽을 빚어놓았다. 시대 최고의 장인이 건축한 교회가 두드러지게 빛난다.

시오니 교회(Sioni Cathedral Church)

성녀 니노St. Nino의 포도나무 십자가가 보관되어 있는 곳으로 트빌리시의 올드 타운 안에 있는 랜드마크로 유명한 교회이다. 니노Nino의 십자가는 니노Nino의 머리카락과 포도덩쿨이 엉켜서 십자가가 되었다. 조지아에 기독교를 전파한 성 니노St. Nino이다. 가장 오래된 교회보다 사람들이 더 많다. 조지아정교 교회라 분위기도 더 엄숙하다. 촛불을 밝혔다. 사람들은 엎드려 기도하기도 한다.

시오니 대성당은 최초 건립 이후 외세의 침략에 의한 파괴로 13세기부터 19세기까지 재건이 거듭되었다. 시온(Sion)은 일반적으로 예루살렘의 시온산Sion Mt.을 뜻하지만, 시오니 대성당은 트빌리시의 '시오니 쿠차Sioni Kucha'라는 거리명에서 유래했다. 제단 왼쪽, 성 니노St. Nino의 포도나무십자가로 유명한 성당이다. 전설에 의하면 4세기 초 꿈속에서 성모마리아로부터 "조지아에 가서 기독교를 전파하라"는 계시를 받은 성녀 '니노St. Nino'가 시오니 대성당 십자가에 자신의 머리카락을 묶었다고 한다.

평화의 다리(The Bridge of Peace)

활 모양의 보행자다리로 철과 유리로 된 구조물이다. 트빌리시 시내의 쿠라Kura 강 위에 수많은 LED로 조명된 다리는 저녁에 되면 다양한 모습을 보여준다. 활 모양의 다리는 구시가지와 새롭게 조성된 지구를 연결해주고 있다. 과거와 현재의 트빌리시를 보여주고 있다고 해도 과언이 아니다. 다리는 건설되면서 새롭게 적용된 강철과 유리로 다리를 만든다는 논란의 여지가 있었다. 정치인, 건축가, 도시 계획가 등 많은 사람들은 다리가 역사적인 구시가지를 가리고 있다고 불만이었다고 한다.

구라 강Kura River 위로 150m로 뻗어 있는 다리는 구 트빌리시Old Tbilisi와 새로운 지역을 연결하는 현대적인 디자인 특징을 만들도록 지침이 내려지면서 시작되었다. 다리위치는 쿠라강을 뻗어 있는 메테히Metekhi 교회, 도시의 설립자인 동상 바흐탕 고르가살리Vakhtang Gorgasali 왕 보고, 나리칼라Narikala 요새, 바라타흐빌리Baratashvili 다리를 볼 수 있는 중간 부분이다.

해양 동물을 연상시키는 디자인의 다리 는 곡선형으로 강철과 유리 상판으로 야간에는 수천 개의 백색 LED로 반짝거린다. 이 지붕에는 4,200K 색 온도의 6,040개의 고출력 LED를 사용하여 다양한 다리를 보여주고 있다. 파워 글래스powerglass라는 선형 저 전력 LED가 내장되어 있다고 한다. 조명은 일몰 90분 전에 아래에서 구라 강을 비추고 강둑에 건물을 비춘다.

이탈리아 건축가 미첼레 데 루치Michele De Lucchi에 의해 설계되었는데 , 그는 조지아 대통령 행정부 건물과 트빌리시 내무부 건물을 설계했다 . 조명 디자인은 프랑스 조명 디자이너 필리페 마르티나우드Philippe Martinaud에 의해 만들어졌다. 다리는 이탈리아에서 지어져 200대의 트럭으로 트빌리시로 운송되었다고 전해진다.

4가지 조명(일몰 전 90분 ~ 일출 후 90분)
1. 때때로 다리는 강의 한쪽에서 다른 쪽으로 파도에 불이 들어온다.
2. 한쪽 끝에서 빛의 띠로 시작하여 빛이 중간에서 만나기 전까지 어느 한 방향에서 계속되고 시작하기 전에 검은 색으로 바뀐다.
3. 지붕 라인의 외부 설비를 비추기 시작한 다음 완전히 어두워지기 전에 전체 캐노피를 잠시 비춘다.
4. 전체 다리 길이에 걸쳐 다른 조명이 밝고 희미해지므로 지붕이 별처럼 반짝 거린다.

유황 온천(Sulfur Baths)

등잔 밑이 어둡다고 바로 요새의 아래에는 둥근 지붕의 동네가 눈에 들어온다. 이곳은 트빌리시가 시작된 온천 동네이다. 돔 모양은 지하 온천 목욕탕의 환기구 지붕이다. 트빌리시의 이름이 "따뜻하다"에서 비롯되었는데 이 온천이 그 기원이라고 한다.

러시아 시인 푸쉬킨이 1829년 내 생애 최고의 유황온천으로 뽑았다고 한다. 온천으로 들어서자 계란의 썩은 냄새가 코를 자극한다. 유황온천이라는 사실을 빼면 우리나라의 목욕탕과 다른 것이 없다. 오히려 찜질방에 자리를 내준 오래된 목욕탕의 느낌이 정겹다. 이 온천은 땅에서 솟아 나오는 그대로 따뜻한 유황 온천물이라고 한다.

강 건너에는 볼록한 돔 모양 지붕의 유황 온천들이 성업 중이다. 계곡에서 발원한 천연 온천으로 유황과 미네랄 성분이 풍부한데, 조지아 돈으로 5라리Gel 면 온천을 즐길 수 있다. 러시아 시인 푸시킨도 온천을 즐기고 갔다. 이를 증명하듯 한 온천의 간판에는 '세상에 이곳보다 좋은 온천은 없다'는 글귀와 푸시킨의 서명이 새겨져 있다. 온천 옆으로 흐르는 계곡을 따라 걷다 보면 폭포가 쏟아지는 협곡을 볼 수 있다. 협곡 위 아슬아슬하게 걸려 있는 오래된 집들도 볼거리다.

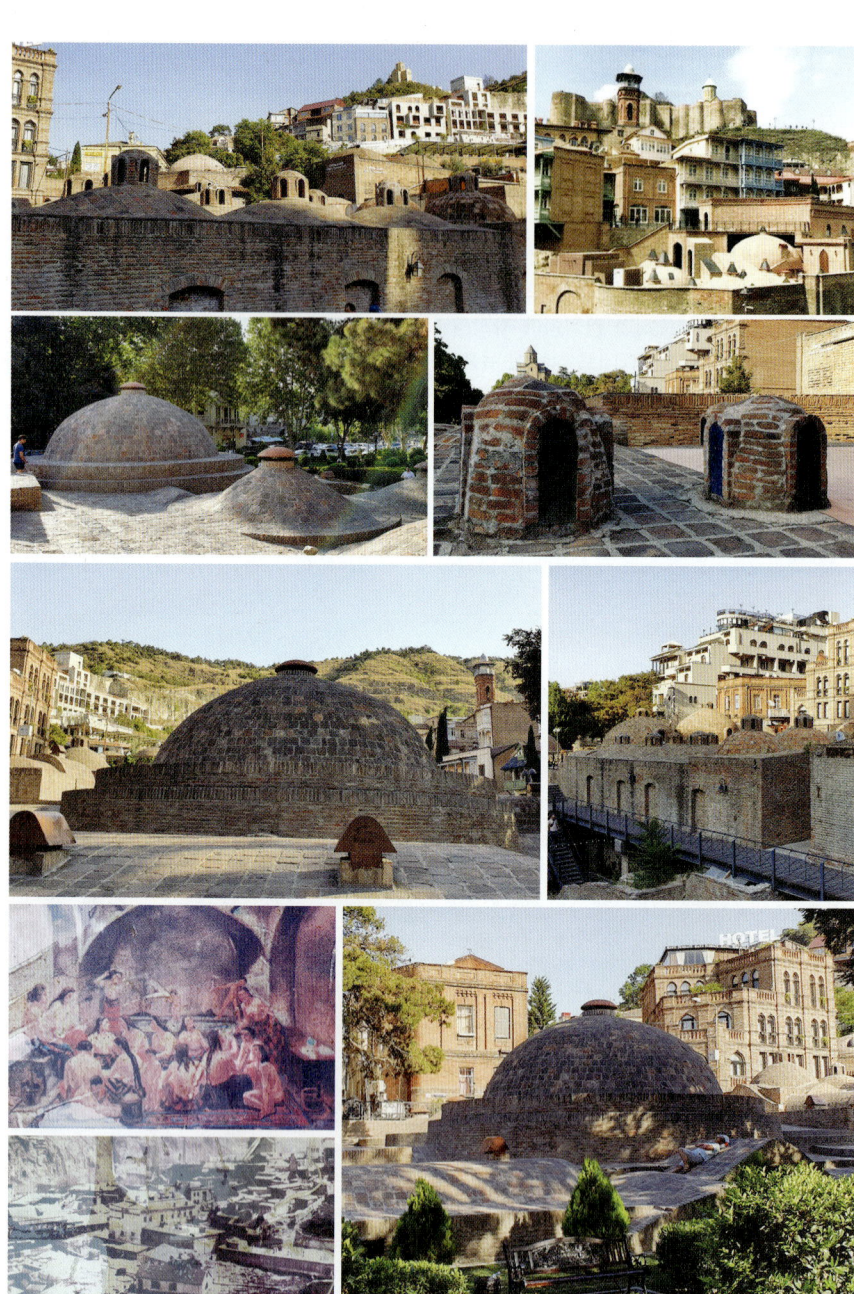

관광객이 꼭 찾아가는 트빌리시 볼거리

카페 거리(Shavteli Street)

카페거리로 많은 관광객들이 찾기 때문에 조지아에서 유명한 레스토랑들이 즐비해 있다. 특히 여름에는 더위에 지친 외국 관광객이 몰려들어 문전성시를 이룬다. 메테히 다리를 시작하는 지점의 골목으로 카페들이 골목길을 따라 이어진 지점이 카페 거리이다.

위치를 잘 모르겠다면 네모난 시계를 보고 시작지점을 확인할 수 있다. 혹자는 '여행자거리'라고 부르지만 여행자거리는 아니고 카페골목이라고 부르는 것이 더 맞을 것 같다. 카페 골목이 끝나는 지점에 타마다 동상이 나오므로 시작과 끝을 정확하게 알 수 있다.

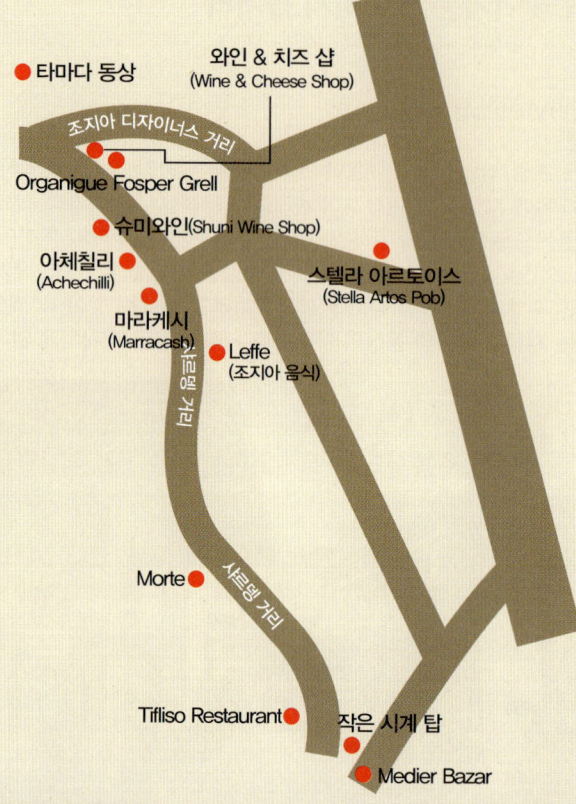

벼룩시장

현지인들이 집에서 가지고 나온 오래된 골동품을 파는 시장으로 조지아 시장에서나 만날 수 있는 것들이 눈에 보이기도 한다. 주말마다 벼룩시장이 운영되는 나라가 많지만 조지아에서는 매일 벼룩시장이 열린다. 그러나 역시 평일에는 손님은 별로 없다.

주말에는 더 많은 물건들이 보이고 다양한 사람들이 있으므로 주말에 찾는 것이 나을 것이다. 주로 낡은 러시아식 시계, 러시아 군용품과 군장, 유리 공예품 등이 주로 판매되고 있다. 특이하게 그림이 전시되어 있는 곳에서 잘 그려진 그림에 깜짝 놀란다.

위치_ Kvishketi Str 1a Tbilisi St.

벼룩시장은 정겨운 시장인가?

조지아의 트빌리시 시민들이 자신이 쓰던 물건이나 필요가 없는 물건 중에서 내다파는 것을 정겹게 느껴진다고 하지만 실제로 그들에게 물어보면 가난한 삶에 조금이라도 필요한 돈을 벌기 위해서 집에서 가져온 것이다. 그래서 오히려 그들의 힘든 삶에 대해 알 수 있다. 가난한 삶에 힘들지만 웃으면서 손님들을 맞는다.

About 와인

와인Wine은 포도알 속으로 들어가서 발효가 되면서 자연발생적으로 만들어진다. 그래서 신의 선물이라고 부르는 것이다. 와인은 인류의 문명으로 만들어진 것이 아닌 것이기 때문에 오래 되었다. 포도라는 식물이 생겨났을 때부터 와인이 만들어졌다고 할 수 있을 것이다. 포도는 대체로 1억 5천만~2억 년 전부터 있었다고 추정된다.

선사시대의 유적과 유물들 중에서 포도 압착기나 그릇에 액체를 담았던 흔적에 포도씨가 같이 발견되고 있다. 포도의 껍질에는 다량의 효모가 묻어있으므로 주스를 만든다는 것은 바로 효모가 발효를 시작해서 와인이 된다.

학자들은 메소포타미아 지역에서 신석기 시대인 BC 8,500~BC 4,000년경에 인간에 의해서 와인이 만들어진 것으로 추정하고 있다. 조지아의 와인 항아리인 크베브리Kvevri가 사용된 시기를 약 8,000년 전으로 추정하고 있어서 조지아가 가장 오래된 와인 원산지로 이야기하지만 실제로 다양한 나라들이 자신이 와인의 발상지라고 주장하고 있다.

크베브리(Qvevri)

크베브리(Qvevri) 와인 제조법은 유네스코 인류 무형유산에 등재되었다고 한다. 수천 년에 걸친 조지아 와인의 제조법은 크베브리(Qvevri)를 알아야 한다. 조지아의 전통토기 항아리인데 조지자는 포도를 포도 압착기에 짜서 포도즙과 포도껍질, 줄기, 씨를 차차(Chacha)라고 부르는데 이것을 땅에 묻어놓은 크베브리(Qvevri) 안에 담아 밀봉한 후 5~6개월 동안 발효시킨다. 우리의 옛 문화인 김장독을 묻어놓은 것과 비슷하다. 항아리는 큰 것과 작은 것이 있다. 큰 것은 사람이 들어가면 도저히 보이지 않을 정도이다. 조지아 속담 중에 "물에 빠져 죽는 사람보다 와인에 빠져 죽는 사람이 더 많다"이 있을 정도이니 이해가 쉬울 것이다.

조지아가 와인의 발상지가 된 이유

조지아는 성경에 노아의 방주가 내려앉았다는 터키의 아라라트 산에서 멀지 않은 곳으로 흑해 연안에 있다. 조지아 남부 지방의 고대 주거지에서 세계에서 가장 오래된 포도 재배와 신석기 시대의 와인 생산 유적들이 발견되고 있어서 유네스코는 조지아에서 크베브리(Qvevri)를 사용하여 와인을 만든 양조법을 세계 문화유산으로 지정하였다.

조지아 와인의 역사

조지아에서의 와인 생산의 시작은 남부 코카서스 사람들이 겨울 동안 덮어져 있던 작은 구덩이 속의 야생 포도의 주스가 와인으로 변하는 것을 발견한 때이다. BC 4,000 년경, 지금의 조지아 인들이 포도를 재배하고 땅속에 항아리(크베브리)를 묻고 와인을 보관하는 것을 경험으로 알게 되었다. 4세기에는 조지아에 온 성녀 니노 Saint Nino가 포도나무로 된 십자가를 지녔다가, 이후에 기독교 국가로 공인되면서 와인은 중요한 역할을 하게 된다.

조지아는 매년 약 2억 평의 포도원에서 연간 약1억 3천만 병의 와인을 생산하고 있는 나라이다. 하지만 조지아에서 재배되고 있는 포도 품종은 우리에게는 잘 알려지지 않은 품종이라서 조지아 와인 병의 상표에는 원산 지역, 마을 등을 표기하고 있다. 조지아로 여행을 왔다면 와인에 관심을 가지고 조지아 와인을 한 번씩은 맛보고 가야할 것이다.

Tbilisi Around

트빌리시 근교

트빌리시 근교는 트빌리시에서 약 30km 정도 떨어진 곳으로 가장 유명한 장소는 므츠헤타Mtskheta이다. 북쪽으로 이어진 3번 도로는 카즈베기까지 이어져 있는데 가장 가까이 있는 곳으로 스베티츠호벨리 교회와 강 건너편에 있는 츠바리 교회가 유명하다.

므츠헤타 왼쪽으로 도로를 따라 가면 스탈린의 고향인 고리Gori가 나온다. 스탈린 박물관을 볼 수 있는 곳으로 고소공포증이 있는 스탈린이 이용한 기차의 내부도 볼 수 있다.

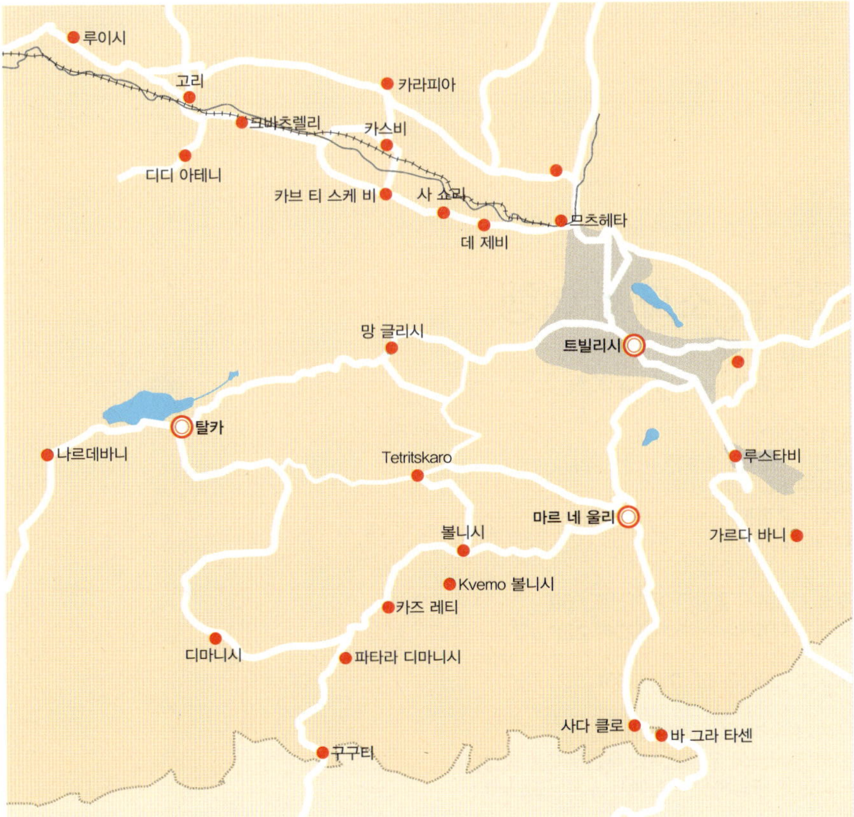

조대현

63개국, 298개 도시 이상을 여행하면서 강의와 여행 컨설팅, 잡지 등의 칼럼을 쓰고 있다. KBC 토크 콘서트 화통, MBC TV 특강 2회 출연(새로운 나를 찾아가는 여행, 자녀와 함께 하는 여행)과 꽃보다 청춘 아이슬란드에 아이슬란드 링로드가 나오면서 인기를 얻었고, 다양한 여행 강의로 인기를 높이고 있으며 '트래블로그' 여행시리즈를 집필하고 있다. 저서로 블라디보스토크, 크로아티아, 모로코, 나트랑, 푸꾸옥, 아이슬란드, 가고시마, 몰타, 오스트리아, 족자카르타 등이 출간되었고 북유럽, 독일, 이탈리아 등이 발간될 예정이다.

폴라 http://naver.me/xPEdID2t

동유럽 소도시 여행

초판 1쇄 인쇄 I 2020년 1월 10일
초판 1쇄 발행 I 2020년 1월 20일

글 I 조대현
사진 I 조대현, 정덕진(사진 일부)
펴낸곳 I 나우출판사
편집·교정 I 박수미
디자인 I 서희정

주소 I 서울시 중랑구 용마산로 669
이메일 I nowpublisher@gmail.com

979-11-89553-57-9 (13980)

· 가격은 뒤표지에 있습니다.
· 이 저작물의 무단전재와 무단복제를 금합니다.
· 파본은 구입하신 서점에서 교환해드립니다.

※ 일러두기 : 본 도서의 지명은 현지인의 발음에 의거하여 표기하였습니다.